STRENGTH TRAINING AND COORDINATION:
AN INTEGRATIVE APPROACH

运动训练新思维
—— 提高运动水平和预防运动损伤的秘诀

［荷］弗兰斯·博世 著

朱立军 主译

中国科学技术出版社
·北 京·

图书在版编目（CIP）数据

运动训练新思维：提高运动水平和预防运动损伤的秘诀 /（荷）弗兰斯·博世著；朱立军主译 . —北京：中国科学技术出版社，2022.5

书名原文：Strength Training and Coordination: An Integrative Approach

ISBN 978-7-5046-9382-2

Ⅰ. ①运… Ⅱ. ①弗… ②朱… Ⅲ. ①运动训练－研究 Ⅳ. ① G808.1

中国版本图书馆 CIP 数据核字（2021）第 256546 号

Strength Training and Coordination: An Integrative Approach
By Frans Bosch
©Frans Bosch &2010Publishers (Rotterdam, Netherlands)
Published in 2016

本中文翻译版由原书作者和出版社授权中国科学技术出版社独家出版，未经出版者许可，不得以任何方式复制或节录任何部分。

著作权合同登记号：01-2022-0956

策划编辑	张建平
责任编辑	张建平
装帧设计	成思源
责任校对	焦　宁
责任印制	马宇晨

出　　版	中国科学技术出版社
发　　行	中国科学技术出版社有限公司发行部
地　　址	北京市海淀区中关村南大街 16 号
邮　　编	100081
发行电话	010-62173865
传　　真	010-62173081
网　　址	http://www.cspbooks.com.cn

开　　本	787mm×1092mm　1/16
字　　数	390 千字
印　　张	25.75
版　　次	2022 年 5 月第 1 版
印　　次	2022 年 5 月第 1 次印刷
印　　刷	北京顶佳世纪印刷有限公司
书　　号	ISBN 978-7-5046-9382-2 / G·931
定　　价	190.00 元

（凡购买本社图书，如有缺页、倒页、脱页者，本社发行部负责调换）

译者名单

主译

朱立军　南方医科大学南方医院骨科　副教授　副主任医师

译者

何苑琦　坐道（手机APP）　医学总监

李键邦　广州中医药大学东莞医院（东莞市中医院）　治疗师

李雪宜　中山大学附属第一医院南沙分院　治疗师

李娅抒　中山大学附属第一医院东院康复医学科　主管治疗师

万秉风　恒大足球队　体能教练

王　璐　北京同仁医院　中级治疗师

魏小雨　陆军军医大学西南医院　助理研究员

朱立军　南方医科大学南方医院骨科　副教授　副主任医师

朱　猛　深圳市高级中学　二级教师

朱　芮　广州市红十字医院麻醉科　医师

前言

背景

训练效果是高度复杂过程的结果，复杂到当前急需在运动专项训练和运动损伤康复方面建立简化的模型。简化模型将运动的诸多底层方面系统地分成训练过程中多个单独的基本组成要素，而这些底层的机制可以通过研究得到证明，并作为适当的实际应用的基础。这使得各个组成要素更具有"可操作性"。

训练过程细分为不同的组成要素，也涌现了很多领域的专家：技术（技术教练）、心理过程（运动心理学家）、速度（短跑教练）、耐力（体能训练教练）、力量（力量教练）、恢复（恢复训练师和运动物理治疗师）等。这样的专业化在一些体育文化中表现得更为明显，也许最明显的是在美国体育文化里，比如美国有"运动防护师"这个职业——一种介乎于物理治疗师和体能教练中间地带的职业。在美国，运动训练专业化与专家的出现是同义词。

然而，在体育训练圈子中却出现了一种相反的倾向：整合性的整体训练方式认为整体大于部分之和。这种方法的倡导者喜欢"功能性"这个术语。在此，训练过程的质量取决于训练过程的各个方面如何相互影响。运动训练要达到高度的系统化几乎是不可能的，训练理论的架构似乎不断地因为不能自圆其说而轰然倒塌，而再次进入重构的过程。从这个意义上说，运动训练理论就像一栋需要不断地、全面地整修的建筑。这种整合性的整体训练观点也难免令人沮丧，其创造的模棱两可的术语，至少可以说，不那么令人满意。

所以，训练理论远未完成，必须不时地要以学科思维从零开始重建。思考训练理论时，偶尔对其基本要素——基本运动特性进行审视是大有益处的。运动特性通常区分为力量、速度、敏捷性、耐力和协调性。那么，这些区分合理吗？换言之，这样的区分在多大程度上立足于现实？而因为在训练理论中每一个运动特性或多或少都各有独立的意义和作用，力量训练是不是就没有理由去考虑其他的运动特性呢？

这本书目的是证明这并非如此，各种基本的运动特性几乎不可能孤立存在。因此，力量和协调性是密切相关的，实际上应该被视为一体。力量和协调性基本上是一回事，这个观念十分有趣，因为它意味着把不同领域的研究统一起来，用一个单一、系统的方法进行力量训练。关于协调性（动作控制和动作学习）的知识必须应用到力量训练中。有关动作学习过程的知识到目前为止，对力量训练几乎没有带来改变。因此，大多数关于力量训练的文献在其方法上都极其重视力学，艾萨克·牛顿似乎比历史上所有的神经生理学家对力量训练理论的贡献都更大。

如果你愿意，不妨将这本书理解为一种尝试：用训练理论中的一砖一瓦，创建出在实践中比以往更实用的新"建筑"。我们不用力学上的表现来探讨力量训练，而是试图以已知的底层逻辑为导向来建立一个模式，特别是在神经生理学领域。在这本书里，运动专项力量训练指的是抗阻的协调性训练。这也说明此书有不足之处。来自文献研究的知识仍然存在太多的局限性，导致理论无法清晰、连贯地转变为实践方法。假设模型总是都需要的。与此同时，本书并不试图把协调性和运动生理学的知识整合在一起，因为那样将过于复杂，不利于建立一种可行的训练方式。

这一切会让牛顿气到在坟墓里翻个身吗？大概不会吧，他不热衷运动。

大纲

第 1 章描述了复杂生物系统的组织运行。它们的特点是各组成部分之间可能存在令人惊讶的相互影响，如去中心化控制和相变。而"经典的"简化论方法忽略了这种影响。标准训练理论是根据这个复杂组织的特殊结构来评估的。结论是，这一基本理论的大部分内容是不充分的，例如，基于简化的理论，力量被认为拥有独立身份的概念，因而是过度简化的思维模式。这对运动损伤康复方案的设计具有主要的影响，康复方案应该着重于力量和协调之间的关系。我们在第一章列举的训练方案实例更充分考虑到了复杂系统是如何运作的。

第 2 章更仔细地探究力量和协调性之间的解剖学和神经生理学联系。它描述了力的产生是由哪些要素决定：由肌肉－肌腱水平的各种解剖细节、神经－肌肉转换的阈值、脊髓水平的兴奋和抑制回路以及中枢神经系统的影响。力量的产生在同一时间在不同的层面上受到调节，而中枢神经系统的贡献可以被描述为一种协调性的影响。

第 3 章分析了复杂场景式动作的结构，如体育比赛中的动作。利用动态系统理论，从动作的组成要素吸引子和波动子相互作用的角度，对开放式和封闭式技能的区别进行了说明。吸引子和波动子之间的这种划分是力量训练和竞技运动之间关系的基础，也是基于协调性设计力量训练系统的关键所在。

第 4 章则重点讨论力量训练是否应该遵循生理学而不是协调性。专门以生理适应为基础的训练方法只有在协调性不那么重要的耐力运动中才有意义。随后，我们研究了在协调性起关键作用的整体性、场景式动作中，非线性控制如何限制了力量的产生。

由于力量含有很强的协调性成分以及运动控制限制了力量的产生，所以运动学习的规律在力量训练中非常重要。运动控制和运动学习过程都有很强的目的性，也描述了力量训练中以目的性为基础的学习原则。强调了学习过程中变化的重要性，并描述了各种学习的类型。

第 5 章探讨了专项性和转移。不同类型运动训练之间的专项性是产生转移的前提条件，因为运动控制是通过底层逻辑发展的，运动训练必须符合底层逻辑的结构。这个底层逻辑是精细编织的，而力量训练的一般分类，如最大力量和产生爆发力，描述都不够精准，与其不搭配。因此，力量训练必须通过准确描述的专项性来帮助提高运动表现。在本章中，确定了 6 种类型的专项性，并描述了其特点。为了保证专项性，设计力量训练必须满足许多条件——不仅要保证力量训练对运动成绩有积极的影响，还要保证它不产生消极影响。例如，跑步时腘绳肌的功能被用来分析力量训练怎么样满足专项性的要求以及在此分析的基础上制订康复治疗方案。吸引子和波动子理论在此发挥了关键作用。

第 6 章讨论了专项性的对立面：超负荷。超负荷和专项性是相互对立的，这体现在中枢/周围模型中。"超负荷"这一术语是极其定量的，它不是学习系统对训练刺激如何做出反应的。替代术语"变化"是指定性评估更符合动作学习的原则。使用定性评估意味着超负荷不再与物理负荷自动画上等号，这意味着大重量的力量训练并不一定是好的训练。

为了在力量训练中提供有意义的变化，要使用制约主导的方式，包括在任务、环境和身体上做一些变化。特别的是，有针对性的使用疲劳来使身体产生变化，是一个新的、相对未使用的概念，可能具有很大的潜力。

第 7 章是把所有理论进行实践。力量训练系统尽可能以希望出现的场景式的协调性适应为基础。这意味着放弃力量类型的标准分类方法，诸如力量耐力和爆发力这样的分类，现在都因其维度单一而不值一提。在剩余的分类中，反射性力量虽不是习惯性的说法，但是对所有需要在短时间内完成动作的运动来说，是必不可少的。

运动训练新思维
——提高运动水平和预防运动损伤的秘诀

最后，运动专项性系统应用在吸引子和波动子理论的概念中。从肌肉内、基础的肌肉间合作及更大的场景式动作模式三个水平上，来讨论运动专项力量训练相关的系统方法。并举例来说明如何在练习中实践这个方法。

这本书给教练和物理治疗师（运动理疗师等）一些建议，即根据协调性的原则来设计出连贯一致的方法。但这并不意味着教练和物理治疗师们不再需要创造性——当把从理论转化为制订个性化训练计划的时候，这是必需的。

扩展知识

虽然这本书很大程度上是思维模式的结果，但我还是尝试把内容与研究的发现联系起来。在这一过程中，我常使用的一些研究方式，很少在力量训练的分析中被使用到。对这些理论有所了解的话，理解这本书的内容会更容易一些，参考其他的资料是很有意义甚至是必要的。但在这本书的语境下，将理论转化为实践，比起充分掌握基础理论更重要。

实际上，这种践行是一种对科学理论的真正挑战。不管这些理论有多么的创新和有趣，践行往往令人十分失望。然而，实践还是非常有意义的——践行理论有可能产生完全不同的方法来做训练干预和康复。

第1章讲述了动态系统理论的含义。尼古拉·伯恩斯坦（Nikolai Bernstein）的工作是这个理论的基础，更准确来说是证明了这个理论。这里使用"证明"一词更为恰当，因为在20世纪90年代伯恩斯坦的理论还没有被人们认识的时候，动态模式理论已经在西方得到一定程度的发展。在分析动作控制的结构时，他主要关注自由度问题，包括变化的作用。这与克劳斯（Kelso）等人所研究的复杂的生物系统和其他系统、混沌理论等完全一致。这些理论有很强的数学基础，但并不一定需要掌握数学基础，才能够理解本书。能理解一些去中心化控制的典型要素，比如说知道吸引子－波动子、预反射和相变的意思，就足以明白这些理论对实践的意义。读者如果想要了解更多关于运动技能与动态系统之间的关系，可以查找更多与动作的变化和动作的协同作用相关的内容。

第 2 章将动态模式理论转为实践，来分析开放式和封闭式的运动技巧。这种分析是区分体育动作中的普遍性和偶然性的基础，而这反过来又是运动专项力量训练的关键起点。

第 3 章讨论了标准的神经生理学，为了进一步研究，很容易在教科书里找到这些内容。同样也能找到有关中枢模式发生器、中枢控制系统理论的相关知识，但更少一些，这部分理论目前仍然处于早期阶段，人们对此了解甚少。

第 4 章首先详细阐述第 1 章所讨论的动态系统理论的实际含义，然后介绍运动控制和动作学习的相关理论。一个重要的基础是意图－行动模型，很遗憾的是，在神经生理学和运动控制的教科书中只能找到零碎的这方面内容。想了解更多的读者别无选择，只能查阅现有文献。然而，如果把这种有些抽象的理论模型转变成运动技巧，我们就会发现，有相当多的文献是关于动作中关注的作用。Gabrielle Wulf 对内在和外在关注的洞察，可谓当之无愧的第一。在关于反馈的许多理论中，更加详细阐述意图和关注的作用也有大量文献提供了更深入的信息。然而，这一研究还远未完成，正如第 4 章中在内部反馈方向上做的附加推理所见，这种推理是以结果为导向的，目前还没有术语可供选择。

为了了解更多关于变化在运动学习中的作用，尤其推荐读者去参考德国的研究。人们越来越多地认识到变化在运动学习中的作用，但要想深入认识底层的机制还是要通过搜查学习文献。一部分文献可在神经生理学领域（如

运动训练新思维
——提高运动水平和预防运动损伤的秘诀

混沌在新神经网络发展中的作用），一部分是经验研究（如变化在精英运动员中的作用）。

第 5 章和第 6 章提供了训练理论标准分类以外的一些理论。当然，关于标准训练理论有大量的相关研究，所以更容易从批判性视角去阅读和考虑各种影响因素。因为训练理论不是一门精确的科学，而是介于科学和信念之间。

第 6 章审查了制约主导的训练方式。由 Newell 创立的这个理论试图将所有关于运动控制的理论汇集到一起。在阅读了相关文献后，我们真正只能得出这样的结论：与其作为解释运动控制的基础理论原则模型相比，这一理论更有潜力帮助将这些理论运用在实践中。该理论更像是停留在"语言"层面，可能意味着它无法实现自己的承诺。

第 7 章与第 5 章、第 6 章基本一致，这是一种理论向实践的转化，为了寻求普遍认知之外的另一番天地。因此，对常规做法补充额外一些知识，非常有助于在实操模型的潜力方面进行批判性研究。

弗兰斯·博世

译者前言

前几天和几个朋友一起吃饭，一位朋友说：最近 3 年每天在院子里散步，有的同事 3 年前怀抱孙子，现在可以跟着一起玩了，又跑又跳喊着爷爷奶奶的；有的邻居 3 年前小孙女 3 岁，玩着玩着今年就上学了；而我每天散步带着的是女儿的狗，3 年了还是一条狗，一条老了 3 年的狗，一点成就感没有。在同样的时间里，赋予的内容不同，收获大不一样。

想一想，很多事情都可以这样观察、总结。

花同样的时间，看一本理念通透、醍醐灌顶的书，和一本不知所云或者观念落后、格局不高甚至让人误入歧途的书，或许就是造就人与人差别的原因之一吧。看一本好书不但是一种幸运，同时也是学习的捷径。

运动也是这个道理。现在，久坐少动对身体的伤害越来越引起追求健康之人的重视，越来越多的人参加运动。但是，运动的结果却不一样，有的人变得矫健、优雅、活力四射，看起来比同龄人年轻很多；有的人依然弯腰驼背、一副枯萎状态，气质像难民，运动并没有让他阳光起来；有的人运动只是出出汗，运动起来完全是在"打酱油"的感觉；也有很多人定期运动，但是伤痛不断。所以，不只是从座位上起来运动就行了，更重要的是要合理地运动。

现在您正在看的这本书就是一本好书，是从事运动、热爱运动的人的必读书。运动的理论和理念很多，有的新颖，有的落后、片面，很难统一起来；运动的技术也是百花齐放，但运动效果却并不都是让人健康和快乐。本书作者站在泰山之巅，一览众山小，把既往分散的理论去芜存菁地统一起来，对运动锻炼的技术也是沙里淘金，所以这本书一定会对运动和锻炼产生深远的影响。

全书充满了真知灼见，例如：

- 用简化法理解复杂的生物学系统是不合适的，因为复杂的生物学系

运动训练新思维
——提高运动水平和预防运动损伤的秘诀

统不按照线性方式行事。

- 健美训练不能演化为身体局部训练法，物理治疗对专项性问题处理得也太过简单化了，没有考虑到相变这种现象。
- 力量的产生会在许多不同水平上受到影响。在肌肉水平上，在脊髓水平的复杂回路产生了各种机制，在脊髓以上的水平也会影响力量的产生。
- 只有在适应性改变转移到体育动作中时，运动专项训练才有意义。
- 动作模式的不断变化应确保应对环境进行必要的调整，这种调整必须被控制。
- 不同动作模式之间的转移是有限的，这种有限性是保护身体不受损伤的重要机制。
- 最大力量和爆发力的产生只会在熟练掌握的动作模式中发生，以保证动作能够安全地进行。
- 只有考虑任务、环境和机体对运动表现的约束时，才能设计一个合适系统方法来识别力量训练中的定性超负荷。这三个成分中的任意一个都可能发生变化，并在训练中产生一个前所未有的新的感觉运动模式，从而提供学习的刺激源。
- 力量训练是抗阻的协调性训练。
- 变化是运动训练的灵魂，一味增加力量不是个好主意。
- 身体运作的模式是整体和场景式的，而健美训练是典型的局部训练，对健康无益。
- 使用总体动作模式训练打破了力量训练和技术训练之间的界限，究竟是技术训练还是力量训练已无关紧要。

译者前言

这本讲正确运动锻炼的书，适合很多人看，例如：

- 教练和教师，不管是职业体育教练、体育教师还是健身教练，都要做到正确的运动、安全的运动，这样运动成绩和健康才有保障。
- 康复师和治疗师，很多传统的观念需要更新，这样才能帮助伤病员恢复健康重返伤病前的工作或者运动。
- 骨科医生，作为治疗骨关节运动系统伤病的专家，需要知道什么是正确的运动和康复原则，否则无法指导伤后和术后康复以及预防运动损伤。
- 喜欢运动的人，也需要了解正确的运动和训练。
- 研究运动的人，正确的训练应该既有效又高效，本书作者指出了很多运动训练研究方面的空白点，需要研究、证实或者推翻一些直觉和传统观念。
- 喜欢看书增加健康智慧的人，这是 本大开眼界的书，不会让人失望。

如果说久坐少动是现代人伤病的源头和"幕后黑手"，从座位上起来做合理的、适量的运动是所有健康追求者的必修课，那么这本书是所有想健康的人的必读物。

让我们一起做合理的运动，绽放我们的生命力。

朱立军（猎豹医生）
"绽放你的生命力"倡导者
2022 年 4 月于广州

目录 contents

第1章

速度与力量的基本概念

1.1 简化论和复杂生物系统 ——002

1.2 力量训练效果可转移到体育运动表现所需具备的特征 ——020

1.3 运动专项力量训练起因于简化法的传统 ——028

1.4 运动专项力量训练和运动控制 ——054

1.5 小结 ——059

第2章

解剖学和力量产生中的限制因素

2.1 肌肉水平的影响 ——062

2.2 神经肌肉转移效应 ——090

2.3 脊髓水平的神经回路 ——094

2.4 中枢神经系统的影响 ——104

2.5 小结 ——107

第 3 章

分析体育动作

3.1 开放性和闭合性运动技能 —— 111

3.2 动作模式中的吸引子和波动子 —— 112

3.3 小结 —— 139

第 4 章

训练的固定原则：场景式的力量与协调性

4.1 力量训练中发生的是生理性适应还是协调性适应 —— 142

4.2 力量中的适应：生理方式 —— 146

4.3 运动控制和限制对力量产生的影响 —— 154

4.4 动作学习和训练的规律 —— 163

4.5 小结 —— 210

第 5 章

力量训练的专项性

5.1 训练的专项性和转移 ——214

5.2 力量和爆发力之间的有限转移 ——215

5.3 专项性的种类 ——225

5.4 杠铃与力量训练机器 ——240

5.5 力量训练专项性的限制 ——242

5.6 举例：腘绳肌作用和专项性 ——250

5.7 小结 ——268

第 6 章

超负荷的力量训练

6.1 超负荷 ——272

6.2 体育运动中力量的产生与力量训练中的超负荷 ——281

6.3 牛顿定律或动作学习法则 ——290

6.4 变化规律作为指导原则 ——293

6.5 小结 ——315

第 7 章

运动专项力量训练实操

7.1 身体局部和场景式力量训练方法 ——320

7.2 根据适应对力量训练进行分类 ——329

7.3 协调性的训练 ——343

7.4 小结 ——388

译后记 ——390

第1章

速度与力量的基本概念

1.1 简化论和复杂生物系统

在理想状态下，所有的训练理论都应该是在循证基础上建立的。然而，在实际情况中，特别是就训练过程这方面而言，我们谈及的更多是训练理论而不是训练科学。"理论"这一术语表明现有的训练仅仅有小部分以科学知识为基础，大多数是基于一些模型，例如生理学过程模型、生物力学模型等。而我们只是假设这些模型能够反映现实情况。这些模型，在有科学证据时，是得到科学的支撑的；在科学证据穷尽处，就只能是一些推论。由于训练理论需要在实际中具有可操作性和实用性，所以这种在科学证据以外做一些推论是非常有必要的。因此，指导训练并不仅是一门科学，更是一种艺术；源于经验的直觉，在指导训练的过程中扮演着非常重要的角色。

训练模型的科学支持相当有限。这其中有一部分的原因是投入训练研究中的资金比较有限。也有一部分原因是有大量的因素影响着训练，而这些因素又以一种非常复杂的方式相互影响，因此去准确分析训练过程难度非常之大。简言之，我们很难将如此多的因素一次性囊括在一个实验项目当中进行讨论。我们必须对研究哪一些因素、排除哪一些因素进行选择。当然，也有实验试图尽可能地将这些对训练机制有着重要影响的因素纳入进行研究，但不言自明的是，因素的选择常常是非常主观武断的。更糟糕的是，这些选择将极大地影响甚至是决定实验的结果。所以，在特定训练条件下，去深入了解哪些因素是对训练有关键性影响，哪些没有，是非常必要的。这就要求我们对于训练实践要有一个健全的认知。通常，有经验的教练对于训练过程有着比较好的认识，在他们的帮助下，研究者可以对那些在训练过程中起重要作用的机制有更好的了解，这会使我们的研究更加接近真实情况。总之，为了对训练过程有一个深刻的了解，我们的研究不仅需要事实，还需要考虑那些基于实践经验的思维模型来建立一个框架，以便收集更多的事实证据。

1.1.1 简化法

研究者对于训练测量指标的选择，不能无法完全基于事实，也要部分参考思维模型，除了这一实际情况之外，研究者需要依据统计数据对他们选择的测量指标进行解释，还必须要作出一个次重要的假设——也就是说，在对（生物学）系统的组成部分做过研究之后，他们可以对整个系统将会如何运转作出有根据的陈述。这一假设是基于这样一个想法——现实是由那些抽象的基本法则所塑造和影响的，而这些基本法则能够从物理和数学公式中总结得出。在科学和其他哲学中，这一理论常常被称为"简化论"或"反归纳主义"（Andersen，2001; Ladyman，2002）。简化法应用于训练过程机制研究的基础如下：这些众多的因素对训练过程的影响，可以借由物理和数学原理准确地总结出来，所以这些关系是恒定不变的。根据这一思维方式可以得出，主要因素有重要的影响，次要因素则没有重要的影响。省略掉那些对训练过程几乎没有影响或偶尔才产生影响的因素（干扰因素），能使训练的评估内容易于管理（图1.1）。这些易于管理的评估结果可以进而用来尝试归纳影响训练过程的基础机制。即使在这些研究中，实验者会收集到非常多的数据，但基本的假设——现实是建立在基本的抽象不变的常数基础上，而当系统变得更加复杂时，这些因素对于训练过程的决定性影响仍将保持恒定，可惜这一假设尚未被证实。尤其是，那些标准训练理论中的组成要素，应该具有预测功能——训练在（不久的）将来会起什么样的作用，也是建立在基础准则对训练过程有着稳定决定作用的假设之上，也因此，取决于这些理论是否准确或者完整。

研究表明，根据训练理论几乎无法预测训练的结果。至今为止，几乎没有科学证据证明根据传统训练理论得出的机制能够支持身体出现的改变（适应）是来自训练。虽然我们能对许多的生理变量（指标）进行测量，但却无法预测当接受外界干扰（训练）时，这些生理学指标将如何变化。这也是几乎没有关于这些变化是如何发生（如生理学的变化）的科学文献的原因。这其中部分是由于这方面的研究数量有限，也可能是由于已有的实验大都集中研究（数量有限的几个)主要指标。

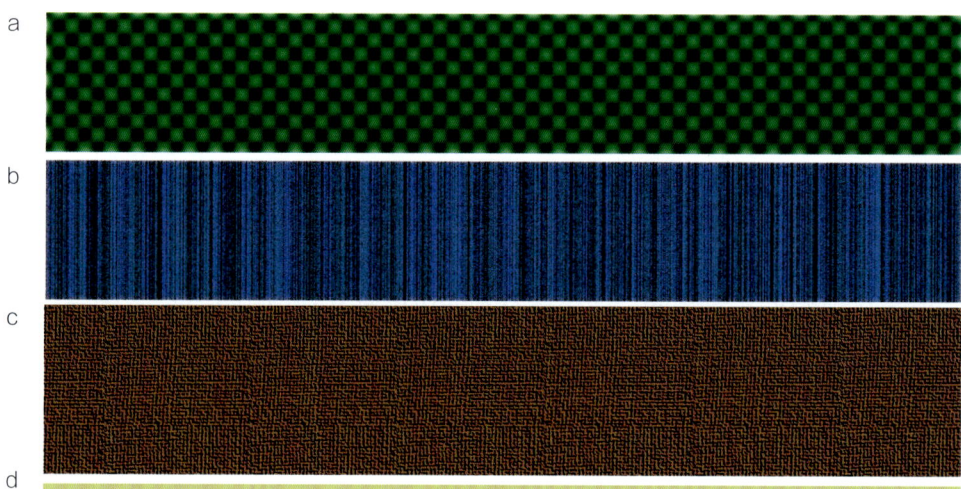

■ 图1.1　简化法在研究中的经典范例：主要因素（a，b，c）有较大影响，次要因素（d）有较小的影响

实际上，因为训练而产生的适应性变化是因人而异的，即使是同一个个体，其变化也可能因为时间的不同而不尽相同。实时监控个体的训练史可能会帮助我们发现身体适应性变化的发生规律，但我们很难从这一过程中得到关于训练的影响的可靠信息。因此，训练理论中涉及预测训练影响的方面（如训练计划的设计以及周期模型等）其实是非常脆弱的，因为他们是建立在确定有限的几个因素可以提供对实际训练过程有意义的反映这样一个假设的基础上。由Matveyev、Verkhoshansky、Tschiene、Bompa、Issurin等提出的模型就属于周期模型。这些模型有时甚至可以详细指出如何组织最佳训练。虽然研究者用极多的研究数据支持这些模型，但其有效性和预测价值仍然非常薄弱。所有研究都证明，高级的周期模型的优势是它的应用要优于那些在训练中几乎没有变化的周期模型，所以在训练中随时进行变化，要优于在训练中一成不变的训练计划。但为什么某一模型中的变化会优于另外一种模型中的变化，研究者还毫无头绪。由训练所导致的适应性改变，也因此具有极大的偶然性和

不可预测性，所以这一部分也就成为训练理论中最不堪一击的一环。排除那些在复杂系统中的干扰因素（对于训练有着极小影响的因素），并没有使实验结果变得更理想。

1.1.2 复杂生理系统

利用简化法进行研究被广为批判。批评声不仅来自一线工作者，他们普遍认为在许多方面，研究与实际情况都有着极大不同，这些批评声不仅仅是在训练设计的理论这一方面，现在研究人员也强烈批评简化法中排除系统中的干扰这一做法。这些批判多数是建立在以动态模式理论（Kelso，1995）为基础的复杂生理系统理论之上的。"动态系统"这一概念指的是复杂系统的整体结构以及这一系统所表现出来的复杂性。而"动态模式"则指的是基础结构以及在此基础结构之上发生的适应性改变。为了表达清晰，本书后面部分中将会使用"动态系统"这一概念。这一理论宣称简化法的原则仅仅对于那些比较简单的系统有效。换句话说，只有那些建立在有限要素基础上的系统的表现才能用基础的抽象原则进行解释，对于那些相当复杂的系统，使用线性的方式以及排除干扰的方式是不合适的。这些复杂的系统中，存在很多的干扰因素，且系统中的不同部分会相互产生复杂的相互干扰，同时这些系统中存在不同的动态变化，所以简化法在这些复杂系统中不再具有预测的功能。天气、经济以及城市的基础设施，均属于复杂的系统。另外一个例子，就是运动员的训练。在这些复杂的系统中，一些毫不起眼、看上去毫无意义的因素可能与其他影响产生相互作用，然后对系统中发生的适应性变化产生主要影响。在一个主要的生理系统中，例如我们希望通过训练去影响到的能量系统，通常情况下，在不同的个体当中，会对训练负荷产生不同的反应。这些主要系统会通过与其他小的系统进行相互影响，如饮食、激素水平变化、睡眠、情绪、社交环境、内在温度、家族等。这些微小的因素，或者说是"干扰"，可能对系统中发生的适应性改变有着关键性的影响（图1.2）。由于这些因素也会进行相互的影响，系统最终可能会表现得杂乱无章，毫无规律可言。尽管现有的周期性模型宣称他们对于训练的作用具有某种程度的预测能力，但在现实情况中，很多因素会参与到训练过程中，进而对训练刺激产生更加不确定性的反应。由于训练产生的适应性改变，表面上看上去杂乱无章，虽然这对于科学研究来说有一些棘手，但这些适应性改变对于帮助有机体适应巨大的环境变化起到决定性作用，而一个生理系统必须能够对它所处环境的变化需求做出弹性适应。一个只能够作出固定适应的僵化系统是无法存活的。

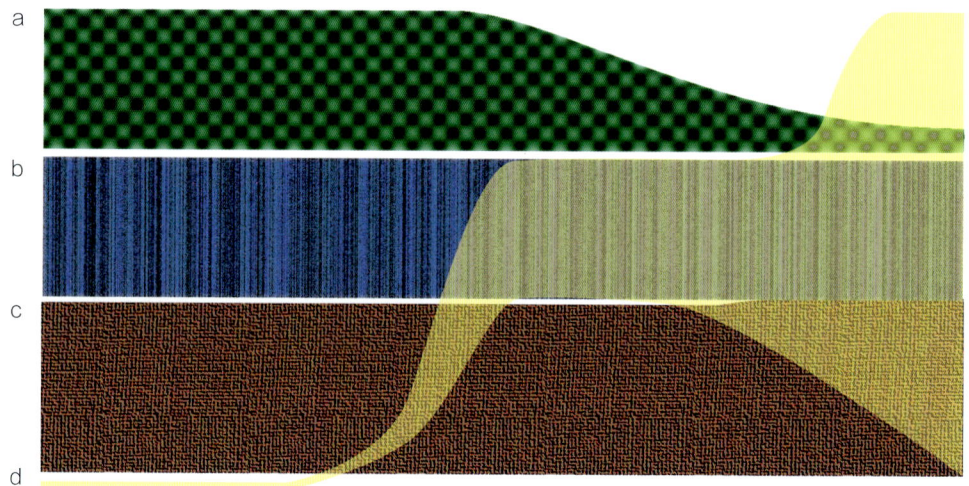

■ 图1.2 复杂生理系统的经典范例：在某种情况下，主要因素和次要因素（a, b, c, d）可能对在系统中发生的进程都产生较大影响，但也可能没有影响

根据复杂生理系统理论，机体基本上是由中枢神经系统所控制，也会根据蓝图（如优势大脑）来进行运作，这就是一个僵化系统。中枢控制并不能为系统提供必需的灵活适应能力，这是由于灵活适应能力来源于干扰形成的混乱，而这些干扰是去中心化的，发生相当分散，遍布整个机体。这意味着这一去中心化的过程在机体中并不是由优势命令中心直接掌控的，而是在机体各处即时发生改变。这一去中心化的过程就像是秋天里的一群惊鸟，这些鸟儿看上去是

以有组织的模式飞翔，但是除去外观表现，这一过程并不是中心控制的，每只鸟儿会对他周围的数个信号作出反应，而且因为每只鸟接收的信号都有轻微的改变（也可以理解为干扰），我们会发现整个鸟群的形状会发生惊人的改变。所以，机体对训练的生理反应并不是发生于某一个由中枢控制的适应性改变的刺激，而是由那些程度不同的独立因素影响到整个机体最终的适应性变化。这就意味着那些所谓的干扰因素在科研中并不应该被简单地略去，因此说，机体的适应性改变过程是非线性的。

扩展知识

"非线性行为"和"相变"是复杂系统中的关键性概念。系统的非线性不仅会表现为系统的一个状态向另一个状态逐渐过渡的过程，也会表现为突然的转变。从一个状态向另外一个状态发生的系统跃迁，也可以称其为相变。在物理学中，我们都对这种突变非常熟悉，如液体突然变为气体，或者是由水向水蒸气的转变。而当水结冰时，水和冰之间的变化也同样非常迅速，并没有水和冰之间的逐渐转换或者中间状态。在生理和协调过程中，也同样存在相似的突然转变。在生理体系中也有很多突然发生变化的例子，如激素（如皮质醇）水平的混乱波动，以及心律不齐（健康的心律是不整齐的）。步行和跑步之间的转换也是协调系统中相变的一个很好的例子，这一转变非常突然，而且在这两种步态转换间，并没有任何中间的过渡形式，并且步行和跑步之间的差别比你一开始想的要大得多。在步行时，身体的重心会随之上下移动，当双腿靠拢时重心处于最高点，而当双脚距离最远时处在最低点；而在跑步时，这一过程恰恰相反，身体的重心在双脚远离时处于最高点，而在靠拢时处于最低点。当由步行转换为跑步时，身体重心的上下运动轨迹，突然间发生了调转，而整个系统保存动能的方式也发生了突然改变。在步行中，摆动足以支撑腿为轴向上提起后，重心会升高，而此时摆动腿的钟摆运动确保不会有任何能量损耗。而在跑步过程中，能量是通过足落地时运动单位中组织结构的弹性牵拉而储存在整个系统当中的（Biewener，2003，Ker等，1987）。在步行向跑步（或跑步向步行）的转化过程中，从这一刻到下一刻，运动模式发生了极端的改变（图1.3）。

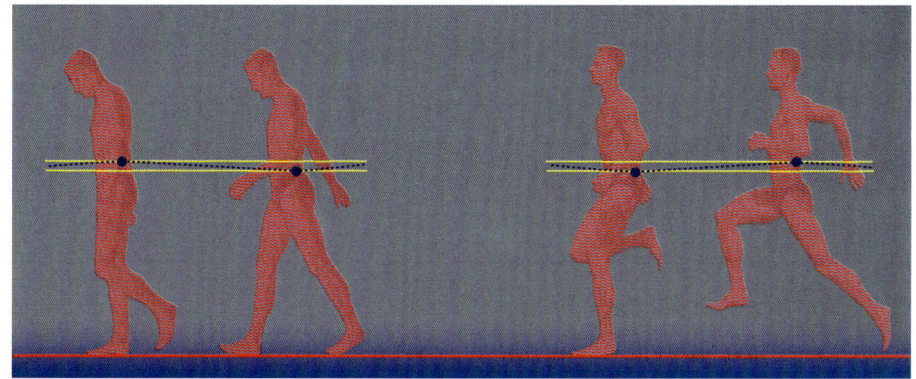

■ 图1.3　左图：步行——身体的重心在双脚分开最远的时候在最低点；右图：跑步——身体重心在双脚靠拢的时候在最低点。这就意味着这两种不同的步态由截然不同的方式所形成

这种在不同运动中运动模式迅速发生剧烈转变，在上肢中也可以看到。用力推动作模式，如推铅球、拳击出拳、撑杆跳在冲过横杆时爆发性撑杆和体操鞍马中最后的双手支撑，与投掷动作模式，如棒球投球、网球发球和排球扣球，有着本质的不同，而且并没有发现这两种运动间有任何有效的中间形式。所以在用力推动作与投掷动作之间并不存在转化之说。用力推动作建立在肩关节内旋运动的基础上。从技术上来说，一个完成度较好的用力推动作是以伸肘同时躯干绕长轴扭转来结束的，所以肩关节将仍然保持在一个相对外展的位置。这类运动主要由肌肉的向心收缩来完成。而与之相比较，投掷动作则是建立在肩关节先是外旋然后内旋的基础上的。肌肉肌腱单位需要同时进行弹性作业，将能量由重量较大的结构（躯干）转向重量较小的结构（手）。虽然某些相同的肌肉（如胸小肌）会分别参

与推动和投掷运动，但这两种动作模式的（自）组织过程，从根本上就非常不同，所以它们很少（如果有过的话）会在某一运动中组合出现。没有运动员能够同时擅长标枪和掷铁饼两项运动。所以针对用力推动作模式的力量训练，就必须要和投掷动作模式的力量训练在本质上有所区别。然而，掷铁饼和推铅球这两种运动在现实中是有可能组合进行的，因为它们的基本构成要素是非常相似的。这样突然的转换过程常常发生在一个非常复杂的生物系统中——例如运动员，但它不仅仅发生在这些大型运动系统中，就像从步行到跑步，或者从推动到投掷运动的转换，也同样存在于不计其数的小规模子系统中，促成大型运动系统转变的发生，比如控制从（跑步）站位期到腾空期的系统之间转换等。所有这些活动的子系统对于整个活动的影响，是很容易发现的。比如某人在步行过程中捡东西，并将它夹在腋下继续行走，或者在步行过程中，步行的地面突然间发生改变（如从草地到了松散的沙地），他的步态会随之产生变化。在生理系统或者身体协调系统失去其稳定性的时候会发生相变。当系统低于稳定性既定的阈值时，系统的组织方式会突然间转变为另外一个稳定的状态。如果越走越快，这一运动最终会变得不稳定，而此时一个很小的干扰，就会使得整个运动的模式变得非常不稳定，然后动作模式就会转变为跑步。这一转变通常不是主观控制发生的，这种步态类型的相变也会在动物中发生。

相变发生在生理系统的许多层面，从最小的子系统到整个机体的运动模式，相变对于系统的正常运作是非常必要的（图 1.4 和图 1.5）。在复杂生物体系中相变的机制，有以下两个主要的特点：

（1）影响因子的大小和所导致相变的规模大小之间并没有对应关系（一个微小的因素可能会造成非常重大的影响——噪声）；

（2）这些阶段是自我组织型的，它们并没有受到中枢计划系统，或者是指挥中心的指导。

这样的一个去中心化的组织过程中，体系中作用因素的大小与其可能产生的影响的大小没有直接联系。也就是说，在这一体系中发生的整个过

运动训练新思维
——提高运动水平和预防运动损伤的秘诀

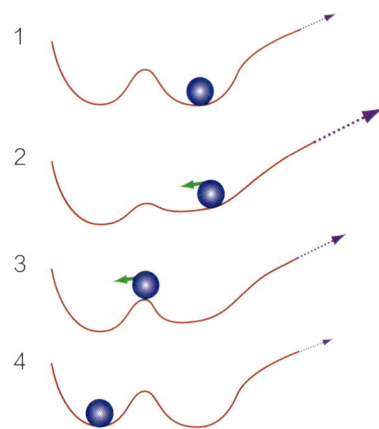

■ 图1.4 相变：一个元素（球体）处在一个稳定的位置（1），这一稳定性被扰乱（紫色箭头）（2），这一元素所处的位置变得不稳定（3），随后该元素跳入了另一个稳定的位置（4）

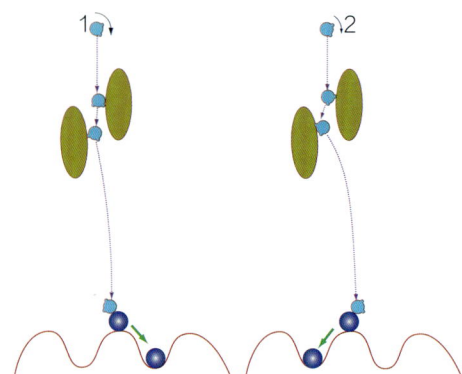

■ 图1.5 一个很小的看上去没有意义的因素引起的相变。（1）左侧和（2）右侧旋转上的细微差别，导致这一因素在与两个椭圆体碰撞之后，有了不同的路径。这些不同的路径，最终导致这一因素在不稳定球体进行碰撞时，使球体落在了不同的稳定位置

程是不可预测的。然而，这也意味着体系有着相当的灵活性，不是以固定、刻板的方式对环境中的影响因素所做出反应（如在一侧手臂夹着重物或者是步行平面从草地转变为松散的沙地），以便常常能够达到仔细规划的结果。

除了灵活性之外，系统的组织过程也必须有意义，如机体必须做出有意义的、能解决问题的行为。关于复杂生理结构的理论，最不同寻常的是，只要这一系统足够复杂，动作行为就可以自主地组织起来。凭一只白蚁的力量是无法建起蚁穴的，它也完全不知道如何去建。就算是上百只白蚁一起工作，它们也不能展示出整体上有意义的行为。即使是几百万只白蚁一起努力，它们中也没有一只白蚁对目标有丝毫的认识，但是每只白蚁对于环境中的信号做出的行为改变，将会最终形成一个独一无二的结构。我们的大脑也是以同样的形式工作的。我们神经系统中的任何一个神

经元都无法对我们现在正在读的书进行理解，但是如果大量的神经元能够有效地活跃起来，就能够理解这本书的内容，而且，如果神经元活动与躯体的模拟连接起来，我们就可能认识现在的场景，决定以不同的方式做事（Damasio，2006）。

复杂的生理系统这一独特的特性，使得发起某个动作时不需要指挥中心的参与，而且也为动作到底是如何产生提供了一个新的解释。数不清的子系统自我组织，不断产生与外界协调一致、自主的动作。当然，这样基于自我组织的动作模式，对于运动康复和训练有着深远的影响，特别当目标是很快可以见到训练效果的时候。

不只训练的生理方面是通过这样复杂的方式进行和完成的，训练的生物力学以及协调性方面也有着复杂的非线性组织架构。这也意味着一个高度简化的方式，并不能对形成动作模式的动力学进行准确的认识。动作模式的设计必须使其在大范围内变化的环境因素影响下同样具有高效性，而复杂性则是符合这一需求的逻辑性结果。运动员必须能够在无论是软还是硬、平整还是光滑的平面上，或是手臂夹着或肩扛一个重物等这些情况下跑步。这也同样适用于足球比赛中，当需要在防守者之间迂回前进，去接一个长传球的时候，运动员们不仅需要做到能在这些情形中正确地运动，也必须做到在使用最少的控制机制下完成这些动作（见 3.2.6）。如果在林地里跑步时，每次平面的改变都需要一个不同的运动控制体系去调解的话，跑步无论是从精神上还是从肉体上都会变得非常艰难。此外，在林地跑步过程中还会经常发生动作及脚落地的判断失误，会产生大量的不利条件和危险。如果必须由一个中枢控制机制不断地由一个控制程序转换到另外一个控制程序的话，当面对持续变化的环境时，运动系统无法完成应对和适应。动作模式必须能很好地接纳和应对所有这些环境因素的影响（当然，影响不能超过一定的极限）。只有当调控的规则灵活性强、广泛适用，而且同时被整个运动系统所影响改变时，动作模式才有可能应对好环境要素的影响。

在各种场景下，控制好动作，必须满足以下两个条件：

运动训练新思维
——提高运动水平和预防运动损伤的秘诀

（1）这一控制必须是有效的，如必须认识到这一动作的最根本目的。

（2）这一控制必须将偶然性降到最低，这样才适合解决多个动作问题的需求。

这意味着有可能在我们的大脑中根本没有所谓固定的动作程序，动作都是在一系列动作规则的基础上灵活组合形成的，这些动作规则使用起来具有通用性，而且可以通过过滤和应对偶然性来满足外界环境的需求。在跑道上跑步、在不平整的平面上跑步、持物跑步或者是在球类运动中跑步变向，全都是针对同一个主题衍生的变异，而这个主题就是在运动系统内外多个因素相互作用而最终形成的（图1.6）。

■ 图1.6　只有将控制机制限制到最少，才能在变化的环境（如不可预测的对手、不稳定的支撑平面等）中进行运动，这些控制机制用来发现运动的意图

为了找出可以在多个不同的环境中使用的控制机制，动作必须设计为可塑性的，而不是线性的（Van Cranenburgh，2002）。这也是可行的，因为动作本身就是由影响动作各个方面的影响因子不断相互作用形成的。我们通过研究学习过程是如何发生的，可以看到这一规律。学习一个新的动作并不是学习者从无法完成到稍微可以完成，再到可以将某一动作做得越来越好，直到最后可以精通这个动作，而是众多因素持续不断地相互作用，形成了一个迂回弯曲的路径。这个路径形成过程中短期的技能出现又消失，然后被其他技能所替代。这样一个看上去混乱的路径，最终会形成一个既稳定又灵活适应的动作模式（图1.7）。换句话说，学习一个新的动作，并不等同于学习如何以一个理想的方式完成这一个动作，所谓理想的方式本身是非常脆弱的，且仅适用于某一偶然场景。学习一个新的动作，其实是学习如何将多种变化加入同一个主题，进而找到一个能承受多种环境干扰的动作计划。

从这个角度看，物理治疗师、高尔夫教练以及东方武术教练所做的精确的

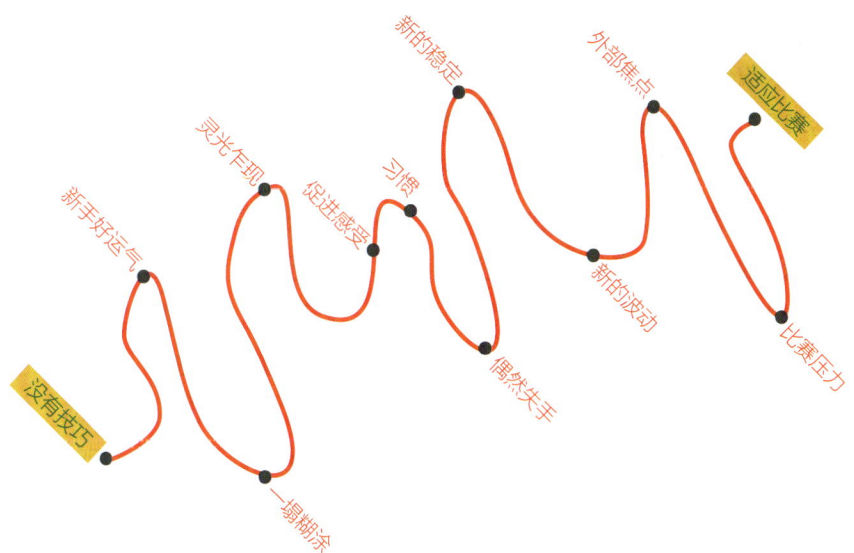

■ 图1.7 学习运动技能的过程并不是一个掌握度逐渐变好，最终得到最佳表现的上升趋势，而是沿着一条看上去不符合逻辑的弯曲发展轨迹（如上假想图所示）。在学习过程中，所学技能甚至有可能出现暂时性的下降（见图3.6）

动作纠正更像是无的放矢。学习系统会认为这些纠正不具有通用性，所以会将这些纠正指导作为偶然事件省略掉，换句话说，整个运动系统不会从这些纠正指导中学习到任何东西。运动系统根本记不住精确指导的上举技巧，因为这些技巧并不具有通用性，在日常生活中上举的物体，无论是形状还是重量都不一样。想利用对骨盆位置的精准纠正来改善日常生活中或运动中的躯体控制，效果非常的微弱，因为稳定性是在不同的环境中以不同的方式建立的（以自我组织的形式）。如果选手的运动表现不能随心所欲地变化调整，精确学习的柔道技巧在实战中并无太大用处。这样的例子还有很多。稳定又灵活的动作模式，都并不是在精确学习技术的过程中形成的，而是通过在复杂场景中自我组织完成的。

灵活性的例子

从我们如何保持平衡中，可以很明显看出灵活性是运动的先决条件这一事实。研究表明，平衡性无障碍的健康年轻人相比平衡性有障碍的人（如老年人）有更大的踝关节活动度。身体需要足部压力的转变（姿势性晃动，图1.8；Davids 等，2003；Van Emmerik 和 Van Wegen，2002）

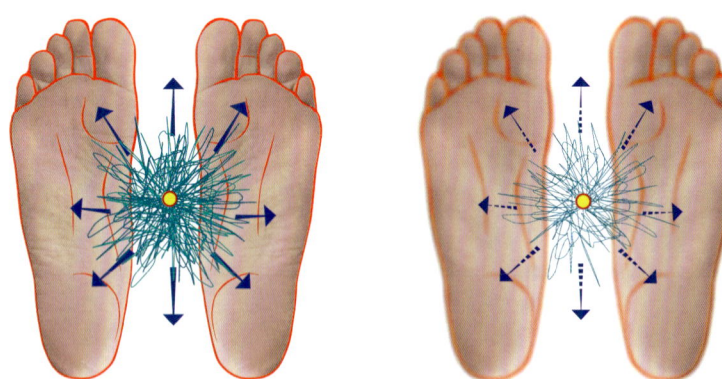

■ 图1.8 姿势摆动：在健康人群中，身体重心在地面上的投射并不是固定的，而是不断地向着支撑平面的边界来回摆动的（左图），在老年人群中（右图）不仅是支撑平面的边界变得模糊不清，而且摆动的范围也有所减小

来收集关于其保持平衡能力的信息（在给定的任何运动中，知道达到支撑平面的边界要再花多长时间，比准确知道压力点会落在平面的哪个地方要有用得多）。健康的年轻人可以用更快的速度代偿，还可以通过活动躯干和肩膀，用时更长、活动范围大而代偿，而老年人的反应则会延迟且不充足。因此，老年人的平衡能力欠佳，因为他们的姿势摆动发生延迟，且身体位置的变化/灵活性也有所减小，所以机体身体无法收集到足够的关于身体平衡的限度信息。变化是非常关键的，它不仅仅是系统中所谓的噪声或干扰，而是躯体能准确运动所必需的一个方面。

一个例子说明协调性的复杂程度

大多数的生物力学测量和研究都是基于外在可测量的生物力学指标。从外在的生物力学推理，去集中研究高速跑中足趾离地瞬间似乎是个好主意，因为通过使劲向后特别是向足趾离地方向蹬地，可以向地面反作用力中加入了一个有益的水平成分。因此，精英短跑者一直依据这一基于外在机制的有效推进理论进行训练。而当利用运动学评估方式评估短跑运动员在最高速的跑步技巧时，发现他们的支撑腿，即使是在足趾离地阶段，也是完全伸直，或者是几乎完全伸直的（Yessis，2000）。目前，短跑运动员在支撑相的第二阶段都不会完全伸直膝关节了，因为现在发现完全伸膝的效率较低。这是因为有多个影响因素可以决定跑者的最高速度，而不仅仅决定于一个有效的推动方向。如果在研究足趾离地阶段理想的膝关节角度时，将除运动学指标之外其他的变化因素考虑进来——例如肌肉活动的表面肌电信号或者肌肉力臂的变化——所谓理想的膝关节角度就变得没有那么明确了。如果将更多的因素考虑进来的话，包括那些在现阶段研究中几乎没有认识到的因素，如因为支撑腿内旋或者外旋增加的稳定性（Glazier等，2006），神经因素对于动作模式的影响（来自中枢模式发动机的影响和投射，Stuart和Mcdonagh，1998）以及预反射的影响（见

图 4.3 右），所以实际情况可能是在足趾离地阶段根本没有所谓的最理想的膝关节角度。例如，在肌群（如腘绳肌或腹肌）中某个局部的疲劳只发生非常轻微的改变，就有可能对最终的足趾离地阶段膝关节的理想角度有非常大的影响。由于这系统的复杂性，所以去制定所谓关节的理想角度或者理想角速度都是不太可能的。与其他运动相比，短跑运动员是在跑道上跑步的例子，其动作模式是相对比较简单的。

利用简化法也许可以很简单地归纳出一些技术性的概念，但这些概念最终都被证明并不是最有效率的。一个好的运动技术的描述并不是那些准确地写出理想的关节角度的硬性规定，而是那些提出了普适性的运动基本法则，并且为那些来自机体自组织以及每个人身体的独特性，提供一些自由发挥的空间。

1.1.3 基本运动性能

传统的运动训练理论基础是主要参数对运动有主要影响，这种简化模式导致训练划分为"基本运动性能"，即协调性、灵活性、耐力、力量和速度。这些性能被看作是运动员运动表现的"构建模块"。这种划分是用典型的简化法来研究运动训练和适应中发生了什么。简化法推断在不同的性能之间可以进行一个清楚的、至少是可行的划分，并且认为在这种区分可以更有效地管理整个训练过程。举例来讲，如果"力量"构建模块不够，那就重点进行力量训练；如果"速度"构建模块不够，那就重点进行速度训练。以此类推。

如果想通过做这种基本运动性能划分的假设来更好地控制训练过程，有两个标准必须满足：

（1）独立实体：每一个基本运动性能必须在某种程度上是一个独立的实体。意思是说，一个运动性能和另一个运动性能在特征上必须有明确的区别。只有在有证据支持的情况下，这种划分是可以操作的，而且这样的一个性能能够以作为运动表现的一个独立操作部分，来单独处理。

第 1 章 速度与力量的基本概念

（2）自动转移：基本运动性能的质量可以在不同的动作模式中（见 5.1）或多或少地自动转移。换句话说，如果通过某种运动类型的训练获得一种基本运动性能，这个基本运动性能也可以在另一种运动类型中发挥作用，可以自动修正和提高。

如果以上任一标准不符合，基本运动性能的概念将不太可行，尤其是在体育运动中运动表现受制于复杂且相互影响的多种因素。这种情况下，根据基本运动性能理论来安排组织训练几乎没有任何意义。

如果"独立实体"的标准不满足，那么这种针对运动性能的训练方法就是不可行的，因为在某种基本运动性能的训练中，不能充分确定哪种运动表现自变量在改进提高。举例来讲，不可能把耐力作为一个独立实体来训练（也就是说，没有其他基本运动性能对适应性有影响）。这个事实可以在中长跑运动中体现出来。有教练把 800 米跑末端跑步速度的丢失归因于糖酵解的爆发力产生耗竭，其他教练则归因于技术变形及效率极低导致的能量消耗增加。对于 800 米最后冲刺是通过训练短跑（速度）还是通过训练长跑（耐力）来达到最好的效果，没有简单的答案。无论是长跑训练还是短跑训练都不可避免地对跑步技巧和效率有影响。这些运动表现的决定因素（速度、持久力和协调性）紧密相关，所以，基于区分基本运动性能，不能设计出明确、普适性的训练策略。

如果"自动转移"的标准不满足，则不能保证训练特定的运动性能是有运动针对性的。在实践中，这一点是明确的：在一个基本运动性能比如"速度"中，几乎没有任何自动转移。一个优秀标枪运动员可以做一个快速的网球发球，但是不一定能做到快速反手击球，速度在正手和反手技术之间不容易转移。一个短距离自行车运动员通常在田径跑道上表现不好，田径场上冲刺训练对速滑选手甚至有负面影响，等等。只有当基本运动性能以外的其他一系列特殊标准被满足的情况下，力量转移才会发生（深入了解见第 5 章）。

在实践中，前面的两个标准都未被满足。考虑到复杂生物系统理论，以基本运动性能为基础的训练方法并没有什么正当理由。在复杂生物系统中，运动表现的各个组成部分动态相互作用，既不是成线性的，也不是机械性的。简单来讲，运动表现有太多的方面（它们之间以复杂的方式交互作用）参与到适应的产生，以至于我们不能完全区分运动表现的构建模块，以便单独应用于训练策略中。再明确一点说，力量、速度和协调性之间没有足够的不同来进行有意义地区分这些构建模块。在训练理论中，力量-速度-协调性三角可能是最强迫、人为规定的（简化的）结构。

1.1.4 基本运动性能"力量"

一个人产生力量的大小是由大脑控制肌肉收缩的方式决定的。即使是看上去很简单的动作，这种大脑的控制也不是自动优化，而必须经过训练来改进。竞技动作通常比较复杂，完成这样的动作需要产生很大的力量，这对于大脑而言是一项困难的任务。"开启"肌肉收缩产生力量不仅仅由中枢神经系统产生高强信号，也受到无数相互连接的增强和抑制神经通路的影响，就像协调性一样复杂（详情见第2章）。

训练单个肌肉发力貌似非常简单。充足的激励和反复的对抗大阻力/最大阻力的训练可以达到预期的进展。复杂的兴奋和抑制（紧张和放松）交互作用可以在"更高"功能（比如目标导向性和激励）命令下完成。由此，中枢神经系统可以让肌肉达到近乎最佳收缩。然而，单个肌肉力量训练对复杂的场景式动作模式的动力学没有什么帮助。只有当很多肌肉相互合作产生力量的时候，运动生物系统才会有改进，从而产生前后关联的场景式动作模式。在肌肉相互合作的过程中，产生力量的大小对一个好的动作来说不再是最重要的，而产生力量的时间才是关键。就像在管弦乐演奏中，关键不是哪一种乐器发出的声音最大，而是所有的乐器的音量和节奏相互配合。在前后关联的场景式动作中，关键是每一块肌肉产生的力量都是整体中完美的一部分。换句话说，动作模式越复杂、越是场景化，肌肉单独来看产生的力量越小。动作模式越场景化，力量和协调性越独立、自成一体。

日常训练实践中可以看到这个现象。训练实践表明，复杂的规则来得非早，甚至我们一开始不愿意承认。如果把力量看作独立的现象，我们会忽视一些对有效训练很重要的方面。举一个例子，频繁使用杠铃负重双腿深蹲训练来改善单腿相关性运动（如跑步、单腿跳跃）的运动表现，理所当然地认为双腿训练力量效果会转移到单腿运动表现上，然而事实上并没有转移。要解释为什么不能自动转移也很简单。单腿和双腿的运动模式在协调性上有很大的不同，中枢神经系统以非常不同的方式控制这两种运动模式。单腿深蹲时，单腿抬起不仅仅要膝关节和髋关节伸展，还有髋关节外展（腿抬起一侧的骨盆升高），这需要很大的髋关节外展力量，而这在双腿深蹲时则不需要。在训练中，训练有素的运动员（如职业橄榄球运动员）经常在做双腿深蹲时比跳高运动员更有力，但在单腿深蹲或者负重上台阶运动时则表现不佳。

如果力量训练或者运动损伤康复是为了增强运动员的运动质量（假设特定的转移会发生），一定要考虑到场景式动作模式的复杂性，过于简单化的力量训练模式（如单个肌肉或者单个关节活动角度）不太可能有多大用处。

1.1.5 基本运动性能"速度"

对于基本运动性能——速度来讲，协调性也发挥了实质性的作用。速度中或多或少可以从协调性的影响中独立出的一个方面是肌肉纤维收缩的速度。正如所预料的那样，快肌纤维比慢肌纤维收缩更快。然而，肌肉纤维的收缩速度仅部分决定场景式动作的最终速度。如果从单个肌肉纤维收缩放大到整个运动系统的运作，会发现在一个运动的动作模式中有一系列其他的因素，比如不同肌肉相互合作的方式，肌肉的弹性性能使用的方式，来决定一个动作的最终速度。其中很多因素可以归结为"肌肉收缩的时机（也就是协调性）"。

肌肉纤维收缩速度线性转移到相关运动速度，是简化主义的极端想法。根据简化主义的推理，速度主要由运动员的快肌纤维百分比决定。基于此，教练和研究人员对运动员特意进行肌肉活检，来对他们的肌纤维进行分类，可能希望预测运动员的天赋。

然而，如果我们考虑到决定速度发展还有很多其他的因素时，这种高度简化的推理就变得没有意义了。关于速度存在一个悖论。很大的外部速度经常通过限制内部速度产生，也就是说，在冲刺时，关节平均角速度和整个身体的移动速度没有关联。最快的百米冲刺运动员的角速度并不比较慢的百米冲刺运动员的角速度快（Weyand 等，2000），甚至有可能更慢。冲刺技术较差的运动员需要更大的关节活动范围（特别是在髋关节）以及更高的平均角速度，这样导致水平移动较慢。

事实上，这种悖论在其他运动项目上更明显。在速滑运动中，最高的速度不是由疯狂的动作获得，而是由耐心和有效运动来达到（引用速滑冠军 Jeremy Wotherspoon 的话"我并不是要很快，而是有耐心地施压力于冰上"）。同样的道理适用于游泳运动员（他们必须有耐心完成划水的动作）和跳高运动员（他们必须在起飞时保持僵硬和不乱动），等等。速度不是简单地由快速肌肉运动（向心收缩）产生，首先要把动作分配到尽可能多的关节，这样单关节的运动限制可以尽可能被延迟。速度是一种协调性的功能。在专项运动的力量训练中，构建思维模式时，尽可能晚地区分速度、力量和协调性非常重要。训练设计的各种组成部分相互关联的时间越长越好。

1.2 力量训练效果可转移到体育运动表现所需具备的特征

1.2.1 感觉运动功能

运动专项力量训练的重点是实现训练效果向体育运动表现的转移，这种转移的发生依赖于人体学习系统的内在机制。这种学习系统（见第5章和第6章）确保动作模式之间的连贯性。换言之，不同的动作模式之间是相互关联的，这就为发展新的动作模式提供了基础。而这是选择正确动作模式的必要条件。我们在选择动作模式时，不仅要联系到运动的环境（斜坡的斜度和光滑度，我们能跑上去吗，还是要爬上去？），还要联系到自身的特性（我们髋关节的活动性够不够，如果要攀爬的话，手臂的力量够不够）。如果不同的动作模式之间不是相互关联的，我们永远不会知道身体可以完成哪些动作、不可以完成哪些动作。我们会不断地陷入困境，因为缺少可以参考的框架，我们不会知道能不能解决一个新的动作问题，也不能对运动计划的结果进行预测，运动就会变得鲁莽。

如果对要完成的动作的运动和感觉方面都进行评估，我们可以恰当评估这个动作是怎样发展的，身体是否可以应付得了这个动作。如果一个人想要提举重物超过头顶并控制好，那么他不仅要评估所需要的运动成分，还要评估所需的感觉成分（如作用在肌腱上的拉力、肌肉长度的变化）。整个动作的感觉－运动程序组合可以与现有的已经掌握的动作模式联系起来。根据经验，我们可以评估能否完成这个动作，或者是否应该做这个动作。我们不断地做这种评估：当我们跳过一堵墙的时候，快速穿过马路躲避驶来的车辆，然后突然减速避免撞到商店的玻璃窗的时候，搬着重重的箱子登上飞机悬梯的时候等。我们也不断地根据自身状态的改变来调整这些评估，如在非常疲劳和膝关节受伤的时候，我们评估能跳过的墙的高度肯定是不同的。这种"评算"在前反馈和运动设计的逆向模型中都会用到。

为了在不断变化的环境中更好地发挥功能，动作模式所以被看作是一种感觉－运动程序组合：动作及其释放的感觉信息。这意味着我们把动作理解为不仅是与运动相关的一个词，也与感觉－运动相关的一个词。知道这一点，对判断进行的准备性训练是否能提高体育运动表现非常重要（专项力量训练是我们想要提高的某项运动表现的准备性训练）。如果准备性训练和目标运动在运动上非常相似，但在感觉上非常不同，那么运动系统将不太容易识别它，进而转移就非常少甚至没有。这就意味着，很多准备性训练一开始看上去有用，但是实际上与提高运动表现相关性不强，差强人意。例如，水中慢跑对于受伤的跑步运动员（虽然受伤了，但以这种方式保持跑步相关运动）来说是否有用，存在很大争议。尽管关节活动与真正的跑步相似（尽管最重要的运动特征——肌肉弹性使用缺失），感觉影响（重力感和水中阻力感）与真正的跑步差别很大，因此转移非常有限。

人体必须在无数的感觉－运动连接之间建立关联来实现有机体的功能（和生存），因此，设计学习过程就很有道理，这样不仅让感觉－运动连接形成与发展，更重要的是，还要让各种连接之间建立关联。也就是说，决定感觉－运动连接的发展的规则，必须是学习过程的一部分。这意味着在一个动作模式中，非偶然因素指引着学习过程，而这一点不是通过探索动作模式的核心（完美的技巧），而是通过探索动作模式的边界（通过理解动作模式的干扰代表什么）发现的。而这种干扰是动作模式中的噪声，对于动态系统却非常重要（图1.9）。

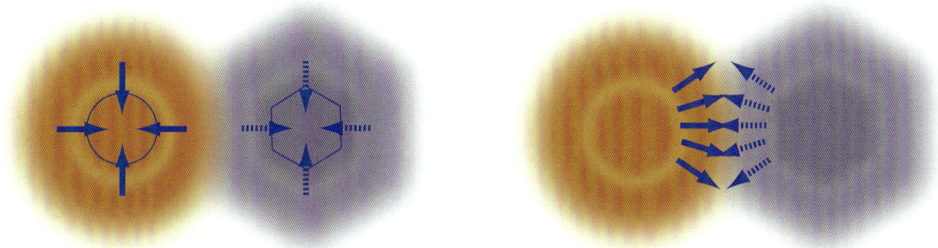

■ 图1.9　运动之间的转移真相不是通过探索运动模式的核心（完美的技巧），而是通过干扰运动和探索运动模式的边界发现的

运动训练简化法——不管意味着分类思维、力量和速度，还是追求完美的分离式训练技术，没有把重点放在感觉－运动连接的边界上，一点也没有教给我们关于前后关联性运动的转移质量的理论和技术，而这是非常关键的。也不能告诉我们，什么时候运动足够相似能够实现有效转移，以及什么时候不能。简单来讲，这种简化法不能告诉我们哪种类型的运动能够或者不能帮助提高运动表现，有效或者无效。为了理解这种关联（转移），我们需要掌握生物系统的复杂性及其内部的自我组织功能。

1.2.2 整体训练和局部训练

选择训练类型保证与目标运动尽可能有相似的感觉运动组合很有用，而这样的一系列动作叫作"整体训练"。这是目标动作的简化版（超级简化版），既有全局观，又要让目标动作的意图尽可能保持完整性。如果意图和全局观保持完整，那么感觉方面也会尽可能完整。一个"整体训练"的系列练习也因此总是着重于完整的体育动作。动作成功完成的诀窍是在学习过程开始阶段让运动训练简化。

另一种是"局部训练"（Schmidt 和 Lee，2008）。仅练习整体动作的一部分或多部分动作，而不是全部。把部分动作从目标动作的整体场景中分离出来训练，始终确保挑选出来的运动与目标运动的相应部分尽可能相似。这种"局部训练"仅仅强调动作技巧，常常忽视这样一个事实，即在局部训练中，感觉－运动影响会发生巨大改变（相对于原目标动作），因为在局部训练和目标动作中所释放的感觉－运动信息差别很大。所以，从局部动作训练到整体实现的动作转移比一般人想象的少得多，纯属一厢情愿。"局部训练"本质上是简化法训练，所以不能理所当然地认为局部、准备训练和物理治疗是有效的。这种观念完完全全反应在东方武术上，强调各种细节的操练如各种击打、踢、武术出拳的姿势，这种做法的有效性很值得怀疑；物理治疗师也一样关注细节，如对姿势的细微之处和分离式的纠正。在局部训练中对姿势做精确的纠正常常被看作是伟大的专业知识的体现。然而，不仅这种精确局部动作纠正训练的价值是被质疑的，精确局部动作的感觉影响也常与目标动作的感觉影响不同，这会限制运动转移的效果——虽然看似精确纠正，虽然可能在运动词汇上有一些相关。准备训练要达到的效果是转移到目标动作中，局部训练尽管执行得精确，但作用不如一开始想象的那么大。

相反的，整体训练自动地保证了与目标动作相关的感觉－运动因素的结合。这也是为什么整体训练更可取的原因。但是，有时候很难保证仅使用整体训练一定会有进步，因为有些运动成分不能通过整体训练获得提高。这时单独训练这些运动成分而不涉及其他运动成分就很有必要了。也就是说，在进行一系列整体训练时，偶尔也需要局部训练。专项运动训练既包括局部训练也包括整体训练。重要的是使两者间达到满意的平衡状态，同时把局部训练的量控制在最小范围（图 1.10; Magill，2006）。

■ 图 1.10　局部训练（左）和整体训练（右）来提高跑步时的躯干控制能力

扩展知识

运动控制的生态学理论是以 James J. Gibson 的研究为基础的，着重于"直接感知"理论和"可见性（affordances）"功能。在这个理论中，感觉功能在运动的发育、进阶过程中起着非常重要的作用。在环境中存在大量的感觉信息，我们需要参考这些感觉信息来做出合理的运动。这些感觉信息可简单、没有意义（如颜色、点或线条），可复杂、高阶信息（我们移动过程中的速度改变的信息）。根据生态学理论，人类（就像所有的动物一样）不仅善于提取简单信息，也善于捕捉以复杂方式组织起来的信息。直接感知理论也表明，加工复杂信息的方式不是在大脑中把这些无用的信息转化成所需的复杂高阶感知，而是系统（身体）直接从环境中观察和处理这些高阶信息，即无需在大脑中转化信息。身体可以把这些信息与有意义的动作直接联系起来，不需要通过大脑进行转化。这样，直接感知是指导动作的一个因素。

生态学理论中，直接感知最突出的形式是"接触所需时间"（tau，图1.11），这使我们可以直接观察冲着我们过来的物体需多长时间可以到达我们这里。这样，我们不需要记录物体的空间位置、移动速度，然后再计算到我们这里需要的时间。直接感知就是测算冲我们过来的物体投射到我们视网膜上的尺寸增加的比率。就是直接测算物体到我们这里所需的时间。这就是我们怎么接球的，我们从桌子跳下估算什么时候会落地等。"接触所需时间"是通过视网膜收集信息进行的直接估算，而不依赖于物体的尺寸或质地。此外，除了"接触所需时间"，我们还可以直接观察到很多种高阶复杂信息。眼睛的中央窝外周流可提供很多环境中的额外信息。我们怎

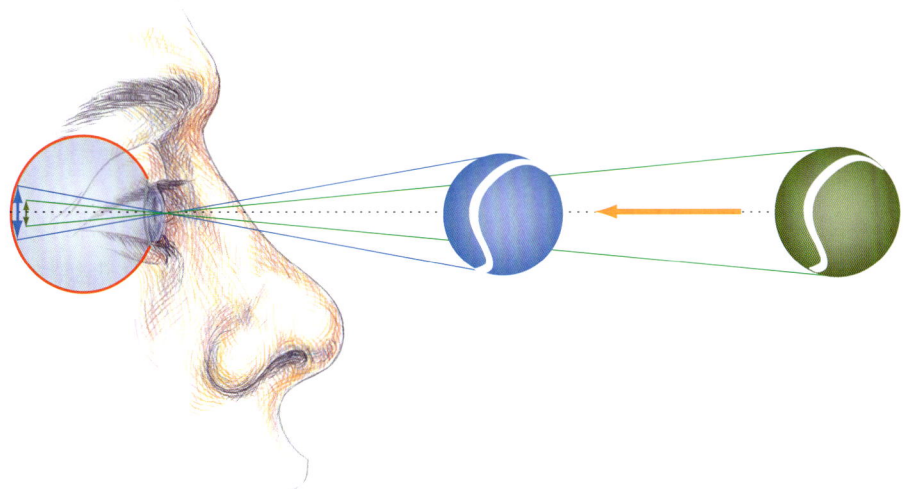

■ 图1.11 "接触所需时间"（tau）是由冲我们过来的物体投射到视网膜上的尺寸增加的比率决定的。眼睛记录这个比率，然后直接得出 tau 值

么样拦截长传球的，就是这种光流一个例子。我们自身移动和要拦截的移动中的球之间的联系是很复杂的。我们不仅要估计身体的移动速度，球的移动速度，还有两者移动方向的夹角，来确定移动者本身和球是否同时到达同一位置。直接感知让一个观察就能替代这些复杂的计算：如果我们移动时，球相对于背景是静止的，那么我们总会同时达到同一位置——拦截球点。日常中，我们观察物体相对于背景的移动来避免碰撞。如果我们开车的前方是交叉路口，有其他车从侧路开出来，我通过那辆车与最远处背景的相对运动，就可以判断是我先到交叉路口（如果它相对于背景向后移动），还是那辆车先到交叉路口（如果它相对于背景向前移动），还是和它同时到达路口（如果它相对于背景是静止的）。

直接感知包括移动的可能性，或者"可见性"。Gibson 在 1977 年把"可见性"定义为，潜藏在环境中的"所有"的"运动可能性"，客观上测量的以及不依赖于某一个体认识的这些可能性的能力。功能可见性实际上是在观察和身体可能性之间的联系，确定可以完成和不能完成的运动的分界线。这样，我们可以从环境中选出有意义且能成功完成的动作模式。

在直接感知理论中，认知功能大大减少。这个理论或多或少地解释了为什么认知能力非常有限的动物，却依然可以在复杂的环境中进行有意义的活动。

当部分动作和整体场景式动作比较的时候，区分局部训练和整体训练不仅是有意义的，而且从某种意义上讲，在部分比赛场景上的整体训练也只是局部训练。网球教练控制球好让学员可以交替练习正手和反手时，与真正的网球比赛相比这是典型的局部训练。在局部训练的过程中用来决定打球策略的感觉信息是缺失的。用拳击袋练习拳击对于有真的对手的拳击比赛来讲就是局部训练。不管局部训练设定在什么场景下，有足够的证据表明，整体训练比局部训练更有效（整体训练：用习惯的球拍和球在比赛中学习正手击球，技巧更容易得到发挥；Reid，2010）。在物理治疗中也是这样，专项场景设定很重要。步态分析是实验室型场景设定（走 5 米，转身，再走 5 米，观察是怎么走路的）不是日常生活场景（你可以从冰箱帮我拿瓶啤酒吗？），不能理所当然地认为人在两种情况下走路的方式是一样的。

整体训练很大的优势在于就像在运动时一样，在训练时或多或少地结合了相同的运动和感觉信息。这一点非常重要，主要原因在于，不可能或者几乎不可能从外部"读出"哪一部分感觉运动信息是与场景式动作有关的。这也就意味着不太可能知道在局部训练中发挥作用的感觉信息是否与目标运动的信息相关。通过局部训练来试图提高体育运动水平也只是我们的猜测而已。

如果练习和训练的目的不是单独操练一个动作（"掌握一个窍门"），而是在无数场景中应用——运动模式的可转移性（一个技能），我们必须关注哪种方法能最好保证转移。整体训练在这方面比局部训练更好，因为它更符合复杂生物系统的动态特征。

1.2.3 运动专项力量训练是一种局部训练

很明显，为了提高运动表现而进行的力量训练是一种局部训练。而这也是运动专项力量训练的主要问题所在：尽管力量训练的目的是把力量训练成果向运动表现转移，但事实上，局部训练中，这种转移不能得到保证。特别是，在力量训练与竞技动作中从外部环境所获得的感觉信息是非常不同的。来自身体的感觉信息（本体感觉）更相似于来自竞技动作时的感觉信息，但还是经常存在难以察觉的不同。这是因为在进行力量训练时，来自身体的感觉信息，特别是肌肉活动时拉力的感知由阻力强烈影响，而这种影响在竞技动作时通常不存在。

既然不能够保证转移，我们就必须仔细分析力量训练和竞技动作的关系。而基于过度简化的模型进行思考是不行的。简化法考虑的是基本运动特性，不能发现运动专项力量训练向竞技动作转移。因为在这种简化的模型中，力量或多或少是独立单一的实体，与身体的感觉 - 运动感知不相干，转移机制也容易被忽视。如果想要确认转移的发生，需要深入分析力量训练和竞技动作的感觉-运动特性。只有当两者都清楚了之后，才能评估（某种程度上）力量训练到底在提高运动表现上起了多大作用（见5.3）。如果已经在高水平上掌握了一项竞技动作，想通过训练进一步提高，这一点就尤为正确。掌握竞技动作的水平越高，准备性训练对竞技动作表现提升的效果越不明显。此外，这种转移有正向的，也可以有负向的——降低运动表现，例如准备性训练中不同的运动节奏会对竞技动作时的节奏造成干扰。对运动和状态掌控力越高，转移发生得越多，运动表现好坏之间的差别也变小了，因此选择训练一定要慎重。

1.3 运动专项力量训练起因于简化法的传统

历史上，运动专项力量训练主要是在健美、健力和举重运动中强调，转移很少甚至没有转移。这些运动优先考虑的是身体感受到的影响，而不是转移，也忽略了转移的复杂性。运动专项力量训练的结果突出表现在对于竞技动作兴趣的减少。在澳大利亚、英国和美国这些国家，运动专项力量训练教练大量出现，他们经常忽视竞技动作，注重孤立的力量产生机制，例如，由于力量训练而产生的激素反应（Kraemer和Ratamess，2005），激活后增强作用（PAP）：最大或亚最大力量训练在场景式动作中提高运动表现的作用（比如垂直跳高或短跑）（French等，2003; Hamada等，2000）。这些机制被认为是通过力量训练提高运动表现的最好方式（见2.2.1）。

对运动专项力量训练最主要的历史影响来源于健美训练、物理治疗和生理学。我们应该认识到，基于对身体的影响而非转移的力量训练是没有意义的。比如，体操教练尤其愿意使用的训练方法都是基于运动的相似性来进行力量训练，很多顶级的田径运动教练都不用缺乏田径运动专业知识的力量教练。

1.3.1 运动生理学的影响

从纯生理学的角度进行运动专项力量训练，会忽略掉身体的学习系统组织动作及其之间相互转移。

力量训练主要的生理学方面有：

（1）蛋白质合成和肌肉做功；
（2）能量和力量的产生；
（3）神经肌肉突触的新陈代谢；
（4）力量训练后激素变化；
（5）饮食和膳食补充对于力量训练的影响。

当然，以上这些都是力量训练的重要方面，例如在时机上可能还有一些价值。然而，这种完全着重生理参数的运动专项力量训练仅在动作模式的质量（动作的有效性）不重要的运动中才有用。这一方面，第一时间就能想到的例子就是自行车运动。这项运动很简单，受外界影响（旋转的脚踏板）指引，这样协调性转移就没那么重要。当训练短距离赛道自行车运动员时，力量训练主要关注可以测量的生理参数。然而，这种方法即使在自行车运动中也有局限性，首先也是最重要的原因是，虽然很多生理参数可以测得，但这些参数不能简单地用来预测哪一种适应性是训练的效果。况且，目前还不清楚适应性发生的机制，适应性也就不能被预测。其次，协调性方面，很复杂而且必须习得，在即使是看上去很简单的运动（如在冲刺过程中只是转动脚踏板）中也发挥了作用。特别是，在保持符合空气动力学的姿势时产生爆发力，并且在一开始踩脚踏板的时候就迅速产生爆发力，也是影响运动表现的方面。这些方面可以通过设计特殊的自行车——获得最佳空气动力学和力量传递而提高，针对协调性的力量训练可以提供加强效果。这也是为什么世界顶尖赛道自行车教练想要提高运动员协调性，是通过设计运动训练，在与骑行相关的动作模式中训练爆发力的原因。

1.3.2 健美训练的影响

早在力量训练成为运动（如田径运动、游泳、柔道等）的一部分之前，健美训练和力量训练就联系起来了。在过去，运动专项力量训练深受健身训练和健美训练观点的影响。健美训练主要是让身体特定部位肥大，因而重点是分离式训练单个肌肉群（身体局部训练法）。在健美训练观念的影响下，从训练单个肌肉群发展到了训练单个肌肉，甚至训练一块肌肉的某一部分。设计出的训练可以单独训练下腹部或者深层腹肌。也有许多肩胛带负重肌肉的训练，如胸大肌锁骨端、肱三头肌长头、臀中肌后部、斜方肌下束。按照这种训练哲学，力量训练对于投掷、游泳和划船运动员比较有效。对于田径运动的短跑运动员、赛道自行车运动员和速滑运动员，则试图找到单独训练臀中肌的分离式训练方法。这种健美训练的肌肥大策略不适用，需要其他训练策略来代替，如产生最大力量。

考虑到力量训练的专项运动功能，身体局部训练法有很多缺点。在这种训练中，主要是肌肉之间的相互协调没有参与其中，所以健美训练没有涉及复杂的运动场景模式。除了想控制肌肥大出现的部位外（并无别的目的和作用），这也很好理解，因为肌肉肥大通常发生在肌肉力竭训练时。如果肌肉在复杂的协调动作模式中出现力竭，对于动作模式的控制能力将会下降，不可避免地在运动表现上出现严重的问题，从而造成运动损伤。关注健美训练对身体影响的教练，不愿意做复杂的多肌肉力量训练，因为担心有可能引起运动损伤。然而，他们没有意识到，运动损伤是由于肌肉力竭引起的，而不是由于训练的复杂性引起的。

以训练神经适应性为目标的复杂性训练与身体局部训练是不兼容的。身体局部力量训练是非常片面的，仅仅涉及非常简单的动作。一块肌肉或肌肉局部的训练与提高神经质量没有任何关系，因此这种力量训练不会提高运动员运动的协调性。相反，这种训练会降低运动员的协调性，特别是发生在肌肥大敏感区（见 7.2.1），因此这种训练方法在协调性和（或）高神经驱动性的运动中应该避免。这种分离式肌肉训练策略在运动专项力量训练中变得不太受欢迎。但是，由于身体局部训练根深蒂固，一些力量训练如最大力量训练和爆发力训练仍经常使用，肌肥大训练在此没有用武之地。

正如在本书引言中所提到的，"整体"的训练理论结合了生理适应的所有方面和从局部训练能有的借鉴，一起形成了连贯一致的训练体系。就目前而言，这个理论的难点是作为力量训练的基础太复杂了，但是有信念作为基础的方法一定会被接受的。

1.3.3 物理治疗的影响

肌肉不仅能使身体运动，而且能保护关节和各种软组织，并使它们保持健康。这也就是为什么肌力训练在物理治疗中是关键的一部分，为什么物理治疗能影响力量训练的思路。增加身体稳定性已经变成了一项指导性准则。稳定性出现问题归因于用来保证关节稳定性的肌肉功能不良。贴近关节的深层肌肉对稳定性来说非常重要。这也就是为什么通常力量产生和建立由低到高，从控制单关节到关联关节活动度，从控制近关节小肌肉到远关节大肌肉活动的原因。近关节小肌肉的训练取决于本体感觉。训练后改善的本体感觉反馈，对于保护关节和安全动作非常关键。例如，在物理治疗中常常涉及躯干控制，即精细控制近关节肌肉群，如腹横肌和多裂肌。训练过程中，产生的力量逐步提高，力量产生的关节活动度增大，更多、更大的肌肉被募集。在肩胛带和骨盆带的训练中应用了一个相似的训练系统：首先近关节小肌肉（骨盆带髋周深肌群和肩胛带肩袖肌群）接受低强度负荷，然后根据本体感觉进行肌肉协调性训练时，远关节大肌肉接受负荷训练。这样，在进行复杂、高强度运动时，可以使身体达到更好的稳定性（图 1.12）。

动态系统和稳定性训练

在物理治疗中非常普遍重视的稳定性训练，假设从小肌肉控制产生小的力量到募集越来越大的肌肉群产生大力量，是一个大致呈线性、渐变的过程。然而对于从小的关节活动度和小力量的动作模式到大关节活动度和大力量动作模式的转变是否是一个渐变过程，存在很大的争议。在物理治疗中的这个假设还未找到

运动训练新思维
——提高运动水平和预防运动损伤的秘诀

■ 图1.12 稳定性训练的3个阶段（LMS，local muscle system 局部肌肉系统）。运动员的躯干控制基于传统假设：在低力量与大力量负荷时躯干控制采取的方式相同

科学依据。协调性发生突然的相变，即突然、根本性改变也可能存在，例如因为不同的肌肉群可能在一种运动模式中突然变得非常重要（尽管也未发现科学依据支持这个推断），这在动态复杂系统中是很可能存在的。然而在这个过程中，低强度冲击控制和高强度冲击控制可能是不同的阶段，也或许从一个阶段突然转变到另一个阶段。换句话说，在撑杆跳伸展扭转或者起跳（在此场景式动作中，很大的力量作用在身体上）时，躯干控制的过程中，腹横肌和多裂肌的活动是否还重要，受到质疑。尤其当这种力量必须弹性处理时，躯干控制的自组织形成可能与低强度冲击控制存在根本性区别。低强度冲击控制——如在治疗球上进行核心

稳定性训练，可能不会向高强度冲击产生什么转移，如跳高、跑步和投掷。在高强度运动中，腹横肌和多裂肌的影响是有限的（Lederman，2010）。

除了复杂生物系统理论外，还有神经生理学原因来假设低强度冲击控制（慢）和高强度冲击控制（快）过程存在本质上的不同。在物理治疗中，躯干低强度冲击控制主要基础是本体感觉反馈，通过处理肌梭、关节和肌腱感受器以及皮肤感受器等处的本体感觉信号来进行姿势调整和运动。信号传导所需时间跟通路有关（脊髓或脊髓以上），从25毫秒（脊髓）到100毫秒（脊髓以上）。在竞技动作中，干扰信号必须被更快地处理。此外，干扰信号通常太大而不能通过反馈修正完全吸收。例如，高速快跑时，支撑相太短，来不及根据膝关节的相对位置对地面反作用力方向做出反应，此时，必须使用另一种不同的控制机制，在落地时有短暂延迟，干扰能够被及时代偿。这种快速控制的基础是协同肌和拮抗肌协同收缩，确保关节有足够的坚硬度和韧性。协同收缩的功能相当于汽车内的减震器（见4.3.3），零反应时间，弥补本体感觉反馈机制的不足。神经系统的传入部分（感觉信息的收集）在这种控制中不起作用。这种运动是由传出前反馈控制的（开环控制；图1.13和图1.14）。

既然从低强度到高强度不能保证有转移发生，想要通过从低强度到高强度运动的转移来进行康复和运动专项训练也就是不可取的。对于运动专项力量训练和运动损伤的康复（会发生相变），高强度冲击控制时发生的肌肉间协调的自组织效应或许是一个更好的出发点。例如，踝关节伤后稳定性训练，用简单的低强度本体感觉训练不会自动恢复在高强度冲击活动中的快速控制力，因此必须通过协同收缩训练控制力，来确保在康复后不会经常发生踝关节扭伤（常常有可能只和本体感觉功能障碍有关）。在平衡板等这类器材上进行简单的训练，对于恢复正确的功能是不够的。在康复训练的不同阶段，运动员要决定选哪种运动控制来进行训练，当然这取决于负重能力允许的训练强度。类似的从低强度到高强度相变，在实际的体育运动中可能随时发生（见图1.15和图1.16；也见图5.6）。

运动训练新思维
——提高运动水平和预防运动损伤的秘诀

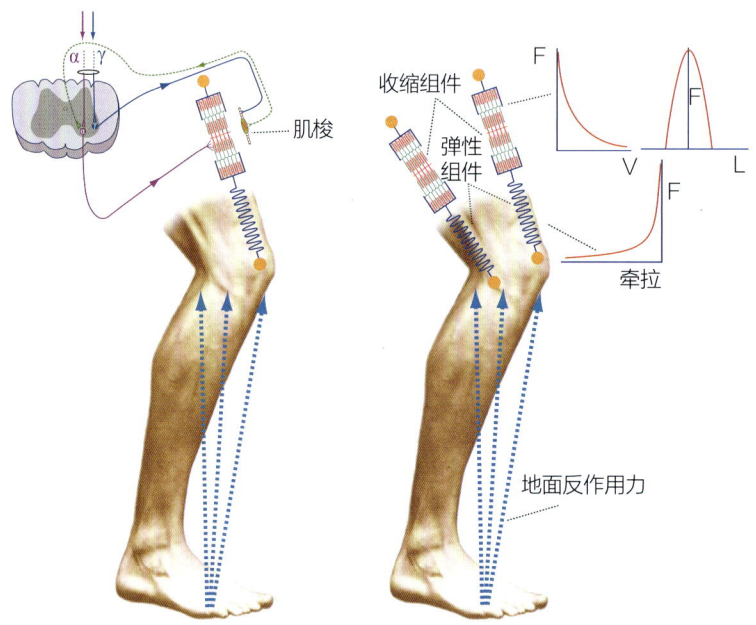

■ 图1.13 左：本体感觉反馈。通过肌梭的信息收集和γ通路对地面反作用力的变化做出反应（见2.3.1）。右：协同收缩。通过肌肉力量/长度比、力量/速度比和肌肉的拉伸性能，关节周围的肌肉坚硬程度来对地面反作用力的变化做出反应（见4.3.3）

■ 图1.14 左：躯干控制的基础是对本体感觉信息的精确处理。右：躯干控制的基础是影响脊柱的所有肌肉间的协同收缩。这种协同收缩通过把重量推得尽可能远来产生

034

第 1 章　速度与力量的基本概念

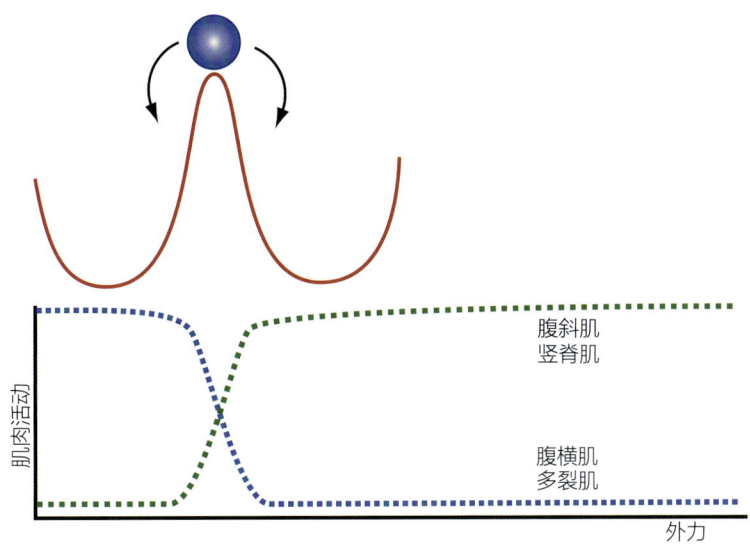

■ 图 1.15　展示的是躯干控制的相变。在相变发生后,稳定性由不同的肌肉来调节。这意味着,低强度力量和高强度相反力之间的控制,相似度是有限的

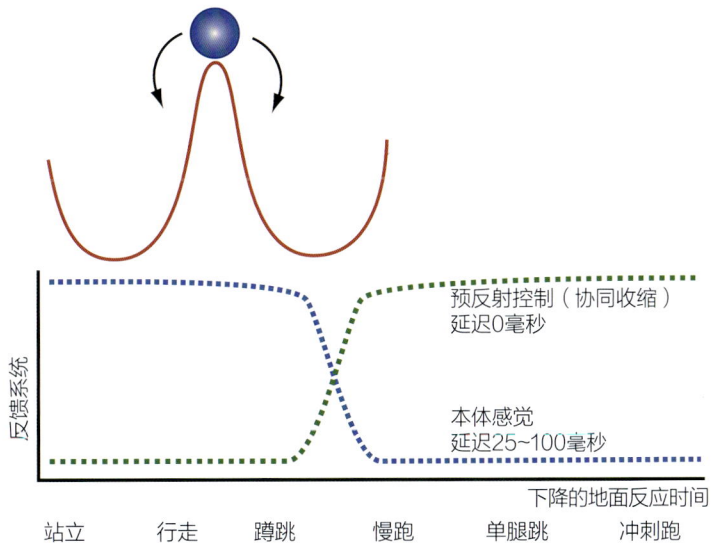

■ 图 1.16　展示了支撑腿稳定性的相变。随着支撑相触地时间变短,本体感觉发挥的作用越来越小,而协同收缩和关节坚硬度发挥了越来越主要的作用。在两种类型的控制之间可能会发生突然转变,但还没有证据表明这种转变(在比慢跑更激烈的运动模式中)具体发生在什么位置

练习：腹股沟损伤

对于受伤后的康复训练，物理治疗师和负责体能、力量训练的教练常常意见有冲突，特别是在教练工作竞争激烈的竞技体育运动中。物理治疗师常想要康复的时间比力量和体能教练给的时间久一些，他们认为在康复训练后期，练习的时间对于运动损伤的预防非常重要，而负责力量和体能训练的教练常常看不到这种练习与康复后期之间的联系，他们认为物理治疗师太过于谨慎了，有时甚至认为物理治疗师的行为是起反作用的。两者观念的不同可以追溯到关于是连续渐变还是相变的争论。而关于最佳康复过程的争论也常常陷入僵局，争论起因可能是不再从低强度运动到高强度运动的训练，而是先分析高强度运动的生物力学，然后把这种生物力学分析结果应用到在康复初期的低强度训练。这样能在高强度运动和低强度运动间建立更好的联系。这样规则就变成了"不模仿常规训练的康复治疗没有好处"。

举例：腹股沟受伤之后的康复

关于腹股沟受伤的原因，各家观点不一致。一些人从髋关节病变方面寻找原因（Bradshaw等，2008），另一些人把腹股沟受伤与内收肌问题联系起来（Holmich，2007）。在康复治疗早期，在初始恢复之后，通常在各个平面和各个方向小心地进行髋关节和腰椎活动度训练，负重也逐渐增加。也有一些相反的路线图：一个健康的运动员在腹股沟处高强度负荷也不会造成问题。这可能是因为肌肉高度协同收缩，在脆弱的被动组织处产生相反的力量来保护它们。跑步和单腿跳跃时，腹股沟处会产生很大的力量。一个锁住的姿势（图1.17），此时摆动侧骨盆升高，骨盆轻微旋前、髋关节轻微内旋，可以在跑步和单腿跳时通过肌肉协同收缩来保护腹股沟，同时伴随摆动侧屈髋屈膝，脚跟向腘绳肌靠近。这个姿势是最大加速、全速冲刺和单脚跳起飞时动作模式的关键部分。可以在康复初期对此姿势进行低强度的训练,例如靠墙辅助下进行,然后可以加大强度,如伸展双臂过头负重,跑上体育场楼梯。通过这种方式,高强度动作模式下肌肉间自组织和内在的保护机制都可以在训练初期得到锻炼。在康复治疗后期,可以增加与跑、跳类似的运动,如单腿下蹲翻和单腿抓举(见图1.18)。受伤的一个原因可能是跑跳时起跳阶段骨盆周肌肉的协同收缩控制能力差,而这种协同收缩能力可以通过与起跳姿势非常相似的单腿支撑姿势进行练习。在单腿抓举时,尽可能延长脚落在前方箱子上的时间。落地时间越延迟,支撑腿的骨盆周围肌肉协同收缩维持越好。这样,与高强度运动相关的协调性训练,可以应用到运动损伤预防和康复治疗较早期的阶段。单腿抓举训练有多个版本:抓杠铃过头顶会增加腹肌的长度,这样,整个腹肌群会处于整体协同收缩模式的压力之下;抓举杠铃片到脑袋的后方会在腹

■ 图1.17 锁住姿势:摆动侧髋关节抬高,轻度前移,骨盆轻度旋前。在这个骨盆姿势下,肌肉协同收缩对腹股沟被动组织提供最大保护

运动训练新思维
——提高运动水平和预防运动损伤的秘诀

第 1 章 速度与力量的基本概念

运动训练新思维
——提高运动水平和预防运动损伤的秘诀

■ 图1.18 单腿抓举。起跳姿势时骨盆周围肌肉协同收缩,摆动脚落到前面箱子上的时间越迟越好

肌上施加更多的压力。

改变负荷也是可以的：用未装满水的桶代替杠铃也是可以的，水在里面流动的不可预知性会给躯干和髋关节周围的肌肉进一步施加压力。

诸如此类的复杂训练可以用于不同的目的。在 7.3 部分，相同的基本动作模式可以用来提高反应模式。康复和调整训练融合，还有场景式训练（在康复过程的后期阶段非常有意义），尽可能早地纳入康复过程。在损伤预防部分，相变当然也非常重要（图 1.18）。再一次强调，我们需要考虑低强度运动对于高强度运动到底有没有影响。

一个例子：小腿损伤

实践证明，小腿或者踝关节损伤后进行一段时间的有效康复是非常重要的，以避免损伤复发或者这个问题在身体的其他部位出现。不像传统的康复训练计划（如在康复的早期阶段，带着大大减少的负荷跑步），在图 1.19 显示的康复过程是逐渐增加负重的过程。在这个过程中，总会有负荷突然增加（即相变），所以那些负荷逐渐增加的训练并不实用。重点就在于如何控制这些负荷的突然增加，这种情况来源于其他压力源如组织弹性负荷，在负荷正在增进过程中，突然发挥作用。弹性负荷不能逐渐增进，它一旦发生就会对系统产生主要影响。因此，把这些负荷突然增加的可能性考虑到康复治疗策略中是一个很好的想法，这样就能适当控制这些突然增加的负荷。在体育运动中，小腿和踝关节承受的压力可以划分为以下几种（见图 1.19）：

（1）引入新的压力进行本体感觉训练与踝关节活动（灵活性）相结合；

（2）能量通过腓肠肌由膝关节传向踝关节，同时与下肢和足部肌肉的预反射动作相结合；

（3）足长轴变形（足旋前/旋后），所以横向压力作用于跟腱和小腿肌肉；

运动训练新思维
——提高运动水平和预防运动损伤的秘诀

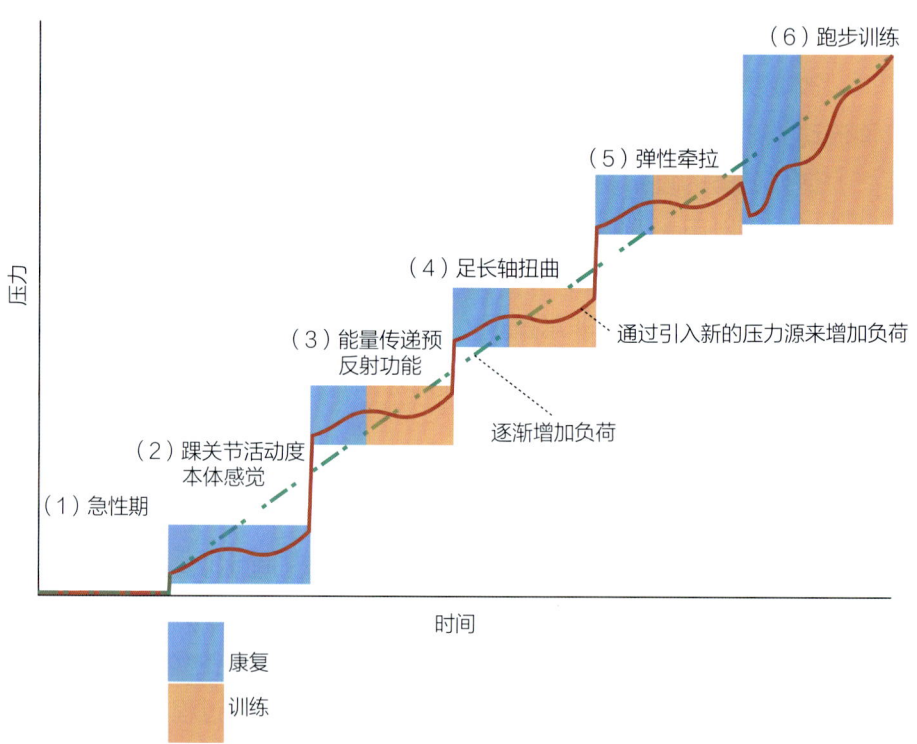

■ 图1.19 下肢受伤康复治疗策略图示（详细解释见正文）。此治疗策略是由威尔士国家橄榄球队同它的运动物理治疗师 Craig Ranson 合作总结出来的

（4）由于相反作用力而产生的弹性牵拉。

以上影响，在伤后第一阶段急性期康复期间［图1.19（1）］必须要避免，而在康复最后的阶段［图1.19（6）］如跑步训练，这些影响可以整合到一起。康复治疗必须考虑到这些会在高强度运动中发挥作用的控制机制，尽可能让运动员在安全的环境下准备好应对竞技动作中的压力。这也就意味着，上述提到的高强度运动中的压力训练必须被纳入康复过程的早期阶段。在图1.19所示的分阶段模型中，按照一期接一期的模式，负荷的突然增加与竞技动作中的控制机制相结合。基本观点是，不同于传统方法，诸多压力源不是一次加上去的，而是在康复治疗后慢慢一个一个加上来的

（单压力源模式）。但是，之前就存在的压力源也要一直维持，这样确保在下个压力源引入之时运动员超负荷的风险只轻微增加一点（如从阶段 2 到阶段 3 的过渡过程）。一旦压力源被引入，负重可以慢慢增加。压力源分开独立引入的优势在于，一旦压力源被成功引入，竞技动作训练就可以在一个更高的强度下进行，这样康复治疗和运动训练的边界会被模糊化。根据损伤和体育运动的情况，在康复治疗中，某些压力源的重要性会强于其他压力源，所以康复治疗计划也要根据具体情况而进行设计。不论是何种损伤，康复治疗阶段 1~6 的顺序不变。按照这种模式，物理治疗与体能锻炼相融合，康复训练与日常训练相似。康复治疗或许不能总是比传统方法进展更快，但是更易于控制，如果损伤再次发生，能够马上知道是由于哪个压力因素引起的。

腓肠肌二度拉伤康复治疗过程不同阶段的特征（图 1.20）：

（1）阶段 1：伤后 1~3 天，急性保护阶段，常规物理治疗活动。

（2）阶段 2：受伤超过 3 天，踝关节和小腿本体感觉训练与离心/向心收缩相结合，如提踵运动。

（3）阶段 3：受伤超过 6 天，能量从膝转向踝，但是只有在拉雪橇走路和足尖离地时无痛才可进行。

- 上台阶运动；
- 双腿垂直加速到爆发性垂直跳；
- 双腿垂直加速到爆发性水平跳；
- 单脚跳；
- 跑上楼梯；
- 在适当压力下跑上楼梯；
- 预反射训练。

（4）阶段 4：受伤超过 12 天。足长轴扭矩——只有阶段 3 训练可以完全负重后。

- 雪橇重量从高到低，开始和加速。

运动训练新思维
——提高运动水平和预防运动损伤的秘诀

腓肠肌二度拉伤																													
阶段	天数	1	2	3	4	5	6	7	8	9	10	11	12	13	14	15	16	17	18	19	20	21	22	23	24	25	26	27	28
	日期																													
(1) 急性保护期																														
RICE/POLICE, 护具 &		P	P	P																										
小腿抬高			P	P																										
部分负重/拐杖?			P	P																										
健身自行车					P	P/T	P/T	T	T	T	T																			
(2) 踝关节灵活性																														
灵活性训练	1				P	P/T	P/T	T	T	T	T																			
平衡训练	2				P	P/T	P/T	T	T	T	T																			
小腿离心/向心性收缩	3					P	P	T	T	T	T																				
功能性本体感觉训练	4					P	P	T	T	T	T																				
(3) 膝到踝能量转移							P	P	T	T	T																				
检查 - 无痛拉雪橇行走								P	P	T	T																				
双腿悬垂翻	5							P	P	T	T																				
进阶跳跺精运动	6								P	P	T	T																			
单腿悬垂翻	7								P	P	T	T																			
斜坡射	8								P	P	T	T																			
上楼梯跑	9									P	T	T	T																		
(4) 足长轴扭矩	10											P	T	T	T	T	T													
检查 - 拉雪橇跑步无疼痛														P	P	P	T	T	T	T	T	T	T							
(5) a. 弹性任务, 冲击														P	P	P	T	T	T	T	T	T	T							
低冲击速度跳跃														P	P	P	T	T	T	T	T	T	T							
轻跳															P	P	T	T	T	T	T	T	T	T						
高抬腿高节律跑															P	P	T	T	T	T	T	T	T	T						
高冲击中等速度跳跃																P	T	T	T	T	T	T	T	T						
跳下箱子	11																P	T	T	T	T	T	T	T	T						
跨过跨栏																	P	T	T	T	T	T	T	T	T	T				
(5) b. 弹性跑步冲击																		P	T	T	T	T	T	T	T	T				
上楼梯跑																			P	T	T	T	T	T	T	T	T			
(6) 恢复跑步																					T	T	T	T	T	T	T	T		
次最大加速度																							P	T	T	T	T	T	T	
不平坦地面加速度																								T	T	T	T	T	T	T
侧跑 & 侧方迈步																									T	T	T	T	T	T
非接触性敏锐球训练																										T	T	T	T	T
耐力训练																											T	T	T	T
(7) 重返竞技运动																												T	T	T

■ 图 1.20 腓肠肌损伤康复治疗检查清单

P=物理治疗; P/T=物理治疗+常规调整训练; T=常规训练(负重和非负重策略不包含在此表中);
RICE=休息, 冰敷, 加压, 抬高; POLICE=保护, 最佳负重, 冰敷, 加压, 抬高

第 1 章 速度与力量的基本概念

（5）阶段 5：受伤超过 13 天。相反作用力产生的弹性牵拉——只有在阶段 4 训练可以进行完全负重后。

- 低冲击力，跑步训练中保持较低的水平速度；
- 高冲击力，双腿踝跳。

（6）阶段 6：受伤超过 16 天。跑步训练。

-60% 的速度，短距离跑（40 米）；
- 增加到全速 100%，短距离跑（60 米）；
- 长距离跑。

这个康复治疗的框架当然可以进行微调（结合其他治疗原则）来适应不同类型的损伤。主要的原则是，尽可能早地缩小与场景式高强度运动之间的差距。每个阶段的细节根据损伤类型的不同而不同。对于腓肠肌损伤，阶段 3 非常重要，应该被强调。对于跟腱损伤，阶段 5 训练时要格外谨慎，或许训练更长时间。

一些来自训练流程的康复训练见图 1.21~图 1.30。

■ 图 1.21 灵活性练习，作为标准物理治疗训练的一部分

■ 图1.22 本体感觉平衡训练，作为标准物理治疗训练的一部分

第 1 章　速度与力量的基本概念

■ 图 1.23　小腿三头肌向心性/离心性收缩

运动训练新思维
—— 提高运动水平和预防运动损伤的秘诀

■ 图1.24 场景下本体感觉训练

第 1 章　速度与力量的基本概念

■ 图 1.25　双腿负重膝上抓举

运动训练新思维
——提高运动水平和预防运动损伤的秘诀

■ 图1.26 进阶性蹲跳上箱子

第 1 章 速度与力量的基本概念

■ 图1.27 单腿负重膝上抓举

运动训练新思维
——提高运动水平和预防运动损伤的秘诀

■ 图1.28 预反射训练：在时间压力下保持平衡

第 1 章 速度与力量的基本概念

■ 图1.29 上一系列台阶，注意把能量从膝传到踝

■ 图1.30 进阶性上台阶，在时间压力下注意把能量从膝传到踝

1.4 运动专项力量训练和运动控制

1.4.1 力量和协调性

对于一些复杂的协调性运动如体操，很多教练直觉性地认为如果训练时的动作模式与目标动作模式相似，那么力量就会达到最好的转移。力量和协调性之间看上去存在紧密的联系。比如一个从来没有进行过力量训练的人第一次进行力量训练，标准哑铃训练，如深蹲、上台阶等，每周2~3次，在训练的前几周，单个肌肉力量不会更强，肌肉维度也不会增加。当主动肌、协同肌和拮抗肌的协调性（肌肉间协调性）提高时，运动表现就会提高。训练几周之后，当需要单独产生力量时，单个肌肉的收缩表现（肌肉内协调性）会更好。只有在训练大概8周之后，肌肉会有维度上的增加（肌肉肥大）。足够的研究证据表明，通过力量训练可以提高运动表现（图1.31；Huijbregts和Clarijs，1995）。

当一个有经验的运动员在他们的力量训练中加入新的、复杂运动如下蹲翻时，这个提高运动表现的模式也会发生。在前几周，由于更有效地掌握了运动技巧，运动表现会快速提高。因为在下蹲翻运动中特别涉及了力量间的相互作用，下蹲翻是一项复合性-协调性运动。一段时间过后，运动表现的提高会趋于稳定，运动表现会受增加的肌肉力量和肌肉间的协调性共同影响。如果教练想通过相同的训练进一步提高力量水平，那就必须要思考是否和如何改善训练中的限制因素（肌肉能量极限）。这是否可以通过重复训练同时慢慢增加负重实现？还是要增加一些其他相关的训练，不再强调负荷？

这种方式的力量训练基本上是一种协调性训练，既然两个运动模式间的训练效果可以转移是因为两种运动间协调性的相似性，那么运动专项力量训练指南实际上是技术性的。这就意味着，在进行训练时，必须注意力量训练是如何进行的，并且无需教练在场，训练都会根据制订好的纸质训练计划进行。

第 1 章 速度与力量的基本概念

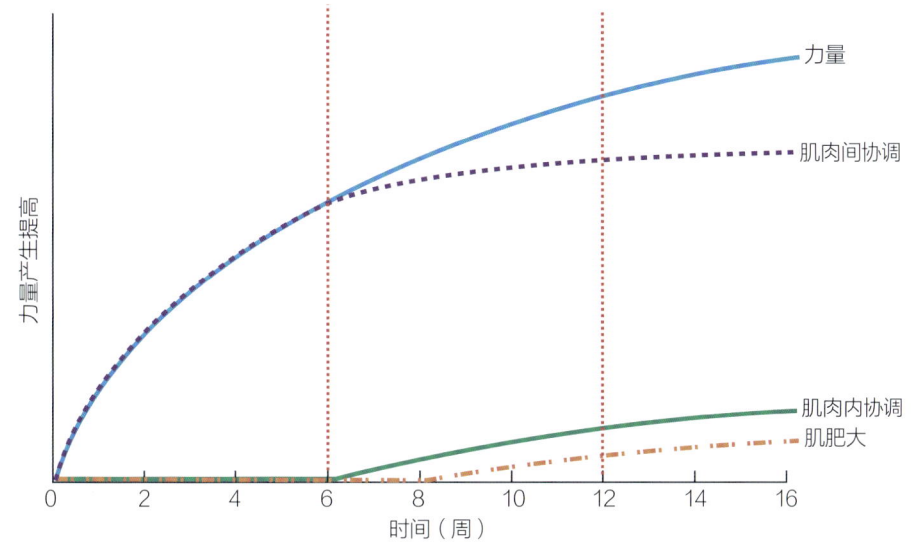

■ 图 1.31 力量随时间增强的 3 个阶段。第一阶段：力量的增加提高肌肉间协调性；第二阶段：提高肌肉内协调性；第三阶段：肌肉肥大

1.4.2 力量训练和转移的生物力学机制

那些认为协调性是转移的主要媒介的人在寻求一种有用的关于运动相似性分类方法。通常情况下关注点在于运动的外在表现。速滑选手想要在力量训练时达到与滑冰时相同的角度；标枪运动员希望在力量训练时肩关节达到的终端位置与投掷标枪时相同，同时不会再限制他们进行卧推训练；而对于弹性跳跃运动，接触的时间非常短，可以用低重量杠铃实现这一点。

抗阻运动的意思是在可控场景下产生很大的力量。相对于低强度运动下仅仅模仿运动的外在形式，抗阻训练更像竞技动作的内在结构（肌肉内和肌肉间特征）。既然在运动从低强度转到高强度的时候，在运动的内在结构中或许存在相变，那么外部抗阻训练可能是一种有用的训练策略，以可控的训练方式，与竞技动作处在同一"相（phase）"。这种可控是由于很大的力量产生时形成的一种自组织性。

在思考力量训练的功能时，可能会因此发生一个转变，从把力量和力量训练看作是分开的实体，到把力量训练看作一种接近于竞技动作的高强度协调模式的方式。这种观念转变，对于运动专项力量训练和运动损伤康复都很重要。

举例：体操运动

或许相对于其他的运动，体操更强调技巧，所以对于体操的力量训练更注重于协调性训练。这也适用于吊环运动，这是最具力量导向的运动。即使在学习"铁十字"的动作中，体操运动员也试图把技巧和力量相融合，因为这项运动的技巧是非常重要的。在研究"铁十字"动作的时候，发现不仅防止身体下沉的肌肉（内收肌）高度活跃，产生相反力量的肌肉也要很用力来保证肩关节肱骨头在关节窝里（图1.32）。为保证稳定性，球窝关节（如肩关节和髋关节）周围肌肉都有扇形结构，各个部分产生相反的效果，这就保证肌肉稳定性更加有效。肩关节周围的协调性非常复杂。为了在学习的早期阶段融入这种复杂的协调性训练，有一种方法叫作"50/50"或许可以使用，即在腰带上连接一个平衡装置，使完成铁十字动作所需的力量被大大减少。在可以帮助体操运动员在有足够的力量负担全部身体重量之前，先熟悉铁十字动作所需的协调性。

1.4.3 场景性、意向性和转移

正如我们所看到的，从力量训练到竞技动作增加转移不仅要考虑动作的外形，也要确保感觉因素的相似性以及在训练中整合动作的解剖方面。然而，增加转移的方法不限于此。动作控制和动作习得模式也在转移的过程发挥作用。虽然相关的研究很多，但是与运动专项力量训练思维相结合的知识很少。这些模式都超出了力量训练和竞技动作生物力学比较的范围。如果在训练的过程中

第 1 章　速度与力量的基本概念

■ 图1.32　左：在"铁十字"动作中，不仅内收肌被激活，拮抗肌如三角肌也被激活了。这意味着这个动作结合了力量和技巧。为了让体操运动员在学习初期就掌握动作技巧，允许他们缩短力臂，产生较少的力量。右："马耳他十字"动作也包含一定的技巧，在训练这个动作时常常使用"50/50"腰带来降低对力量的要求

这些模式能够被优化利用，那么转移也会有实质性的提高。

　　运动控制影响转移的方面有：

　　（1）在控制和学习运动技巧时，身体不仅要关注怎么样完成动作，也要关注动作的功能。投球的功能或许在于使球以给定的速度击中目标。击中目标是动作的意图：运动员想要达到的状态。学习主体不仅要紧密关注动作的目标，还要对两种动作模式之间的联系非常敏感，目标一致。

　　（2）想要运动控制更加经济有效，身体就要寻找可以在多种情况下使用的动作模式。相反的，对只能在一种状况下使用的动作模式不感兴趣，学习起来也就很吃力。

（3）首先，身体试图对受到的新刺激和不能应对自如的刺激做出适应性反应，尽管有时做出的反应不太合适。反复接收处理的刺激被视作单调，那么产生的适应性和转移就会比较少。这种对于转移的影响就超出了力学相似性的范畴。关于转移的这些方面详情见于第4、5、6章。

运动专项力量训练常被称为是"场景式力量训练"，因此训练设计策略也包含了非力学影响因素（感知功能、意图、普适性等等）。正如整个训练过程要做到的，场景式训练把运动与运动意图相融合，试图实现最优转移。然而，在复杂的生物学系统理论中，永远不可能实现完全转移或者普遍适用，总会有一些影响（细微的影响也会使结果有很大的不同）使转移与预期的不同。

力量和协调性之间的紧密联系意味着力量训练和协调性训练之间没有强烈的区别。力量与动作其他成分之间的界线是很模糊的，所以对于力量训练和技巧训练之间的区别也不明显。特别是力量训练用于球类运动时，对这种模糊有很清醒的认识很重要。

力量训练与技巧训练不能被区分，这一点对于训练类型的选择有很大影响。对于教练来说，最困难的选择是介于力量训练和协调训练之间的灰色地带。训练是应该以力量训练的形式还是以技巧训练的形式呢？有一个很好的例子是，速滑运动员的水平跳跃训练加弹力带抗阻，这样蹬离地面这个动作就需要更大的力量。这是一种力量训练的方式，弹力带的阻力应该继续增加吗？或者，这是一种技巧训练方式，这样简单的抗阻能够提高协调性吗？如果做这些跳跃的时候主要问题是发力，那么当阻力增加时，训练的难度就增大。但是如果一个好的水平跳跃的实质在于技巧性表现，那么当阻力减小时，训练的难度更大。教练需要知道一个好的滑冰跳跃的秘密是什么，设计什么样的训练可以最大化地提高运动表现。

在对力量进行测量和测试时，力量与协调性之间的联系成了最大的问题。如果目的是测量越清楚越好，那么协调性的影响必须减少到最小。想要做到这一点，动作越简单越好。肌力测量常常有等长收缩（肌肉静止地收缩，不会变长或变短）和等张收缩（肌肉按预设的速度变短）。这种肌力测量方式与竞技动作中实际发生的情况非常不同。如果目的是为了在与竞技动作很相似的状况下进行肌力测量，会受到协调性和其他因素的影响，肌力测量会变得非常复杂，对测量的结果也不能进行合适的分析。由此，在竞技动作中能预测运动表现的好测量方法非常少。

1.4.4 本书的目的

本书的目的大概可以定义为"力量训练是一种抗阻协调性训练"，强调在竞技表现的很多方面是紧密联系的。在传统的力量训练方式中，这种联系在思考过程的早期阶段就被抛弃了。本书试图把它们保存完好，保持越久越好。通过结合不同领域的研究成果，在协调性运动习得模式和机制的指导下，创造一种实用的场景式运动专项力量训练模式。当然，本书不敢说能够完善地描述训练过程中涉及的机制，但本书确实在尝试转变实用推理的边界。本书强调"模式"是因为，即使在研究了本书之后，教练工作仍然是一半"知识"，一半"艺术"。

1.5 小结

用简化法理解复杂的生物学系统（如训练和不断适应的人类）是不合适的。因为复杂的生物学系统不按照线性方式行事，适应性比简化法更难被预测而且超越所有训练计划流程之上，也让我们相信这一点。这不仅适用于运动表现的生理学方面，也适用于协调性方面。因为太复杂了，协调性也同样不是线性的。动作模式必须被设计成非线性的，因为动作要同时保证有效、高效且灵活。线性、中心控制模式太僵化了，达不到这种要求。

训练常常基于"基本的运动性能"。试图使训练可控以及可以预测适应性，就要区分这些运动表现的不同类别。如果基本运动性能可以满足两个标准，这才可行：①基本运动性能必须是独立的实体，必须清楚哪部分属于、哪部分不属于它；②在各种运动模式间，基本运动性能可以自动进行有质量的转移，但在现实中，这些标准不能被满足。在竞技动作中，力量不是一个独立的实体，因为场景式动作是由复杂的肌肉间模式构成的，因此存在一个限制，比肌肉能力的简单相加更复杂。速度也是一个与协调性紧密相关的基本运动性能，也不能满足以上两个标准。

由于运动不是以线性方式发生的，在相关的动作模式之间必须要建立联系，考虑训练的时候要关注转移。训练成果向竞技动作转移对于运动专项力量训练尤其重要。如果两个运动的感觉-运动因素组合相似，转移就会发生。力量训练获得的感觉信息很可能与竞技动作获得的感觉信息存在很大不同，主要是因为力量训练是局部训练。整体训练或多或少地可以保证感觉-运动信息的相似性，但是局部训练不能保证这一点。

传统上，竞技动作力量训练的基础是运动生理学、健美训练和物理治疗，而协调性转移在这些基础上不发挥主要作用。健美训练演化为身体局部训练法（局部表现卓越）；物理治疗对专项性问题处理得太过简单化了，没有考虑到相变这种现象。这也就是为什么运动损伤康复使用的治疗方案效率不高的原因，没有让身体强壮以适应高强度的运动。

第 2 章

解剖学和力量产生中的限制因素

在第 1 章中，我们解释了为什么将力量作为一个单独实体（基本的运动特性之一）的方法在实践中不可行。力量不仅与运动表现的其他方面有联系，而且这些联系是运动员身体机能的重要组成部分。"力量训练是抗阻的协调性训练"。

力量的产生受到机体许多不同层面的影响，包括中枢神经系统。力量的神经因素表明力量需要一个主要的协调因素。就运动专项力量训练和康复而言，重要的是确定其所涉及的一些水平：

（1）肌肉水平：力量和爆发力产生的力学及解剖学方面；
（2）神经肌肉传递水平：肌肉刺激的全或无原则；
（3）脊髓水平：处理外部因素的影响进一步来适应初始力量产生；
（4）中枢神经系统水平：脑（脑干、小脑和大脑）。

所有这些因素产生了复杂的协调作用，其中一部分是调节力量的产生。有一个有趣的问题，同样在训练中也十分重要，那就是在竞技动作中，究竟这 4 种水平中的哪一种真正限制了最大力量的产生？也许这一问题并没有明确的答案。传统的力量训练策略注重提高肌肉收缩部分的质量，更现代的方法则更注重中枢神经系统在力量产生中的作用。运动专项力量训练策略与传统策略有根本上的不同，区别之大以至于两者的结合运用（看似应该有效，实则）并不存在，并且在这两种策略的支持者之间存在近乎宗教似的对立。为建立一个更有效的运动专项力量训练系统（包括向竞技动作和生理适应两种转移），这种结合是很有必要的。

2.1 肌肉水平的影响

2.1.1 并联肌节与串联肌节的影响

基因限定了机体内的肌肉维度。肌肉维度大，阻碍快速运动，并且消耗大量能量，这种劣势抵消了其产生大力的优势，并对物种的生存产生威胁。因此，肌肉维度必须在消耗的能量与获得的益处之间选择一个最佳的平衡点。

有限的肌肉维度为了发挥节约的效用，形成了复杂又精巧的肌肉结构——在原则上，可用的肌节可以组织成平行排列或者串联排列的形式。有时，同一肌肉中所有平行排列的肌节被称为肌肉的"生理横截面"（图2.1）。平行排列的肌节越多，肌肉越强壮。因此，粗厚的肌肉比薄瘦的肌肉要强壮。同样，肌节也可以以串联排列（一条线）的形式存在，因此它们可以对彼此施加牵引力。就像铁链一样，整个肌节的强度与其最弱的一节相同。所以，肌节的总长度并不影响它能产生的力量（图2.2）。

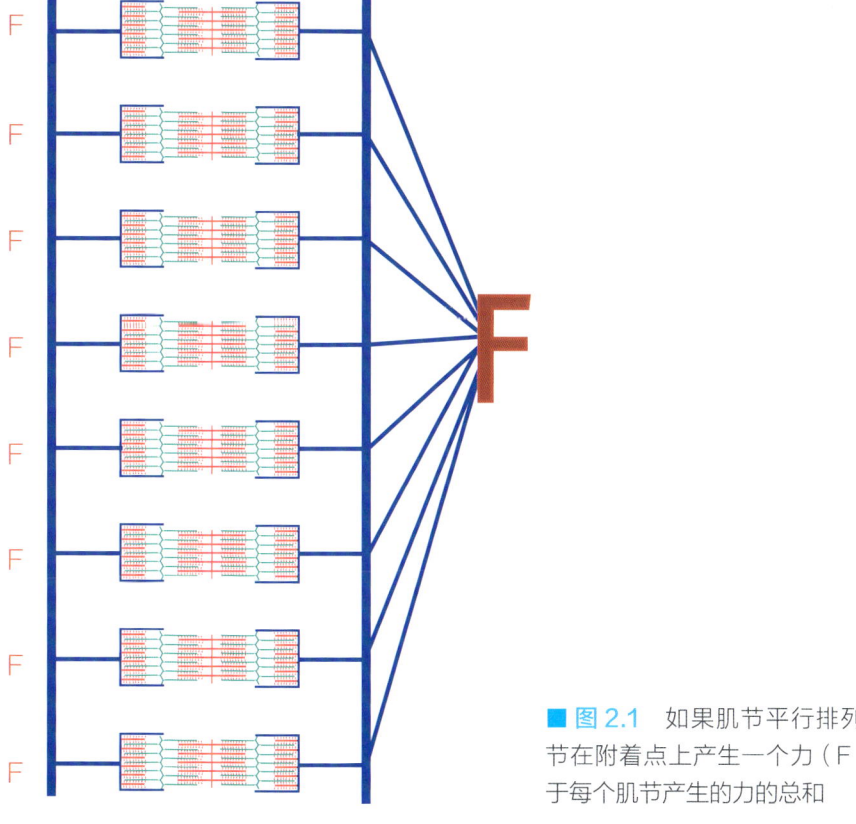

■ 图 2.1　如果肌节平行排列，每一肌节在附着点上产生一个力（F），总力等于每个肌节产生的力的总和

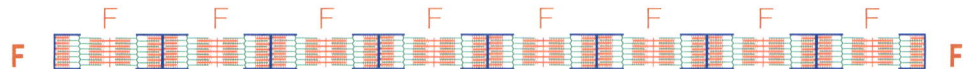

■ 图 2.2　收缩的肌节对串联中的其他肌节产生一个张力，作用于附着点上的力等于一个肌节所产生的力

虽然平行排列的肌节可以产生更大的张力，但串联排列的肌节可以使肌肉运动的更快。如果每一肌节在给定单位时间内缩短一定长度，那么在这一单位时间内，肌肉缩短的总长度将是串联的肌节缩短的总长度。肌节链越长，整个肌肉群收缩越快。因此，肌肉既可以采取允许大力产生的结构，也可以采取更适合（用较少的力）快速缩短的结构（Wilmore 和 Costill，2005）。

肌肉的生理截面面积不仅取决于遗传体质，还取决于作用于肌肉的负荷。训练（包括力量训练）可以增大生理横截面积，从而增加并联肌节的数量。传统观点认为，肌肉生理横截面积增大的原因是，肌纤维的数量保持不变（运动单位：大量由同一运动神经元支配的由肌原纤维组成的肌纤维），但肌纤维中的肌原纤维数量增大，导致了所谓的肥大，这就在肌动蛋白和肌球蛋白（肌原纤维的基本成分）之间建立了更多的联系，从而使每一肌纤维都可以产生更多的张力。然而，动物研究表明，肌肉生理截面面积的增大也可能与增生（肌纤维数量的增加）有关。但在人类中却很难测到这种现象（Gonyea，1980；Sjöström 等，1991）。

2.1.2 肌肉力量/长度（F/L）和力量/速度（F/V）的特性

单独的肌纤维比整块肌肉更容易研究，因此，许多关键的肌肉特性都是通过研究单独的肌纤维而发现的。发现的这类特性是描述整块肌肉特性的有用的起始点。肌纤维的两个主要性能可以用力学术语来描述，即 F/L（力/长度）和 F/V（力/速度）的特性。这两种肌肉特性十分重要，以至于在许多运动训练中主要是改善它们。特别是在尽可能快速通过一定距离的运动项目中，如速滑、速跑或自行车的冲刺项目，教练员试图提高力量产生与肌肉动作速度之间的比率（爆发力＝肌肉运动产生的力 × 速度）。

（1）肌纤维的 F/V（力/速度）比值

肌纤维由重叠的肌动蛋白微丝和肌球蛋白微丝组成。微丝之间重叠越多，肌肉越短；重叠越少，肌肉越长。这意味着肌纤维所能产生的力量并不总是相同的。当肌丝重叠部分最多时（"最佳长度"），其产生的张力最大。如果肌纤维延长（超出范围），重叠部分减少，则在肌纤维之间的"横桥"（肌动蛋白和肌球蛋白之间的连接）会减少（图 2.3），这样肌肉就产生更少的力。即使肌肉大幅度缩短（未超出范围），肌丝之间的重叠部分也会减少，因为肌动蛋白微丝不再排列成一条直线，而是相互滑动，因此肌动蛋白与肌球蛋白之间的重叠部分会变少，这样可以产生的力就减少了。可以画出每个肌纤维的 F/L 图，显示最小/最佳/最大力/长度曲线，通常在中部（图 2.4；Burgerhout 等，2006；Van Cranenburgh，2002）。

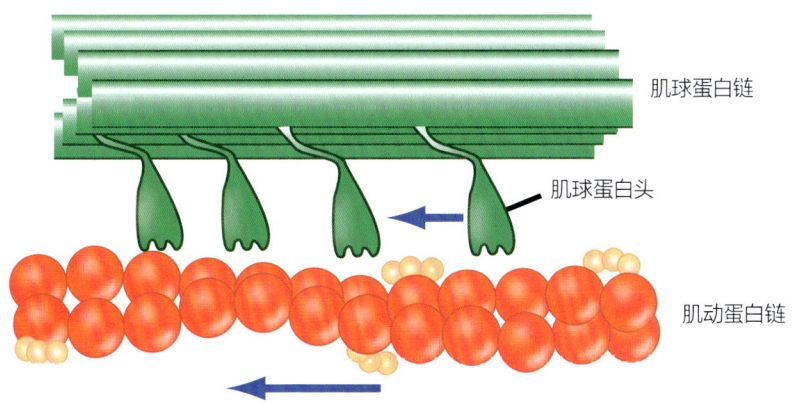

■ 图 2.3　肌丝滑动：肌动蛋白链与肌球蛋白链的头部相连（横桥）。在发力过程中，肌动蛋白链沿蓝色箭头方向移动，肌纤维缩短

运动训练新思维
——提高运动水平和预防运动损伤的秘诀

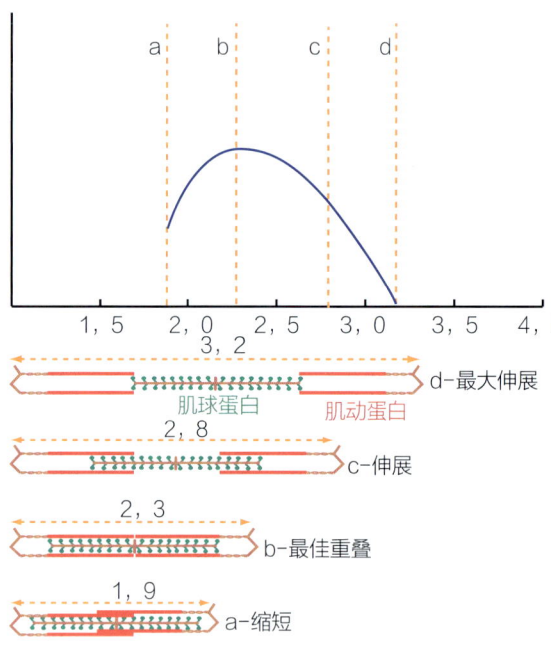

■ 图2.4 肌纤维在最佳重叠的情况下所产生的力最大。在拉伸或缩短的情况下,重叠部分和产生的力较少。曲线显示了可以产生最大力的肌纤维最佳长度。当肌纤维从最佳长度缩短时,肌动蛋白链相互滑动缩短(a)

(2)肌纤维的F/V(力/速度)比值

肌纤维不能同时产生大力又快速收缩。这种机制可与拔河比赛中发生的情况相比较。如果拔河时绳子没有移动(例如两队实力相当),那么会有许多手抓住绳子,这样就会产生大量的力。如果一支队伍更强,绳子就可以被拉到他们那一侧。然而,这意味着必须不断地松开手再抓住绳子,从而产生更少的力。绳子拉得越快,产生的力越小。肌纤维也一样。当肌纤维快速缩短时,就会立即释放大量横桥,这样产生的力就会更小(图2.5)。这意味着,高强度的竞技动作进行得相对缓慢,而低强度的动作可以迅速完成。

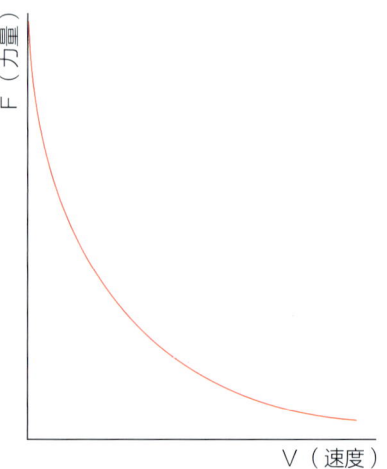

■ 图2.5 缩短速度为0时,肌纤维可产生最大张力。随着缩短速度的增加,所产生的张力越来越少

长而厚的肌肉（如腓肠肌）最适合进行所有类型的肌肉运动（如图2.6和图2.7），它们既可产生力又可进行快速肌肉运动。可如果所有肌肉的结构都是这样的话，机体将是体型巨大、同时也会有很大的劣势。这就是每块肌肉擅长某一类型运动的原因。有些肌肉（短而厚，如臀大肌）擅长产生巨大的力量却不能高速发力，有些肌肉（长而薄，如股直肌）擅长快速缩短却不能产生很大的力（图2.8）。

（3）羽状肌的结构及其对F/L及F/V的影响

肌纤维的F/L（力/长度）和F/V（力/速度）特性是设计训练的重要起点，但其作用也仅限于此。不能将单一肌纤维的特性简单地理解为整个肌肉的作用。由于肌肉结构的复杂性，单个肌纤维的特性可能与整个肌肉的特性有很大不同。不同结构的肌肉，其F/L和F/V特性不同，所以，肌纤维的收缩特性并不代表整个肌肉的

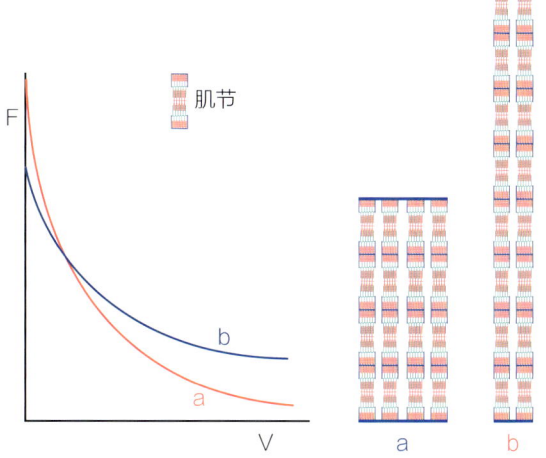

■ 图2.6　肌肉a和肌肉b中肌节的总数相同，但肌肉a和肌肉b的F/V曲线却有所不同，这是因为肌肉a中并联肌节的数量多于肌肉b

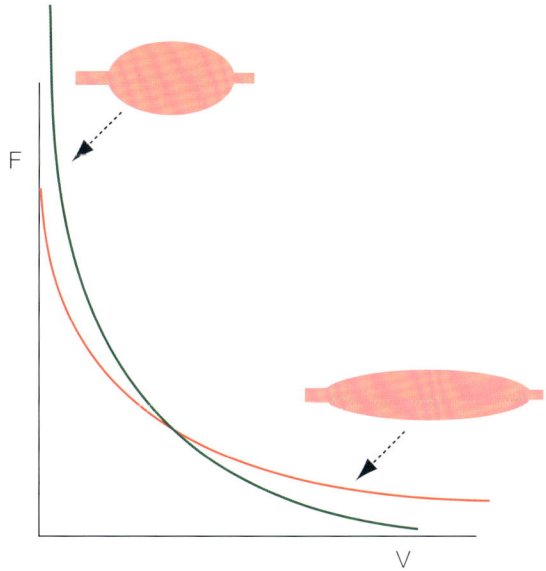

■ 图2.7　粗厚的肌肉善于发力，而长的肌肉擅长速度

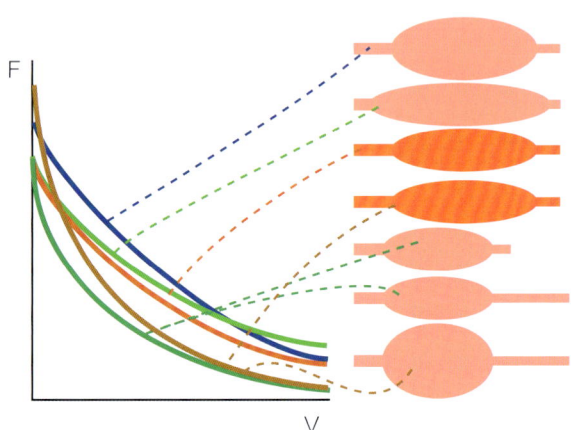

■ 图 2.8　如果不同肌肉的 F/V（力量/速度）特性在同一图表中显示，我们就会得到一个"意大利面式的图案"。显然，这一模式不能用来设计详细的关于力量和速度的训练计划。虽然这两块深色的肌肉外表相同，但内部结构却有所不同，因此两者的 F/L（力量/长度）特性也有所不同（同样见于图 2.15）

特性。肌肉结构的差异性使得一块肌肉更适合执行某项任务，而另一块肌肉则更适合另一项任务，因此，运动员的整体表现将取决于肌间合作的质量。与运动员 B 相比，如果运动员 A 在骑自行车时可以产生更多的力，这并不意味着 A 在赛艇测力计上也会产生更大的力——因为 A 的肌间合作更适合在骑自行车时产生更大的力，而并不适合在赛艇比赛中产生较大的力，对于 B 来说亦是如此。

所以不同肌肉的能力不同。擅长产生力的肌肉生理截面较大，而擅长速度的肌肉（肌节链）很长。这样，肌肉功能的专业化在肌肉的结构中得到进一步发展。通过"平行"和"羽毛状"纤维排列的方式来进一步区分肌肉的特殊适合度。

在平行纤维肌（如缝匠肌）中，纤维排列的方向与肌肉的作用力线平行。肌肉的作用力线从一个肌肉附着点移向另一附着点，因此肌肉沿着这条作用力线产生力量。前文关于厚肌肉和短肌肉的分析在这种结构的肌肉中仍然适用，甚至在相对较长的肌肉中也同样适用（图 2.9）。

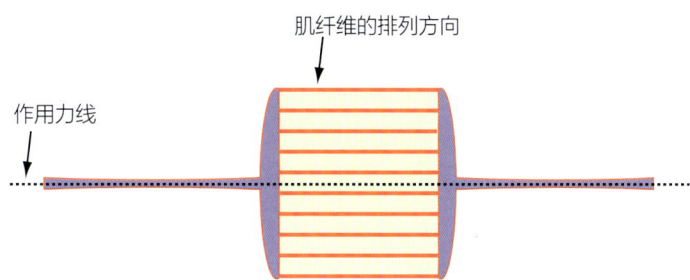

■ 图 2.9 平行纤维肌结构：肌纤维与肌肉的作用力线平行

如趾长伸肌或腓骨长肌等羽状肌中，肌纤维排列的方向与肌肉的作用力线成一定角度，这一角度可能高达 30°。在一些肌肉中这一角度会较小，而在这样的肌肉中呈羽状肌纤维排列的程度也会较小（图 2.10；Rozendal 和 Huijing，1998）。

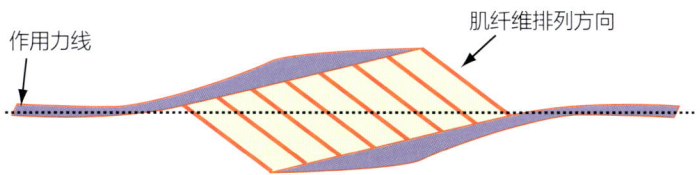

■ 图 2.10 羽状肌结构：肌纤维的方向与肌肉的作用线成一定角度

与相似的平行纤维肌相比，羽状肌不太适合快速缩短，如果肌纤维在给定的长度内缩短，那么整个肌肉的附着点就会在较小的长度上变短（可以将羽状肌比作牙刷，如果刷毛挤压在一起，刷头就不会聚在一起）。此外，与外表相似的平行肌纤维相比，羽状肌中串联排列的肌纤维较少，这使得羽状肌更不适合快速缩短（图 2.11）。

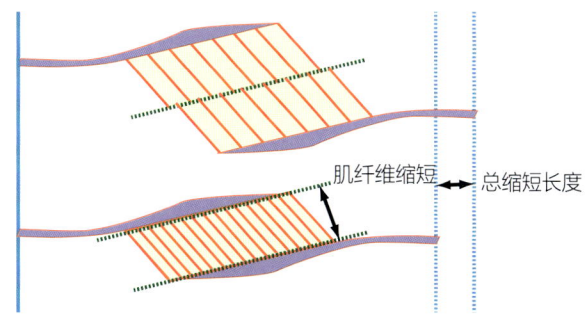

■ 图 2.11 羽状肌结构。肌纤维的最大程度缩短，而整个肌肉的缩短程度有限

所以羽状肌不能迅速缩短。羽状肌拥有如此结构的目的是，即使附着点相距较远、肌肉块也不大，却可以产生大力。由于羽状肌的对角线结构，其生理横截面（测量肌肉所能产生的最大张力的方式）要比同等大小的平行肌纤维大得多。看起来有些肌肉"并不在乎"它们的缩短速度有多快，而更想通过产生大量的力先"做好准备"（图 2.12～图 2.14）。

（4）其他肌肉以速度换取力量

除了羽状肌结构外，还有另一种肌肉结构，可以用肌肉的速度换取力量。肌肉并不完全是由肌纤维和肌腱组成的，肌纤维之间可能还有大量的胶原组织。同肌腱一样属于肌肉的被动部分。在这些肌肉中，肌纤维间并不是彼此相连的，而是与肌肉的被动部分相连，这意味着肌纤维之间不会相互施加张力。尽管这些肌纤维是以串联形式排列的，一根肌纤维所产生的张力也可传过另一根肌纤维，因此，即使肌肉的总横截面积相对较大、串联排列相对较少，肌肉

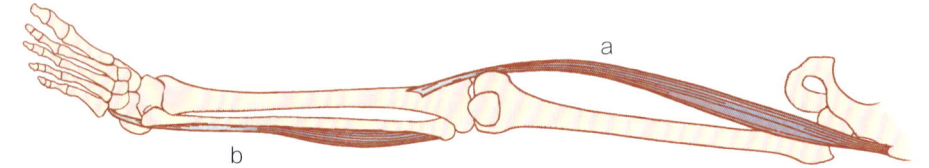

■ 图 2.12 两块形状与大小或多或少有些相似的肌肉。肌肉 a（缝匠肌）是平行纤维肌，适合快速缩短而产生的力较小；肌肉 b（腓骨长肌）是羽状肌，适合产生大量的力而不会明显缩短

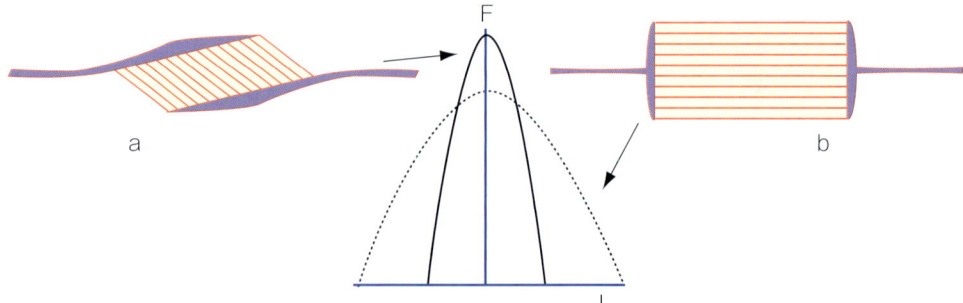

■ 图 2.13 具有相应 F/L 特性的羽状肌（a）和平行纤维肌（b）结构。比值体现在彼此关系中

第 2 章 解剖学和力量产生中的限制因素

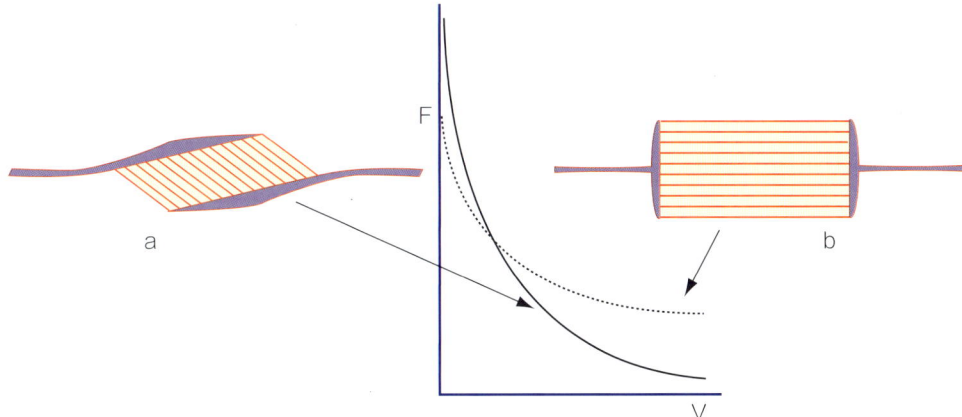

■ 图2.14 具有相应F/V特性的羽状肌（a）和平行纤维肌（b）结构。比值体现在彼此关系中

也可以又长又薄。这种肌肉的例子有腹直肌和竖脊肌（图2.15）。虽然它们看起来又长又薄，但它们更像是短而厚的肌肉所有的F/L典型特性，这意味着它们不适合快速缩短，也意味着它们有能力在达到最佳长度时发力，但当它们变短时很快就会丢失力量。这就是为什么仰卧起坐时所产生的力相对较低的原因。同样的道理也适用于竖脊肌，竖脊肌在身体躯干弯曲时迅速失去力量（如

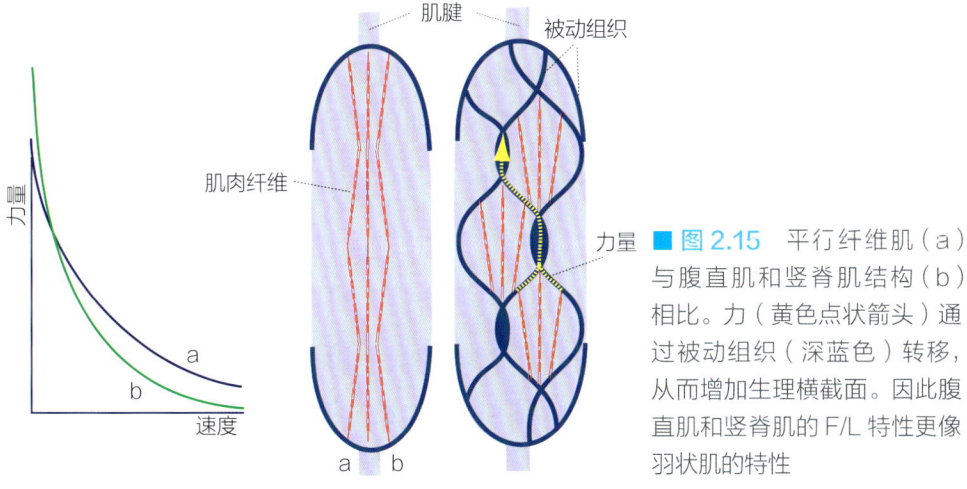

■ 图2.15 平行纤维肌（a）与腹直肌和竖脊肌结构（b）相比。力（黄色点状箭头）通过被动组织（深蓝色）转移，从而增加生理横截面。因此腹直肌和竖脊肌的F/L特性更像羽状肌的特性

速滑时的姿势)。这就是为什么举杠铃时禁止躯干弯曲,因为在该姿势时腹肌和竖脊肌不能完成其对身体的保护功能。

(5)F/V 和 F/L 对场景式运动的启示

人体中肌肉的数量和动物园中动物的数量差不多。只有一种动物的动物园是不成功的动物园。物种的多样性是成功的关键,对于训练运动技能来说亦是如此,肌肉结构和功能的多样性是成功进行运动的关键。

肌肉的复杂结构以及拥有不同的生理特性是进行高效、稳定动作的前提。高效的动作不仅需要肌肉产生动能,还需要通过身体传递这种动能,就像在双关节羽状肌肉中发生的那样(参见 5.2)。同样,动作的稳定性要求身体内存在着不同的肌肉结构。如果所有肌肉的结构相似,对动作的贡献也相似,那么肌肉之间就不可能有固定的合作模式,因为在给定的动作模式下,总会有几种动作的组合是高效的。在一个给定的动作模式内,由于肌肉的结构和适应性的不同大大减少了动作模式中高效组合的数量,并且进行高效动作的方法也十分有限。因此,肌肉结构的多样性是进行动作的基础,其效率使运动稳定并为相关运动提供了通用的基础(参见 7.3.2)

动物园的比喻甚至可以更进一步。决定让所有动物吃同样食物的动物园园长将会遇到麻烦。如果吃肉,兔子会死,狮子只吃莴苣,也会死,用相同的方法训练所有肌肉同样也会引起问题。执行不适当动作的肌肉不会发挥最佳的(足够不同的)功能。在动物园里,必须给豚鼠喂草、海豚喂鱼和狮子喂肉。优秀的教练和运动物理治疗师同样也要保证肌肉的负荷,使其在有用的动作模式下进行与其结构和功能相适应的运动。

扩展知识

肌肉有 F/V 和 F/L 的特性,这意味着,肌肉在小于其最佳长度的情况下,快速缩短总是以牺牲关节周围的最大发力和稳定性为代价。如果肌肉要发挥其最大潜能,快速缩短或者距离最佳长度比较远,都是可以理解的。

为了这种情况的影响达到最小化，一般原则就是使尽可能多的关节参与到动作中，并在一系列运动中保留尽可能多的关节（和肌肉）。举一个网球发球的例子，打网球时肌肉可能完全外展，在这种姿势下，有些肌肉非常短（如三角肌、冈上肌），而另一些肌肉则非常长（如胸大肌、背阔肌、冈下肌），这意味着在发球动作时它们并不能发挥最佳的功能。通过外旋肩胛骨和侧向弯曲脊柱，网球发球中所需的外展角度可以减少到 90°左右，这样可以使肩部肌肉处于其适度范围内并提高击球力量和稳定性。从总体上来说，使尽可能多的关节参与到动作中是机体自我组织的结果，当然也会影响到例如如何设计运动损伤后的康复训练（图 2.16）。因此，在康复过程中尽可能消除代偿性运动的习惯，并试图改善孤立的动作范围可能并不是一个好的策略。更好的策略是可以进行代偿性运动，并在康复过程中逐渐将其改造成一种将动作分配到几块肌肉的有效策略。

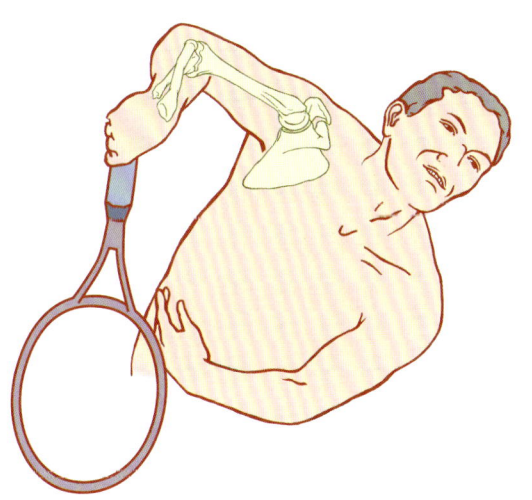

■ 图 2.16 打网球时最后固定的姿势基本上是机体自我组织的结果，肌肉将动作分布在几个关节上，这样手臂就不必处于极度外展的姿势了

2.1.3 力臂

肌肉与关节之间产生的力矩不仅取决于肌肉所产生的力，还取决于肌肉的

力臂（从肌肉作用力线到关节旋转轴的最短距离）。在每一关节位置，肌肉的力臂不相同。显然，肌肉的 F/L 特性与其（变化的）力臂有着重要的关系。在单关节肌肉中，这一关系是相当明显。给定的关节位置与给定的肌肉长度和给定的力臂相匹配，在双关节肌肉（肌肉跨过运动轴远隔并且平行的两个关节）中就没有这样简单的关系。在这两个关节的每个位置上，肌肉的长度都可能根据另一个关节的位置的变化而变化。

从肌肉力臂的特性可以得出许多结论：

（1）肌肉力臂大小的变化，意味着肌肉动作的效率部分或大部分取决于肌肉的力臂。在单关节肌肉中，意味着只有所跨过关节在特定角度下肌肉才能发挥其最佳功能。在双关节肌肉下，这意味着高效运动就是良好结合两个关节的力臂，并尽可能维持肌肉达到最佳长度。双关节肌肉在场景式动作中或多或少地进行等长收缩，这与羽状肌结构的潜力相对应（Van Ingen Schenau 和 Bobbert，1988；Jacobs 和 Van Ingen Schenau，1992）。

（2）肌肉与其跨过关节之间的力臂几乎总是远小于外力的力臂，因此，肌肉克服的外部阻力而产生的力量通常比外部负荷产生的力大得多。

（3）外力的力臂变化非常大，而肌肉的力臂的变化小一些，因此，好的动作技术主要是能够恰当地处理外力的力臂。例如，在有助跑的单腿跳跃中，控制地面反作用力与膝关节之间的力臂比发出很大的爆发力更重要。因此，从助跑中进行单腿起跳，起跳腿应尽可能地伸直，如果可能的话，躯干应与起跳腿平行，这可使地面反作用力与各个关节之间的力臂最小化。在有助跑的单腿起跳中，正性的（肌肉向心收缩）做功产生的力不起作用。

2.1.4 弹性特性

在 20 世纪中期，希尔（1970）提出了一个与他自己同名的行为模型。与解剖模型不同的是，希尔模型不显示肌肉中的结构，只显示肌肉在激活过程中的行为（图 2.17）。

第 2 章 解剖学和力量产生中的限制因素

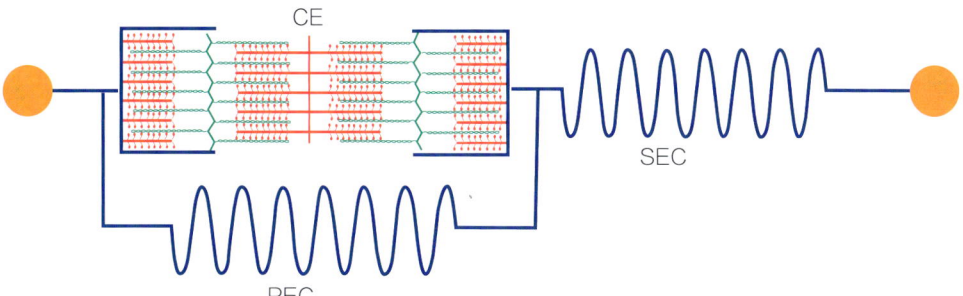

■ 图 2.17 希尔模型是肌肉活动的行为模型。它可以用来得出关于肌肉如何工作的重要结论

希尔模型在以下几个概念之间做了区分：

（1）CE：收缩元素，保证肌肉活动的部分；

（2）SEC：串联的弹性元件，是 CE 延伸的被动弹性元件；

（3）PEC：平行的弹性元件，与 CE 平行的被动弹性元件。

肌肉中被动部分（SECs 和 PECs）的数量大都不同，如半膜肌和半腱肌等肌肉，就是因肌肉肌腱单位内大量的被动组织而得名。相比之下，臀大肌的被动组织就相对较少。

肌肉的弹性成分对肌肉产生的张力有很大的影响。在这一模型中，CE 部分的收缩力并不直接作用于肌肉的附着点，而是通过 SEC 吸收张力。滑动微丝系统（肌动蛋白和肌球蛋白）并不适合逐渐、流动式产生爆发力。从某种意义上说，肌肉动作的产生是从一个位置跳到另一个位置上的（Van Ingen Schenau 和 Van Soest，1996）。SEC 或多或少地削弱了肌肉活动的痉挛性，并确保在附着点的力量是"平滑的"。这在场景式动作中对力的调节来说非常重要。

在抵抗反向外力的方面，SEC 具有非常重要的功能。弹性成分不仅作为 CE 中肌肉活动的减震器，还作为反作用力的减震器。这使在不熟悉的、变化的环境中控制动作成为可能，就像汽车减震器使汽车在维护不良、未铺路面的道路上行驶成为可能一样。

与减震功能相比，更重要的是 SEC 在弹性延伸期间存储反作用力能量的功能。接着，该能量将用于进行弹性拉伸以产生反方向的作用力并使肌肉缩短。重要的一点是，只有当 CE 部分尽可能保持等长时，才能最好地储存和释放这种能量。肌肉的弹性特性是运动组织中最重要的节能特性之一。

扩展知识

弹性（反应性）

除了肌纤维伸长和缩短的肌肉动作之外，弹性肌肉作用也是场景式动作的一部分。这种形式的肌肉作用与肌肉向心、离心作用有很大不同。在许多运动中，弹性肌肉作用占主导地位。很少有教练能很好地理解在弹性肌肉运动中到底发生了什么。即使是研究人员也无法充分识别出这种肌肉动作，尤其是在场景式动作中。由于肌肉运动的极端速度及其范围之小，人们很难解释关于弹性肌肉作用。在肌腱和肌腹中放置传感器（如放入火鸡中，然后奔跑）的侵袭性技术可以更准确地测量肌肉的弹性（Roberts 等，1997）。然而，要真正理解肌肉的弹性，我们仍然必须依靠非常简化的模型。

希尔模型与弹性

解释反应性的主要模型是希尔模型。该模型中重要的是，未将与附着点相连的被动组织视为是静态结构，而将其视为可以改变肌肉长度的弹性结构。希尔模型是现实的一维呈现，然而，为了正确地识别弹性动作，我们需要一个三维模型来详细地指出肌肉中作用力的方向（Williams 等，2013）。对于像小腿三头肌这样的肌肉群来说，三维模型不能充分指出张力的方向，实际上可能需要包括时间因素的四维模型。对于小腿三头肌来说，建立四维模型很有意义，因为其运动时间严格有限，而且在这么短的时间内必须进行负荷的增减。以下面的例子为例，由理想的弹性材料制成的实心橡皮球在自由下落后反弹的高度几乎与下落之前的高度一样高，但是如果一个由相同橡胶制成的立方体从很高的高度落下几乎不会反弹。显然，在物体中弹性能量以三维方式传递，其形状和方式具有相当大的影响。如果橡皮球落在一个反弹时间比其长的表面上（第四维度），如体操跳板上，那么橡皮球不会像落在硬地面上反弹的那么高。简化的希尔模型可以很好地解释弹性力学的基础。模型中省略了PEC（并联弹性元件），而在肌肉的附着点之间只保存了SEC（串联弹性元件）和CE（收缩元件）。接下来会讲述这两个元件在弹性肌肉作用中的行为特点（图2.18）。

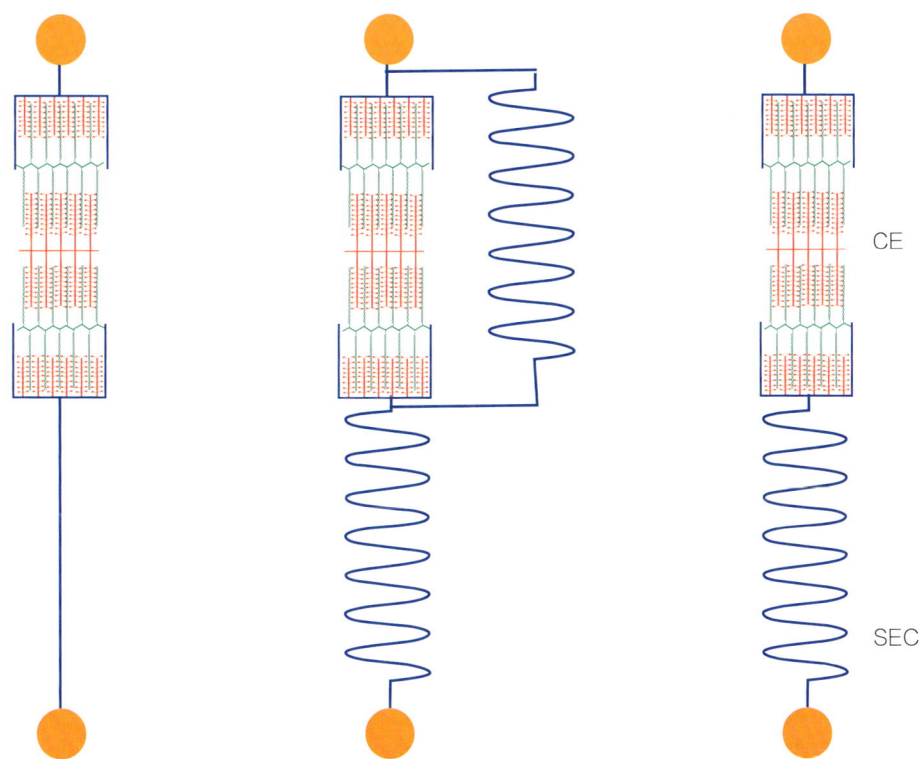

■ 图2.18 左：肌腱-肌腹-肌腱复合体的经典图示；中：扩展的希尔模型（含PEC）；右：简化的希尔模型，适合阐释反应性的特征

反作用力

大多数迅速完成的动作会产生很大的外力，这些外力对肌肉造成离心力矩负荷，使身体与接触面分开，例如在跑步和体操跳马腾空时。身体中

的肌肉也可能产生相反的离心负荷力——例如投掷时由于腿部和骨盆肌肉的动作而引起的腹部伸展，或正手击球时前臂肌肉的伸展。希尔模型可以用来发现肌肉如何处理这种力量。SEC 是否会被拉伸取决于肌肉中 CE 如何表现。肌肉在较大外力的作用下可能表现出超弹性的特征。而肌肉的弹性效应有多大将取决于使肌肉伸展的外力大小。然而，这一外力并不会超过 CE 中的最大等长张力的大小。如果反向力矩需要的外力大于肌肉等长收缩所能产生的力，那么 CE 就会延长，并以牺牲 SEC 的伸展为代价（图 2.19 和图 2.20），因此，肌肉的弹性和等长性同属一类。非常令人失望的是在许多有关训练的文献中，对于弹性肌肉作用的描述大多都非常糟糕。对肌肉向心 - 离心作用、增强式运动等术语的滥用是预先假定肌纤维的离心收缩，并且也不能清楚说明肌肉的弹性究竟是什么。所以在确定运动在实践中必须要满足的标准之前，先必须准确描述 CE 元件的性能。

反应性在跳跃中的应用

在弹跳中，最大的跳跃高度不是通过向心（动力或正向）肌肉动作来达到的，而是通过弹性肌肉动作达到的。弹性肌肉作用和向心性爆发性肌肉作用完全不同，这意味着它们的作用是互相独立的。因此，在爆发性运动中，运动员希望通过锻炼弹性肌肉作用以提高爆发性运动的速度是没有

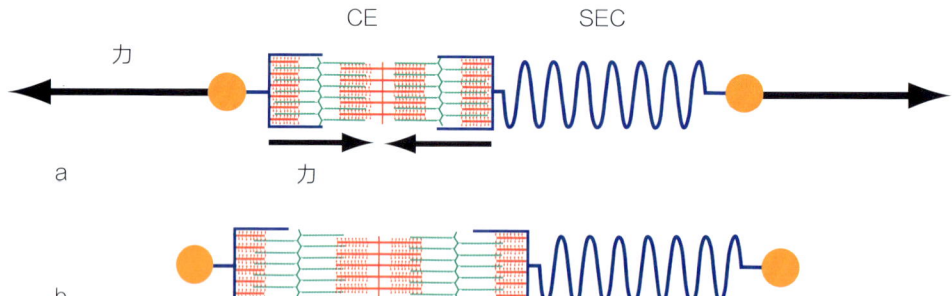

■ 图 2.19　在反向作用力极大的情况下，CE 不足以产生足够的反作用力，因此整个肌肉拉伸（a）。CE 延长会缩短 SEC 的伸展长度（b）。例如，从很高的高度跳下，并通过弯曲膝盖进行落地时，就会发生这种情况

第 2 章 解剖学和力量产生中的限制因素

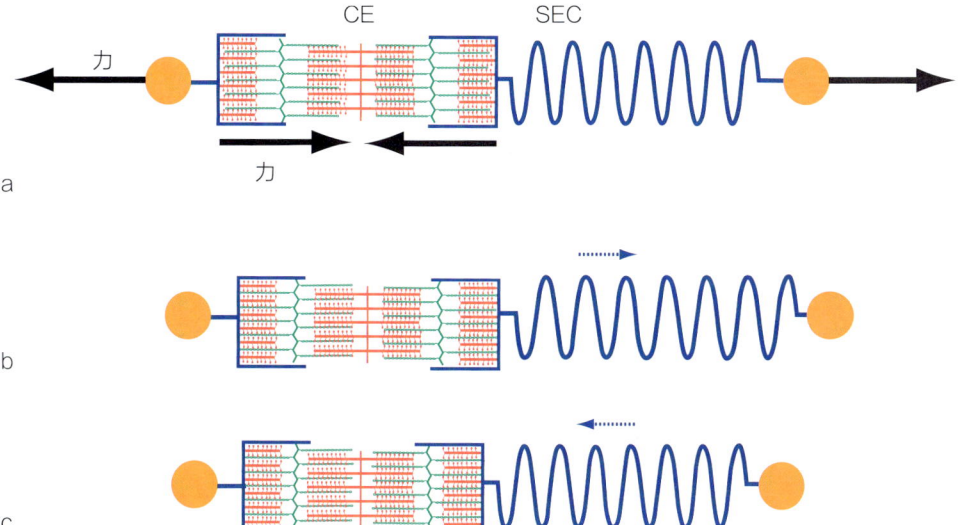

■ 图 2.20 反向作用力与 CE 可产生的力一样大（a）。CE 紧张到最大程度，SEC 拉伸并贮存巨大能量（b）。一旦停止施加外力，贮存于 SEC 的能量释放出来，肌肉将会剧烈缩短（c）。例如，当从有限高度跳下并在着陆时进行弹跳运动时，就会发生这种情况

意义的。速滑运动员如果想滑得更快，或者游泳运动员想更快地离开起始区，练习弹跳不会获得太多益处。弹性肌肉作用和爆发性肌肉作用之间有障碍阻隔，因此两种训练之间很少发生转移。相比之下，以最大用力投掷（掷标枪、投球等）在很大程度上是基于弹性肌肉作用，因此在投掷过程中弹性能量的贮存和释放时，肌纤维中都没有离心 – 向心收缩。通过伸展弹性部分使肌肉 – 肌腱单位伸长或缩短的过程中，好的（快的）投掷动作中肌纤维都是等长收缩的。正是弹性把动能从躯干传递到手臂，就如同把能量从手柄传递到鞭子的末端一样。在这种通过弹性传递能量的过程中，因为运动的物体变得越来越小，如从躯干（大质量）到手（小质量），因此关节中的运动速度也像挥鞭子一样变得越来越快（图 2.21 和图 2.22；Van Ingen Schenau 和 Bobbert，1988；LaStayo 等，2003）。

运动训练新思维
——提高运动水平和预防运动损伤的秘诀

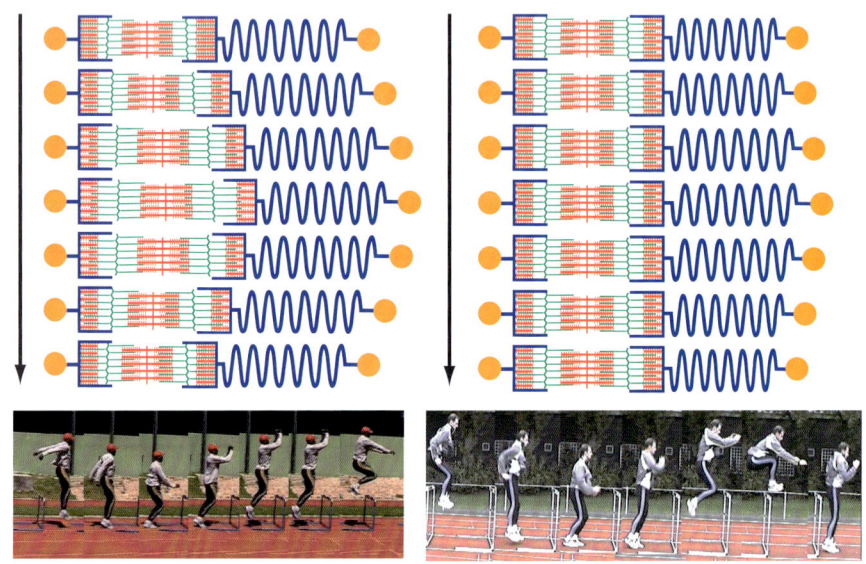

■ 图 2.21 左：肌肉作为动力，下图：跳跃中主要是离心 – 向心肌肉运动；右：肌肉作为超级弹力带，下图：在弹跳中肌肉动作是弹性为主。如果站立时膝关节角度的变化超过 20～25°，那么很少有机会来进行短时间接触和弹性肌肉动作

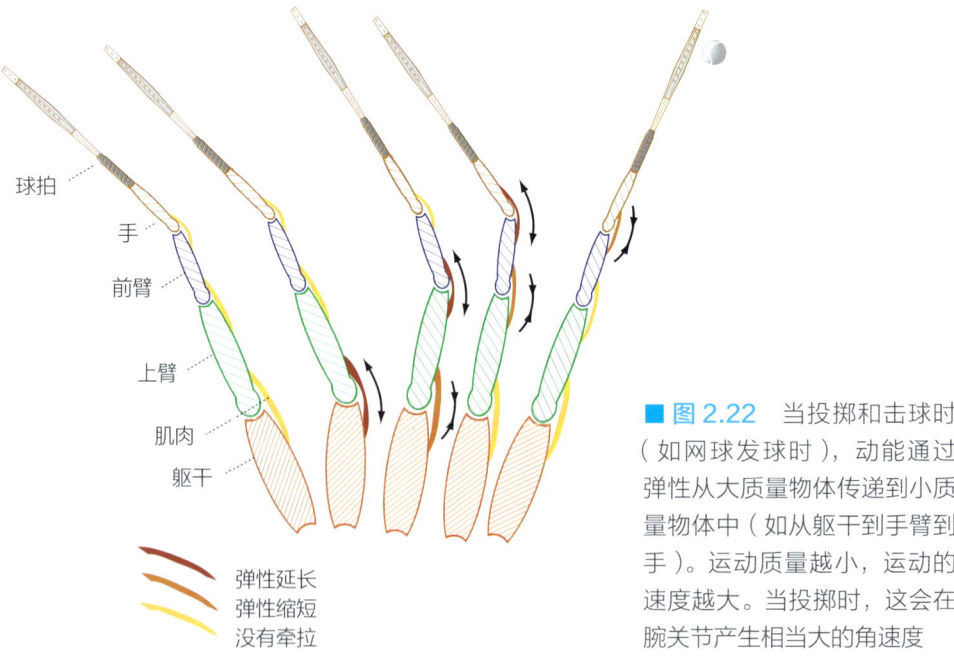

■ 图 2.22 当投掷和击球时（如网球发球时），动能通过弹性从大质量物体传递到小质量物体中（如从躯干到手臂到手）。运动质量越小，运动的速度越大。当投掷时，这会在腕关节产生相当大的角速度

扩展知识

运动员既可以主动也可以被动地吊在单杠上。扩展的希尔模型可以解释肌肉产生必要力量的方式。主动悬挂涉及 CE 部分，被动悬挂涉及 PEC 部分（图 2.23 和图 2.24）。

希尔模型可以详细解释主动悬挂和被动悬挂的区别。在图 2.24 中，曲线 C 显示了肌肉主动部分（CE 部分）的 F/L 比。这是一条最小 - 最优 - 最大曲线，其中最小曲线显示了肌纤维可能缩短的最大程度（肌动蛋白丝和肌球蛋白丝的重叠较少），最大曲线显示了肌纤维处于最大拉伸状态下的

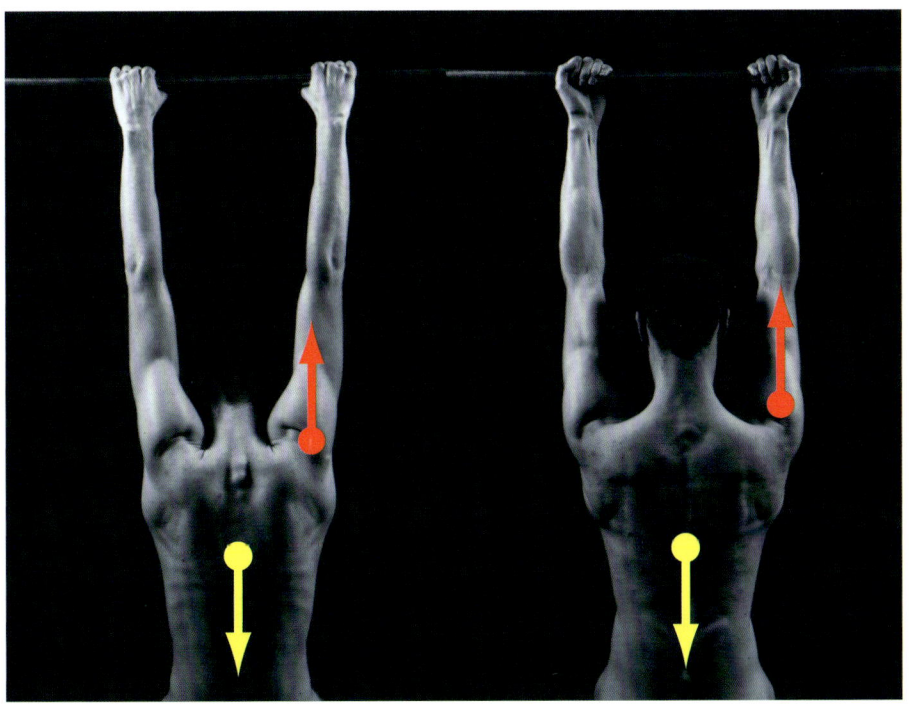

■ 图 2.23　被动悬挂（左）和主动悬挂（右）时身体的重量相同，因此，在这两种情况下，肌肉为了使机体保持平衡必须产生相同的张力（红色箭头）

运动训练新思维
提高运动水平和预防运动损伤的秘诀

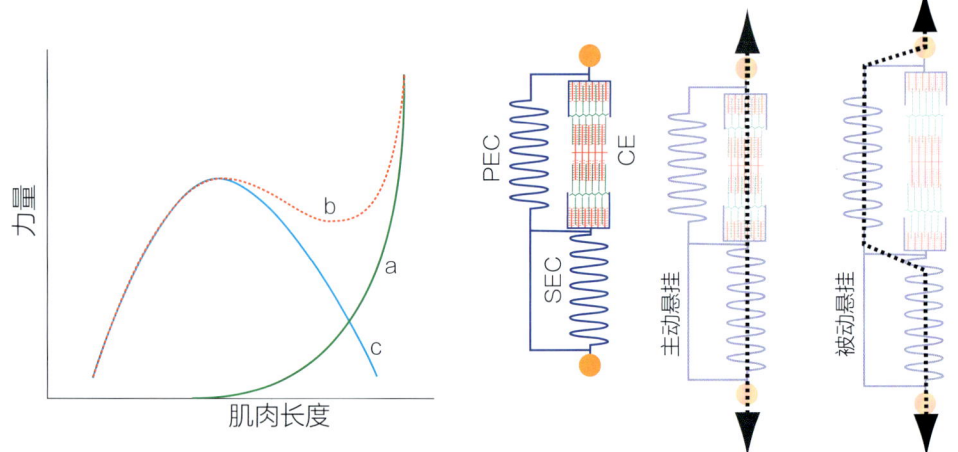

■ 图 2.24　左：整块肌肉的 F/L 特性；右：主动悬挂和被动悬挂中扩展的希尔模型

情况（肌动蛋白和肌球蛋白丝的重叠也很少），最优曲线显示了肌纤维尽可能多的重叠情况。

曲线 a 显示了 PEC 在被拉伸时所产生张力的情况。曲线 b- 曲线 a- 曲线 c——显示了整块肌肉拉长时的总张力曲线。CE 的力减小，PEC 的力增加（张力通过 PEC 传播而不通过 CE 传播）。

因此有两种支撑和悬挂的方式：主动（CE）或者是被动（PEC）。因为肌肉在主动悬挂和被动悬挂二者中间的状态所能产生的总力量较低，所以几乎不可能有中间的解决方案。

2.1.5　肌肉松弛

图 2.17 中的希尔模型并不是完全正确的。它假定肌肉的各个部分均是其动作力线的延伸部分，因此任何的肌肉收缩都会使肌肉附着点距离缩短。

图 2.25 更好地展示了真实的情况。身体中的肌肉并不是"准备就绪随时可以行动"。在肌肉发出动作之前，肌肉的各部分并不是整齐地排列在肌肉附

第 2 章 解剖学和力量产生中的限制因素

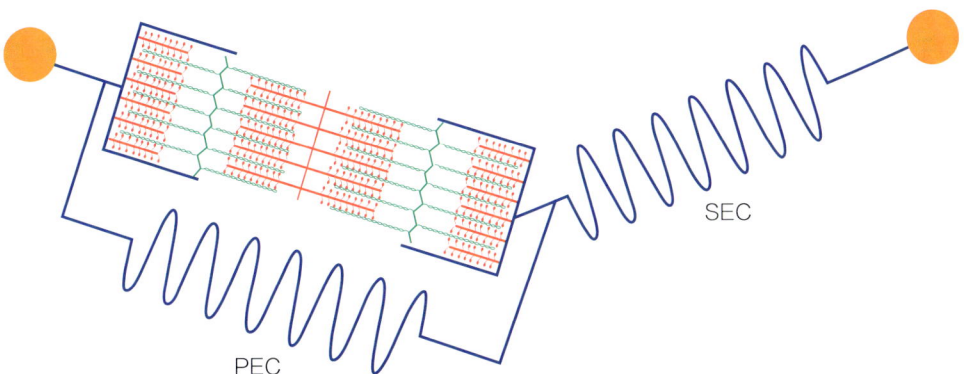

■ 图 2.25 更准确的希尔模型图示，如同松弛的绳子一样，肌肉悬挂在附着点之间。在肌肉对附着点施加张力前，首先 CE 和 SEC 必须处于附着点之间的直线上

着点之间；身体中的肌肉就像松弛的绳子一样，肌肉必须先要紧张再绷紧，然后才能进行有效的肌肉活动。肌肉就像吉他弦一样，虽然吉他弦固定在吉他两端，但弦仍然松弛是没有用的，必须把弦拉紧才能发出声音。张力必须增加到一定程度才能使肌肉绷紧，意思是"肌肉松弛"是平时的状态（图 2.26），这

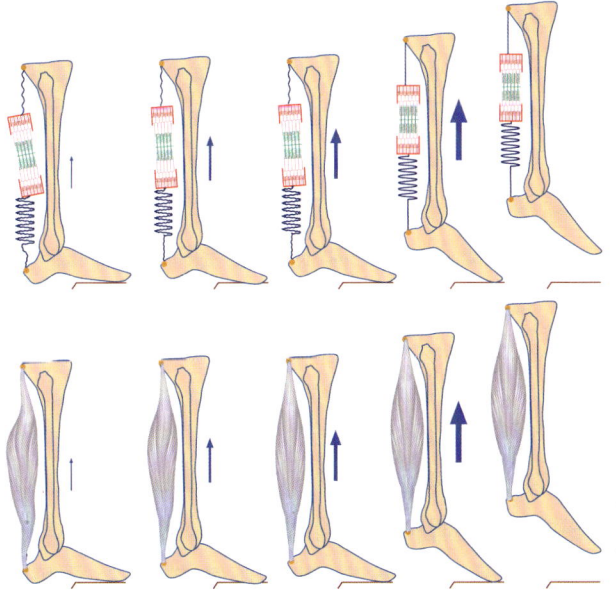

■ 图 2.26 肌肉松弛。在运动开始时，肌肉仍然相当松弛。直到运动中途，肌肉才能产生最大张力

083

是决定肌肉表现的一个关键现象。由于身体或物体的加速路径相对较短,所以运动员在运动过程中用很短的时间来完成运动。在许多运动中,如何使肌肉产生可操作性张力还是一个难题,因为只有在运动开始后一段时间才能达到肌肉的最佳张力水平。这意味着在很大程度上,初始的加速部分是无效的,并限制了肌肉的性能。因此,肌肉(克服松弛)紧张的速度通常比它们最终产生力的大小更重要(图2.27)。

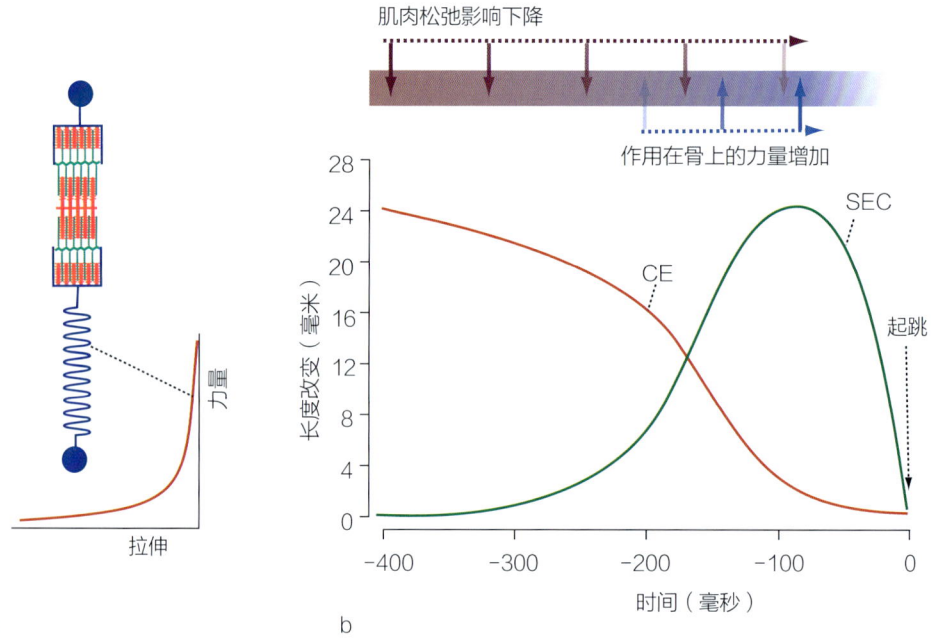

■ 图2.27 (a)当SEC被拉伸时,一开始拉伸时只需要很小张力,但当它们进一步拉伸时,所需张力将迅速增加。(b)垂直蹲跳。在肌肉真正缩短之前,不仅各部分元件均要对齐,而且弹性成分也必须达到一点长度和足够的硬度,这样才能够对其附着点施加力。弹性成分的顺应性增加了肌肉松弛度(参见Fukunaga等,2002)

(1)肌肉松弛在向心性肌肉动作中的影响

在爆发性动作中,肌肉的可收缩部分缩短。力的产生十分缓慢,因此是限制肌肉性能的因素。运动员们凭直觉寻找解决此类问题的方法。这在某些情况下(如速滑)是非常困难的,所以运动员们只能常年训练正确的技术。而在其他情况下，运动员可通过进行反向动作来产生张力。

在反向动作中，首先进行的是与预期动作方向相反的动作。反向动作使肌肉的附着点分开，并使肌肉预紧张起来。假如机体有充分时间来进行反向动作，那么在准备运动的过程中进行反向动作是非常有用的。然而，在一些体育运动中则有较少时间来进行反向动作（如在网球或曲棍球中的手臂后摆动作，足球中的踢腿动作，排球中的快速拦网动作或者对手无法预测的橄榄球边线发球跳）；而在其他运动中则根本没有时间进行反向动作，总会影响表现的。如果游泳运动员在发令枪响后先向后移动再加速前进，就会落后于其他人。同样，如果棒球击球手把球棒向后拉很远让肌肉产生足够张力来击球，一定会击不中球。这意味着他们必须通过小幅度挥动球棒使肌肉预紧张。这样更容易增加肩带肌和手臂的张力。在即将进行跳跃的猫身上看到同样的事情——它通过在跳跃前做小步动作来增加爪子的预张力。

扩展知识

协同收缩（主动肌和拮抗肌同时收缩）是一种重要的稳定功能，保护关节不受外力破坏。然而，如果协同收缩只有一种功能（如仅稳定动作模式），就不是肌肉的典型特征了。协同收缩在控制预紧张及肌肉松弛方面也起着重要作用。因为没有掌握需要的预紧张技术，运动员们往往不能足够很好控制反向动作的范围。它们不能通过协同收缩使肌肉充分预紧张，然后在动作要开始时停止拮抗肌的收缩，好让主动肌能够以较高的初始张力开始做动作。这种技术的执行方法和时机相当复杂，必须进行学习。

在文献中，反向动作（如蹲跳时）在提高运动表现方面的差异往往归因于运动员个人肌纤维类型的差异。然而，值得怀疑的是，肌纤维的力学性能能否完全解释不同类型运动员之间的差异——耐力型运动员和爆发型运动员之间的差别实在太大了。因此，部分（甚至大部分）解释可能是耐力型运动员的运动技巧"在天赋上"可能比爆发性运动运动员稍差，对肌肉间复杂的协调性掌握程度也较低，例如从协同收缩产生的预张力到爆发性加速（参见5.2.2）。

肌肉松弛及其与协同收缩的关系是运动中决定机体表现的最重要的因素之一。因此，我们更应该重视这种关系，甚至应该专门设计学习有效协同收缩和身体张力的练习（如体操）。

（2）肌肉松弛在肌肉弹性作用中的影响

反向外力作用下的肌肉拉长在弹性肌肉收缩中起重要作用，它也保证了由于肌肉松弛导致力量缓慢增加的抑制作用大大降低。由于反向外力总是过快产生，所以预张力也起着重要的作用。机体只有很少的时间来作出相应反应，所以肌肉必须在反向作用力开始起作用时就已经产生足够预张力。产生预张力和吸收反向作用力的时机（如弹跳中落地的瞬间）是一个有关协调性的挑战，需要进行大量练习。我们讨论的时机不是在0.1秒的反应时间，而是精确到0.01秒的反应时间（图2.28~图2.31）。

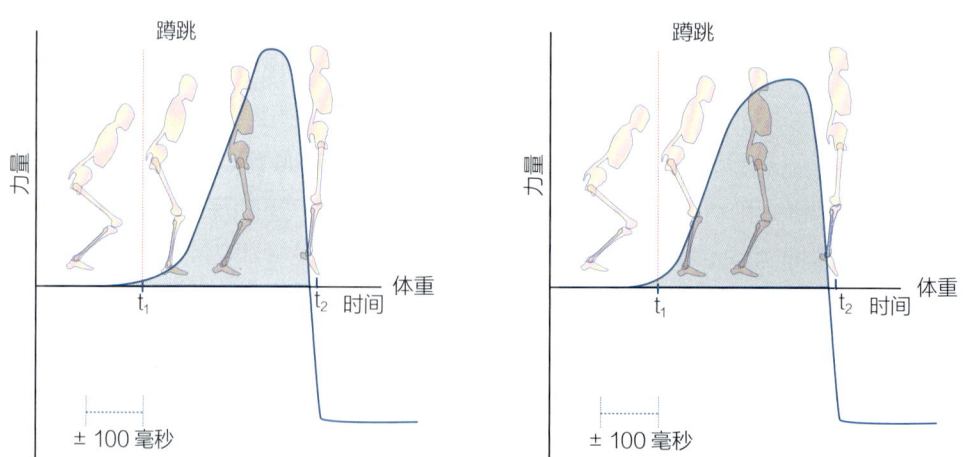

■ 图2.28 蹲跳时的发力（t_1= 开始向上加速，t_2= 离开地面的瞬间）
左：只有在蹲跳结束时，肌肉才有足够的张力进行起跳，即使最大力很大，跳跃的高度也是有限的；右：有预紧张的跳跃，肌肉产生的力增长很快，总的爆发力（曲线的灰色面积）很大，即使最大力较低，跳跃的高度却更高

第 2 章 解剖学和力量产生中的限制因素

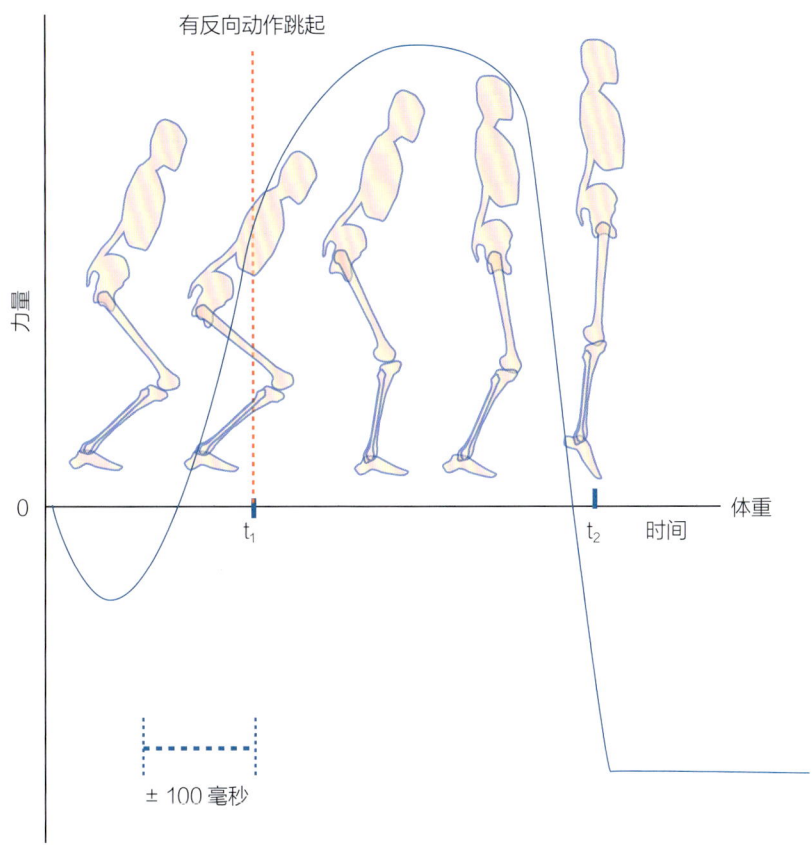

■ 图 2.29 在爆发性跳跃中，反向动作对发力的效果。在开始向上加速时（t_1），反向动作已经对地面施加了很大的压力，所以跳的高度比没有反向动作的要高

  对肌肉松弛的管理是体育运动中决定运动表现最重要的因素之一，而值得注意的是，很少有教练和体育物理治疗师知道这一点。然而，它在肌肉和肌纤维的力学性能的基础研究中确实起着关键作用。在训练观念中，由于缺乏对肌肉松弛的关注产生很多误解，从而导致训练方法在实际上是无效甚至是起反作用的。主要的误解是关于"拉伸－缩短周期"的操作，特别是关于预拉伸的相关概念。有这样一个假设：在一个爆发性的向心性肌肉收缩之前有一个强烈

运动训练新思维
——提高运动水平和预防运动损伤的秘诀

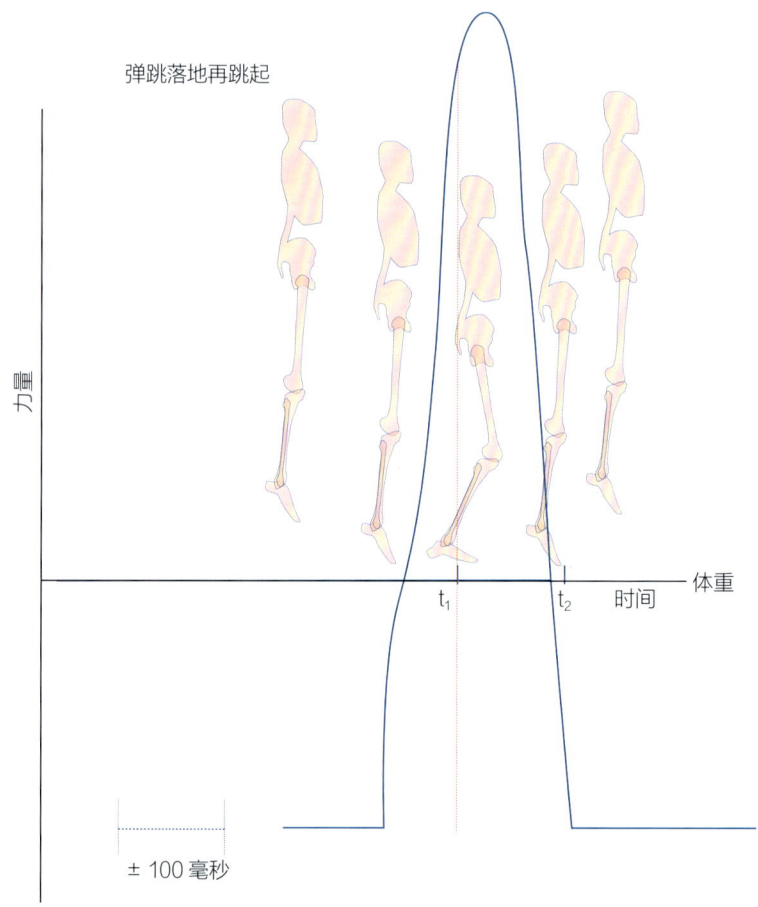

■ 图2.30 弹跳后落地时，由于肌肉被反向作用力拉紧，肌肉不会松弛

的离心肌肉收缩，那么随后的向心性肌肉收缩将更加有力。例如，在练习单腿起跳或击球、投掷动作中的后摆动作时，运动员首先试图在相反方向上进行快速、大的动作，假想动作的范围越大，接下来的肌肉收缩就越有效。

最近在许多不同运动项目中运动技术的发展证明了这种假设是错误的。例如，在网球比赛中，（为了赢得时间）在正手击球或者发球时的后摆动作越来越少，不会对击球产生任何不利影响。在单腿跳跃中，在起跳开始时限制膝关节屈曲的角度是起跳好的标志。精英排球运动员在起跳时膝盖的弯曲角度不多

■ 图 2.31　踢足球或打曲棍球中，长距离向后摆动并不总是有效的，需要通过减小后摆动作来减少肌肉松弛。这样才能更快地完成相应动作。后手翻涉及大范围的运动，而过多地减少肌肉松弛会导致较差的表现

于较差的运动员，甚至更少。最好的短跑运动员在加速和高速跑时，踝关节表现出相当大的硬度（没有背屈）。换句话说，最好的运动员在运动中做较小的反向动作。也许可以用他们对肌肉松弛的管理来解释这一现象。反向动作只涉及肌纤维有限的离心收缩。肌肉拉长主要是由于松弛的肌肉变得绷紧，一旦绷紧，肌肉就可以从一开始的向心肌肉收缩中产生大力，从而加强肌肉性能。如果可被反向动作吸收的反向作用力很大，如助跑单腿跳时弯曲膝盖，那么在肌肉绷紧对齐之后，肌肉的被动部分将会进一步拉伸，这一过程可能会显著改善起跳动作。然而，这种额外拉伸不会因为更大的反向动作而增加。相反地，较大的反向动作在技术上很难使肌肉的被动部分进行弹性拉伸。通过限制肌肉松弛，小幅度的反向运动可以储存弹性能量（有关做反向动作时离心肌肉收缩与弹性拉伸的讨论请参阅 5.6.3）。

　　因此，进行较大反向动作的训练来增加肌肉的预张力只会导致更大的肌肉松弛，并且在有时间限制的运动中，硬度表现较差。这在专项运动力量训练中

的意义就是要避免一切反向动作；而在运动物理康复中，通过进行减少肌肉松弛增强肌肉保护功能的训练来进行康复。

总之，肌肉的结构对协调性和力量的产生有着深远的影响。这些特性在很大程度上取决于肌肉结构。由于这些特性可能不同，所以肌肉有着不同的 F/L 和 F/V 特性，这些特性的差异构成了肌肉间协调性的重要基础。除了 F/L 和 F/V 的特性外，还有机械特性如肌肉松弛等，虽然肌肉松弛不依赖于肌肉的结构，但也有助于决定肌肉产生力量（的大小）。

2.2 神经肌肉转移效应

大小原则

肌肉的收缩部分由大量运动单位组成（运动单位：大量肌原纤维组成的肌纤维，由同一运动神经元支配）。运动单位中的肌纤维具有相同的生化和生理特性（Brooks 等，1996）。根据这些特性，肌纤维从组织化学结构上可分为 I 型、II a 型和 II b 型，从机械结构上可分为慢肌纤维（ST，收缩慢）和快肌纤维（FT，收缩快）；快肌纤维又可分为 FTa 型、FTb 型和 FTc 型。慢肌纤维的运动单位只包含 10~180 个肌纤维，而快肌纤维的运动单位包含 300~800 个肌纤维。然而，这是一个相当主观的分类——事实上在各种肌纤维之间存在着渐进的过渡，这样仍然可以在五种类型之间进行区分。

慢肌纤维收缩速度慢，可进行氧化供能。氧化型慢肌纤维适合进行长时间、低强度的运动，而且几乎不易疲劳。值得注意的是，慢肌纤维比快肌纤维的 Z 线更厚（蛋白质分子，形成肌节间的连接），这可能意味着慢肌纤维能够很好地吸收反向作用力，如比目鱼肌中弹性肌肉的活动。

FTa 快速收缩、不易疲劳，并且可以进行氧化及糖酵解供能，所以它们既可进行有氧氧化，也可进行无氧酵解。这意味着它们可以在低强度的有氧运动和高强度的厌氧运动中发挥功能。

FTb 是一种能更快收缩的肌纤维，也可以进行糖酵解产生能量，但很快就会疲劳。FTb 中高浓度的糖酵解酶使其特别适合于无氧酵解产生能量。

FTc 在肌纤维中很少见（不到总数的 3%），我们对其性能的了解也较少。

因此 ST 纤维产力最慢（在等长收缩条件下），FTb 纤维产力最快，这是因为不同纤维中肌球蛋白头部的分子结构不同。与较小的纤维相比，FTb 放松的时间也较短。与快肌纤维相比，慢肌纤维收缩得更慢、更平稳，而快肌纤维收缩得更快、更具有爆发力。因此，与慢肌纤维相比，快肌纤维需要更快的速度才能产生最大张力，而且具有比慢肌纤维更高的刺激阈值。由于刺激阈值较高，所以 FTb 最难被募集，因此只有在需要高强度肌肉活动时才发挥作用。除了缩短速度更快以外，快肌纤维的运动单元也可产生更大的收缩力，这是由于快肌纤维运动单元中的肌原纤维较多，因为单独由快肌肌原纤维或慢肌肌原纤维产生的张力没有太大差异。

ST	FTa	FTb
慢	较快	最快
有氧的 耐受能力	厌氧的	厌氧的 快速疲劳
小 力量较小	较大	最大 力量较大

■ 图 2.32 慢肌纤维（ST）发力慢、放松慢、每个纤维产生的力量小、不易疲劳。快肌纤维（FT）发力快、放松快、每个纤维产生的力量大、易疲劳

由于肌纤维根据"全或无原理"（神经－肌肉间的传递只有兴奋而无抑制）由动作电位激活，而各运动单位的募集顺序取决于它们刺激阈值的差异。所以收缩速度可能进一步影响收缩强度。

动作单位根据"大小原则"被募集（Henneman 等，1974）。肌肉募集的顺序取决于中枢神经系统发出的刺激大小。正如我们所看到的，每个运动单位都有最小的刺激阈值，必须超过这个阈值肌纤维才能收缩，而这一阈值与细

胞大小密切相关。这意味着慢肌纤维的运动单位将首先被激活，因为它们的细胞胞体相对较小。随着刺激的增加，被激活的细胞胞体也越来越大（FTa），最后被激活的是细胞胞体最大的纤维（FTb）。因此，运动单位的募集只与收缩强度有关，而与肌肉的收缩速度无关（Gollnick等，1974）。除了通过增加刺激的强度和频率（尤其有利于更大、更快的纤维的运动），收缩强度也受到肌纤维中更好的同步作用影响。在正常情况下，为了流利地完成运动，运动单元的活动是不同步的。随着更大力量的产生，受过训练的运动员能够更好地同步激活运动单元。这种同步运动的质量在很大程度上取决于所进行的运动，这意味着运动员在自己擅长的运动中可以完成最有效的同步运动（图2.33~图2.35）。

　　大小原则是确保中枢神经系统控制肌肉产生力量的第一个主要步骤。如果没有固定模式来激活具有各种特性的运动单元，那么由中枢神经系统发出特定刺激的结果（力的大小）将是非常不可预测的。力量产生的可预测性一直是中枢神经系统中的一个主要问题，不仅因为肌纤维具有F/L和F/V的特性，还因为肌纤维对神经刺激的反应部分取决于这些纤维的"近期活动"：之前的肌肉活动引起的疲劳以及增强效应的影响（也称为后激活增强效应或PAP：如果肌肉在运动前承受了高阻力，那么就会增强爆发性的肌肉动作；Hodgson等，2005；

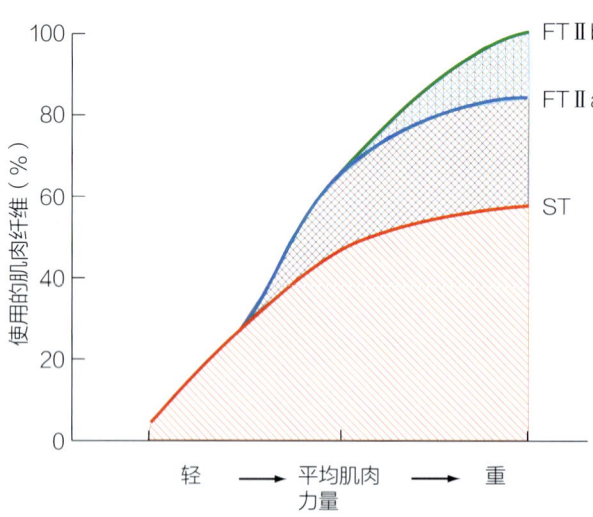

■ 图2.33　大小原则一。运动单位的募集取决于所需收缩力的大小。如果反向作用力逐渐增加，则首先激活慢肌纤维的运动单元，随后激活快肌纤维（快肌纤维a和快肌纤维b）的运动单元，如果纤维受到更强的刺激

第 2 章 解剖学和力量产生中的限制因素

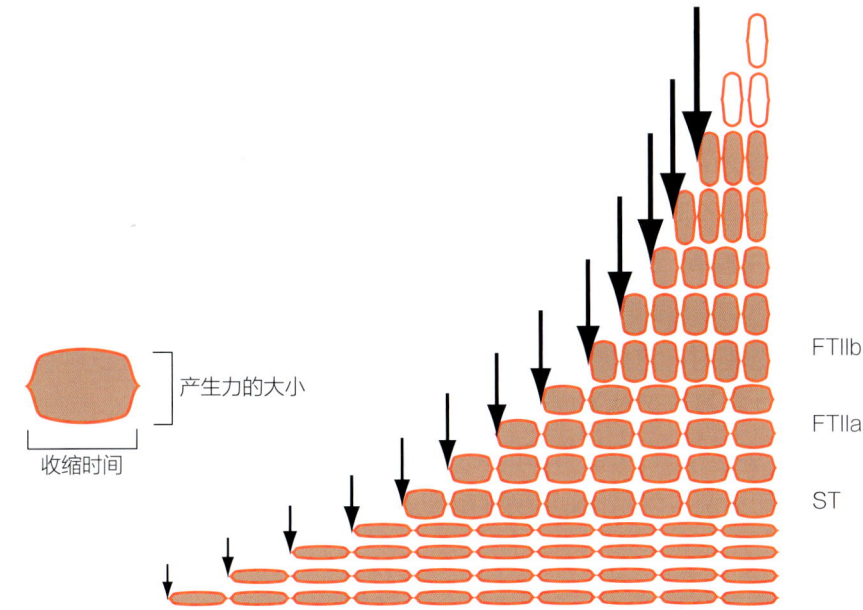

■ 图 2.34 大小原则二。如果要募集越来越大的肌纤维，就必须克服越来越高的刺激阈值（黑色箭头大小）。由于大纤维更快产生动作，并在更快地停止动作，因此，为了在较大的肌纤维中产生持久作用，必须提高刺激的频率（随着张力增加，黑箭头靠的越来越紧密）

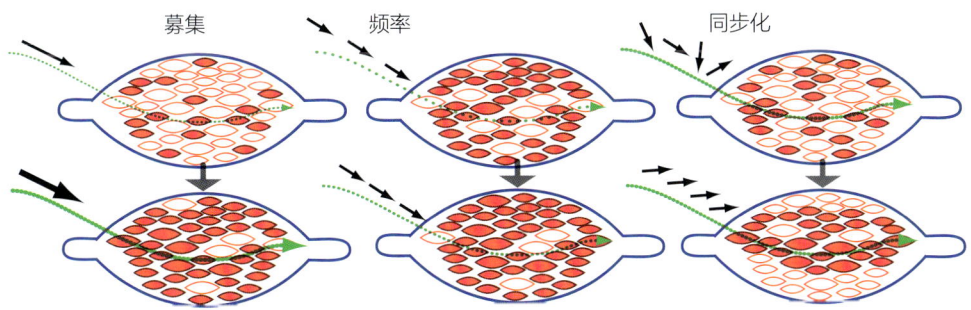

■ 图 2.35 肌肉产生的力取决于刺激的大小（如动员）、刺激频率的大小和肌纤维的同步化

Robbins，2005）。由于所有这些现象，中枢神经系统发出的刺激大小和最终产生的力之间的关系变得非常不清楚。正如我们所看到的，大小原则是解决这个问题的第一步。研究人员正在神经肌肉系统复杂性的范围内寻找其他解决方案。

由于刺激的大小、刺激的频率和活动的同步性不同，通常通过募集越来越多的运动单位来增加收缩力。肌纤维越大，越快疲劳。这就产生了力的大小及其持续时间之间的关系：较小的力持续时间较长，较大的力持续时间较短。力的产生和疲劳之间的关系非常有用，它意味着机体可以更有效地预测疲劳。如果随机募集具有不同特征的肌纤维，逃跑中的动物将无法估计要多久才能从捕食者的追捕中逃掉，也无法估计要多久才能在疲劳和被捕食之前找到一个避难所。例如，在动物逃跑前，许多快肌纤维可能已经在日常运动中被募集了，因此在不得不逃跑时，这些纤维可能已经存在一定程度的疲劳。在这种情况下，动物无法估计其最大运动速度和维持速度的能力。因此，通过大小原则将力量与疲劳联系起来，就有可能将意图（希望在不久的将来达到的状态）与行动联系起来，换句话说，就是计划有效的行动战略。

2.3 脊髓水平的神经回路

肌肉产生力量是由中枢神经系统调节的。在运动技能中，刺激的兴奋和抑制在神经系统的各个水平均起作用，但在神经肌肉传递中，仅产生兴奋作用（Burgerhout 等，2006; Van Cranenburgh，2002）。

大多数力量产生的调节均发生在脊髓水平。场景运动发生在复杂回路中，其中相互作用的力进行主要的、基础性的整合：肌肉间的相互作用力、身体运动的惯性对肌肉产生的力以及作用在身体上的外力。这些力量的整合只能由较高级的中枢神经系统进行有限的控制，甚至这种有限的控制在优化动作模式方面具有重要意义。例如，在跑步中，脊髓水平中存在着清晰、初级控制成分，这些成分自动发挥作用，并可根据意图（中枢神经系统的高级成分，如大脑）进一步调整和优化。这也意味着，训练一种主要由脊髓水平控制的动作模式，必须涉及正确平衡自由执行基本动作模式和有意控制动作执行两者的关系，这也许是关于先天的个人性格与能否正确学习运动技巧的古老争论的起点。这种基于脊髓水平的模式对力量、力量产生和力量训练也是非常重要的。

2.3.1 牵张反射和高尔基体腱反射

肌梭长约5毫米，位于与梭外肌纤维平行的肌肉中。肌梭的感受器可传递外力牵拉的信号。肌梭的结构使它可以对肌肉长度的被动变化作出反应。Ia类传入纤维记录和传递肌肉长度增加及速度的信息，Ⅱ类传入纤维只记录和传递肌肉长度增加的信息。由于肌梭平行于梭外肌纤维，梭外肌纤维的长度变化可影响肌梭中感受器的长度。如果肌肉牵张，肌梭及其感受器也会牵张并传递更强的信号；如果肌肉缩短，肌梭及其感受器也会变短并传递较弱的信号。通过支配梭内肌纤维的γ传出运动神经元，中枢神经系统的高级部分来影响肌梭中感受器的长度。如果梭内肌纤维向心收缩，肌梭的感受器就会伸展；如果松弛，感受器就会缩短，所以，感受器的牵张作用不仅与梭外肌纤维长度的变化有关，还与特定范围内肌肉长度的变化相关。如果感受器对肌肉大幅度缩短做出反应，从而大幅缩短肌梭，梭内肌纤维也将大大缩短，γ运动神经元的刺激将感受器恢复至其初始长度以便感受牵张。如果肌肉接下来必须更加牵张，那么肌梭也会拉长，感受器也可通过放松和被动拉伸梭内肌纤维恢复至相同的初始长度。然后，牵张感受器可以测量出肌纤维初始长度的变化（Burgehout等，2006）。因此，肌梭可以对每一肌肉长度的变化作出反应。

牵张感受器通过传入纤维（Ⅰa类和Ⅱ类）将肌肉的长度和长度变化传递给脊髓。在脊髓，信息通过感受器传到中枢神经系统的高级部位，提供关于身体状态的重要信息。由于传入的γ信息，α运动神经元也在脊髓水平被激活，引起刺激和肌肉收缩，因此肌梭起着维持肌肉长度的作用（一种比预期收缩长度牵张更长的肌肉，对肌梭的信号做出反射性反应）。因此，可以通过两种不同的方式控制肌肉活动，一种是直接刺激α运动神经元，另一种是间接刺激γ运动神经元，这种方式可以改变肌梭的反应性，进而增强α运动神经元的活动。

后者的机制被称为"α/γ运动神经元的协同激活作用"或"牵张反射"。

除了通过γ回路监测肌肉活动外,另一种"感受器"高尔基腱器官(GTO)也会影响肌肉的收缩强度。GTO不受中枢神经系统的控制,因此是一种被动的感受器。当肌肉紧张时,肌腱伸展,激活GTO,GTO在脊髓水平激活了肌肉抑制反馈。GTO非常灵敏,远远超过长期以来人们的看法,甚至可以感知只由一个运动单位活动引起的张力增加。

肌梭和高尔基肌腱系统本质上是保守的系统——它们试图对抗肌肉长度和张力所产生的快速和极端的变化(图2.36~图2.40)。

实际上,肌梭和GTO发挥功能的方式非常复杂。激活的肌梭与中枢神经系统的较高部位相连,并通过肌梭活动影响α/γ协同激活作用和牵张反射的整体效应。在肌肉要做等长收缩时,肌梭活动可以维持肌肉的状态。在肌肉要进行向心收缩时,肌梭(通过中枢神经系统的控制)停止活动。这在大部分神经回路动作中起着关键作用。老观点认为肌梭主要或仅通过脊髓水平的反射进行活动,这一观点必须让步于更复杂、交互的、灵活的模型,而脊髓水平引起的

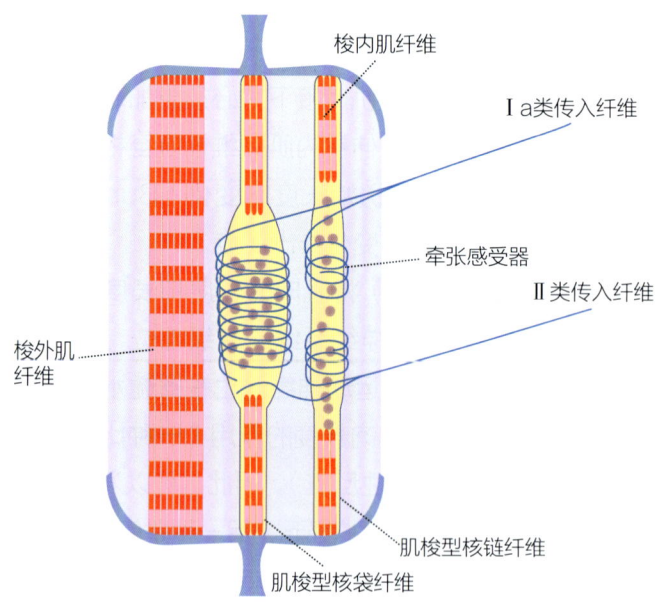

■ 图2.36 肌梭的结构。肌梭与梭外肌纤维平行。肌梭中梭内肌纤维与张力感受器串联排列。感受器有两种:与Ⅰa类Ⅱ类传入纤维平行的核链纤维及核袋纤维

第 2 章 解剖学和力量产生中的限制因素

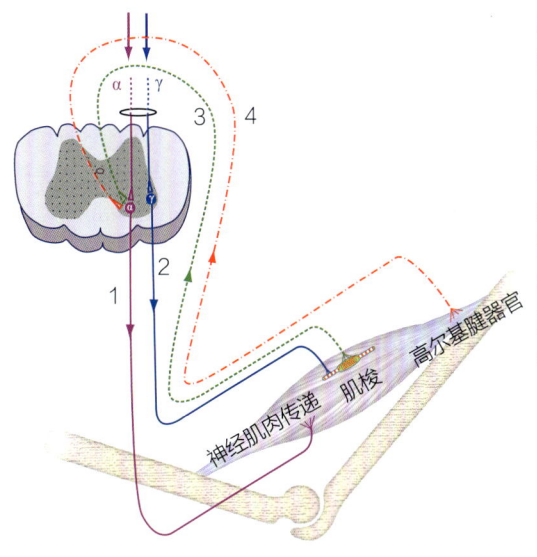

■ 图 2.37 α/γ 运动神经元的神经支配
1. α 运动神经元通过神经肌肉传递支配梭外肌纤维的传出神经；2. γ 运动神经元支配梭内肌纤维的传出神经；3. 从肌梭到脊髓的传入神经通路，在脊髓与 α 运动神经元的通路相连；4. 从高尔基肌腱器官到脊髓的传入神经通路，在脊髓与 α 运动神经元的通路相连

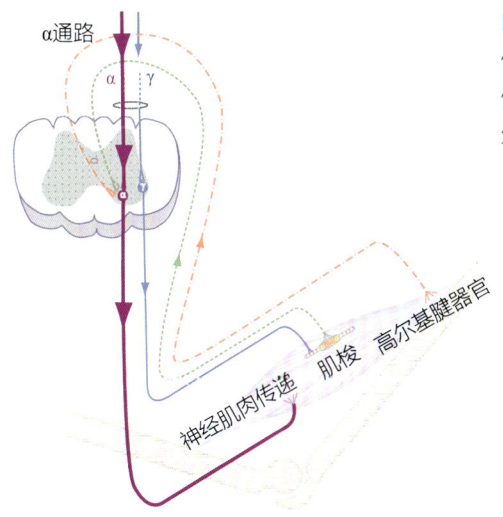

■ 图 2.38 α 通路。通过脊髓，α 传出神经从中枢神经系统的较高部位到梭外肌纤维的神经支配，以产生初始张力

运动训练新思维
——提高运动水平和预防运动损伤的秘诀

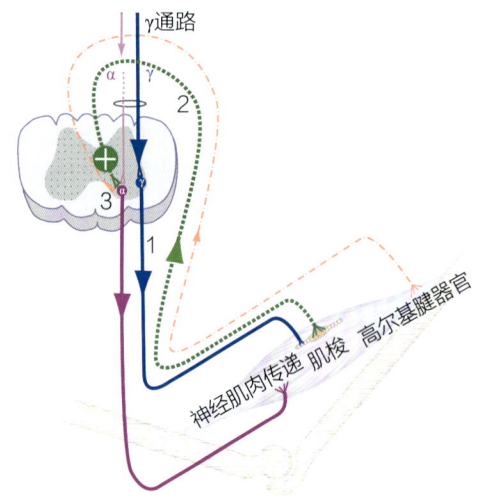

■ 图 2.39　γ 通路
1. γ 传出神经支配，通过脊髓从中枢神经系统的较高部位延伸至梭内肌纤维；
2. 肌肉伸展时，传入信号从肌梭感受器传到脊髓；
3. 与脊髓连接并加强 α 运动神经元的路径以保持肌肉的长度

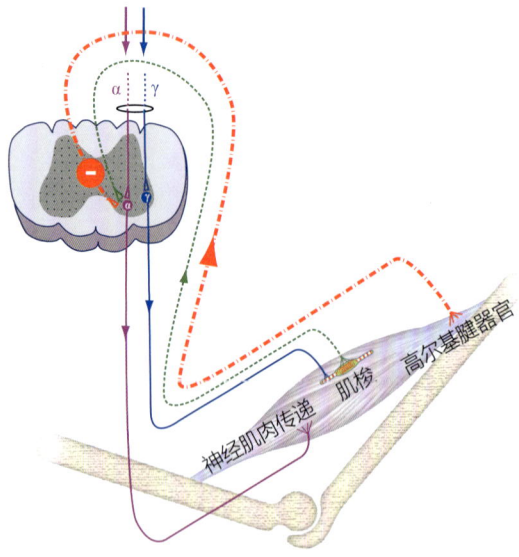

■ 图 2.40　传入神经通路从高尔基肌腱器官延伸到脊髓，连接并抑制 α 运动神经元的通路

第 2 章　解剖学和力量产生中的限制因素

动作只是模型的一部分。

如果不考虑所受外力大小，比反射更重要的是肌梭系统（间接通路）可以使肌肉达到预长度。从更广泛的运动功能术语来看，这意味着在某种程度上肌梭系统可以保证运动功能设计能够对抗所受的外部影响（外力）。因此，运动系统能够根据计划设计运动技能，该计划包含成功执行给定任务所必需的外部因素（通过 γ 回路监测肌肉长度）（图 2.41）。

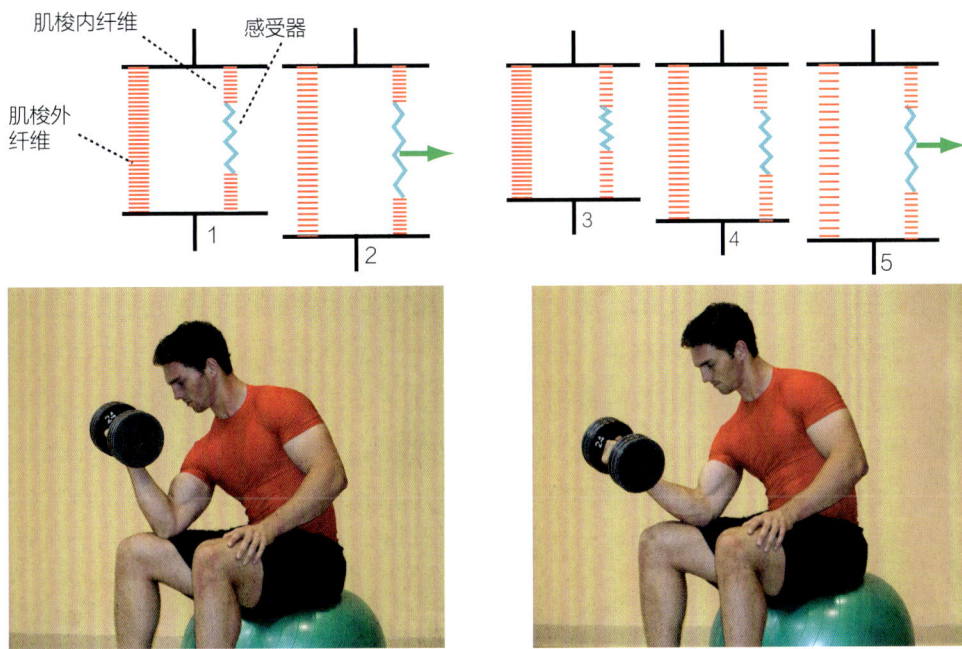

■ 图 2.41　左：肱二头肌大致呈中等长度（1）。梭内肌纤维的存在使肌肉的伸展立即使肌梭传感器伸展（2）。γ 回路保持肌肉长度，使手腕处于同一位置。右：因为梭外纤维产生的张力较小，肘部仲展（3～4）。与此同时，梭内肌纤维松弛，导致感受器延长至其最大程度。然而，一旦肘部达到预期位置，梭内肌纤维保持此长度不变（5），肱二头肌进一步拉伸引起感受器伸展，因此，刺激会增加梭外肌纤维的收缩力。如果肘部从左侧快速移动到右侧，与缓慢移动相比，则需要更多的力量来抑制这种运动。肌梭系统无需准确估计所需张力

肌梭和 GTO 不但具有反射性激活自身肌肉的作用，还具有抑制拮抗肌的作用，称为交互抑制。在髋关节伸展中，激活臀大肌纤维的同时也抑制了髂腰

099

肌纤维的收缩。这种兴奋和抑制之间的相互作用对肌肉间的协调功能也十分重要，通过力量训练可以改变这种情况。主动肌与拮抗肌同时绷紧时，协同收缩将会减少（Huijbregts 和 Clarijs，1995）。协同收缩在稳定关节的同时也减少了关节的力矩。减少协同收缩可以增加关节的力矩。各种主动肌（髋关节周围的各种伸肌）的作用也将更加协调。力量训练所引起的这两个变化都是动作特异性的。

在许多运动条件下，对一个动作模式而言，很难估计多少 α 运动神经元控制和多少 γ 运动神经元控制才是最佳组合。我们应该明确了解这种情况。可以说，运动控制系统必须学会估计外力保持不变时肌肉的长度，以便允许 γ 运动神经元对偏差进行最佳校正。下坡滑雪运动员必须调整他们的肌梭活动，以便保持膝关节和髋关节角度不变的同时，能够有效地应对所面临的巨大外力（如地面崎岖不平）。同时，γ 运动神经元的活动度不能太高，不然膝盖和髋关节的角度根本不能适应外力的作用，运动员会在雪地上弹跳而不是使用滑雪板滑雪。想要学习组合拳的拳击手，在他打组合拳时，手臂动作不依赖于作用在手臂上的力，在组合拳中进攻的拳击手会比防御的拳击手产生更大的外力。如果组合拳仅由 α 运动控制，那么对手误判的动作将会严重扰乱动作模式，很难继续进行组合拳了。拳击手常常击打非常快速上下移动的拳击球来进行训练，很难估计接触时会产生多大的外力。通过这种方式，他们就学会了不受反向外力的影响而进行拳击动作。

事实上，不熟悉的力量间的相互作用比最初想象的要普遍得多。在每一项运动涉及与对手接触、不可预测的地面、必须捕捉到的球等时，运动员总是要面对无法准确预测的力。就运动专项力量训练而言，这意味着，如果表现运动是应对不断变化的、不可预测的外力时，γ 通路在调节所产生的力时起关键作用，那么在力量训练中反作用力稍微不可预测也可能是有用的。出于健康和安全的原因，在高阻力训练中无法做到这一点，而在低阻力训练中则可以做到（如使用实心球或健身球进行训练，在不太稳定的表面如床垫上进行训练等，参见 6.4.4）。

低阻力训练和较少预测外力的训练理念不仅在专项运动力量训练中很重要，而且在运动康复训练中也十分重要。重新学习如何在日常生活中应对意外的外力可能比学习应对容易估计的巨大外力更重要。这意味着，僵化的训练——设定有可以预测的训练区域、标准化的身体姿势和惰性阻力，可能没那么有效（图2.42）。

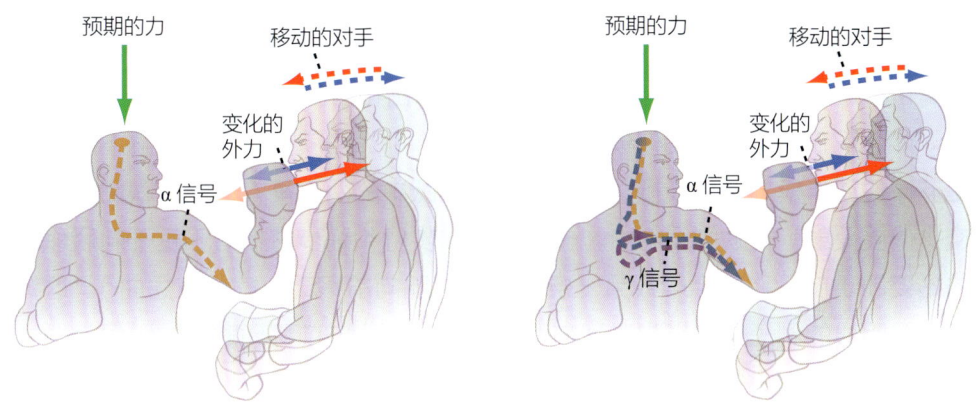

■ 图2.42　在组合拳中，产生的力必须尽可能与预期的力相同，如果产生的力与外力相差较多，那么组合拳的效果可将会受到影响
左：只由 α 通路控制打拳的拳击运动员。拳击手在打拳时受到的外力不断变化，这意味着拳击手不能准确地控制拳头的最终位置，也不能很好地打完一套拳法。右：由 α 和 γ 通路共同控制组合拳的拳击手。如果错误判断所受外力，γ 通路可以确保手臂停在合适的位置，以便继续打拳

2.3.2　首选动作模式及中枢模式发生器

在脊髓水平上，不仅有控制单个肌肉的 γ 环，还有拮抗肌的交互抑制作用。较大的肌间运动模式——场景动作的基础——也可以被控制。所谓的中枢模式生成器确保了这些较大运动单位之间的相互作用，例如，在走路和跑步时，一条腿的运动如何影响另一条腿的运动（Crook 和 Cohen，1998）。尽管仍不清楚中枢模式生成器是如何运作的，但动物研究已经清楚证明了它的存

在。人们通常认为它们像节奏发生器一样起作用，但由这些通路产生的动作模式灵活不僵化，运动输出对感觉反馈的反应不同而可能发生变化。因此，摆动腿脚的位置和站立腿脚底的感觉信息都影响步行模式的发展。

在考虑运动中的动作模式时，脊髓水平的这种控制几乎没有意义。很难将其转化成强化的场景动作，尤其是上肢运动。1.1.2中描述的拳击模式，其中手臂的伸展与躯干沿纵轴的旋转是同步发生的，这一运动模式可能是由于中枢模式发生器作用而产生的基本动作。因此，手臂的伸展及躯干沿纵轴的旋转可能是各种运动模式中通用的动作，如投球、拳击和自由泳中手臂的动作等。

如果仅仅因为腿的动作模式不那么多变，那么也就比较容易理解下肢主要是节律性动作模式了。步行、跑步和单腿跳跃中的两个基本动作是跌倒反射和交叉伸展反射。在跌倒反射中，一条腿（如步行和跑步时相对于躯干向后移动的站姿腿）向后移动会导致另一条（摆动）腿向前移动（髋关节屈曲）。这种模式最明显的例子是，当脚碰到东西而摆动腿停止向前移动时，这时候就发生跌倒动作——另一条腿向前冲要跌倒，就是一个有力的反射性动作。在交叉伸展反射中，摆动腿的屈曲（髋关节、膝关节屈曲，踝关节背屈）与另一条腿的伸展及摆动侧骨盆的抬高有关。这两种基本运动模式构成了跑步的主要成分，因此，优化跑步模式必须基于这两种模式在跑步周期中的最佳组合。这两个模式是基本的动作模式的事实显而易见的，因为即使没有给训练指导，跑步时摆动腿的位置更好总能使摆动侧骨盆更好的抬高。

冲刺短跑是一种高级的运动方式，跌倒反射和交叉伸展反射都能得到训练（图2.43）。短跑中峰值力量出现在反射性支撑时，这两种反射和肌梭反射，比"最大随意收缩"（MVC）所产生的最大力量还要大（Kyröläinen等，2005）。兴奋与抑制（如紧张与松弛）迅速交替，且峰值差异巨大，以至于进行适当的反射支撑是必不可少的。因此，在速度跑技术训练中，支撑脚离地必须与摆动腿的动作相协调，以便获得最佳的反射性支撑。这意味着，如果当支撑腿在髋关节的正下方时，摆动腿的位置是非常重要的，大腿必须高抬但不能超过水平线，脚跟必须移向腘绳肌（图2.44）。

第 2 章 解剖学和力量产生中的限制因素

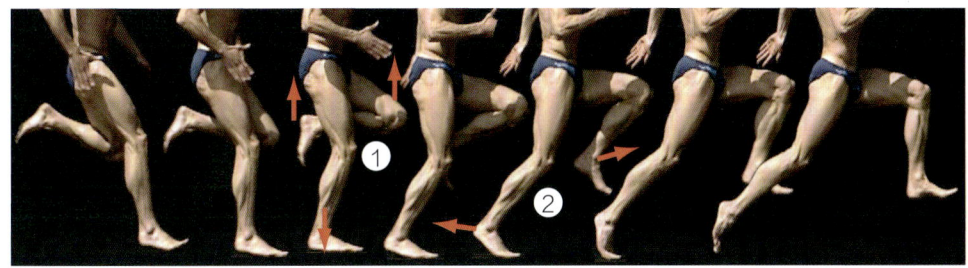

■ 图 2.43 跌倒反射和伸展反射。跑步是交叉伸展反射和跌倒反射相互交替的一种运动。对于跑步周期来说，这两种动作模式都是稳定的、优先的动作

■ 图 2.44 由于过早摆动小腿，跑步技术极少利用伸展反射。这意味着脚离地时的垂直分量太小，脚步移动的频率太高

在力量训练中，要寻找包含这样基本动作模式的训练，特别是速度与力量相关的训练。反射不是僵化的、独立的机制，而是复杂的中枢、外周控制机制和感觉反馈的一部分，因此不能保证它们在跑步时表现得恰如其分。在诸如足球之类的球类运动中，很少有跑步训练或者基于跑步训练的力量训练，即使在最高专业水平的运动员中，也很少有人能将基本动作模式很好地融合到他们的跑步模式中。这种在脊髓水平上具有关键控制成分的基本动作模式非常重要，足以使它们在力量训练中占据特殊位置，被称为"反射性力量"（图 2.45）。

在实践中，专注于反射控制基本模式的力量训练以突然疲劳（通常在大约

103

重复 6 次之后）为特征，这种疲劳非常严重，但随后迅速消退。由有这些特征的力量训练产生的疲劳被称为神经肌肉疲劳——可能指向一种对爆发性运动有效的训练类型（参见 7.2.4）。

■ 图 2.45　基本的反射模式是力量训练组成部分，显示来自脚底（1）、交叉伸展反射（2）和摆腿侧臀部抬高（3）的感觉刺激的影响

2.4　中枢神经系统的影响

在第 1 章中描述了身体 / 任务关系，即身体要完成的任务必须符合身体的运动能力。正确估计自身能力和任务的可行性，对于避免进行危险动作和保障生存来说都至关重要。简单地说，如果你不想掉进沟里，你必须得准确估计是否可以跳过这个沟，或者还是应该绕着沟走一长段路。我们经常要做

出十分困难的估计，例如，如果我们必须跳过一条沟，可沟的另一边却比我们这一边高得多。这里有一个有趣的问题是，在评估身体的能力时，我们是在测试可能性的极限，还是在测试身体内在的能力储备，因此并未使用身体的全部能力。

有许多论据提示，这些机制的存在使它在人体在运动时难以甚至不可能达到极限的负荷能力。第 4 章描述了限制机体表现的外周因素（协同收缩和肌肉松弛的影响）。中枢神经系统的高级部分（脊髓上一级的控制）也可能会影响机体的表现。大脑在肌肉达到极限动作之前就限制了对肌肉的刺激。事实证明，我们通常不能动员超过 75 % 以上潜在的肌肉力量。根据大小原则推理，在阈值最高时，我们不能募集肌肉纤维。训练可以增加这个百分比，而无需肌肉增大。这种运动表现的提高是具有运动特异性的（参见 5.2）。除了训练，应激的环境也可以提高百分比。有许多著名的案例证明，在危及生命的情况下，人会有意想不到的力量储备，比如为了解救被困在车下的人而抬起一辆小汽车。在训练理论中，这被称为"自我保护储备"。

要确定这种储备是如何产生的并不容易，因为它可能是许多不同层次的复杂相互作用的结果，它可能拥有一个高度核心的组成部分。大脑理所当然地低估了身体的能力，而训练试图对抗大脑的低估。这意味着，除其他因素以外，力量训练时的精神因素非常重要。因此，在提供力量训练计划时，必须充分注意大脑这种抑制作用背后的机制（参见 4.2.2）。

特别是当运动员从伤后康复时，这种抑制作用是控制肌肉运动的关键。当然，一开始保护身体受伤的部位很重要。但是之后必须通过增加负荷来减小这种机制的作用。物理治疗师经常通过长期坚持一个极其谨慎的锻炼方案而使事情变得更糟，在该方案中负荷的强度大大降低。因此，人们可能想知道低负荷运动疗法是否在激活运动系统方面有很大的用处。这样不仅可以练习无关的动作模式（参见 1.3.3），而且还可以增加自主保护的储备。有鉴于此，现在一些领先的运动损伤康复治疗师，如果有可能，在肩关节脱臼 20 分钟内就开始训练受伤肩部周围的肌肉，例如，在严重的腘绳肌腱拉伤后仅几天，就通过高强度等长肌肉收缩开始训练肌肉纤维的募集。

大脑对身体能力的低估为训练的适应机制提供了另一个线索。在生理学中，Tim Noakes 的中枢调节器理论阐释了这一观点。Noakes 从实验结果中得出结论，大脑在肌肉达到疲劳的生理极限之前就降低了肌肉的信号强度，以防止对身体造成不可弥补的伤害（Noakes，2011；Noakes 等，2001）。概率预测理论可以解释协同抑制作用，特别是高强度运动的限制作用。这一理论是 Nikolai Bernstein 思想的延伸（Feigenberg，1998），它指出，在我们进入一个环境、做出行动之前，我们对希望要达到的状态以及环境和自身是否具有实现这一目标的必要特性作出估计。当然，这一估计在很大程度上基于过去的经验，并储存在记忆中。其结果是一组有望成功的行动和动作。更多的认知理论关注于记忆，探索任务、有机体和环境之间的相互作用，从而更好地运动；而生态学理论则认为有机体和环境之间相互作用产生的"功能可视性"（见直接感知理论）很重要（Araujo，Davids 和 Hristovski，2006）。

从概率预测理论可以得出许多关于力量训练效果的重要结论。也许最重要的是，训练中发生事情的可预测性（单调性）可能不利于取得预期的训练效果。训练类型的变化和交替可能使大脑对控制适应保持兴趣（参见第 4 章和第 6 章），并达到更好的训练结果。

从概率预测理论中得出的第二个重要结论是，力量产生的限制与对知觉－运动的预测（当执行动作时，对知觉和运动信号的组合有先验估计）相关联，因此是具有高度的运动特异性。换句话说，竞技运动中没有"强壮"的通用测量方法——相反，它是高度可变的，力量产生的提高与知觉－运动偶联的变化有关，或者（根据功能可视性理论）与环境中的运动能力和身体能力之间的联系有关。例如，这在实践中意味着，跳高运动员的助跑速度都会变化。跳高运动员在技术上能控制住的助跑速度越高，通常也能跳得越高。训练可以改善这一点，这意味着增加力量的产生和调整知觉运动的偶联，也意味着训练的重点应该放在增加力量产生和学习"理解"如何感知和预测实际跳跃中的力量水平。最后一个方面的表现可能不仅在竞技体育中起着决定性的作用，在运动损伤的康复中也起着关键作用（参见5.2）。

由于自动保护储备机制，最大随意收缩不允许机体募集超过 75% 的肌纤维。究竟是什么原因造成了这种限制，仍然是一种猜想。本章描述了一些可能的限制因素，包括中枢神经系统对运动表现的影响。这里需要注意的是，每一个可能的限制因素对于如何最好地设计训练都有着不同的影响（图 2.46）。

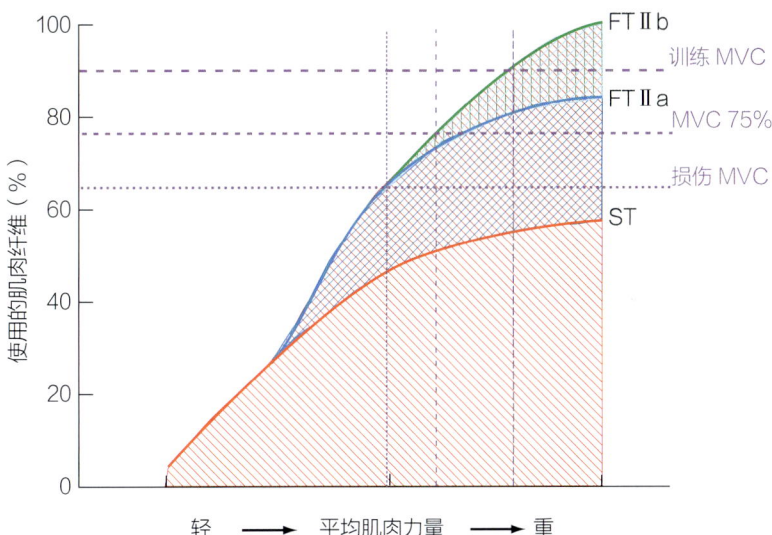

■ 图 2.46　我们通常能够募集大约 75% 的最大可用肌肉力量（75%MVC）。在特定的环境下，训练可大大增加动员的肌肉力量（训练 MVC），但受伤时减少（损伤 MVC）

2.5　小结

力量的产生在许多不同水平上受到影响。在肌肉水平上，包括肌肉的长度和缩短速度，不同肌肉结构中的 F／V 和 F／L 的特性不同，肌肉的弹性、松弛度和力臂等特性也会影响力量的产生。因此，中枢神经系统发出的信号与肌肉最终产生的力量之间没有非常直接或非常强烈的联系。

然而，为了更容易预测中枢神经系统的输入信号和产生力量的影响，肌纤维是根据"大小原则"被刺激的：首先小纤维（慢肌纤维 ST）被募集，然后是较大的纤维（快肌纤维 FT Ⅱ a），最后是最大的纤维（快肌纤维 FT Ⅱ b）。这样可以确保在产生的力量和不断加剧的疲劳之间建立一种联系，从而能够设计出有意义的运动策略。

脊髓水平的复杂回路产生了各种机制，使肌肉产生的力量适应于作用在肌肉上的反作用力（γ环），灵活的节律性基本模式成为所有类型场景式运动的基础。由基本模式构成的运动既经济又稳定，是首选的动作模式，并在爆发性体育运动中起着重要作用。

最后，脊髓以上的水平也会影响力量的产生，而这种影响可能非常大，以致于最终可能是大脑限制了力量的产生。然而，这一点尚未得到证实，而且在各运动中的影响也可能有所不同。

第 3 章

分析体育动作

运动训练新思维
——提高运动水平和预防运动损伤的秘诀

任何有体育运动经验的人都直观地知道，除非训练和体育运动相似才能改善体育运动水平。运动与训练之间的相似程度被称作"专项性"。一旦专项性得到保证，训练与体育运动相互影响——这被称作"转移"。常识告诉我们，为了实现体育运动的转移，必须给予身体一个超出本身能力的运动刺激——这被称为"超负荷"。适应过程是高度个性化的，每个运动员都不相同——这被称作"个性化"。为了不断推进适应过程，系统的训练必须"负荷不断进阶"。另外，运动效果仅仅是暂时的，如果运动员停止训练，那么运动效果会消失——这被称作"可逆性"。最后，随着运动员训练时间变长和他们训练的层次提高，作为训练结果的适应程度（包括力量训练）会减少——这是"收益递减法则"。

这6项运动要素如此重要，因此人们可能期望它们的各个方面都已经被专家仔细地研究过。不过，这到目前为止还没完成，并且依然没有系统性回顾分析研究"专项性"和"超负荷"到底如何在训练过程当中运作。本书第4、5、6章将对此问题进行一定的分析。

这些系统性回顾分析不仅要确定准备性力量训练的特点，而且能够仔细研究体育运动来确定准备性运动和体育运动之间的关系。当分析体育运动的时候，存在一个特殊的问题，很多类型的运动包括了很多很难确定的动作。难以确定是因为这些动作不符合固定的模式，而这又会导致难以确定力量训练与体育运动的关系。另外，如果有一篇文章系统性回顾分析了准备性训练和运动表现之间的关系，那么必须有文章确定准备性运动和体育运动之间的关系。因此我们才能够去确定哪一些体育运动的成分能够被准备性力量训练提高，而哪一些不能。如果我们要理解力量训练的协调性转移（coordinative transfer），这样的分析是极其重要的。

3.1 开放性和闭合性运动技能

在运动中，开放性和闭合性运动技能之间有明确的区分。闭合性运动技能是动作被运动员预先准备的动作模式，因为其运动环境是固定不变的；而开放性运动技能的运动员所处的环境是不断变化的，动作必须随时适应当前的瞬时环境。闭合性运动技能常见于体操以及大部分的田径赛、举重、游泳、跳水、长距离速度滑冰和花样滑冰等运动。开放性运动技能常见于足球等球类运动、野外划艇、所有种类的武术和山地自行车运动。还有其他的运动兼有闭合性运动技能或者开放性运动技能，如网球（发球是闭合性，来回对打是开放性）、板球运动和棒球运动（投球是闭合性，击球是开放性）。最后，一些运动对于一部分人来说更倾向于属于闭合性运动，而其他人会更倾向于开放性运动，如花样骑术赛。实际上，在 Gentile 运动技能分类法中存在从完全闭合性运动技能逐渐过渡到完全性开放性运动技能的分类，基本上从完全闭合性到完全性开放性运动技能总共被分为 16 种（Gentile，2000）。

开放性运动技能运动的高度临时准备的特性导致难以分析其运动，因为在这个开放性运动技能的环境中运动员的外在表现是不断改变的，因此这是很难下定论去说哪一种类型的训练是最有效的。事实上，一些开放性技能运动有太少的复合动作模式，以至于没有意义去寻找类似的特定形式的力量训练。这个观点的一个例子就是，人们经常说诸如足球和橄榄球等开放性运动技能运动中的跑步成分要求环境如此特异，以至于应用在一个闭合性运动技能环境下的跑步训练（直线跑步，没有对手施加影响等）的法则在开放性运动技能环境是没有意义的。在这样的情况下，我们知道的田径运动的跑步是不能转移到足球或者橄榄球运动中，因为这些运动的环境需要跑步模式不断变化的组合。因运动专项性的缘故，力量训练和跑步训练对田径运动的提高十分有效，而在上述的球类运动当中却是脱离实际和无效的。因此，跑步仅能用和比赛类似的方式来训练，而力量训练应该要用普适性的。

不过依然有充分的理由相信，即使是最大程度的开放性运动技能也并非完全没有一个固定结构。必须准备一个机动的动作，使它适应不断变化的环境要求，并不意味着动作的所有成分都必须不断变化适应，而是一部分成分需要适应，另外的部分保持不变。因此有效的动作是，能够随着环境的要求而不断改变动作的正确成分，同时保持其他成分不变。这一个概念来源于动态系统理论，确定了闭合性和开放性运动技能之间的联系，并且提供了力量训练和体育运动之间有效联系的可能性。从这个角度看，力量训练对提高开放性运动技能中的固定成分是十分合适的。

3.2 动作模式中的吸引子和波动子

闭合性和开放性运动技能的组织结构都能够被几个步骤所描述。第一个需要描述的是自由度的问题。紧接着的一个结论：运动是否非线性，符合非线性组织的规则决定了运动分为临时准备的成分还是非临时准备的成分（包括开放性运动技能），这些都将在后面讨论。

3.2.1 自由度问题

在运动技能的领域里，应用动态系统理论关键的起始点是自由度的问题。这是首先由苏联的生理学家 Nikolai Bernstein 所描述，他比其他研究者早很长很长时间开始着眼于复杂系统的机制研究（Bernstein，1996）。

如果必须从 A 点移动到 B 点，我们有很多种方式去达到，特别在场景式动作（contextual movement）当中。有如此繁多可相互替代的选择以至于很难找出最有效的方法。当做一个涉及多关节的动作时，每一个关节都有其自由度，导致很多不同关节活动度的组合都能达到相同的结果。数个关节可能的关节角度排列组合会产生自由度，而自由度又会因为参与运动的肌肉不只是一块而被进一步增加。例如，肘关节能被肱二头肌、肱肌和肱桡肌收缩而屈曲，累积能够达到 7 个肘屈自由度。对于其他动作，例如髋关节伸展，甚至有更多的肌肉参与，大大地增加了能达到的自由度。多块肌肉的参与极大地增加了可替代的选择，并且使之几乎不可能在大量可能的组合中选择最有效的组合。我们可以用数以千计或者更多的方法将手臂从身体后下方移动到前上方，但是只有很少的方法是省力并且有效的，而哪一些才是呢？我们不可能在做出动作之前分析和比较每一种可能的组合，因为如果这样做会花费太长的时间，并且会给大脑带来超负荷的工作量和疲劳，从而导致大脑极度疲于运动的控制，所以必须在运动控制系统中存在一个机制来排除无效的可替代的动作，并且选择正确且合适的动作（图 3.1）。根据 Bernstein 的观点，运动控制的本质或多或少就是能够自动排除多余的可能组合或者自由度。

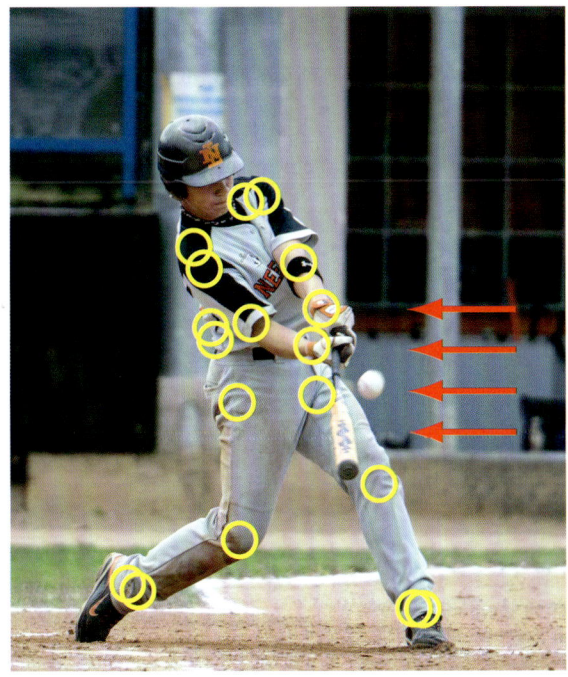

■ 图 3.1 击球手为了能够击中眼前不同高度和速度的球，他能够在多个关节中做出调整。另外，每一个关节通常都有几个可供选择的肌肉，这些肌肉都能被使用来达到这一个调整的目的。而运用哪一块肌肉，是不再能够控制的

运动训练新思维
——提高运动水平和预防运动损伤的秘诀

> **扩展知识**

一个球面关节，如肩关节，有 6 个自由度，因此肩关节不容易控制。相反，肘关节仅仅能够屈曲和伸展，有 2 个自由度的肘关节会更容易控制。当几个关节的动作进行组合的时候，像发生在所有场景式手臂动作中，这会产生非常多可替代的动作模式，从而导致动作的控制十分复杂。

将控制身体比喻成驾驶一辆汽车。如果每一个轮子都被分别地操纵（4 个自由度），那么将难以驾驶该辆汽车。相反，如果车辆后方的车轮被固定，同时前方车轮的活动度联动，那么就会只剩下 1 个自由度，车辆就能够被操纵了。

活动中的身体为了保持动作能被控制，同样也试图限制自由度。举个例子就是跑步周期（running cycle）的构成方式。运动员刚开始缓缓地慢跑，逐渐提高速度并最后全速奔跑，必须保持这个过程中的转换是可控的。这意味着需要在转换的过程当中限制自由度的数量，因此在跑步周期中尽可能减少需要改变的部分。随着速度的增加，一个恒定的成分就是跑步周期当中的相对结构，在地面停留的时间与在空中的时间比率并没有改变。同样，没有改变在双脚离地期小腿摆动的时间与剪式动作（摆正双腿以正确位置准备着地）的时间比率。在支撑期，支撑脚的足跟向上移动的时刻或多或少是相同的。当然，不用构建一个完全不同结构的跑步周期以改变自由度。因此，跑步周期是保持相同的，只是速度会更快些。这可以通过调整肌肉张力来达到，例如松弛肌肉。因此，松弛肌肉不仅在限制表现方面有重要的作用，还在保持控制运动表现方面有重要的功能（图 3.2）。

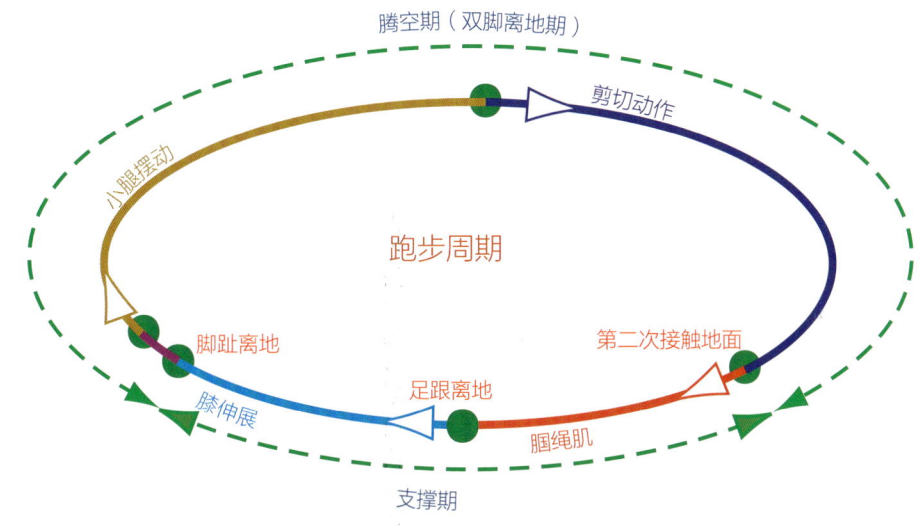

■ 图3.2 上图：慢跑。下图：高速跑。在跑步周期当中随着速度的改变，相关联的部分保持不变。不为额外的自由度而改变跑步周期的结构，更容易控制跑步速度

扩展知识

除了自由度的问题，Bernstein 关于动作控制还提出了第二个重要的问题："场景可变性"（contextual variability）的问题。这个运动控制问题的提出是由于来自环境外力作用在运动的身体上，对关节最终的动作会产生一个主要的影响。在一个可改变的环境当中，力会不断变化，所以即使中枢神经系统下达对肌肉相同的指令（一个动作程序）也会导致在不同的环境中出现不同的动作。即使不考虑环境的影响，如果要一个动作的表现（关节总角度）必须完全保持不变，那么肌肉必须要在每一种情况下控

运动训练新思维
——提高运动水平和预防运动损伤的秘诀

制也不一样。这意味着如果想要动作模式里参与的关节角度必须或多或少保持不变（如在摔跤移动中），可能需要在每一种情况（动作和对手的阻力）下选择不同的肌肉和肌肉激活（图3.3）。意味着这导致了一项运动技能不能被设计成线性规则，不仅是因为自由度的问题，而且是不同作用力的影响。

■ 图3.3 穿红衣服的摔跤手正在尝试推对手的背部，为了达到这个目的，他尽力保持躯干相对于地面的角度不变

根据对手的动作，他必须要运用不同的肌肉做出反应。如果对手尽力把他往下压，那么基于这种情况他的腰背肌和右脚的腘绳肌必须发力。如果对手尽力把他往上顶，那么他的腹肌和右腿的股直肌必须发力去维持身体原本的姿势。因此，在不同的情况下需要控制不同的肌肉

3.2.2 非线性运动技能

动作控制系统在多样的动作方式中迅速作出一种动作选择,可以比喻成在图书馆中找一本书,在搜索系统当中输入标题的第一个首字母就能排除大多数可能的标题。实际上,输入首字母是在运用一个高度不具体的控制机制,但这仍然没有解决搜索这本书的主题。输入标题的第一个字能更进一步减少可能的标题数量。紧接着输入更多的字,就会只剩下一本书的名字。这与选择一个运动技能是十分相似的。存在许多规则能迅速排除大量可能的运动技能直到找到正确适合的一个。这些动作控制的规则是十分出色的,因为它们必须能够找到最有效的运动表现——换句话说,这样的运动表现特点是消耗能量最少、具备足够的稳定性来抵抗基本模式的干扰(举个例子是比预期更大的对抗力)以及足够的灵活性使基本模式适应环境。因为效率和稳定性对于能令人满意的动作来说是十分重要,动作不是按照最大可能的线性规则来设计。在线性动作技能里,设计动作时直接选择哪块肌肉和收缩。动作的产生是一个单一的事件。这样的运动技能设计,就能比喻成在图书馆里根据主题和所有参与的因素来选择一本书。不过,在运动技能里,选择的过程是复杂和非线性的。首先,形成一个初始的设计,该设计由总体上是由确定的、有效的可行模式组成,即使没有考虑特殊的动作模式——相当于输入了标题的首字母或第一个字。只有在最后,这个初始的设计才会针对性地转变成肌肉的激活。这个过滤器,即有效性和稳定性的抽象规则,在动作设计的早期阶段就排除了所有类型的替代选项,所以动作设计就能在有限数量的高效动作模式里面选择。因此,根据非线性控制的规则,在球类运动里的跑步基本上类似于田径运动的跑步,仅仅在跑步模式中的一些次核心组成上不同。

令人惊讶的是全世界的人对动作问题的回答或多或少都是相同的。全世界的人以相同的方式爬上楼梯。在婆罗洲的红树林森林里,那里所有的村庄有许多小型排球场却没有一台电视机,但是那里最好的排球运动员与一个意大利的室内排球运动员的扣球动作完全一致,即使他完全没有在电视上看过扣球动作。搜索系统寻找高效率、健康的动作模式的方法在人与人之间并没有很大差异,并且该模式必须与全人类的普遍相同的特点相联系,例如肌肉骨骼系统的整体结构。

不过,我在这里不是为一个理想化技术的固化认识辩护。除了个体间的肌肉骨骼系统的大体相似性,同时存在个体间的小差异。在一些动作模式中,这些小差异可能对一个动作模式的表现有着相关的巨大影响(见1.1.2,图1.2),以至于人体之间会产生明显的差异。这让关于什么是动作模式的个体差异与什么是运动表现的错误之争论,愈发复杂。

3.2.3 运动的固定原则

似乎在一定程度上全人类都是以相同的方式来解决动作的问题,并且都能够轻易做到有效运动。肌肉骨骼系统的整体结构图,是与深植在该系统的一个为了排除无效、不稳定动作模式的策略相互联系。这意味着我们不是把动作设计成为多个单独存在的动作事件,而是应用一个相互耦合的固定运动原则来设计的。因此我们选择的多个动作模式存在相互内在联系。固定原则要尽可能地普遍适用,换句话说,就是一个运动原则适用于越多动作,那么这一个运动原则在系统中就越重要。身体是不会学习一些仅在少数情况下适用的运动原则。身体想要学习一个能灵活运用的技术而不是花招。

当我们学习动作的时候,为了避免僵化的肌肉以及僵化的动作模式,我们主要学习和应用那些"数学"(mathematical)规则以排除低效的动作方式,所以,必须要建立一个图书馆式的检索系统。例如步行的时候,"弗鲁德数字"就是一个数学原则:适用于地球上所有动物的腿长、行走速度和步频关系的数学公式(Alexander,2003)。关于步行还有其他的规则,如从摆动期转移到站立期的规则(Prochazka,1993)。在选择了这些准确的规则后,它们会被高一级的系统合并,如协同收缩的原则。然后这些系统就成为具有场景式的一般子系统，如躯干控制、足蹬地与小腿之间的配合，使骨盆运动的肌肉组之间的固定配合，动能传送至远端肢体等。这些固定的运动结构成分会被进一步归到更大的场景式单位（contextual units），像跳跃、跑步的一般模式，等等。随着系统争取最大程度地运用一般情况下适用的规则，运动之间变得越发相似。因此，除了向前的速度以外，跑步和单腿跳之间并没有很大差异。基本上，跑步是一条腿接一条腿的跳跃的连续更替，而跑步基本的安排和多个跳远或跳高连接起来是没有多大差别的。因此，强调多目标控制的有效策略，是实现训练模式具有"专项性"和"转移性"目标的基础。

3.2.4 吸引子和波动子

通过减少动作的自由度直到最后剩下一个稳固、高效的模式，动作才完成其设计。这里"稳固"的意思是稳定且难以被干扰，"高效"是指花费最小的能量完成动作。相变理论在1.1.2部分进行了描述，即动作模式总是寻求稳定，如果失去稳定，会立刻迅速转换成另一个不同的稳定模式。这个理论是说一个相变的发生甚至可能是因为一个很小的干扰。因此，相变发生在包括稳定和不稳定模式的动作场景，但在这个场景里运动的身体从一个稳定的模式尽可能跳过不稳定的模式到下一个稳定的模式（图3.4）。

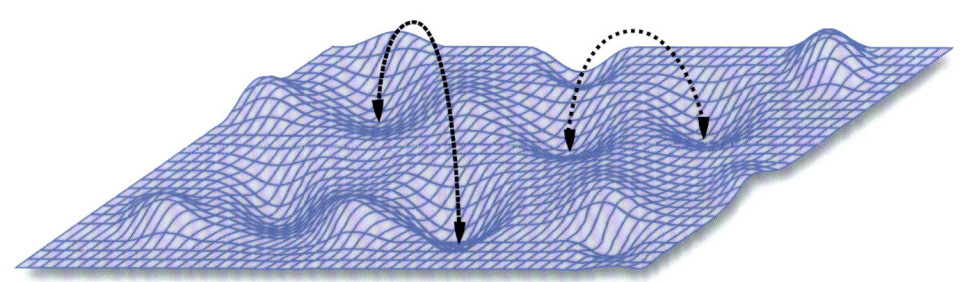

■ 图3.4　运动场景包括稳定动作模式的低谷和不稳定动作模式的高峰。运动更倾向于从一个低能耗的稳定模式跳到下一个低能耗的稳定模式

动作的稳定性和高效性（经济性）不仅仅是在选择动作模式的时候才发挥作用，即使在单一动作中，动作的各种组成部分也会安排成稳定、低能耗的和不稳定、高能耗的成分。运动中稳定、低能耗的成分属于文献中说的"吸引子"，而不稳定、高能耗的成分属于"波动子"（在相变理论中，是属于"有序参量"和"控制参量"——Kelso，1995）。存在波动子是为了适应运动员运动过程中不断改变的环境带来的转换运动的要求。如果一个动作仅仅包含稳定的因素，那么动作就会严格单一地进行，而且来自环境的干扰不会有效地整合到动作模式中。因此，一个场景式的动作包含一系列吸引子和波动子，这些因子必须满足两个主要的标准：

（1）整个动作必须尽可能稳定（因此也低能耗）；
（2）波动子的数量必须尽可能少，但足够应付所有环境的需求。

波动子的数量必须尽可能的少的原因是，仅在一定有限可控制变量的情况下动作才能够被控制。在前面提到的汽车比喻，掌舵的车轮就是一个波动子（或者如果你喜欢，比喻成一个自由度也可以）。一辆车的掌舵车轮越少，那么这辆车就越容易被驾驶。场景式动作的活动度越少，那么动作就越容易被控制。换句话说，学习动作不仅是学习动作的不同成分，而且是学习掌握稳定和不稳定成分之间的比例（Davids 等，2008）。

因此，场景式动作的学习过程所需要的时间比正常认为的更长，因为学习动作的正确成分是不够的，还有必要去学习哪一些成分是必须以稳定的方式运用，而哪一些成分是以不稳定的方式运用（图3.5）。

扩展知识

学会做一个动作的不同部分仅仅只是学习动作过程的一部分，动作学习的重要部分要关注将动作成分正确地分为吸引子和波动子。在开始学习的某一阶段，特别是在一些更复杂的动作中，吸引子和波动子不能达到所在环境中理想、高效动作的所有标准，那么这些吸引子和波动子就不符合

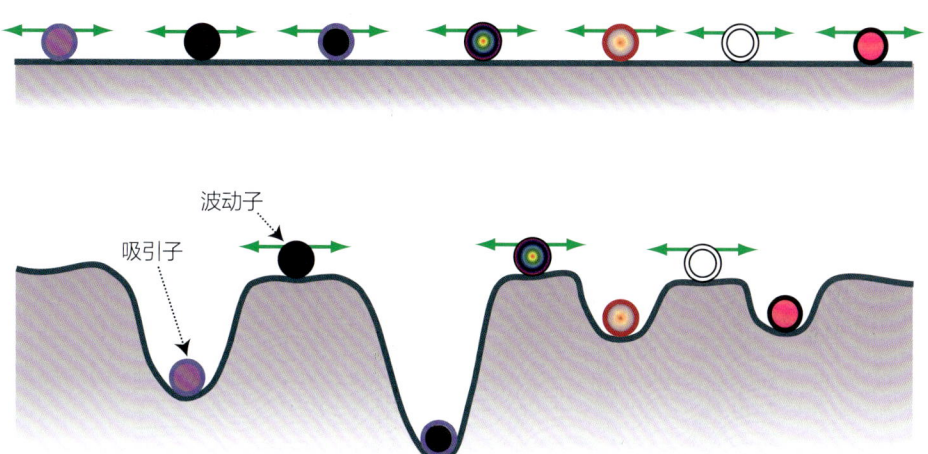

■ 图 3.5　上图：在一个平坦的场景里，所有掌控的动作成分都可能会不同（从左到右的球）；又要必须同时控制所有的这些重要的成分——这种情况是不可能实现的。下图：一个掌控且可行的动作模式里，稳定的成分（低谷）和不稳定的成分（高峰）之间的比率合适，整个动作可以控制

需求。新的吸引子必须被干扰，以创造一个崭新的、更好的组合。因此，干扰现存、不当的动作模式是学习新的、更好动作的关键步骤——在学习过程的设计中这点常被忽略了。遗憾的是，我们专注于学习新的动作模式，却不断被顽固的旧模式阻碍。在一些情况下，学习过程中真正的问题实际上可能是旧吸引子的干扰，尽管学习一个新模式是个相当简单的事情。确实，大量的循证依据证明在运动损伤康复当中经常存在旧吸引子对学习过程的干扰。

一旦最终发现稳定和不稳定成分之间正确的比例，稳定成分所处的低谷会更深。换句话说，稳定因素会变得更稳定和耗能更低（图 3.6；Thelen，1995）。

在图 3.6 中，红线代表了学习过程的 5 个分级明确的阶段：

（1）在首次尝试中，会使用其他已知动作模式中的动作固定成分（吸引子）。这样做很有用，因为它会限制自由度的数量，能够控制动作，可以

运动训练新思维
——提高运动水平和预防运动损伤的秘诀

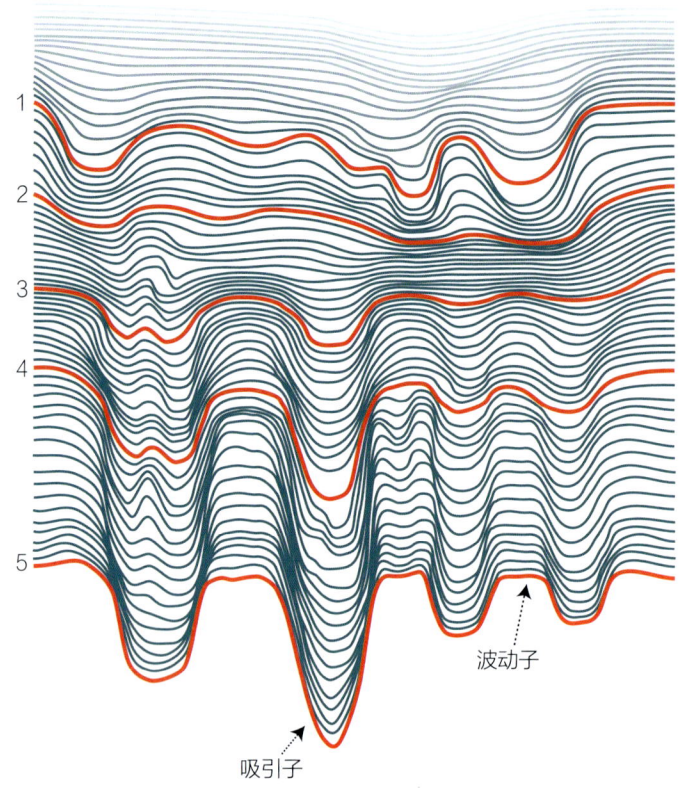

■ 图 3.6　学习过程中的吸引子和波动子（Thelen，1995）。在学习过程中，吸引子和波动子从开始（顶部）到最后结束（底部）都在不断变化的景象

初见成效。

（2）选择的固定成分不适用于提高运动表现，所以必须受到干扰和分离。这使动作难以控制。运动的表现力下降，作为一个应急措施，一定数量的关节被制动使得动作能够再次被控制，这称作"冻结"自由度，并且有很多这类的例子。小孩学习投掷动作的时候倾向于把错误的脚放在前面。事实上，这是一个"冻结"自由度的策略，以此来保持复杂的投掷运动能够被控制。相似的策略包括在光滑的表面保持膝伸展，首次尝试打高尔夫球时固定躯干，踢球时用一个伸展的腿做后摆动作。

（3）发现更好的吸引子和波动子，它们的比率可以在许多不同情况下使用。只有波动子的数量受到限制，动作才更加经济，还能适应许多不同的情况。

（4）为了使动作的表现更加适应身体和效率，吸引子的低谷会更加深。力量训练在这个过程当中承担了重要的作用（见7.3）。

（5）动作是如此稳定，以及存在很多有效的方式（波动子）来使动作适应环境的要求，以致于控制能够变得自动化。动作能被掌握，还能够联合其他的任务，例如做出战术性的选择。

稳定和不稳定成分的划分，不能由严格分层的、由上而下组织的中枢神经系统中产生（大脑是动作设计的命令中心，而肌肉仅仅只是不加影响地执行命令——见4.4）。动作模式的个体差异在高强度的运动当中比在实际观察的体育运动中会大得多，这是因为大脑极度具有可塑性，从而可能导致极其多样的动作模式。再者，可能更重要的是，一个等级分明的安排不可避免地会导致损伤。在高强度运动中，强大的作用力会作用在身体上。相比其他情况来说，这有更大的风险导致许多结构受伤。例如，在做投掷动作时，肩关节比腰椎更容易受伤。因此，将肩关节保持在一个位置能让肌肉尽可能保护好关节，并且利用脊柱的运动来保持手臂在空间上的正确位置，这些都是很重要的。能够实现关节角度的这样安排，只能建立在自下而上的组织。这意味着动作的非线性安排能够为了防止运动损伤来进行调整。系统更高级的部分保证了动作一般性的更抽象的规则，而特定的肌肉激活和活动度倾向于从肌肉骨骼系统的自组织中产生。

扩展知识

如我们所知道的，将动作分散在几个关节以及保持关节的稳定性可能是一个有用的策略，这是为了防止损伤以及关节做更不稳定动作的时候降低损伤风险。因此，我们会质疑普通物理疗法中尽可能消除代偿动作的策略，举个该策略的例子，禁止肩关节刚恢复的病人在练习手臂外展的时候侧屈躯干。代偿动作是一种身体尝试达到一个尽可能健康的活动度比率的策略，利用代偿动作作为训练起点可能是明智的。这种情况下，代偿是允许的，而后逐渐调整和改变训练，最后恢复到原本的场景式动作状态。因此，训练的基础是身体自我组织能力，不能被强迫加入"理想的"的动作模式里。所以，十分需要更多地研究身体是如何利用自我组织来预防危险的关节位置。这将不仅在身体的自我组织方面提供重要的信息，而且会更清晰评估不同测试的价值，如用于评价运动状态的功能性动作筛查（FMS）。这些测试都特别看重最大活动度和运动员在最大活动度时发力的大小。还要怀疑的是，这些测试有多大的场景性，以及这些测量的数据与运动员的发展潜力和受伤风险之间存在多大程度的联系。

每项体育运动都包括固定的、不可改变的成分，以及能够根据环境的要求改变的成分，因此，对一个技术进行极其精确的描述是不可行的，特别是规定一个动作的理想关节角度。此外，在描述所需要的关节角度时，应该说明哪一些关节角度应该是不变的（吸引子）和哪一些应该是随机的（波动子），否则这会导致不断的误解。其中一个例子是在快速跑时膝关节应该抬升多高。在田径运动中，结果是短跑运动员膝关节位置需要严格的指导。在田径运动中的奔跑和其他运动（如足球）中的奔跑早期比较里，膝关节位置的不同常用来证明田径运动的奔跑与球类运动的奔跑没有关系（Sayers，2000）。由于顶尖短跑运动员比顶尖足球运动员的膝关节抬升更高，所以人们认为各自运动所需要的技术在本质上是不一样的——但是，这其实是不正确的。膝关节的高度与其说是一个吸引子，不如说是波动子。跑步的速度越快，膝关节的位置就越高，并且短跑运动员拥有比球类运动员大得多的最大速度，这意味着膝关节的高度很大程度上与技术是无关的。把这些波动子看作是技术的关键特征会导致一系列关于动作的相似性以及不同运动模式之间的转移的不正确结论。像很多研究人员依赖活动度的差异来观察运动的最佳表现，这样做是不够的。

两个例子

（1）投球会给肩关节带来高强度的负荷从而增加受伤的风险。不同个体间投掷时肩关节的位置非常相似。不仅仅经验丰富受过训练的投手，连新手在投掷时手臂都会外展大约 90° 的位置。这个位置极少会改变，所以被认为是一个吸引子。即使新手还没有完全掌握整个投掷的动作，他们同样会将手臂放置在外展 90° 的位置。这个观察证明，这个作法来源于身体的自我组织。不过，在躯干侧屈方面，新手和经验丰富的投手之间有很大的差别，并且这个差别部分取决于将球投向哪个方向。所以，躯干的动作是一个波动子。

（2）棒球击球手必须根据球的高度和速度来调整后摆动作。我们已经知道，不可能一次性将所有关节做出调整，因为这样会无法控制运动。因此，优秀的击球手只通过很少的改变来调整他们的后摆动作，根据球的高度来屈曲躯干，根据球在本垒的范围内还是范围外的位置来旋转骨盆，以及根据球的速度来屈曲前方的膝关节。以上这些是棒球运动当中的主要波动子。手臂的击球后摆运动是不可调整的，所以是动作模式中的吸引子。只需强调不要改变手臂动作，不用教膝关节和躯干根据场景做出怎么样的改变，这些变化会自动出现（图 3.7）。

3.2.5 分析开放性和闭合性运动技能

总之，在执行极度开放性运动技能时，需要根据环境作出主要调整，并且这些调整似乎完全由环境决定，这就需要通过将吸引子变成模式来控制过多的自由度。因此，一个极度开放性运动技能是由闭合性和开放性技能成分组成的混合体，将那些在所有情况下都有效的成分选作为固定成分。

此外，如果运动员必须保持从一个动作模式转移到另一个动作模式的状

运动训练新思维
——提高运动水平和预防运动损伤的秘诀

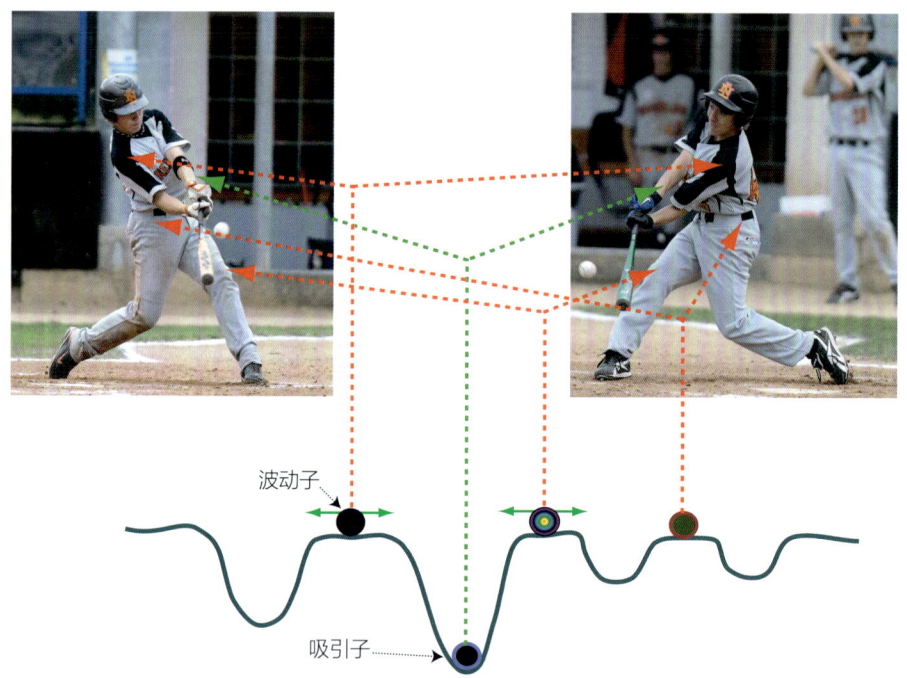

■ 图 3.7　棒球运动中的吸引子和波动子。后摆动作必须适应球的不同高度和速度。这是通过根据球的速度来改变前方膝关节的角度（球越快，膝关节伸展的角度越大），如果球更靠近本垒的内侧则进一步旋转骨盆，以及如果球被掷得更低则需要躯干进一步侧屈。以上三者都是波动子。棒球运动手臂的后摆动作并没有改变，所以是一个吸引子

态，那么开放性运动技能的动作就会变得无法控制。不断改变控制的组织过程对系统提出了相当高的要求，因为必须要不断做出新的决定。极度的开放性运动技能对有限的注意力提出了大量的要求，很快就无法应付局面。足球运动员不仅要在战术上做出决定，以及需要根据环境来调整动作的时机，而且还必须在跑步时保持在组织不同的动作模式之间进行切换，导致运动员很快会因为没有足够的控制能力而不能成功完成以上的任务。因此，执行所有动作的关键部分是很重要的，例如所有的跑步动作使用单一的组织形式。

　　表现良好的动作包括能够控制不同的自由度、掌握开放环境的复杂性、保

持运动的经济性和保护运动员免受伤害，要达到这样动作的控制要求是建立稳固、不变的基本动作成分，即使是高度即兴多变的动作也一样。举个例子，这意味着在田径跑道上冲刺跑、马拉松赛跑、直线跑，甚至临时改变方向的跑步，比如在一场足球比赛中，都必须建立在固定不变的基础结构之上，即起动/加速和高速跑，否则运动技能将会无法工作（图 3.8）。

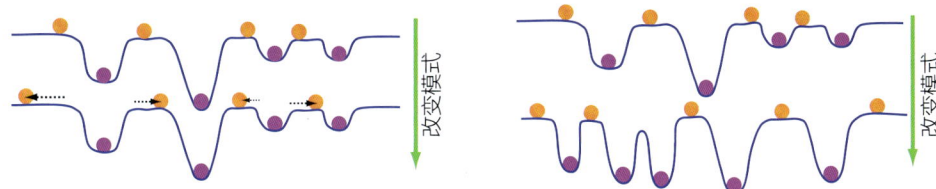

■ 图 3.8 跑步动作的改变，如在球类运动中跑步
左图：吸引子/波动子场景并没有本质的改变（自上而下）。仅因为波动子的移动才出现变化。
右图：因为在整个场景中一个实质性的变化导致跑步模式的变化。产生不同的吸引子和波动子（自上而下）

吸引子/波动子场景中需要的改变越少，敏捷性方面的动作技术质量提高得越多。这种情况适用于闭合性运动技能上，只是程度稍轻一些。每一个闭合性动作技能都是由不变的和可变的成分组成的混合体，因为即使是在极度闭合性运动技能里很小的干扰也必须作出运动模式的调整。这意味着在分析闭合性和开放性运动技能都指向同一个问题：为了确定动作模式里什么是不变的，什么是随机的，需要区分出吸引子和波动子。在开放性运动技能里分析这个问题会比在闭合性运动技能里要难得多。不过，在两种运动技能相比较里，闭合性运动技能中赢和输的区别更少地依赖技术性差异。那些在全速跑时保持膝关节位置较高的 200 米短跑者可能实际上跑得更慢，因为运动员能力达到的膝关节理想位置可能离高膝尚远，这样既降低直线跑的速度又增加了疲劳。

基本结构如吸引子、变量（如波动子）之间的区别对动作模式的训练具有深远的影响，尤其是力量训练的自组织。

3.2.6 吸引子和运动的敏捷性

迄今为止，几乎没有专门的研究去探讨竞技运动中的吸引子，所以在投掷、跑步等运动中并没有可用的吸引子列表。但是，根据所了解的关于运动控制的知识，我们可以推理出吸引子主要是通过身体中自我组织机制产生的，并由此与肌肉骨骼系统有着紧密的联系。因此，我们可以借助解剖学知识起草一些基本原则来确定理想动作技术中稳定的吸引子。这里有一个重要因素是中枢神经系统是相对缓慢和不精确的。对运动控制的要求越高，中枢神经系统控制的效果就越差，会有更多的身体内自组织在动作控制和吸引子/波动子场景的建立中发挥作用。依照这一点可以得出以下结论：

（1）在非线性控制中，让原则普遍适用（比如弗劳德数）是非常重要的。这意味着吸引子很少是特定的身体姿势。动作吸引子是相对抽象的动作原则。

（2）场景性的变化越大，中枢神经系统必须解决的问题就越大，以及基于自我组织（吸引子）的稳定性需求就越高。

（3）中枢神经系统是相对较慢。如果一定要在时间限制内控制动作，周围的影响作用将会增加。这些影响会产生吸引子（见4.3.3）。

（4）那些有损伤危险的结构，如投掷时的肩、肘关节或跑步时的腘绳肌（见5.6），在重负载下应该最好处在一个吸引子状态，这可以最好地保护这些结构。

（5）动作必须减速。身体在这个时刻是特别容易受伤的，这意味着动作最好是在一个稳定的吸引子状态下进行减速。这很符合对结果的内在感受和以终点导向（见4.4.1）

当然，这个清单是不完整的，但可以用作假设来描述体育动作中的多个吸引子。

我们已经知道，从一个类型的奔跑切换到另一个类型的时候，最好确保吸引子/波动子场景的结构变化尽可能地小，这时在体育动作中就获得了最好的敏捷性。因此，重要的是使用以上的"研究规则"来确定针对跑步和敏捷性的吸引子。以下列出的 8 个敏捷吸引子可能还不完整，但是这个列表是几乎没有被研究过，其基础是理论的原则和最好的实践经验。

（1）髋关节的锁定位置

基于髋关节周围肌肉协同收缩的"力锁定（force closure）"（肌肉力量包围被动解剖结构的封闭网络）已经在前面被描述（见 1.3.3 腹股沟损伤）为保护盆腔区域免受巨大、不可预测的反作用力的关键机制。此外，这个动作吸引子（从协同收缩发展而来）是足尖离地自组织的一个关键参考点（见 4.4.1 占主导地位的内在信息）。在足尖离地时，如果腿部以一个保护性的"髋关节锁定"结束，那么矢状面上腿部的伸展就能安全进行（见图 4.29）。

在优秀的跑者里，髋关节周围的主导性协同收缩在方向突然改变的时候尤其明显，例如侧跨步、骤停骤走以及在直线加速的第一阶段（图 3.9）。

■ 图 3.9　方向的突然改变和加速，都伴有一个极好的髋关节锁定

运动训练新思维
——提高运动水平和预防运动损伤的秘诀

（2）摆动腿收回

在摆动期最后部分，放脚之前髋关节伸展，然后加上膝关节伸展，最后在接触地面之前踝关节伸展。如果非常严格地计时，这"三关节伸展"确保在站立期地面反作用力必须被吸收的时候，完成肌肉理想的预张力动作。在接触地面之前，双关节肌肉在这个伸展模式中承担了关键的作用。通过肌肉之间的绳索作用，腘绳肌将力量从膝传到髋关节后，再将髋关节伸展的力量从髋（经股直肌）传递到膝，从膝（经腓肠肌）传递到踝。有充分的理由假设这些肌肉在跑步模式中以等长收缩方式发挥作用（见 5.6 专项性和腘绳肌的功能）。

在跑步模式的各种变式中，这三关节连续伸展都要在足接触地面之前保持不变。另外，在刚接触到地面的时候，脚的反转要尽可能的小，因为肌肉的紧张度会对抗地面的反作用力。

当直线跑时，在脚落地前髋关节一直伸展并非一开始就是一个大问题，即使三关节连续伸展建立的张力质量以及足部蹬离地面的动作质量，都很大程度上依赖于脚落地前髋关节良好的伸展动作。腘绳肌的功能是指引向后蹬离地面动作的水平成分，腘绳肌的这个功能对髋关节伸展动作的质量特别敏感。

然而，在急剧改变方向的时候，比如侧跨步或有助跑的单腿跳跃，髋关节的伸展确实成为一个问题，而且常常在足部接触地面之前伸展动作就停止了。这使得足部在体前太远处着地，以及无法充分收回。因为髋关节伸展停止，所以在髋关节和骨盆周围肌肉没有形成令人满意的协同收缩，而且没有形成达到要求的"力锁定"状态，从而导致表现的下降和受伤风险的增加。因此，在足部接触地面之前，"摆动腿收回"应该是动作技术里一个主要的成分，并且在练习急剧改变方向的动作时（水平面侧跨步躲避、急停单腿垂直跳，甚至在投掷时或板球运动中投球时支撑着前腿）应该首先关注这个成分（图 3.10）。

（3）摆动脚上方落地

一个技术良好且令人满意的跑步动作中，一个关键的基本组成是"摆动脚从上方落地"原则。这意味着，在摆动脚落地之前，足部要尽可能地与地面

第 3 章　分析体育动作

■ 图 3.10　在侧跨步（上）和单腿垂直跳（下）中收回摆动腿

反作用力的方向平行，地面反作用力是脚接触地面时产生的。如果足部以一个比地面反作用力的方向更大的角度接近地面，那么脚"溜进"地面。这会导致地面反作用力不能被恰当地吸收，站立期过程效率较低。这一原则不仅在直线跑，对各种敏捷性和所有类型的有助跑的单腿垂直跳，都是十分必要的。为了完成一个优秀的摆动脚上方落地动作，脚必须从稍高一点的位置落地。这与传统观念相左，传统观点认为最好通过脚尽可能靠近地面来改变方向（图 3.11）。

显然，髋关节锁定、摆动腿收回和摆动脚上方落地互相间有重要的影响，是一个大运动模式的组成部分。

在开始三关节连续伸展时，骨盆的位置决定了腿如何伸展，并且两者共同

131

运动训练新思维
——提高运动水平和预防运动损伤的秘诀

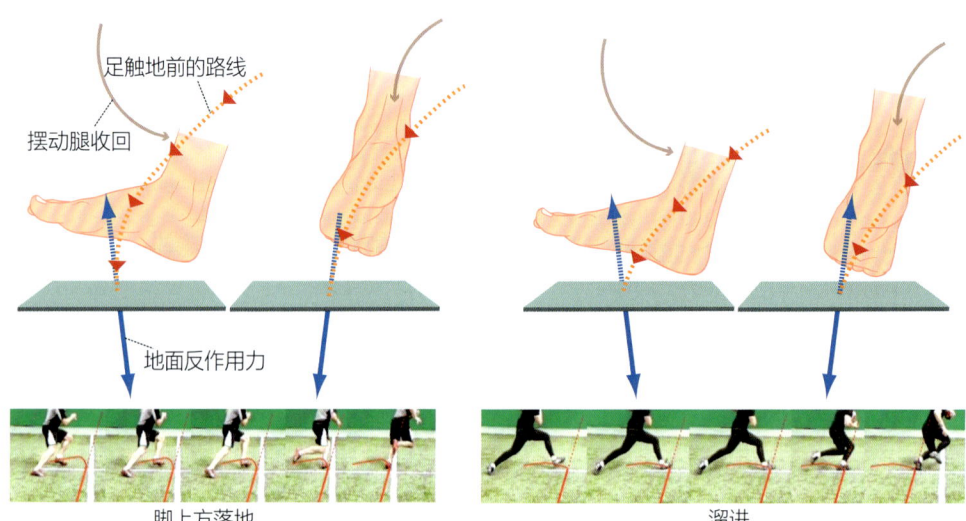

■ 图 3.11 左图:"脚上方落地"原则,在摆动脚落地之前,动作要尽可能地与地面反作用力的方向平行。在这一系列的照片中,这个原则很好地应用在方向发生改变中。右图:因为在摆动脚落地之前足部距离地面太近,导致足部"溜进"地面。当足部接触地面的时候,足部的运动与期望的地面反作用力之间存在一定角度。在本图一系列照片中,在站立期的起始部分,地面反作用力的方向不合适。因此,跑者必须等到他的髋关节移动到他的脚上方,然后才可以发力和改变方向

决定脚移向地面的路径。整体模式确保了在加速和改变方向时,脚接触地面的位置与身体相关,且与预期的地面反作用力方向相匹配(图 3.12)。

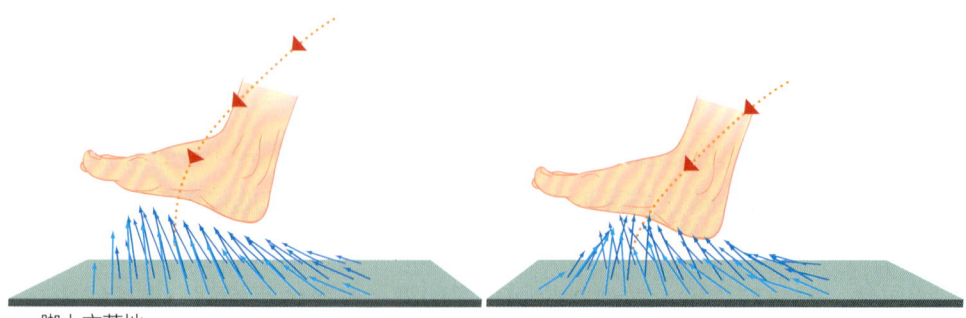

■ 图 3.12 脚上方落地及场景——正确的髋关节锁定和摆动腿收回的组合决定脚落地位置与地面反作用力的方向。当脚"溜进"地面时,这个场景会变得更加凌乱

(4)积极的跑步姿势

为了有效地进行摆动腿回缩,摆动腿必须在三关节连续伸展开始之前带到正确的起始位置。但是,主导腿(有足够的髋关节屈曲角度)的位置不能单独地分析,因为摆动腿回缩的潜力很大程度上取决于拖曳腿向前移动的速度有多快。如果拖曳腿有很长的一段距离,并且必须从那个位置向前移动,那么主导腿必须要"等拖曳腿赶上",否则就会出现前方的旋转,不得不通过在下一个步子中减速来纠正这个旋转。现实中,主导腿总是"听令于"拖曳腿,并且必要时会等待它。因为跑步必须要在相对高的速度下完成(如突然转弯和快速侧跨步躲避),所以身体必须尽可能采取一个积极的跑步姿势:保持上身直立,髋关节向前,膝尽可能指向前方。当然,这种极端的身体姿势是在许多情况下很难实现,如在加速时改变方向,但是仍然是值得努力的目标:尽量挺拔向上、髋关节向前施压、膝关节尽量向前。在这个姿势,身体能够尽可能地维持良好的平衡,摆动腿可以收回,以及在足部蹬离地面的时候能够尽可能好地发力(图3.13)。

■ 图3.13　全速跑时(左)和侧跨步时(右)积极的跑步姿势

（5）保持头部静止

当控制动作的时候，视觉信息是十分重要的。为了从环境中尽可能好地收集信息，垂直方向的头部动作应该降到最小。在这种情况下，不用频繁地校准视觉，并且能够更加高效地处理视觉信息。

在运动中观察对手或拦截球是运动表现的关键方面，所以这个运动吸引子对敏捷性是十分重要的。一个柔道选手在垫子上随着对手移动，后卫通过侧方移动来紧跟对手，棒球运动员加速来拦截球或投手观察球会落在好球区的哪个位置，都需要把垂直方向的头部运动降到最小。

低步频时头在垂直方向的波动比于高步频的时候多，因此，那些需要收集视觉信息的运动员需要调整（增加）他们自己的步频，同时最好没有干扰其他吸引子，如摆动腿收回和摆动腿上方落地。

在追求高速和高步频时的敏捷性时，垂直方向的头部运动可以始终作为表现的质量标准之一。这意味着如果运动员在突然改变方向时做得太深变成了下蹲动作，该技术的评估不会令人满意。

在某些动作模式中，保持头部静止不动是如此重要，以至于它是一个有效的学习过程中的主要反馈来源。例子包括防守时的侧向运动、在连续对打时网球运动员的动作和跨栏（最优秀的跨栏运动员应该尽可能保持他们的头部在同一水平）（图3.14）。

■ 图3.14　在侧向运动中保持头部在同一高度

（6）上身优先

高速奔跑时会在上半身产生扭矩，扭矩的一个功能是增加身体的张力。举个例子，这是为什么背越式跳高成为如此成功跳高技术其中的一个原因（其他技术缺少扭矩）。

增加身体的张力同样在各种类型的方向变换时起到重要作用，如侧跨步、骤启骤停、突然转向，这可概括为"上身优先"原则：方向上的所有改变应该从肩胛带和躯干上部开始。在可能的情况下，上部的躯干应该在足尖蹬地之前就开始转到运动员想要去的方向。肩膀的主导作用创造了身体额外的张力，从而更容易应付由于方向变化产生的巨大反作用力。另外，"上身优先"原则还有一个重要好处是，如果该动作被正确执行，那么就会自动提高"摆动脚收回"原则的执行质量（图 3.15）。

■ 图 3.15　在侧跨步中的"上身优先"原则

（7）旋转时伸展躯干

在许多球类运动中，运动员必须能够加速并且奔跑时上半身转向一边，如一名足球运动员要接长传球时，橄榄球运动员预计会被擒抱时，等等。他们必须能够在奔跑时旋转上半身，这样就可以尽可能降低扭矩对他们腿部运动的阻碍。这意味着扭矩不应该影响骨盆的位置。完成这个动作最好的方式是将旋转和躯干的伸展结合起来。当旋转和躯干的弯曲结合时，骨盆将不可避免地在奔跑时改变位置，这样，腿部运动的"发射平台"会形成一个角度。显而易见，足球运动员旋转躯干会明显导致速度的丢失。在运动中（如足球），跑步时上身独立于下半身运动是十分重要的，并且旋转/伸展技术可能会对运动技能产生重大影响（图3.16）。

■ 图 3.16　旋转时伸展躯干的原则

（8）减速时分散压力

减速是敏捷性的一个重要方面。以生物力学来说，因为它与跑步运动的共同点最少，所以减速的吸引子更加独立存在。减速时最大的压力很有可能出现在膝关节上，所以运动限制最开始会出现在膝关节周围的肌肉上。为了转移限制和减少膝关节的负荷，减速技术应保证作用在身体的力转移到最有可能的地方。每当减速时，像这样的峰值力的分散是至关重要的。例如，在完成投掷动作后减速时，作用于肩背部的力应该分散到一个尽可能大的区域，因此通过沿着身体纵轴方向进行上半身的旋转来达到部分实现（当投掷时用右手，则上身旋转到左边）。

当在跑步过程中减速时，峰值力也必须分散到身体的一大块区域上，如髋和背部。这可以通过减速时上半身向前倾——不是通过躯干的屈曲，而是通过弯曲髋关节，同时将骨盆向前旋转。然后利用腹部和背部肌肉的协同收缩（最好在最佳长度）将骨盆前倾，这增加了腘绳肌的牵拉，腘绳肌与股四头肌协同收缩（又是在各自最佳的长度），这样在膝关节周围的弯曲力矩和剪切力就减少了。

这种十分抽象的运动原则必须以自组织的方式发生发展，并且要成为针对减速训练的一个重要特征。例如，在前交叉韧带（ACL）修复重建术后康复时，我们必须考虑上身前倾运动是否应该在比常规更早的阶段就纳入一些动作模式中（图3.17）。

■ 图 3.17　由上身动作来控制的减速原则

3.2.7 力量训练的意义

显然，加深正确的吸引子低谷和灵活地使用波动子，这个过程很大程度上是一个自组织的，因为没有人确切地知道这一切是如何发生的，没有人能直接教会学习系统如何去自组织。教练、物理治疗师或动作专家所有可以做的就是创造条件，创造能优化自组织的能力与找到普遍有效的原则和令人满意的解决方案的条件。

除了其他方面，这就需要知道运动习得过程是怎么运作的。这些知识至今对体育实践几乎还没有产生影响——这可能是教练、康复专业人员和其他参与体育的人的主要盲点。特别是在力量训练中，很少有人去想人们到底是如何学习的。然而，思考运动习得的过程是运动专项力量训练的一个重要组成部分。力量训练是非常适合用来学习关于动作的基本组件（吸引子），但不太适合学习整个动作最终、适合环境的运动表现，因此不太适合学习整体模式，包括波动子功能。因此，力量训练可以用来改善重要的动作协调组块，如上述的敏捷性的吸引子。这改变了整个训练计划中运动专项力量训练的意义。

因此，力量训练特别适合于用来教授动作的普适性、固定的原则，适合在更深层面研究这类吸引子。尤其是在开放性运动技能中，从力量训练到体育动作的转移是很难识别的，但分析体育动作和识别动作的稳定成分是制定一个有意义的力量训练计划的关键步骤。针对单个肌肉的训练方法论来自健美界，不能改善基本的运动吸引子，因此不是很适合用于运动专项力量训练。换句话说，离开场景而只是强化单个肌肉的方法、只关注动作设计的最后阶段（单个肌肉收缩），是毫无意义的。

所以，运动专项力量训练应该这样定义"力量训练是抗阻力的协调训练"。因为它基本上是协调训练，力量训练需要考虑到运动习得的规律，如第5章（专项性）和第6章（超负荷）所描述的那样。第7章（如果可能的话）指出了开放性和闭合性运动技能中的各种吸引子，并将它们转化为可落地的力量训练。

3.2.8 对测量的过度依赖

专注力量训练作为一种提高技术的手段是有代价的。测量以技术为导向的力量训练获得的适应性是困难的，如果不是不可能。这对教练来说意味着，利用常规测试来衡量力量训练带来的影响是没有意义的。如果关注的是力量训练的协调性转移，经典的跳跃测试、爆发力测量等并没有太多意义。这些经典测量方法对体育运动表现的预测价值总是被证明令人失望（Walsh等，2004）。依靠测量是一件不现实的事。不应再关注测试结果，而应不断寻找力量训练与竞技动作之间的联系。当然，与仅仅关注测量结果，这种寻找对脑力的要求会大得多。运动员以及教练员必须尽力想象技术是如何转移的。在脑海中想象力量训练在体育动作中是怎么"出现"的（可视化）会增加转移的数量。换句话说，大脑训练是有效的（Shackell和Standing，2007）。

3.3 小结

只有在适应性改变转移到竞技动作中，运动专项力量训练才有意义。为了理解转移的能力，必须对力量训练和竞技动作进行分析。考虑到身体许多不同的关节和肌肉，在复杂的动作中，几乎在每一个关联动作里都会有很多不同的替代动作。从这些数量巨大的替代动作或自由度中进行挑选，是设计动作的基础。开放性和闭合性运动技能的差异在此至关重要。开放性运动技能的动作模式具有高度的即兴性质，因此特别难以分析。

动作模式的不断变化确保应对环境进行必要的调整，这种调整必须被控制。如果适应能在动作中的任何环节发生，自由度的数目会变得十分庞大，动作就不再是可控的。每一个动作，包括开放性运动技能动作，都由固定不变的成分和根据环境做调整的可改变的成分组成。固定的成分（吸引子）是稳定的、经济的，可改变的成分（波动子）是不稳定的，并且耗能多的。很难分辨运动的哪些成分是固定的，哪些是可变的。但再难也必须要完成，以便设计训练计划，在训练计划中固定的成分是动作模式的固有部分。

力量训练可能适合训练这些动作的基本成分。人们期望的力量训练的协调性转移不能简单地通过测量来确定，因此训练必须不能仅关注测试结果。

第 4 章

训练的固定原则：
场景式的力量与协调性

力量训练导致生理性和（或）协调性上的适应。在力量训练中，生理性的适应包括合成更多的蛋白质（过度增生）来扩大肌肉的生理横截面、使有氧纤维（FTⅡa）在工作中更加耐受缺氧、激素平衡的改变。协调性上的适应包括更好的肌肉内协调性（如肌纤维更好的募集或力量产生与肌肉收缩速度更好的连接）和更好的肌肉间协调性。通过运动专项力量训练，运动员可以实现在生理性或协调性上或这两方面上的适应。

4.1 力量训练中发生的是生理性适应还是协调性适应

无论发生生理性适应还是协调性适应，教练愿意将其最大化。然而，这并非总是可能出现或有用的，我们必须在两者中做出一个选择。哪一种方式最有效，不仅仅取决于在改善体育动作中该适应有多重要，也取决于力量训练所产生的适应在多大程度上能被转化在体育运动中。尤其是在爆发性运动中，生理性适应的方式是不可能奏效的，因为过度的肌肥大是不需要的（除了可能在近端单关节肌肉中），并且激素的反应是不可预测的，所以很难作为制订运动员有组织性训练计划的参考指标。此外，高度掌握协调性是几乎所有爆发性运动中影响表现的因素。因此，将提升协调性作为爆发性运动的力量训练目标是十分有用的。

4.1.1 速度滑冰

在耐力运动中，人们倾向于选择生理性适应的方式。在耐力运动中，新陈代谢的作用传统上被认为是决定表现最重要的因素，因此，许多耐力运动项目的教练对力量训练中的协调性方面并不感兴趣。然而，这不见得总是一个好主意，因为在某些耐力运动项目中表现对技术的依赖非常大，远超我们想象。当然了，就比如说，动作技术在耐力运动中没有在短跑那么难，自然地，在长道速滑中，以冲刺速度滑弯道比以马拉松速度滑弯道更难，但我们不应该简单地总结为，在耐力运动中，技术与其是毫不相关的，因此我们应该把重心完全放在代谢表现上。在速滑的表现中，技术所扮演的角色是很容易理解的。长道速滑者也非常注意技术的执行。因此，许多速滑教练认为，从协调性的角度进行力量训练是极其有用的。

4.1.2 跑步

在长跑中，对技术的关注更少了，许多马拉松选手根本不做技术训练——这是错误的。即使在跑步中，耐力好坏也极大程度上取决于技术。精英跑者可能在跑步效率上有很大的不同。马拉松世界冠军和马拉松第 20 名选手最大的不同就是，冠军有高效的技术。在耐力跑中，承重腿每次落地时都吸收了身体 3～4 倍的重量。为了长时间保持这样的状态，耐力跑选手必须能够用最大的努力募集相对较多的运动单元——换句话就是说，长跑选手必须强壮。如此高强度的募集可以通过力量训练，并且与 FTIIa 纤维的氧化作用很好地结合来实现。除了慢肌纤维外（见 2.2.1），这种氧化性好的纤维 FTIIa 的募集对于表现是至关重要的，因为在高效率跑与能产生强大力量的等长收缩之间，存在着密切的联系。主要力量的产生确保了肌纤维在承重期保持长度不变，而不是被拉长或是缩短。肌肉的弹性部分改变整条肌肉肌腱单位的长度（见 2.1.4）。保持相同长度的肌纤维发力，但是不做功：F（力）×S（距离）= W（功）；当距离 =0 时，改变了长度的肌纤维沿肌纤维缩短路径发力，因此会做功。这样做功会比在等长收缩的情况下发力产生更多新陈代谢的消耗。因此，一个跑者在主要发力时使用的技术（只有当足够的肌纤维被募集才有可能实现）比他在一个要做多功的情况更加节约能量。在从主要产生力到要做更多功的转变中，增加能量消耗的影响解释马拉松选手在 30 千米处遭遇"撞墙期"，比能量耗竭

运动训练新思维
——提高运动水平和预防运动损伤的秘诀

的说法更合理。然而，增长的能量消耗作为表现虚脱的原因这一想法，不能简单地转移到其他运动中。例如骑自行车这样的运动，通过弹性再利用能量几乎不可能的，所以必须寻找其他的原因（图4.1，图4.2）。

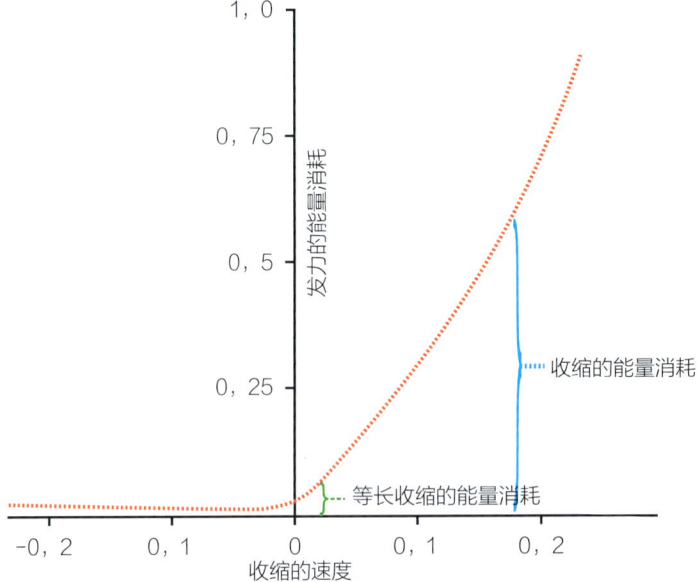

■ 图4.1 在等长收缩与在做功时肌肉发力的能量消耗，收缩时的能量消耗高很多

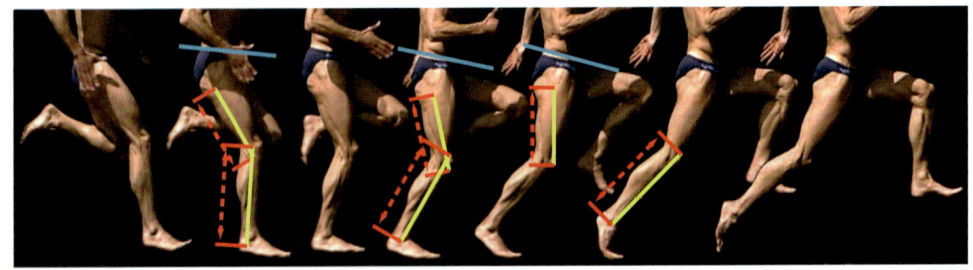

■ 图4.2 跑步中的足趾离地：腓肠肌和腘绳肌长度几乎不变，因为膝关节的伸长被踝关节和髋关节的缩短补偿，从而使这些肌肉在跑动中十分有效地工作

4.1.3 骑自行车

骑车似乎并不需要技术，但其实技术是需要的。两个体重相同的骑手在家用健身器械上，每千克体重所产生的有氧耐力消耗相同，在骑车上坡时的有氧耐力消耗完全不同。如果骑车不需要技术的话，就不会有此不同。而在骑车上坡时，肌肉的协同方式可能略有不同。由于在上坡时重力作用的方向与身体之间的角度略有不同，能量传递肌肉（腘绳肌、股直肌、腓肠肌）可能需要不同的肌肉间协调性。这种技术掌握上的区别可能部分解释了表现上的不同。然而许多专家认为，技术的影响在骑行中（在冬训期间，将一本厚的电话本放在家用训练器械的前下方，可能也会有帮助）的重要性，所占比例不大，因此，这就必须要考虑骑行者是否真的在他们的技术训练中受益，是否值得投资，他们是否应该不要专注于力量训练的生理适应方面呢？

在协调性复杂的运动和耐力运动（技术几乎不起作用的运动项目）之间，有很多运动其协调性的影响尚不清楚。在这样的运动中，必须深入地探究技术对于表现的影响，以此来决定在力量训练中该如何发展相关技术。例如，技术很明显在赛艇这样的运动中起作用。赛艇测功仪上的冠军，放在水里，就不一定是冠军了。到底哪方面能使在赛艇测功仪和在赛艇上之间产生差异，可以转化为力量训练技术——是只有在伸展时发力，还是说有其他更重要的方面？在进行力量训练时应该采取协调性训练方式，而放弃生理性的训练方式——还是相反呢？对摩托车越野赛、越野滑雪等这些运动，很多类似的问题可以问。

4.1.4 游泳

在体育运动中，除了技术的重要性外，我们可以看到，在决定力量训练采用哪种训练方式的时候，另一个因素也很重要，即协调性模式在多大程度上能从力量训练转移到运动项目上。在游泳的力量训练中，转移的问题极为重要。因为力量训练在陆上还是在水里完成，答案当然是在水里了。所以这就意味着，当学习协调性模式时，最重要的常量之一就是强调重力的"存在"——在陆上训练与在水里训练，效果是不一样的。一个动作模式的主要成分是周围环境、可达空间和能够抵抗重力三者结合下的感觉运动导向。由于水的浮力作用，重力的作用在减小。作为物理环境差异的结果，水中的一个动作必须与其在陆上组织的不同。这就意味着，这一动作在陆上和水中训练时，基础成分转化的很少。除了这些动作区别之外，在水中移动和在陆上主要还有一些感觉差异（即"对水的感受"）。

这样主要的区别就可以解释为什么对游泳运动员而言，找到一个有效的陆上力量训练方法是如此之难。在所有类型的运动项目中，能保证从力量训练中转移的一种常见策略即是，选择那些类似于专项运动的动作去训练。在游泳中，这个策略（在游泳凳上训练）不一定能提升运动表现。当穿着传统泳装时，使用一个游泳凳来提升肌肉力量基本没用。直到超快泳装的发展——在2010年所有场景中都被禁止使用，这些能极大增加力量训练的泳装，突然证明在短距离游泳的顶尖运动表现起到了极大的作用。

这样难以捉摸的协调性转移提示，游泳中的这种转移应该在生理因素的角度去寻找——尽管这可能很难确认，如同协调性转移一样难。总之，可以说游泳运动员的力量训练是非常难设计的，因为很少有自动转移。所以游泳中的哪种力量训练会奏效，我们不得不以一个更个性化的角度去思考，和其他的运动不一样。对于一个游泳运动员而言，一个更激进的负荷训练可能会更有效，而对另一个游泳运动员来说，一个更省力的训练方法可能会有很好的效果。

4.2 力量中的适应：生理方式

在耐力运动中，力量训练总是一个问题。许多耐力运动员在他们的训练计划中或早或晚地涉及力量训练，但是最终还是放弃了力量训练，因为他们不清楚如何做才能有助于提升他们的耐力表现。耐力运动员很少关注动作的技术细节，并且对这不感兴趣，如杠铃技术。此外，耐力运动的力量训练需要的心理技能与耐力表现所需要的完全不同。在力量训练里，高强度运动必须在很少的几次重复中完成，这就需要一个争强好胜的态度。这种态度在耐力训练中是不适用的。恰恰相反，必须抑制住好胜心，才能将能量分配给一长段时间。这就是为什么耐力运动员通常在体育馆感到不自在的原因。

此外，很少有耐力项目教练熟悉力量训练的理论与实践。这样的教练员对力量训练有相当多的偏见，如它总是在增加肌肉块儿，对耐力运动项目没有帮助。这就是为什么耐力运动员在早年的力量训练期间很少获得良好教育的原因。

除了耐力和力量之间的"文化差异"外，另一个因素是，力量训练可以有助于耐力表现的方式很难确定。在爆发性运动中，力量训练和体育运动之间的联系更容易去"感觉"，反而在耐力运动中"感觉"远没有那么直接。耐力运动员和教练员甚至怀疑是否有这样一个联系存在，特别是如果技术方面的表现被认为远不如生理方面的重要。

4.2.1 研究

对力量训练在耐力表现上的影响已经做了大量研究。这方面研究要想做到坚实可信，它当然需要一个好工具用来测量耐力表现的进步。这个表现必须在一个特定的运动环境下测量，操作起来并不容易。如果我们假设力量训练的作用主要在于动作的效率，那么测量必须尽可能地接近体育动作。对于骑自行车的人来说，这相当简单，自行车测功仪被认为可以代表骑行表现。对于跑步者，测量难度则要大得多，常常在跑步机上进行。然而，在跑步机上跑步是否与在路上或赛道上跑步有足够的相似度，这是值得怀疑的，特别是如果测量是在一个有坡度的跑步机上进行。跑步技术的某些方面对于在道路上跑步效率是重要的，但在斜坡跑步机上可能远没有那么重要（图4.3）。此外，如果技术的那些方面（在将垂直运动的动能转换为随后的站立期的弹力）能通过力量训练来大幅提升，在有坡度的跑步机上测量的结果，不能简单地概括为道路跑的耐力表现。

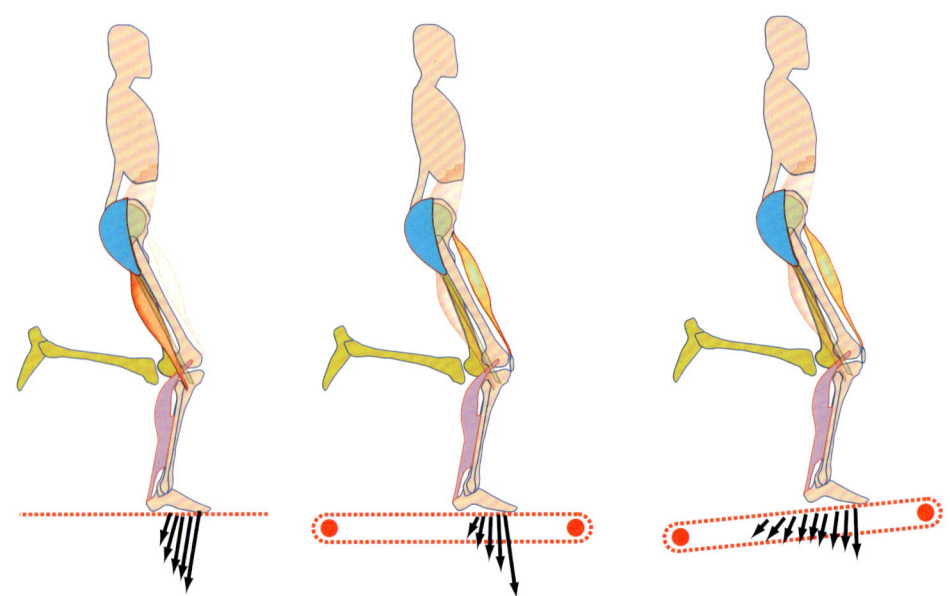

■ 图4.3 在平地上跑步（左图）时，产生许多向后的作用力，要求腘绳肌做很多活动。当在跑步机上跑，这个力是向前的，此时需要股直肌激活。当在有坡度的跑步机上跑步，脚下降高度减少影响承重期的弹性伸缩（亦见图6.3）

在许多科学测量中，人们很少考虑测试环境是否是可以代表相关的耐力运动，然而这并不是力量和耐力研究里最大的失败。主要的错误是没有意识到只有力量训练满足特殊性的需要才能发生训练转移（见第5章）。这就意味着，如果要概括性陈述力量训练对耐力表现的影响，必须非常准确分析出这个特征。在研究中做的力量训练必须有非常详细的描述——出现哪些适应、他们的特殊性是什么。在适应包括协调性方面的情况下，必须非常精确描述训练的技术指标。如果所有这些标准都得到满足，或许可以概括性描述力量训练对耐力表现的影响。

迄今为止，没有任何研究提供了对研究训练过程的精确描述，从而做出概括性的说明——如果有，结果往往恰恰相反。许多已经完成的研究没有意识到训练期间真正发生了什么，并且不理解所有涉及的过程。这可能是由于人们普遍认为，力量是一个独立的量，不需要在研究中精心地设计。从这些未充分描述的研究中可以得出的唯一结论是，耐力表现在研究期间已经改善或未有改善。一般概括不出来力量训练对耐力表现的影响。

力量训练对耐力表现的积极影响最常发生在跑步运动员身上，在骑自行车、游泳、速度滑冰运动员等中很少。这是有道理的，因为主要高峰值力量必须在跑步时被吸收。即使用设计较差的杠铃大重量进行力量训练，也会为跑步时吸收高峰值力量创造许多条件。这就像在一个大而空的足球门前进球得分。在涉及较小峰值力量的运动中，球员要通过力量训练进球得分的球门要小得多。例如，在长距离速滑中，尽管峰值的功率很高，推离冰面产生的力量不能超过运动员体重的 130%~140%（Houdi jk 等，2000）。因此，快肌纤维的募集对表现的影响比对跑步的影响要小。在速度滑冰中重要的是，如何在推离冰面的初期将力以正确的方向转移到冰上。优秀滑冰运动员能在推离冰面开始时就产生有效的力，而技术较差的滑冰运动员产生有效推力的时间较晚一些。帮助运动员找到早期产生推力的力量训练类型，比提升最大程度募集快肌纤维要难很多。因此，在涉及跑者的研究中更容易"进球得分"，一些相当随机的力量训练类型都可以，而在滑冰、骑自行车和游泳的研究就没那么容易"进球得分"。

4.2.2 慢肌纤维和快肌纤维

慢肌纤维通常与耐力运动相联系，快肌纤维通常和爆发性运动相联系。对于许多教练来说，这就有足够理由认为力量训练对耐力运动员没有任何作用：

运动训练新思维
——提高运动水平和预防运动损伤的秘诀

接近最大力量训练的快肌纤维，可以假设说对耐力运动员来说是无用的，因为这些纤维是厌氧的，因此只适合做短时间的工作。这也是如果你想去训练慢肌纤维，必须先让快肌纤维力竭（根据大小原则），好给慢肌纤维提供过载负荷的原因。这样的训练会导致肌肉肥大，这对耐力运动员是非常不利的。

然而，简单地划分用于耐力运动的慢肌纤维与用于爆发性运动的快肌纤维，实在是天真了。划分慢肌纤维和快肌纤维主要根据机械性能（肌肉活动的速度和可以启动肌肉活动的速度），而不是生理因素（使用的能量系统）。这里假定肌纤维的机械性能决定了爆发性运动项目的能力，短跑运动员快肌纤维所占比例比耐力型运动员的要高。慢肌纤维和快肌纤维之间的机械差异，通过训练是几乎不能被改变的，所以在爆发性运动中可以达到的表现水平在很大程度上取决于慢肌纤维和快肌纤维的相对分布（一个耐力型运动员转变为一个短跑运动员是非常难的）。我们也应该在这里注意到，纤维的机械性能受到生理特性的影响（故这两类特性之间的对比是相当可疑的），还有其他重要因素决定了爆发性运动项目的能力，比如协调能力。爆发性运动员通常比耐力型运动员有更好的运动天赋。

对于耐力运动员来说，肌纤维的代谢特性是非常重要的。由于训练的结果，慢肌纤维和快肌纤维之间代谢的差异可能会降低，快肌纤维可能先开始更多的有氧代谢，并且变得更像慢肌纤维的代谢一样（Holloszy 和 Coyle，1984）。然而，快肌纤维永远无法达到训练过的慢肌纤维中线粒体和毛细血管的密度，因此，它将绝不会像慢肌纤维那样有氧的工作。这就意味着，无论他们如何训练耐力，他们都会产生一定量的废物（乳酸、肌苷一磷酸、氢离子）。肌肉中乳酸的过度堆积是影响耐力表现的一个问题。另一方面，这个问题由乳酸穿梭机制部分解决：由快肌纤维产生的乳酸不仅被肝脏吸收，也被慢肌纤维吸收，并作为进一步有氧能量转换的燃料。所以，乳酸不再是以前的"恶棍"了。

耐力运动员训练快肌纤维的好处是，它增加了身体有氧发动机的体积（有氧能量），缺点是这个发动机处理燃料的效率不高，因此要确定发动机增加的容量是否弥补了其效率的降低。换句话说，在耐力运动中，募集快肌纤维（通过最大强度的力量训练）是很有用的。但哪一个没有用呢？在跑步中那总是有用的，因为肌肉要产生大的爆发力。第二个有利于耐力表现的力量训练项目是赛艇，这也需要相对较大的肌肉动作。然而在自行车这样的运动中，要想取得账面上的平衡是很难的。在给定的肌肉收缩速度也就是给定的蹬车频率下，慢肌纤维是最有效的；如果太高或者太低，慢肌纤维的效率将降低。在像骑自行车上坡的情况下，蹬车的频率可能会降到非常慢，所以更多的快肌纤维就被募集来使慢肌纤维在合理的收缩速度下工作。总的代谢率是否提高了耐力表现，取决于额外地被募集的快肌纤维的生理特性（通过对合理收缩速度的慢肌纤维与使用效率较低的快肌纤维相比，前者效率更高），因此力量训练的价值取决于被募集的快肌纤维在生理上适应耐力表现要求的程度。总之，在优势和劣势之间找到一个平衡点不是一件容易的事（Van Diemen 和 Bastiaans，2006）。代谢过程的效率和通过力量训练后的动作效率是两种不同的因素，在决定力量训练对耐力运动员是否有用时必须考虑这两种因素。

扩展知识

高强度训练后的耐力运动员耗氧量达到最高值（最大摄氧量，VO_2max），更多的里程不会改善最大摄氧量。然而，想要进一步提高最大摄氧量的运动员，可以考虑以最大强度力量训练作为选择，因为改善募集率会使更多肌纤维发挥作用。这种增加的活动肌肉量可以"吸引"更多的氧气。以一名自行车运动员为例，他的最大摄氧量的测量值总是相同的。自他从自行车转为铁人三项后，他的最大摄氧量测量将在跑步机上进行，不再用自行车测功仪。他现在使用的肌肉将会比骑自行车时多得多，并且他的最大摄氧量也将显著提高。与此同时，最大摄氧量在多大程度上影响表现还不得而知。

4.2.3 冲突

在耐力运动的训练项目中加入力量训练会增加其复杂性，即"干扰效应"。将有氧训练与针对肌肥大的力量训练结合在一起可能是困难的，因为它们会"破坏"彼此。简单地说，有氧运动是副交感神经系统的（它聚焦于器官并减少肌肉量），然而肌肥大训练是交感神经系统的（它提高肌肉量，产生不同的激素反应）。所以在给定的训练期间做这两件事是没有帮助的，因为相互矛盾的训练刺激干扰了预期的适应性。有氧训练和最大强度的力量训练能更好地结合起来，因为最大强度的力量训练主要作用于中枢神经系统，因此对代谢的过程影响较小。然而，它们的顺序和它们之间的间隔需要仔细规划。为了避免这种潜在的训练冲突，许多训练方法被组成"模块"，某一时期专注于一种适应，其他时期专注于其他适应——例如一个模块集中力量训练，接着两个模块集中训练耐力能力。

然而，这种安排现在于爆发性运动训练中是越来越少见了，因为大量的力量训练不再被认为很重要，并且训练强度越来越体现在高强度力量训练的表现上。减少数量，并且提高质量，这样的力量训练意味着运动员会产生较少的疲劳，且这样的力量训练不会很干扰其他类型的训练。因此，力量训练适合一整年所有的训练计划。这在耐力运动员的力量训练中也很重要。除了力量是相对不可逆的事实（如果运动员停止力量训练，它只会缓慢下降，但有氧能力是非常可逆的），"模块"式的安排训练计划必须考虑到力量训练的生理压力减少了耐力训练的范围这一事实。越少泛化，力量训练越减少这个压力就越有效，因此需要在模块里训练。这就意味着运动员可以长时间进行各种类型的力量训练——对于耐力运动员一个特别重要的因素是力量更具有可逆性。力量的可逆性因人而异，通常女性比男性要大。力量训练尤其难以融入耐力训练项目，运动员在没有训练的情况下，力量水平迅速地下降；他们的力量训练必须被尽可能有效地组织，以满足其他所有训练的要求（图 4.4）。

第 4 章　训练的固定原则：场景式的力量与协调性

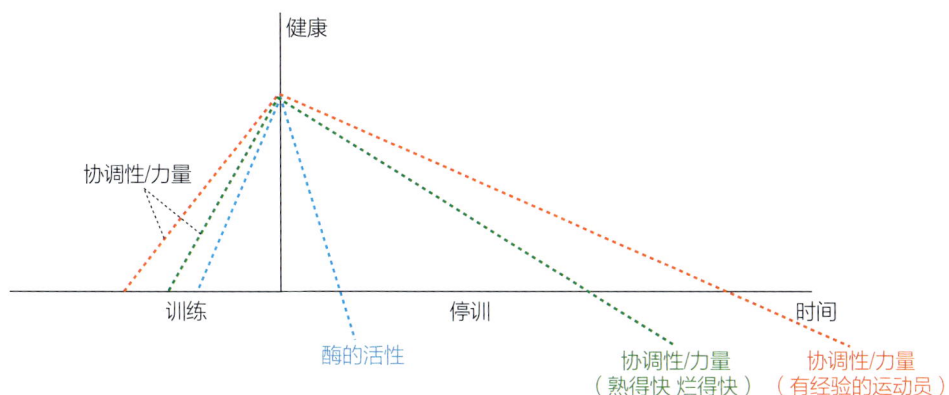

■ 图 4.4　在有氧过程中力量和协调性远比酶的活性可逆性更低。训练历史越短的运动员，他的力量和协调性的可逆性就越高（"熟得快烂得也快"）

　　正如我们所看到的，在耐力型运动员的训练计划中，包括力量训练，是需要付出代价的。在一个完整的耐力计划中加入力量训练不是一个好主意，如在力量训练后马上计划一个长距离跑或者低强度的耐力运动。那是非常吸引人的，因为力量训练对运动员来说似乎不太疲劳，并且恢复得非常快，所以选择力量训练也意味着选择去做更少的耐力训练。许多教练不愿意这样做，因为担心提供的训练不够。然而，其余人则不是这样做的，他们声称许多耐力运动员做了太多的耐力训练，所以少一点也不会损失什么。与此同时，还有一些其他的因素被力量训练所影响，如睾酮水平，它可能对运动员的负荷能力有积极的影响。

　　总之，如果力量训练能帮助耐力运动员移动更有效率，那么力量训练对他们来说就是有用的。或许在这里最重要的因素是改善发力的神经方面因素（Hakkinen 和 Keskinen，1989）。跑者总是如此（因为提高了的协调性，即使是不太复杂的训练类型）。就自行车运动员和赛艇运动员来说，正转移可能主要发生在他们必须做很大爆发力的时候（有效利用慢肌纤维和快肌纤维）。此外，必须以正确的方式将力量训练加入训练计划中，以避免由于同时训练的刺激而发生的生理或其他方面的冲突。如果更详细地讨论力量训练的生理方面，那将超出了本书的范围，但是读者可以参考涉及这个主题的大量文献。

153

4.3 运动控制和限制对力量产生的影响

爆发性运动比耐力性运动对技术的要求要高得多，因此，技术在运动中的表现更为重要。在技术对表现起了决定性影响的运动中，尽可能将力量训练与协调性结合起来，可能更有用。这里的另一个因素是，爆发性运动项目中的大多数生理参数对于训练的反应都是偶然的，因此产生的适应是很难预测的，这意味着生理参数几乎不能给设计训练提供可靠的指导。

如果力量训练集中在协调性上，必须首先去回答两个关键的问题：

（1）爆发性运动项目的质量是否受限于运动控制对其表现的要求，如果是这样的话，这个限制是怎样发生的？在这里必须要考虑自由度的问题（见3.2.1），自由度在吸引子和波动子的环境中是怎样被控制的。控制自由度的需要可能是对表现影响最大的因素之一了。

（2）在什么情况下力量训练有助于改变这个限制？

只有在这两个问题都问答了之后，专项力量训练与协调性的结合才能得到有效的开展。第一个问题将在本章回答，第二个问题将在第5章和第6章回答。

4.3.1 运动系统的负荷能力作为一个限制

在耐力运动中，技术提供两个目的：预防损伤和运动的能量消耗最小化。能量消耗最小化并不是在所有爆发性运动中都是有意义的——目的是最大程度地输出，不管需要多少能量。此外，在爆发性运动中，最大输出通常不是由所产生的能量或能量可用的速度决定的。然而，这不能说明运动控制是唯一可能的表现限制因素，另一个可能情况是运动系统的负荷能力。

如果肌肉激活是为了产生最大力量或爆发力，或者如果肌腱和其他的被动组织达到了他们能够承受的拉力极限，这些将会限制表现。在这种情况下，通过力量训练来尝试和改变负荷能力极限是很有用的。如果肌肉变得更加有力，并且被动组织能够承受更多的拉力，表现会自动提高。协调性不会起到限制作用。如果力量被看作是表现决定因素中一个独立的、或多或少孤立的量，力量训练的价值应该在这样的运动表现限制中得到合理体现。

然而，在体育实践中，我们能够一次又一次地看到，在复杂运动中表现的限制并不是由单个肌肉和被动组织所能获得的最大值所决定的。力量不再是一个独立存在的现象。最强壮的运动员决不总是最快的短跑运动员，对训练的评价总是表明，在技术上比较复杂的运动中，力量的增加并不会自动地提高运动表现。除了能量产生和运动系统的负荷能力，似乎还有其他因素也可能限制表现，甚至可能会在最大力量和爆发力的产生变成限制性因素之前，就存在其他限制因素。

4.3.2 运动控制作为限制

在爆发性运动中，运动表现在很大程度上受限于运动必须是可控的这个要求。随着运动变得越强烈，中枢神经系统将越来越不能控制它，并且动作模式可能变得不稳定。中枢神经系统避免这样高强度的不稳定运动，因为它们变得危险，且在肌肉和肌腱到达它们拉伸负荷的极限之前限制表现。如果精英运动员达到了他们的肌肉能够承受的作用力极限，他们当然会经常超出这个限度，并且因此而受伤。在100米短跑中，一些运动员会失去平衡而跌倒（如有一股顺风）。腘绳肌（如果训练时）从未承受过比高速奔跑更大的负荷，（那么比赛时）通常会超出极限负荷并且撕裂。在投掷标枪时，在投出标枪的瞬间前腿极端支撑会对肩带和手臂肌肉产生这样的力量，这些肌肉会损伤，等等。然而在实践中，许多运动员是很少受伤的。显而易见的解释是，在健康的身体中，当运动在技术上是令人满意时，肌肉或许决不会到达其负荷能力的极限，并且因此存在一个限制表现的内在安全范围。诸如大小原则和肌纤维募集的限制等因素已经讨论过（见2.4）。可以在这里加入保持运动稳定和可控的因素。

只有当动作能够承受外部和内部的干扰时，才是可控的。外部干扰包括在跑步时凹凸不平地面的影响，一个比接球的人预期更重或更轻的球，在蹦床的不同位置上不同的弹跳次数，在马术比赛中马意外动作，争球时的对手，等等。主要的内部干扰是疲劳。动作控制包括内在的机制，确保这种干扰对运动表现的影响有限。因此动作控制系统的这些特点，确保了动作的稳健运行。控制动作并使其稳健的最重要机制之一就是协同收缩，即所谓的"速度/精确度权衡"（图4.5）。

■ 图4.5 受伤：一个非常罕见的事件

4.3.3 爆发性运动中的协同收缩和预反射

动作完成得越快，在这个过程中产生的力就越大，中枢神经系统向肌肉传递的信号会有更多的误差（"噪音"）。这种不断增长的噪音将导致完成该动作的方式发生错误。为了完成可用的、准确的动作模式，必须以某种方式抑制"噪音"，不仅激活主动肌（确保预期关节活动的肌肉），还要激活拮抗肌，主动肌和拮抗肌完成协同收缩（图4.6；Van Galen，2006；Kelso，1998；

Turvey 和 Carello，1996）。

当主动肌和拮抗肌同时收缩时，它们会保持或多或少的平衡，这就减少了来自中枢神经系统的信号中的任何错误。正确平衡的基础是一些不受神经控制的肌肉特性，如肌肉的力/长度、力/速度特性以及肌腱的弹性特性等。这些特性会影响肌肉对中枢神经系统信号的反应。肌肉肌腱单位中的串联弹性成分会影响肌肉长度，而肌肉长度会影响肌肉的作用力。

这些肌肉物理特性的影响被称为"预反射"（即影响运动最终表现而不涉及中枢神经系统的肌肉物理特性）。协同收缩中的预反射作用形成了肌肉自组织能力的基础，使动作对中枢神经系统信号中的噪声和意想不到的环境影响（外力）都有稳健的反应。预反射的作用可以比作汽车悬挂系统中减震器的作用。

三个例子

（1）当在一个凹凸不平的地面上跑步或下台阶时，我们想要身体重心的移动尽可能地呈直线或者沿着一个固定的、稍微起伏的向下弯曲的曲线，而不是沿着表面的不规则而动。为了做到这一点，我们调整踝关节的运动——不是通过改变肌纤维的长度（比目鱼肌），而是利用跟腱吸收外部力量，就像汽车的减震器一样（Grimmer 等，2008）。

（2）在一个爆发性起跑或高速奔跑时，地面反作用力的方向变化太快（沿着膝盖的前后），以至于运动员无法做出反应。在屈肌和伸肌群的协同收缩作用，可以修正地面反作用力的变化。如果地面反作用力沿着膝盖的前方移动，这会使腘绳肌产生离心收缩，它的力量/长度特性转到长度增加，从而产生更多的力。与此同时，股四头肌的长度变短，所以这个肌群产生的力就较小，结果是屈曲力矩被修正。如果地面反作用力在膝盖的后面，对肌肉的影响正好相反，这就减少了地面反作用力方向上的误差（图4.6）。当然，其他的一些特性，如组织的弹性、肌肉力量/长度特性，也在跑步时预反射的修正作用中发挥重要作用。

运动训练新思维
——提高运动水平和预防运动损伤的秘诀

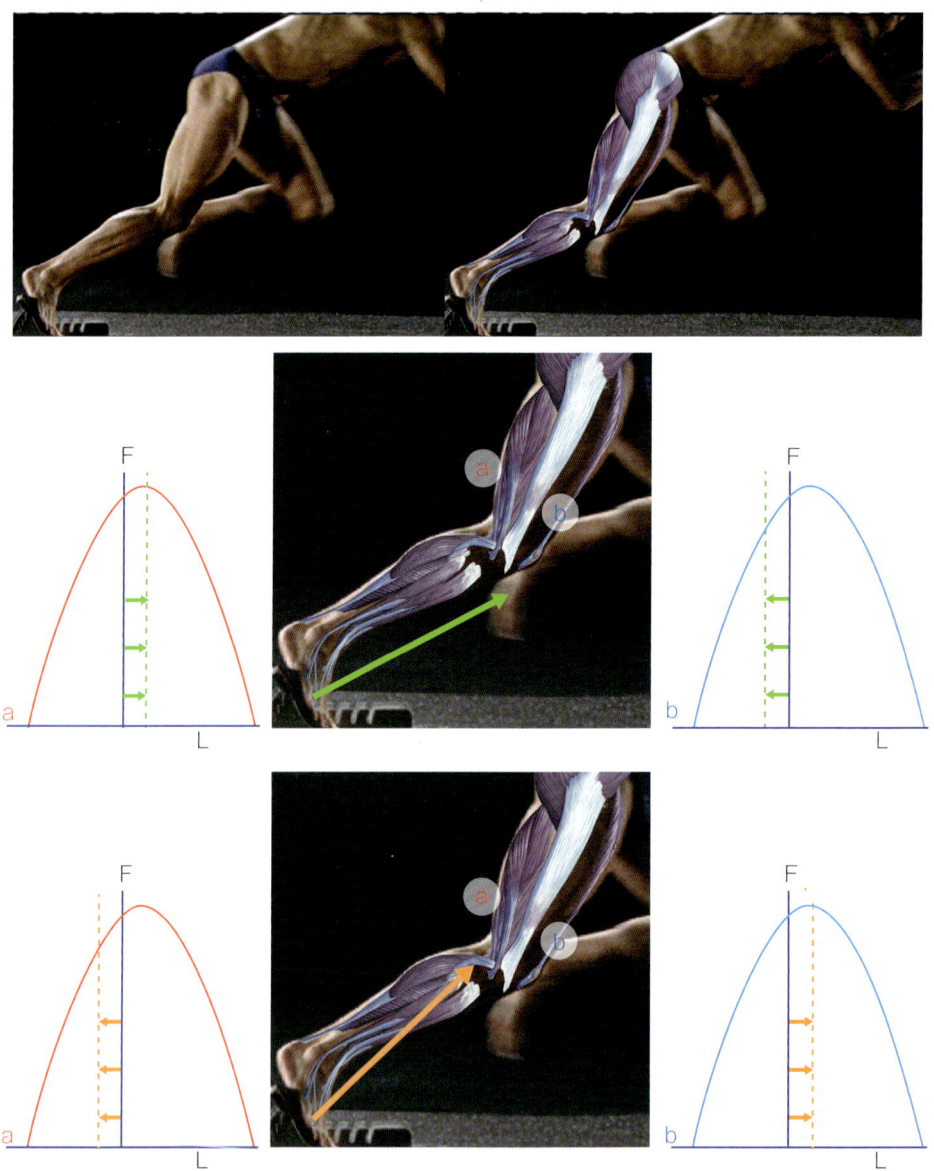

■ **图 4.6** 上图：在短跑开始时的协同收缩。试图去弯曲膝关节的肌肉（腘绳肌）与试图去伸直膝盖的肌肉（股四头肌）同时收缩。中图：地面反作用力向膝关节前方移动，因此在髋膝踝伸直时，膝关节可能会过早地伸直。腘绳肌（a）可能变长，股四头肌（b）可能变短。这两种肌肉都可以拉长（朝着虚线的方向），从而使腘绳肌产生更大的力量。这将纠正地面反作用力的方向上的"错误"。下图：地面反作用力向膝关节后方移动，这次是股四头肌提供更多的力来纠正这个错误

（3）当投掷时，肩关节需要外展90°——这是关节完成任务的最佳位置，受伤的风险最小。这个姿势的完成不仅需要中枢神经系统，还需要肌群和肌肉的特性。在投掷过程中，需要外展肌群和内收肌群高强度的动作一起完成（Minetti，2006）。如果手臂太低，外展肌群比内收肌群会有一个更好的发力长度，手臂会向上移动。相反，如果手臂太高，内收肌群将在相同的协同收缩下占主导，肌肉将代偿这些错误。正确的肩关节角度只需要学习一部分；中枢神经系统发出强大的协同收缩信号，正确的肩关节角度在很大程度上是通过肌肉本身去"自组织的"（图4.7和图4.8）。

预反射的代偿效果随着运动速度和发力的增加而提高，因此，虽然在全速时信号噪声最大，但以次最大发力、平均速度完成的运动还是不如全速做得动作准确。举个例子可以说明这一点：当学员在学习网球击球时，一旦他们掌握了基本的击球模式，他们就被鼓励去使劲击球。在动作表现中，预反射可以补偿微小的错误，击球的熟练度可以提高。

预反射一个主要的优点是反应时间为零（0毫秒），因此当中枢神经系统没有来得及进行干预的时候，它们可以自己进行纠正。在我们理解运动控制是如何工作的过程中，预反射是一个越来越重要的概念（参见2.1.5）。

■ 图4.7 投掷中的协同收缩。外展肌群和内收肌群是相互平衡的，且肩关节应该外展90°

运动训练新思维
——提高运动水平和预防运动损伤的秘诀

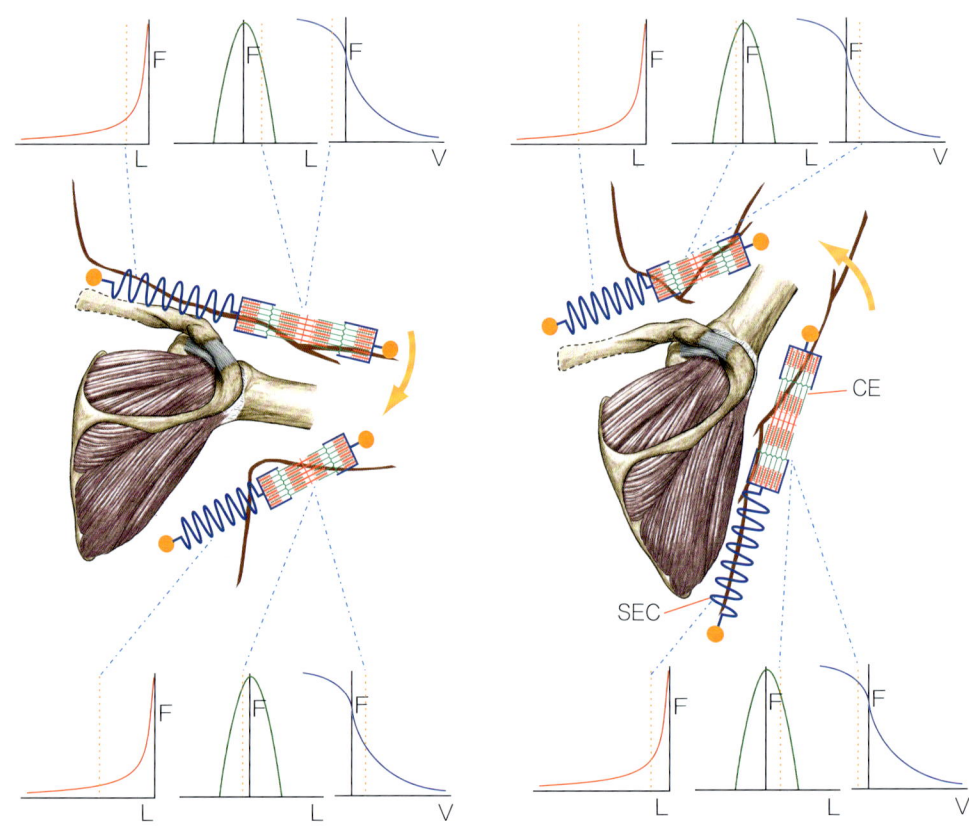

■ 图 4.8 当手臂放在正确的外展位置时，F/L 的特征、F/V 的特征和作为预反射的柔韧性。左：当手臂从理想的位置向下移动时，F/L 的特征、F/V 的特征和弹性特征将转移到在对内收肌群发力较不利的位置，而对外展肌群发力较有利的位置（由虚线的位置示出）。右：当手臂从理想的位置向上移动时，发生的事情正好相反

4.3.4 爆发性动作中速度/准确性的权衡：对峙

协同收缩可以纠正运动中的错误。然而，与此同时，拮抗肌可以抑制主动肌收缩的速度，所以动作速度会慢一些。换句话说，速度越快，噪音越多，协同收缩越多，动作的速度将越被限制。动作在达到负荷能力极限之前会对外界

第 4 章 训练的固定原则：场景式的力量与协调性

干扰（如地面反作用力或对手）和内部错误（控制错误）做出强力的反应，动作也因此将受到限制。如果一个运动员（如棒球投手）以最快速度投球，肩关节将受到很大的压力。强大的外旋和作用在肩关节上巨大的力，使肩关节处于危险之中。只有在上臂外展到大约 90°，肩关节内部和周围的结构才能得到恰当保护。正如我们所看到的，协同收缩保证了肩关节处在这个位置。关节受到肌肉力学性质的保护，但以牺牲运动速度为代价。事实上，协同收缩在投掷中起到的关键作用是非常明显的，即使没有掌握投掷技术的青少年，手臂几乎自动地采取了 90° 的外展姿势。这个姿势可能是投掷运动中最重要、最深的吸引子之一（见第 3 章）。

在许多类型的动作中都可以发现因协同收缩而生的速度/准确性权衡。研究发现，骑自行车的人越快速蹬踏板，就会有越多的协同收缩；在支撑期主动肌/拮抗肌同时作用于跑步者的膝关节，使膝关节产生一定程度的僵硬；跳跃、投掷等剧烈运动中，躯干由于相互对抗的大肌群的活动而变得僵硬，等等。

协调收缩不单单抑制了运动的强度（速度和力量）——并在此强度下完成动作，他们也有一个积极的影响——降低肌肉松弛。肌肉松弛限制动作的强度。在协同收缩的帮助下产生预张力来减少肌肉松弛，从而降低对运动的潜在强度的限制效应，因此使运动员运动更快、更有力。

因此，在最大化运动的强度（速度和力量）、通过协同收缩控制运动和通过协同收缩减少肌肉松弛之间，存在着一种对峙（图 4.9）。由于这个过程同时涉及多种机制，因此对潜在表现的影响是相当大的。这种本质上稳定的整体机制可以解释为什么 8 个体格各异的运动员汇聚在奥运会的 100 米决赛赛场，以及为什么在奖牌获得者之间很少有差距超过百分之几秒的。表现可能不是由运动性能的总和决定的，而是由前文提到的对峙决定的，这导致了运动员之间的差异很小。

总之，在爆发性运动中，运动表现的限制可能是由运动控制对强化运动的要求所决定的。这种限制发生在健康的运动系统达到极限之前，有两个目的：①一些不可预见的干扰力会作用在运动者身上，在这种环境下保持动作可控

运动训练新思维
——提高运动水平和预防运动损伤的秘诀

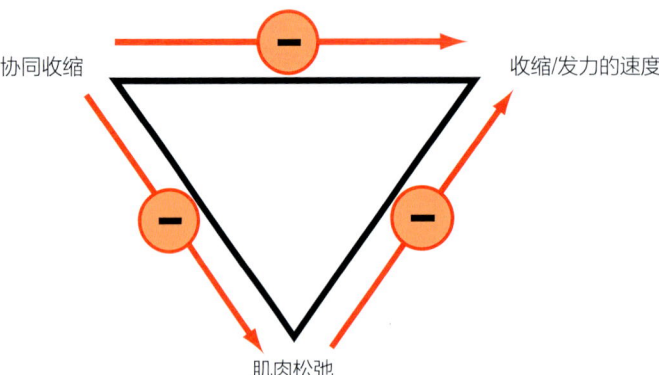

■ 图4.9 肌肉松弛、协同收缩和运动强度是相互联系的。协同收缩抑制速度，但与此同时也减少肌肉的松弛，这反过来抑制运动强度。运动的强度因此受到各种基本运动原理的影响和限制

（保持动作的稳健）；②通过限制运动系统的负荷来保护运动员免受损伤。

4.3.5 力量训练的意义

一个动作模式不求最大而脆弱（即容易受伤），而应该是"足够好"（次最大）又稳健，这个要求意味着高强度爆发性运动的设计，应该能提供负荷能力的储备。因此，高强度运动的表现受到身体承受负荷能力的限制，以及对稳定性最低要求的限制。动作稳定性是技术的关键组成部分，这意味着动作技术对潜在的动作表现有更大的影响，应该被优先考虑。从这个思路出发，可得出两项一般性训练策略，特别是力量训练策略：

（1）利用力量训练来尽可能提高肌肉发力，希望次最大（"足够好"）的水平以及运动的稳健性会随着最大水平的提高而提高。水涨船高，最大水平的提高会提升次最大水平。

（2）主要寻求增加运动的稳健性，使"足够好"的水平在动作过程中转化成更大的力量。这样，次最大水平转移到最大水平而无需增加最大水平。

第二个策略在运动技术方面比第一个更接近力量训练。这其中最大的优点是，力量训练的负荷明显低于当运动的稳健性只起次要作用的时候。当然，在实践中，几乎总是会有两种策略的混合，例如，用协调性复杂、重量轻的动作替换动作简单、大重量杠铃训练，这可能是最有效的解决方案。运动控制的新知识提示，对稳健性的需求限制了运动的潜力，这就说明了为什么在许多情况下，没有理由让运动员在力量训练中尝试和举起越来越重的重量。超过一定限度时，用大重量进行力量练习，则协调必须简单一些，这样就不再有助于动作模式稳健。

有这种感觉的教练通常会说"足够强"而不是"足够好"。"足够强"是大多数运动员都能轻易做到的事情，投入更多是毫无意义的。通过力量练习使动作模式更加稳健，因此技术上具有挑战性的力量练习是精英运动员发展其技能的最有用的策略。然而，这一战略的发展取决于对体育动作结构的了解。

4.4 动作学习和训练的规律

前一章指出，在学习动作时，我们主要学习如何找到并应用规则来过滤掉效率不高的执行。很明显，如果我们选择一条遵循协调性路径的力量训练方法，了解人如何学习动作的知识是非常重要的。这种学习过程的机制和特点是动作学习与控制科学的主题。这一领域的研究正在迅速扩大，在 1980 年代和 1990 年代，得到了吉布森直接感知理论、伯恩斯坦对动态系统理论的洞见等新思想的巨大推动。这种对动作如何被控制的新认识也使我们对动作学习的机制有了新认识。然而，到目前为止，这些见解对体育动作的影响微乎其微，对力量训练的思考也没有什么影响。体育运动方法论仍然主要由较早的认知架构理论支配。认知架构理论认为所有关于如何执行动作的信息基本上都是由中枢神经系统产生的。该系统或多或少是分层结构的，在大脑中有一个清晰的指挥中心（Schmidt和Lee，2008）。因此，学习动作的方法在很大程度上依赖于学习的认知方面（认知学习一些理想化执行动作模式的明确规则）。关于认知学习的观点绝不过时，在这里讨论等级理论的支持者和去中心化控制理论的支持者之间的争斗是没有意义的，这是该领域真正专家的事。然而，有用的是研究动作学习的一些原理及其在力量训练中的应用，这种方法更多地考虑到动作模式自组织的最新观点，比如前面提到的使动作变得稳健的机制。动作学习的两个方面将分别主要在第5章和第6章介绍：①知道－结果（KR）反馈的重要性，意图－行动模型；②多样化学习的重要性，本章只做简单介绍。

监督学习过程——为动作模式的自组织提供空间，能够应用知道－结果反馈和多样化学习是必不可少的。

根据意向－行动模型设计动作模式时，将会检查知道－结果反馈的作用。意向和结果当然是相互关联的，并受到外界关注焦点的驱动。结果驱动动作设计的最简单形式是结果位于运动员身体外部的动作设计，注意的焦点也在身体外部。例如，一个完美的正手击球的结果是球落在对手的底线上，然后注意力焦点是在预期的落地点上。如果动作的结果不是明显地位于身体之外，而且必须在动作模式内寻求各种分动作之间的关系（如通过集中于手臂的位置来改进躯干控制），则因果关系就比较难以理解。现在还比较难确定这一作用如此有用的基本机制。

除了以结果为导向的学习外，通过多样化练习的学习在学习过程中起着非常重要的作用。实践中多样化的价值一般是普遍认可的，然而，如果我们能解释为什么这种多样化如此有用，我们也许能够设计出一种更好、更系统的方法来处理它。这就是为什么要理解变化与单调之间的关系以及变化与自组织之间的关系是很重要的。

4.4.1 外部焦点与动作的结果

（1）意图－行动模型

人类大脑十分复杂，但其工作方式只能大大简化为许多模型才能理解，其

第4章 训练的固定原则：场景式的力量与协调性

中包括刺激－反应模型、混沌模型、分层模型、感觉功能的刺激－感知模型和运动功能的意图－行动模型（统称为感知－行动循环）等（Kok，2004）。根据实验设计的方式，可以为每个模型找到证据。

意图－行动模型透彻地研究了动作模式如何产生的，对设计动作学习过程有重要意义。

要做动作的意图首先是在大脑的更高部位（靠近大脑皮层）构造出来的：动作完成后的情况应该是怎样的？把球投进篮筐，尽可能地把球投远，稳定落地，在正确的位置从弯道出来等。然后，在几个阶段中构建适当的动作：首先选择抽象的、或多或少动作的数学原理，然后在中枢神经系统中确定肌肉的相互配合的固定原则，最后在最深处选择具体的肌肉动作。因为这个顺序，肌肉的使用方式是灵活的。这对于开放式技巧尤其重要，因为动作必须从不同的起始位置开始。如果柔道或橄榄球比赛中肌肉的使用方法是预先确定的，如果你的对手做了一个意想不到的动作，那么你就会遇到严重的问题。向侧方迈出一小步将实质性地改变起始位置，而使用的肌肉不再是被正确的选择来处理新的情况。肌肉的选择越晚、越灵活，运动的执行就越能有效地应对对手的干扰（参见伯恩斯坦的自由度问题和场景变化性的问题）。

当然，意图到行动的过程远比这复杂得多——但重要的是，当我们做动作时，要使用的肌肉不是预先选择的，而是在最后一刻才被选择的。

意图－行动模型得到了中央命令和去中心化控制理论的支持（图4.10）。解释的差异在于评估从中枢神经系统到肌肉的输出应该准确时什么程度。命令中心理论认为它是完整的（它包含了所有必要的信息）；去中心化控制理论认为它是不完整的，而身体中重要的"决定"是由周围的动作自组织完成（如通过预反射）。

关于力量训练的设计，意图－行动模型可以得出两个有趣的结论：

①因为动作始于意图，没有明确意图的动作也不适合作为具有明确定义目标的动作融入系统的组织结构中。非关联动作因此在一定程度上不受指导；它们浮动在大脑中，并且没有一个合乎逻辑的结构。许多力量练习的问题在于他

运动训练新思维
——提高运动水平和预防运动损伤的秘诀

们缺乏明确的意图。如果运动的意图是球应该落在篮中，如果向上扔出一个球，那么动作是否执行得很好或很差是非常清楚的。但是，如果把哑铃往上移动，这个运动的意图模糊也就意味着它的执行是否好坏还不太清楚。这对学习系统的用处要少得多，因此也就学得更少（图4.11和图4.12）。

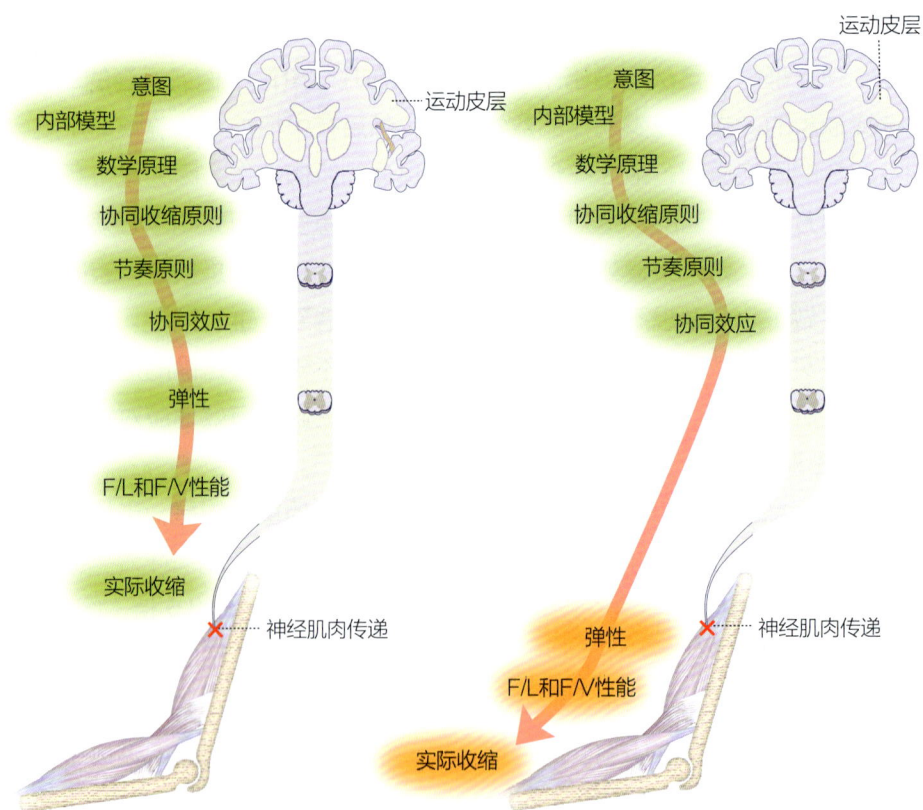

■ 图4.10 意图-行动模型。十字架标志着神经肌肉的传递：在左边，根据中央命令模式的结构；在右边，根据动态系统理论。在中央命令模型中，来自中枢神经系统的信号包含了正确执行动作所需的所有信息。在动态系统理论模型中，来自中枢神经系统的信号是不完整的，部分运动是在没有神经系统的帮助下设计的。意图和行动之间的步骤和步骤的顺序可能与这里所示的不同

第 4 章 训练的固定原则：场景式的力量与协调性

■ 图 4.11 一个没有明确意图的练习

■ 图 4.12 一个有明确意图的练习。躯干控制必须通过影响脊柱的所有肌肉的协同收缩来创建。这个练习的目的是将重物推得越远越好。这将产生躯干和腹部肌肉的协同收缩（即使没有任何指示）。这个练习也可以旋转进行（肩部和盘子一起转动："在你的手臂下面看"）旋转会增加负荷，特别是在腹部肌肉的负荷

②基于特定肌肉群进行的力量训练，健身、健美和运动损伤康复领域的通常做法，是在动作设计的最后阶段进行干预。所以，它不训练肌肉使用的灵活性，因此效率不高。当应用在开放性技能时尤其如此（图 4.13）。

场景式体育动作不应该是一个事件，练习一项运动当然不应该意味着发生一系列事件。动作应该是一个连贯矩阵的一部分，并且在相关动作类别之间应该有关系。伯恩斯坦用"动作等效"一词来描述这些关系（Bernstein，1996）。如果两个或两个以上的动作具有相同的意图，则系统将其标记为相关的，该系统设计用于执行所使用肌肉差异很大的动作。一个经典的例子是用你的手在空中画圆：先是在你身体的一侧画个大圈，之后突然出现在你身体前面的正对面，然后是靠近你的臀部的小圈，最后是尽可能地在你的后面，依此类推。从一种类型的圈子到另一种圈子的过渡从来都不是问题，因为意图保持不变，即画一个圆圈。但是从一种类型的圈子到另一种类型的圈子，肌肉的使用情况差别很大。这似乎不会造成任何困难（图 4.14）。

■ 图 4.13 在肱二头肌训练中，这个肌肉是被孤立出来在训练的。很难有这样的场景动作，肱二头肌用这种方式工作，如肘关节的向心收缩动作，而不是肩关节的

第 4 章 训练的固定原则：场景式的力量与协调性

■ 图 4.14 没有人会在画圈和改变他们在空间中的位置有困难。每一次使用不同的肌肉，但这绝不是问题。我们可以毫不费力地使用肩部肌肉和前臂和手腕肌肉。机体不是以肌肉来思考的，而是以外向动作模式来思考的

一旦掌握了一种动作模式，我们就会发现，要用以前从未用过的一些主动肌来执行它，也没有任何很困难。很少有人会把签名写得大到足以填满整个学校的黑板。然而，这证明是没有问题的，即使同时在手臂下夹住一本书写签名也没问题。我们似乎可以用以前从未使用过的肌肉立刻做到这一点。动作在表现上是极为灵活的。

因此，以类似的意图集群来规划我们的动作解决方案，而不是类似的肌肉活动集群，并且系统试图从动作解决方案中推导出具体行动——从结论到参数（如图 4.15）。因此，在教一个动作的时候，教练们应该确保不要走相反的路，因为这将意味着在学习系统中"走错路"，与自然运动过程的规律背道而驰。

运动训练新思维
——提高运动水平和预防运动损伤的秘诀

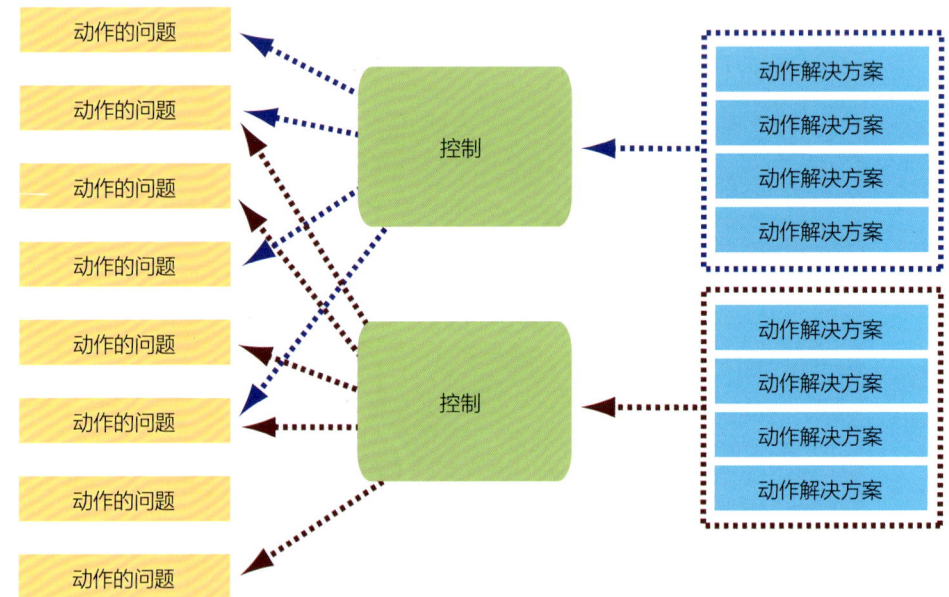

■ 图 4.15　动作问题，控制和动作解决方案。学习系统将相关的动作解决方案（取得的结果）集中在一起，并且可以使用相同的控制来实现。系统不关心动作问题是如何相关的（动作应该如何执行），所以动作问题没有根据相似性进行分组

扩展知识

　　事实上，我们的动作首先是以意图为导向的，而我们几乎不关心肌肉活动，这一点从小孩子模仿大人的能力中可以看出。当一个成年人展示如何将网球放入网球罐中时，一个小孩子可以很容易地模仿这个。但是如果仔细观察这个模仿，会发现孩子只会复制成人的意图。孩子的行动与成人是非常不同的，成年人用拇指动作打开盖子，用两个手指拿起球，通过将他的上臂和前臂旋转到正确的位置来移动它，并将球推入罐中；而一个小孩子需要全部的手指去打开盖子，然后必须用双手拿起球，并且必须做大的肩膀动作才能把球带到正确的位置。但是，孩子显然轻松地完成了这一

第 4 章 训练的固定原则：场景式的力量与协调性

转换。肌肉不重要——所有这些都是行动的结果。

所以身体并不是根据过程来思考，而是根据动作的结果来思考。各种动作意图之间的关系比在完成动作时所涉及肌肉之间的关系更密切。因此，动作模式的特殊性主要集中在动作执行的外部——它在我们周围的空间看起来如何，而不是哪些"动作（肌肉）"积极参与产生动作。因此，动作意图的相似性是动作模式在学习时发生转移的一个关键方面（见第 5 章）。在指导训练时，包括运动专项力量训练方面，必须尽可能地实现这种转移。这就是为什么在一个可能的情况下，给本没有明确意图的力量练习增加一个意图是一个好主意。例如，如果哑铃应该达到目标，如一个通过一条线悬挂在天花板上的网球，则上述举起哑铃从地面到头顶的力量锻炼就变得更有意义。特别是在运动损伤康复中，练习往往缺乏特定的目标，而添加一定的意图是很容易的。

最后，这可能是一个有用的想法，在尚未被完全掌握的动作模式中，在运动表现较低的运动水平上可能有较多的转移，在更高的动作表现水平上，首先是高水平的运动意图。然而，迄今为止，还没用科学证据支持这一想法。

（2）外部重点与意图之间的关系

意图是场景式动作的一个关键组成部分，因此也有可能存在一种以动作意图为基础的动作控制机制。大量研究表明，意向性动作受到注意力的强烈引导。注意力是一种显著的心理现象，每个人都知道它，但又很难定义它。注意力是用来探索我们发现自己所处环境的探照灯。它可能是被动的，也可能是主动的。被动的注意力是由环境中突然发出的声音或意外的动作引起的，它是由感觉系统指导的，并且是一种已经存在于婴儿中的自下而上的系统。主动注意力是由一个内部过程（大脑）引导的，并且是自上而下地朝着感觉方向组织的。例如，当一位棒球投手专注于捕手的手套时，他会给予主动的注意。那么，在某种程度上，我们控制着我们的注意力。

扩展知识

由于眼睛是人体最重要的感觉器官，所以集中注意力和集中目光通常是一致的。当视觉与专注的注意力相吻合时，中央视觉（用于集中我们的目光并有意识地观察物体的视觉系统的一部分）是我们关注的探照灯（Kok，2004）。除了主要负责记录物体（物体信息）的中心视觉之外，眼睛还通过外周视觉来收集信息，这主要是对运动的敏感（空间信息）。通常认为，这一信息对于控制环境中的动作是非常重要的，它是被无意识地处理的。这意味着通常与中央视觉相一致的注意力不会选择使用哪些信息，而首先是选择一盏探照灯——我们在某一点上进行训练，以便我们还可以更有效地观察和处理其他（包括外周视觉的）视觉信息并将其与自动化动作连接起来（Vickers，2007）。这两个视觉观察系统的重要性通过以下事实得到彰显：它们在眼睛中或多或少是分开的（中央视觉在中心凹，外周视觉在周围）而且信息是通过单独的路径（"什么"信息通过细小的路线，"哪里"信息通过大的路线）传送到视觉皮层的，在那里被分别处理（"什么"的信息通过腹部的路线，"哪里"的信息通过背部的路线）（图 4.16；Carey，2010）。

来自"哪里"路线的信息被无意识地处理，并且与自动动作控制密切相关（背部处理的路线，见图4.16）。"什么"的信息通过腹部路线被处理，并与有意识的控制相联系。

"什么"信息，腹部路线：
- 观察颜色和形状
- 认知的过程
- 赋予物体和事件意义
- 预测
- 计划

第4章 训练的固定原则：场景式的力量与协调性

- 新的动作
- 缓慢的处理

"哪里"信息，背部路线：

- 观察动作
- 在时间压力下处理信息（快速处理）
- 自动化动作

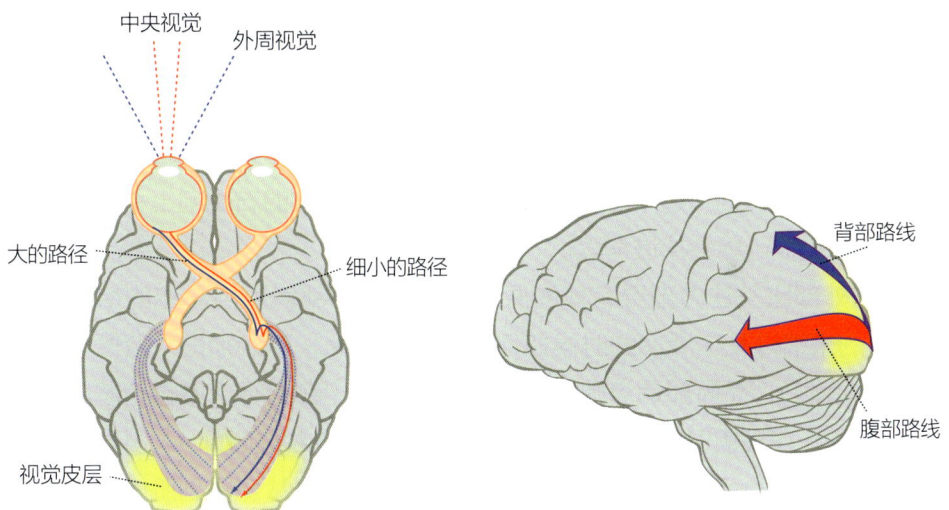

■ 图4.16 处理视觉信息的两条路线：中央视觉（"什么"）- 细小的路线 - 腹部路线和外周视觉（"哪里"）- 大的路线 - 背部路线

研究表明，当移动时，在对身体内部过程的关注（我如何移动？）和对身体外部过程的关注（当我移动时在我周围发生了什么？）之间存在重要差异。区分内部和外部关注或重点往往与广泛关注和狭隘关注之间的区别联系在一起。因此，根据关注的焦点运动员被分为4组：

①狭窄的内部焦点：关注发生在身体内动作的小特征（例如，当我发任意球时，我的支撑腿膝盖足够弯曲吗？）；

②广泛的内部焦点：关注发生在身体内动作的大特征（例如，在踢的动作

173

运动训练新思维
——提高运动水平和预防运动损伤的秘诀

中,全身的张力需要一踢而卸);

③狭窄的外部焦点:关注发生在身体外部的运动的小特征(例如,瞄准"墙"右侧的男子右边20厘米处);

④广泛的外部焦点:关注发生在身体外部的运动的大特征(比如,我应该直接射门,还是传给突然处于好位置的队友?)(Nideffer,1993)。

如果注意力集中在身体之外与动作有关的特征,动作和动作学习过程将得到更有效的控制。因此,有效地控制动作是一个关注外部的问题,并且因此应有效地使用视觉(中央视觉和外周视觉的最佳使用时机)。我们都是从个人经验中了解到这一点的。如果你走平衡木时把目光集中在远方,那么很容易走。如果你的目光"停留"在转弯很远的地方,那么骑摩托车转弯很容易。如果骑摩托车左驶过左边的弯道,你的目光和注意力集中在你的右手向上移动、左手向下移动,你很可能会掉进沟里。

关注外部比关注内部更有效的原因很简单,外部焦点与动作的结果有关(在弯道的末端以及在滑冰的时候如何从弯道中出来;球必须进入篮筐;在体操中稳定落地),而内部焦点则涉及如何执行动作(在进行弯道时使髋部位置与滑板相关;在投篮时,保持肘部靠近身体的;延长着陆时间)。引导注意力关注结果,动作的意图为预期的动作自组织提供空间,从意图到肌肉的灵活运用。这一原则——即动作可以在意图的基础上最好地得到控制——被称为"行动效应假说"(Wulf和Prinz,2001;Wulf等,2002)。指导注意力指向内部的训练,即关注动作过程中,违背了设计控制动作模式的自然路线——在动作控制路线上"开错了方向"。

这意味着,一个人自己喜欢的焦点并不总是最适合学习特定动作或纠正特定错误的焦点。内部焦点——尤其是狭窄的内部焦点——不适合学习一个动作和表现出水准。现在,如果要观察指令是如何影响注意力集中的,我们一定会得出结论,教练和康复专家给出的大部分指令是关注内部的;在教育界内部关注率高达94%,体育教练内部关注率84%,中级教练内部关注率69%(Fishman和Tobey,1978;Porter等,2010)。换句话说,大多数指令是

第 4 章　训练的固定原则：场景式的力量与协调性

"开错了方向"之类的，不仅效率低下，而且实际上适得其反。这种提供大量内部关注指令永远不会造成任何伤害的观点是错误的。对简单任务的研究往往表明，根本不给予任何指示和只是鼓励学习者比给予内部关注的指导（即如何执行动作）通常对学习过程有更好的影响（Wulf 和 Weigelt，1997）。特别是在练习非复杂动作的情况下，如康复训练和力量训练，这是一个重要且可能令人不安的发现。因此，力量教练和物理治疗师对动作的精确修正，例如在躯干控制练习中，与其说是专业经验的标志，不如说是对如何控制动作无知的标志。善意而误用的专业知识往往是极具破坏力的（Wulf，2008）。

（3）增强的 KP（知道运动表现）和 KR（知道结果）

反馈的方式极大地影响了人们希望达到的学习效果。因此，区分不同类型的反馈是非常有用的。首先，我们需要区分：

①内在反馈：学习者从执行动作本身获得的反馈（包括本体感受反馈）；

②增强反馈：外部反馈（来自教练的指示、视频图片等）。

反馈也会被分为：

①知道运动表现（KP）的信息；

②知道结果（KR）的信息（即知道动作后达到的状态）。

在科学文献中（总是非常谨慎），KP 和 KR 之间的区别通常仅出现在增强反馈的情况下。在内在反馈的情况下，它没有被明确地提及——可能是因为这两类很难用内在反馈来描述，也就很难研究。因此，研究 KP 和 KR 反馈的效果几乎总是关于增强的 KP 和 KR。

由于增强 KP 和增强 KR 的效果差异如此之大，因此在训练方法中强调这种差异是有用的。在实际工作中寻找 KR 反馈也是非常有用的，这样它就可以取代过度占主导地位的 KP 反馈（图 4.17）。

那么通过 KP 和 KR 信息进行学习的结果有什么不同呢？这是一个关于铁饼训练著名的和多次重复的研究，涉及两组：其中一组由主教练给予了关于正确技术表现的指导（KP）；另一组简单地给出了一个卷尺来记录铁饼掷出的距离（KR）（一个德国的研究提供了关于投出角度的信息）。结果是根据"压力

运动训练新思维
—— 提高运动水平和预防运动损伤的秘诀

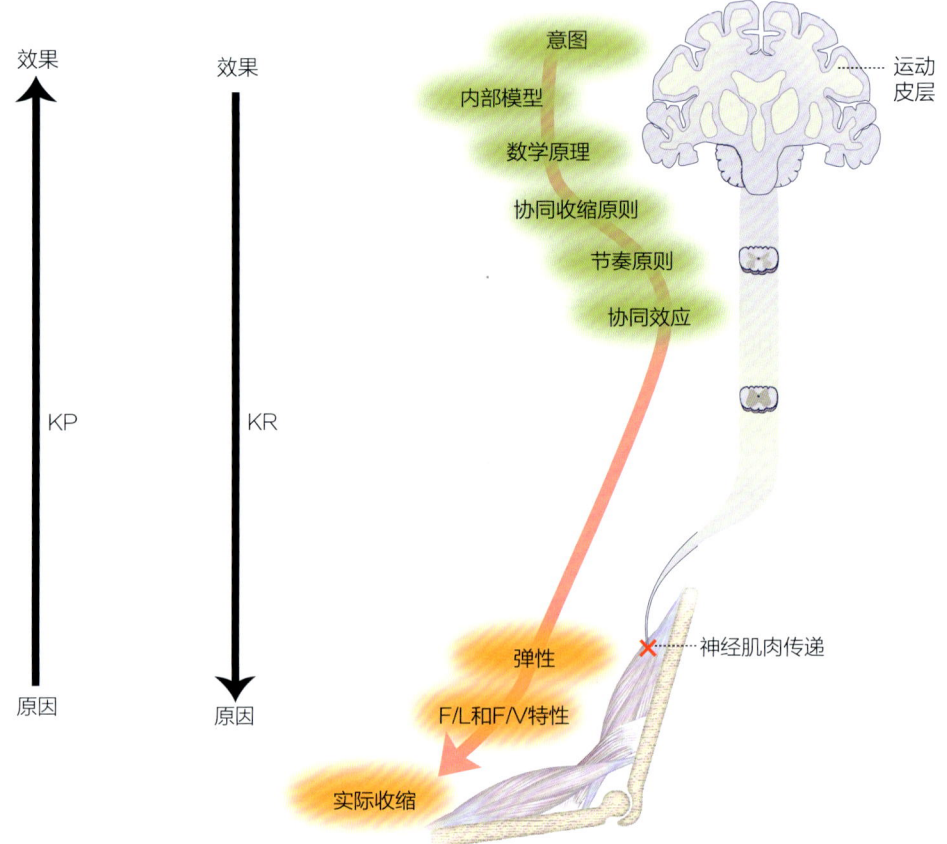

■ 图 4.17 运动从意图到行动的组织。外部焦点和 KR 信息遵循此路线。内部焦点和 KP 信息"开错了方向"

下存留"来衡量，即在练习课后过一段时间，在比赛场景中没有机会去提前练习。第二组在运动表现中的改善至少与主教练带的一组的一样好了。主教练的指导不比卷尺好吗？

学习系统显然试图关注要达到的结果（意图）——特别是如果测量结果是客观和准确的（不同于教练的精确反馈，总是包含主观和部分不正确的成分）——并且对结果如何实现并不特别感兴趣（Ballreich 和 Preis，2000；

Farfel，1977）。将这比作学习一门语言。人们对沟通交流（结果）感兴趣，而不是背后的语法（过程）。你通过"让自己被理解"来学习一种语言——实现结果。动作模式也是如此。如果系统只是被填充连续、分阶段的动作（过程）而不知道结果应该是什么或者没有将各个阶段动作与结果直接联系起来，那么系统就不能很好地学习。这里提到的"知道"不是明确的认知知道（能够说出运动的结果），而是其参考点位于体内的内在知道。

许多研究表明，通过知道动作的结果（KR）进行学习是非常有效的（Wulf和Shea，2004）——相比之下，某些老观点认为，根据个人喜好，有些人会从过程信息中获益更多，而另一些人则从结果信息中获益更多（Pijning，1978）。现在的问题是如何在实践中看待这样一种以结果为导向的方法。这给我们带回到对非线性学习的洞察。学习能够和基本的抽象测量和调节机制（速度/精度折中等）融为一体。当学习系统知道执行动作的结果是什么时，它可以适当改变调整机制并计算动作，然后学习从结果转移到如何到达那里——一个非线性过程。其中一个后果就是该系统尽可能在学习过程中试图达到结果，即使动作的执行非常不完美，但这个将作为临时解决方案。当用高尔夫球棒击球时可以观察到这一点。身体主要对击球感兴趣，并且仅在后来才使用臀部。为了达到结果，初学者的身体通过不使用和固定上身的关节（"冻结自由度"）来选择不经济的解决方案。一开始不使用关节，球就会被击中。

如果指导是以过程为导向的，并且动作的各个组成部分都没有提供结果的情境，那么动作就不会从基本的调节机制角度来看，并且身体没有内在的理由来决定动作是否是对或错。例子包括铅球投掷孤立的滑步阶段，将标枪划过你的耳边，只学习正确握住棒球棒，以及在健身房进行的所有类型的训练。事实上，手边有一位教练来判断动作是否正确，这个事实对运动员有意识的认知大脑来说可能是有好处的，但身体对此却毫不在乎。就身体而言，教练的指示不过是闲聊而已。它会简单地尝试去做已经被要求的事情——但是它肯定不会把它存储在一个内存系统中。身体说，尽快忘掉它，否则你的运动记忆会变得混乱起来。人体学习的主要内容是它本身如何感知动作模式的执行。身体对结果

运动训练新思维
——提高运动水平和预防运动损伤的秘诀

感兴趣，并用结果指导并通过基本的抽象原则来控制学习过程。以结果为导向的指导甚至可以应用于舞蹈等动作类型，尽管舞蹈看起来并不那么以结果为导向。即使舞者也可以根据结果更好地学习动作。舞蹈表达的目的——舞蹈所传达的信息——可以用作学习过程中的有效指导机制。

由此，我们可以肯定地得出结论：指导注意力（内部或外部）的效果与增强的 KP 或 KR 信息之间的应用存在紧密的联系。KP 信息导致内部焦点，而 KR 信息导致外部焦点——所有这一切都需要。这是否意味着教练不再有任何作用，并且应该只提供增强的 KR 信息，也就是简单地读一下卷尺？一点也不！但这意味着他们应该是园丁而不是指挥者。在学习过程中，他们应该首先创造符合内在学习特征的条件，从而优化学习过程，而不是指出动作的哪个组成部分在哪一点需要去学习。园丁们并没有决定植物什么时候或者多快速度生长——什么时候应该在学习过程中采取下一步措施——而只是锄草和施肥。教练的任务转变为创造生态学上有效的练习条件——安排组织环境以帮助找到正确的动作解决方案，并且学习者能不知不觉中学会识别生物力学最佳解决方案（Davis，2007）。

以下是 KR 信息如何应用于学习过程的两个实例：

①学习在迷你蹦床上翻筋斗。这个想法是，运动员应该做出一个完美平衡的落地。在"KP 思考"中，这是一个在恰当时机伸展的问题，也许你的下巴贴在胸前（或者不贴在胸口），等等。运动员可以尝试这样做，但在最初的学习阶段，还远不能确定这是否会导致正确的结果，因为身体不知道应该关注什么，或者除了恰当时机伸展还需要适当协调哪些其他因素（例如你在着陆时可能还会做些什么）。这就像在海里游泳一样，不知道岸边在哪里。KR 是更有效的。现在的任务是翻筋斗，落地后立即服从命令，命令是执行向前或向后翻滚。因此，运动员必须能够做任一动作，而这只有在落地稳定的情况下才能完成。身体本身寻求一个落地位置，可以执行任何一个任务，且落地迅速变得稳定。身体可能会发现，伸展的时刻并不十分重要，但重要的是你如何在着陆的时候努力达到一个稳定的位置。

②一个年轻的足球守门员在跃起后总是用胳膊肘着地，因此往往会丢球。KP（"当你跃起时让你的肘部进入这个或那个位置"）没有任何帮助。KR 有帮助：如果你没有用你的肘部着地，你不仅保住了球，而且还可以在着陆后迅速处理它（例如，当你侧卧的时候，用你的双臂将球扔掉）。首先守门员去练习当身体侧卧时扔掉这个球，然后加上前面的动作，例如，首先屈膝到一个侧卧位置，然后把球扔出去或按命令保持住。这是在没有任何进一步说明的情况下练习的。最后加上跳起。而且它确实有效——这个问题通常可以在一次指导中解决。

因此，动作的结果是学习移动的关键调节机制。这就是为什么它在区分 KP 和 KR 的反馈时是如此的重要（在准备和评估指导时），并且用 KR 的反馈去替换至少一部分 KP 的反馈。这意味着 KP 信息当然不是没有用的（由一个教练指导的铁饼运动员组也得到了进步），并且 KP 和 KR 信息之间的交替可能是学习过程的最佳解决方案。除了提供学习信息之外，KP 信息还增加了学习动机，这可能是学习中最重要的动力。因此，教练需要能够识别内在和增强的 KP 和 KR 的反馈，并将其应用于学习过程中。他们的任务不会减少——只是不同而已。

（4）内在的 KP 和 KR

就如前面所提及的那样，在描述反馈时，研究人员主要关注的是增强的 KP 和 KR。然而，内在 KP 和 KR 反馈之间的差异难以确定的事实并不意味着内在反馈的动力是不重要的，恰恰相反，正如从业者所知道的那样。内在反馈在学习过程中的作用可能大于增强的 KR。

就像增强反馈一样，内在 KP 和 KR 反馈在对学习的影响方面差异很大。内在 KP 和 KR 之间的差异并不像增强反馈那样容易说明，但对于理解学习过程中是如何工作的非常重要，特别是在力量训练时，学习过程关注的是动作"组成成分"的自组织。内在 KP 和 KR 之间的差异并不在内部和外部焦点之间的边界上，而是由更抽象的概念决定的。

内在的 KP 信息是我们在移动时释放的感官信息的不断流过。这种不断流

运动训练新思维
——提高运动水平和预防运动损伤的秘诀

过为我们提供了有关过程的信息：膝盖在排球传球中的弯曲程度，柔道中推拉动作时肌肉紧张程度，在滑冰蹬离冰面时肌肉的长度是如何改变的，等等。这些信息指导动作的执行。

随着技巧的增加，感觉系统对某些信息变得更加敏感（"敏感化"），而对不太相关的信息（"习惯化"）则不那么敏感。来自脚底的信号和肌肉张力增加的速度告诉一个好的短跑运动员，他跑的跑道有多硬。在硬和软的跑道之间的反弹时间的毫秒差，被完美地记录下来了。与此相反，几秒钟后，运动员就不再注意到他系紧的跑鞋鞋带的压力了。在挺举过程中，肌肉长度的变化已被很好的记录了下来，因此举重运动员可以立即判断尝试是否成功。杠铃杆的温度几乎没有记录。

内在 KP 反馈提供了一个不间断的信息流。敏感化和习惯化的过程意味着可以恰当地利用这种永久性流动。内在 KP 信息对运动控制和运动学习有积极影响。正如我们所看到的，这种积极的影响并不一定存在于增强的 KP 的情况下，甚至存在于（尽管在较小程度上）增强的 KR。事实上，过多的增强 KP 信息对学习过程是不利的，并且可能容易干扰学习。增强的 KP 反馈的最佳频率因此变得惊人地低。每五次练习尝试中的一次反馈，对学习过程的影响会比一次尝试一次反馈的效果更好。此外，非常精确的增强反馈的效率通常低于提供对尝试质量总体评估的反馈。所有事情都考虑到了，学习系统似乎并不是专门用来处理增强反馈的。内在反馈就没有这样的问题（Buekers 等，1994；Chambers 和 Vickers，2006；Vickers，2007；Winstein 和 Schmidt，1990）。

（5）占主导地位的内在信息

现在的问题是，运动系统是否完全集中于内在过程信息的永久流动，或者在处理内部信息时是否采用更注重以结果为导向的策略。虽然研究还没有显示太多这方面的内容，但实践还着重指向在内部反馈情况下以结果为导向（KR）的运动控制。

当一名运动员执行一种动作模式时，这或多或少都会有明显的结果。结果可能位于体外，也可能位于体内。体内结果不是通过增强反馈路线进行记录的，

第 4 章　训练的固定原则：场景式的力量与协调性

而是通过内在路线进行记录的。在体内和环境中运动时产生的结果，可以说是生命体关注的指路明灯。它试图从锚节点移动到锚节点，并专注于锚节点的位置。可以说，如果要有效地向锚节点移动，它就应该知道它应该得到什么信息，这倒是有道理的。一旦到达了锚节点，下一个就成了瞄准的目标。这使有机体能够在运动的环境中前进。因此，对动作的控制不涉及永久处理永久释放的感官信息（如水龙头中的水），而是朝着计划成模块的动作结果努力（图 4.18）。

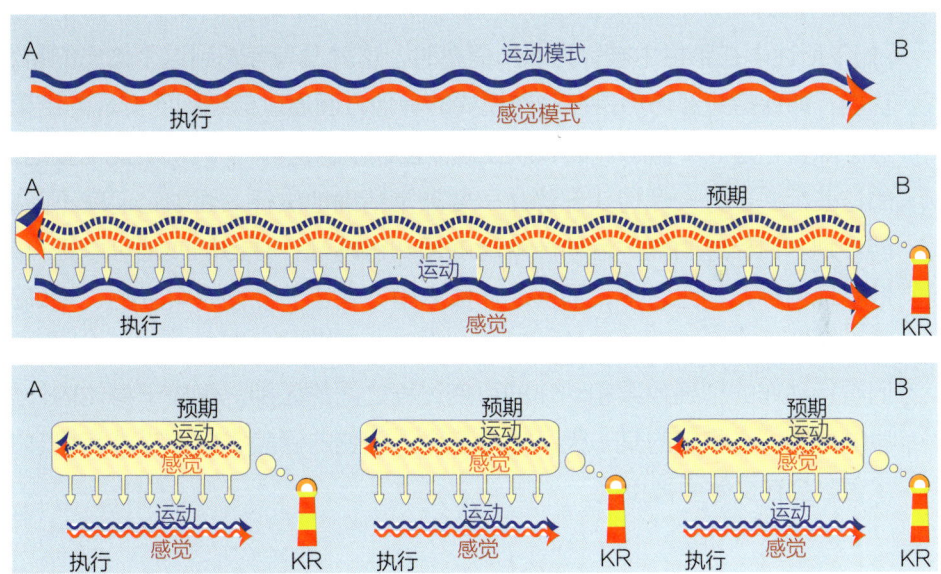

■ 图 4.18　上图：没有内在的 KR，从 A 到 B 动作的执行。由于缺乏动作的意图，动作模式和感觉模式将不能够达到预期。中图：在动作结束时仅用 KR 信息执行从 A 到 B 的简单动作。在动作执行期间，可以根据意图将运动和感觉模式与预期的运动和感觉模式进行比较。这样动作就会自动调整。下图：在复杂的动作中，有更多和连续的 KR 锚节点需要去关注

术语

由于内在关注点的概念一直是研究人员不感兴趣的话题，因此目前还没有标准术语来描述它。因此，术语"内在 KR"和"锚节点"隐喻是临

181

时的，并且可能最终被更合适的术语所取代。在运动实践中，'结果锚节点'的概念偶尔以直觉的方式使用，特别是在诸如体操这样的闭合式技能中，在这种技能中，已认识到不匆忙进行锻炼的重要性，即因此而忽略掉"锚节点"。在进行练习时，体操运动员必须插入"休息点"以便"重置"，这基本上意味着使用这些时刻来关注动作中的下一个锚节点。

研究人员反对术语"内在 KR"一词，并声称在这里描述的例子中所发布的信息是严格意义上的 KP 信息。然而，如果我们头部的稳定位置（如下所述）在跨栏中被称为 KP 信息时，这就没有考虑到这个信息的特定功能，即保持头部仍然是在动作模式的其他方面通过自组织而实现的结果。这意味着它是 KR 信息。锚节点在动作设计中的这种（KR）功能需要动作的这些组成部分—保持头部静止—要非常精确地执行，否则它们就不能提前计划。目标越明确，运动员就能够预测得越好，并且他或她可以更有效地实现目标。相比之下，那些动作成分里不是锚节点便是可变的。精确锚节点和动作可变成分之间的这种区分是至关重要的。因此，在本书中，我们看待动作的精确效果和动作的可变过程之间的区别，优先于身体内外信息的区别。在将来的某一天，一个不令人困惑的涵盖了内在锚节点概念的术语，会在文献中被接受。

这些 KR 校准点在动作中的存在是显而易见的。通过 KR 校准点控制动作是一种有用的策略，它允许运动的生物将更高的认知和有意识的意图与高度自动化的动作联系起来。如果要以完全经济和有意义的方式，并在可接受的时间内学习动作，则必须在动作某个地方建立这种联系。此外，锚节点必须有意义地排列。例如，如果动作模式中的最终锚节点不清楚或缺失，则运动链中较早的锚节点将失去大部分效果。这就是为什么从尾到头、反向教一种动作模式是一个好主意。先教最后一个锚节点，然后再教倒数第二个，等等。这一原则被称为"反向链接"或"终点聚焦"，常规使用在例如棒球这些体育运动中，教投球或击球时。在投球中，这意味着首先学习手腕动作，例如，单独通过手腕

第 4 章　训练的固定原则：场景式的力量与协调性

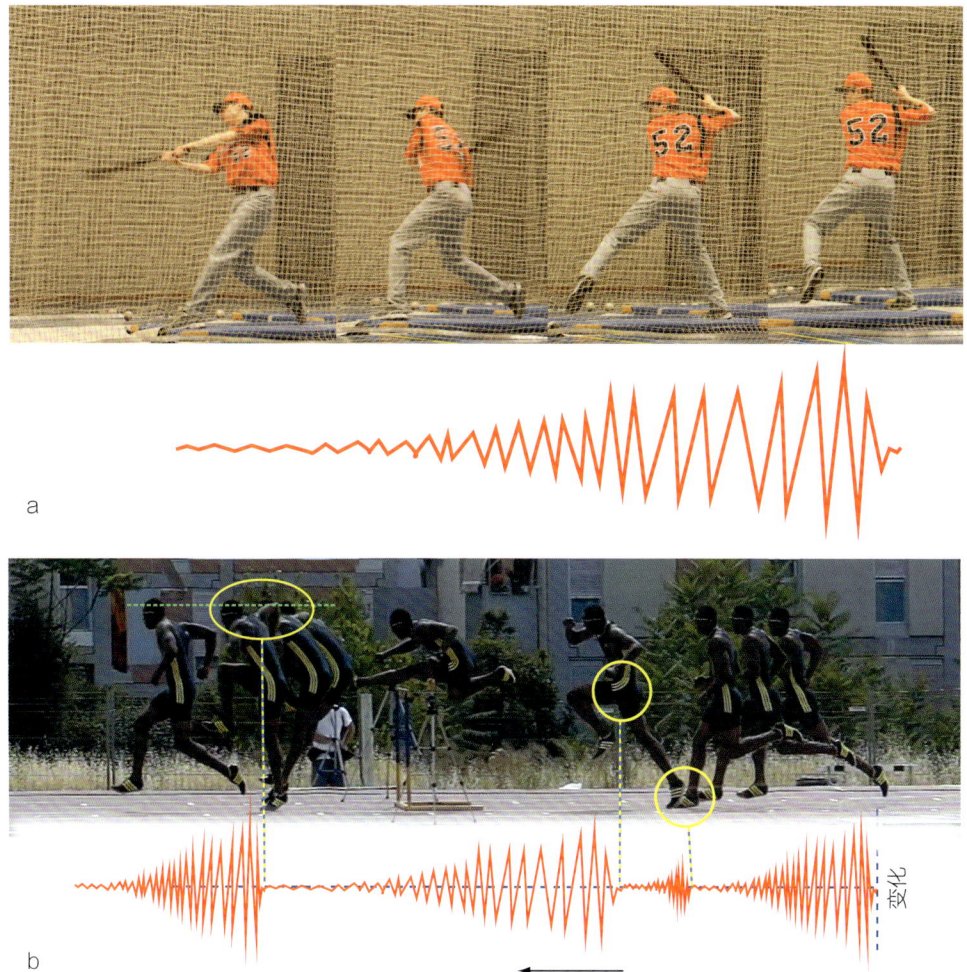

■ 图 4.19 （a）与许多快速执行的离散运动一样，棒球的击球动作变化越小，最后的位置就越接近。因此最清晰的 KR 信息包含在终端位置。（b）在连续的动作中，也可以分析到接近末端时变化在减小（前面提到的锚节点）。例如，在跨栏时，这些稳点的 KR 点可能是腾空时上方脚的位置，在脚离地时自由（摆动）髋关节的锁定位置，在跨完栏后，落地时稳定的头部位置。锚节点之间的动作在执行上是有变化的。最优秀的跨栏运动员展示了这些 KR 点的最精确的执行方式，而在两点之间以更多变的方式完成

运动训练新思维
——提高运动水平和预防运动损伤的秘诀

动作将球投进所进区域里。一旦熟练掌握这一点，通过更高水平的投球，加入投球动作中靠前的成分，最后就会变成曲线。

为了阐明结果信息这个概念，更多地以"意志"为指导，并引导更深层次、自动化控制的适应，现在将讨论力量训练以外其他领域的一些例子。这些例子说明了在控制和学习动作时机体是如何反向推理的。在 5.3.5 中讨论了以 KR 为导向的力量训练的一些例子。

①跳高运动员以曲线结束了他们在背越式跳高技术中的助跑，这对他们的运动表现是至关重要的。因此，他们必须很好地意识到，如何最好地将速度和方向的变化结合在曲线中。他们如何学习这一点？这条曲线的目的是帮助他们在完成起跳时所需要的旋转。如果起跳时的最后位置正确，则会发生旋转。没有掌握清晰、精确的最后位置的跳高运动员永远无法完全控制曲线。这没有锚节点。"力量型跳越者"的最后的位置不如"速度型跳跃者"的精确，因此他跑的曲线不太精确。他们的曲线更加难以捉摸。即使在顶级运动员中，这种跳高方式的对比也非常明显（图 4.20）。

②一名体操运动员从一个迷你蹦床上起跳（图 4.21），这需要相当大的身体张力。身体张力是一种高度自动化的技术，它可以通过在起跳时保持胳膊的高度来控制。如果胳膊抬高，身体的张力就会自动增加。手臂会保持抬高的这个事实被认为是保持身体张力高的结果；如果身体张力太低，手臂就不能保持高度。这种通过保持手臂高度（结果）来控制身体张力（过程）的原理是通用的。就像在体操中一样，它也可以在跑步技术、篮球上篮等运动中找到。

③棒球投手常常在投球前用手套敲击球。这会发布结果信息，告诉自己他们的肩膀已经正确转动了——否则他们将无法用手套触碰球。投手们不知道他们为什么要这样做（也许感觉很好）。这表明，在动作中寻找结果信息是生物体的基本策略。这种在拿起球之后将双手合在一起的技巧可以用来教授其他领域和投掷运动的球员们，如板球运动员的最有效的投掷起始位置。

④手腕动作是投球动作中的最后一个锚节点。这就是为什么当学习"反向链接"时首先学习手腕动作。当第一次掷标枪时，一个能投出相当好的棒球手

第 4 章 训练的固定原则：场景式的力量与协调性

■ 图 4.20 左图：力量型跳高运动员在起跳时，最后的位置改变了。右图：速度型跳高运动员在起跳时有一个更加稳定的最后位置。因此，左手边跳者的曲线比右手边跳者的曲线更难控制

■ 图 4.21 在迷你蹦床上起跳时胳膊抬高。所有优秀的体操运动员都是通过这个方式来保持身体张力的

会非常糟糕地完成这个动作。其原因是用于投掷标枪的手腕动作与用于投掷棒球的手腕动作完全不同。这意味着动作中最后一个也是最重要的锚节点是不同

185

的，所以当棒球投球时使用的导向突然不再有效。与预期相反的是，优秀的棒球投手并不会自动变成一个好的标枪运动员（尽管也有例外，例如前棒球运动员和标枪世界纪录保持者 Tom Petranoff）。

虽然这里描述的内在 KR 反馈集中在身体内的过程，但对内部关注的反对也可以同样适用，这种反馈系统在实践中确实非常有效（图 4.22 和图 4.23）。这可能是因为 KR 反馈，是完全在有机体内部进行处理的。增强的反馈首先必须离开有机体，然后在到达感知系统之前必须被多次翻译（变成文字）。这可能会产生"噪音"，使反馈效果变得不那么有效。由于体内发生的内在 KR 反馈，没有任何东西"在翻译中丢失"；这可能意味着信息被完全无意识地处理了，没有任何来自内部关注的负面影响。

■ 图 4.22　跑步的技术练习。对于许多跑者来说，在站立期，骨盆的自由（摆动）侧不能充分抬高。这会降低跑步效率，因此必须予以纠正
KR 矫正：保持手臂在支撑腿一侧伸展、高举，是保持骨盆自由（摆动）侧高度的结果，因此可以作为骨盆自由（摆动）侧正确位置的结果信息。支撑腿侧的哑铃必须尽可能地向上推。这种内在的 KR 策略也可以被有效地用在 Trendelenburg 步态治疗的训练计划中

第 4 章 训练的固定原则：场景式的力量与协调性

■ 图 4.23 跑步的技术练习。许多跑者在支撑阶段结束、脚趾离地时，向前或者绕着纵向轴旋转。旋转必须得到补偿，这将降低跑步效率。好的技术可消除这种旋转
KP 矫正：通过在支撑阶段调整身体姿势来防止旋转。KR 矫正：在跑步时，这个木杆必须尽可能地保持静止。只有在没有旋转的情况下才能做到这一点，因此可以利用结果信息在没有明确说明的情况下改变身体的位置。用旋转的跳绳跑步也有类似的效果，并且可能提供更有用的内在结果信息

由于内在的 KR 集中在身体的一个结果上，因此区别动作的起因和效应可能比区分内部和外部关注更有用，因为动作的效应可能位于身体内部。这里可能的一个规则是动作的效应离动作的起因越远，动作的控制就越好。特别是如果改进动作背后的机制是非常重要的，例如当技术被应用于开放式技能的情况下，优化内在 KR 信息是提高学习效果的一种有效方式。运动专项力量训练的主要重点应该是改善这些背后的机制。这意味着如何在力量训练中既增强了

KR 信息，也增强了内在 KR 信息，是非常值得研究的。

一个例子

网球的上旋正手击球时，注意力可以策略性地集中在：
（1）遥远的和外部的：球被击中后落地的地方；
（2）不那么远和外部的：球越过球网时的曲线；
（3）附近的和外部的：球被击中的地方；
（4）外部的和以过程为导向：当球被击中时球拍的转动；
（5）外部的和以结果为导向：球拍在击球后落在空中的地方；
（6）狭窄的内部和以过程为导向：球被击中时的手腕运动；
（7）广泛的内部：在击球时"跟随球"身体伸展。

一些关注焦点的策略比其他策略更有效。有一个简单的规则可以说明什么是最有效的：距离过程越远越好。

一个背后的连接

第 3 章讨论了动态系统理论，将动作的组成部分划分成了吸引因子和波动因子。由此产生的一个有趣的问题是，在（a）动作和（b）该动作产生的内在过程和结果信息中，吸引子和波动子之间是否存在联系。研究人员还没有问过，更不用说回答过关于这种联系的问题，然而它是非常明显的（因此同时也是推测的）。内在结果信息的质量在很大程度上取决于信息的清晰程度，当然了，这取决于它的稳定性。这意味着好的内在结果信息只能在动作的吸引子组件中找到。在波动因子中结果信息是不可预测的，因此它是无法预测的。预测结果信息是动作控制的核心，并且信息越清晰，控制就越好。

第 4 章 训练的固定原则：场景式的力量与协调性

再投资

过度使用增强的 KP 反馈提高了内部关注，不会增强学习效果，因为增强 KP 反馈被处理得"方向错了"，与设计控制动作模式的自然方向相反。除了这个缺点之外，增强 KP 反馈频繁使用对动作表现还有第二不利影响。大量增强的 KP 反馈所获得的动作不太稳定，尤其是在压力情况下可靠性也较差——例如在比赛期间。在比赛中出现的著名的"窒息"现象，很可能是由于动作的教学方式造成的。

动作可以通过两种方式进行设计和控制：通过基于陈述性或显式记忆（内存储器）的过程或通过基于程序性或隐式记忆（硬盘）的过程（Edwards, 2010）。我们可以通过有意识的过程访问陈述性记忆，而访问程序性记忆却是无意识的和自动化的。上述与计算机（内存储器和硬盘）的类比非常有用。当我们使用计算机、当我们控制动作的时候，新的结构被设计在一个可访问的内存储器上，这产生偶然的临时结果。如果我们想永久存储这些结果，我们必须将它们从内存储器里复制到硬盘里。计算机被设计得使这一操作很简单——而计算机与动作控制系统之间的相似性也就到此为止。设计在动作内存储器上的东西不能被简单地复制到硬盘上。硬盘有其特殊的结构，并且我们想要永久生成的任何信息都必须填写在该矩阵中。否则，信息将被删除（忘记）。我们已经看到矩阵由动作的抽象规则组成，比如节奏、协同收缩原理等。我们也看到内部关注和 KP 反馈产生的结果不符合矩阵（"错误的驾驶方式"），因此需要很长时间才能使动作自动进行。

如果在学习过程中使用了大量增强的 KP 反馈，并且最终将动作复制到硬盘上，那么学习者不仅学习了自动化动作，而且也学习了如何在内存储器中快速重建这种动作。在压力情况下，运动员不再依赖于自动化动作，而是通过内存储器切换到临时控制。然而，相比通过永久记忆获得的经过实践验证的控制，这种临时控制产生更低效的动作模式。这种现象是在压力下运动表现欠佳的原因，被称为"再投资"。当一个沿着地面上 10 厘米宽的横梁行走毫无困难的人，必须对位于地面 1 米以上的横梁做同样的事情时，就可以看到一个明确的再投资例子。突然间，这个人发现走路和保持平衡更加困难，他重新投资到内存储器重建行走并且在保持平衡。这种偶然的安排阻碍了自动化控制。对失败和再投资的恐惧使足球运动员错失点球，使网球运动员在赛点时将球击在球网上（Gray，2004；Masters 和 Maxwell，2004）。

如果使用更多的 KR 反馈而不是频繁的 KP 反馈，运动员就不能学习如何使用内存储器来不经意地设计一个动作模式。这使得再投资变得很困难，因为内存储器从来没有这样学习过，也就减少了压力下失败的可能性。

事实上，内存储器的质量在实践中与硬盘的质量有惊人的不同。在开放式技能体育项目中，顶极运动员在第一次尝试一种新技能时往往表现不佳。内存储器表现得相当差，而通过硬盘进行控制产生了出色的结果——这是明确区分有意识控制和自动控制动作的另一个理由。

4.4.2 可变性与单调性

（1）动机的作用

我们通过练习来学习。练习一项技能越多，学得就越好，这是一个明显而无可争议的观察。甚至有人建议运动员需要 10000 小时的刻意练习来达到他们项目运动的最高点（Ericsson 等，1993）。

然而，练习的有效性在整个学习过程中从初学者到专家都有所不同。一开始，练习取得很大的进步，但后来同样的时间花在练习上，效果却大大降低。到达专家级水平后，从练习中获得的进步微乎其微，运动员们认为他们已经达到了"运动表现的天花板"——他们已经不能再取得任何进展了。当然，在所有环境下，所有技能的效率下降的并不相同，并且在总体下降的过程中可能会出现学习效果增加的时刻（图 4.24）。然而，"学习的幂次定律"（Fitts，1964）在数学公式中捕捉到了练习有效性的下降，通常被认为是动作学习领域中最稳健的数据之一。换句话说，教练训练效能的下降是相当引人注目和不可避免的（Newell，1991；Schmidt 和 Wrisberg，2008），因此，想要达到顶峰的运动员必须要投入时间，尤其像 Fitts 幂次定律似乎如此普遍的，人们很容易认为这种减少额外产出的机制不会受到（努力）的影响（而改变）。要牢记一个动作，运动员必须耐心，经常重复他们想要改进的动作。

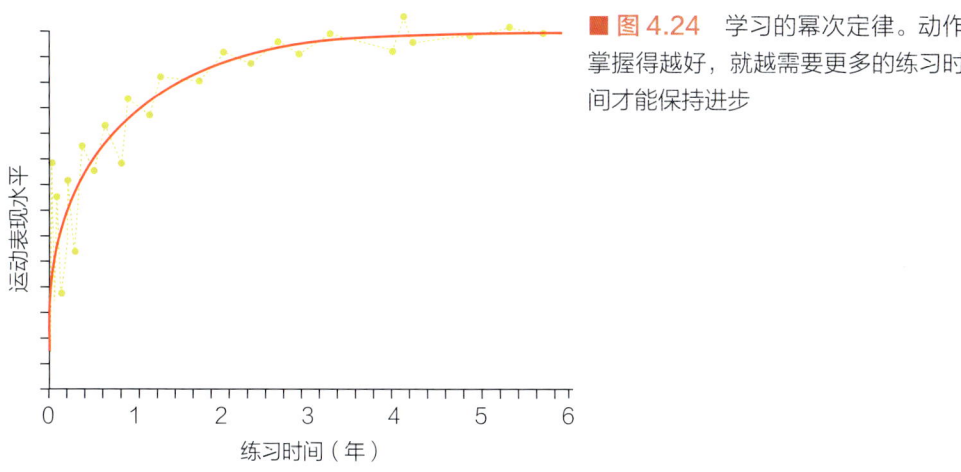

■ 图 4.24 学习的幂次定律。动作掌握得越好，就越需要更多的练习时间才能保持进步

然而，要实现高水平目标，我们有很好的理由把眼界放得更宽，而不只是采取重复策略。重复不仅有印记一个动作的优点，也有减少动机之缺点。如果有机体要学习，动机是一个必须满足的基本条件。在这种情况下，不应该仅仅把动机看作是一个有意识的、认知的，甚至是道德的因素，从上而下地加以考虑。动作学习背后的动机也与唤醒、恐惧和激活等"较低层次"的心理因素密切相关，从身体底部推动而上。可以说，有机体需要对学习的动作模式产生兴趣，这种兴趣必须存在于认知和更多的动物层面，例如对提高运动表现的情感渴望，中枢神经系统的基本状态（警觉性），以及来自身体建立适应是值得的信号。因此，动机是整个机体的一种状态，可以看作是学习过程的恒温器。

现在的问题是如何激发训练过程中的动机。推动学习过程的主要因素当然是自上而下的。认同要实现的目标，追求目标的道德原因，一个能激发人们追求目标决心的社会环境，等等，都对学习有增强的作用。除了在其他方面，研究还显示运动表现反馈内容（KP）的影响。如果一组篮球运动员在学习投篮时获得了良好的KP反馈，这将会有学习效果。然后这种诱惑就是将整个学习效果归因于给出反馈信息的质量。但这是错误的——因为如果一个类似的小组没有得到实质性的指示而仅仅是鼓励，那么也会有学习效果（尽管它将低于实质性反馈的效果）。由此我们可以得出结论，学习效果仅部分归因于反馈的内容。相当大一部分的效果来自鼓励所提供的额外动机，它包含在实质性反馈中（Wallace和Hagler，1979）。

动机不仅"自上而下"而且"自下而上"推动。在某些条件下，身体给出的信号会增加唤醒、激活和动机，而在其他情况下，则会减少它们。当然，知道哪些感官（自传入感觉）信息触发学习，哪些会影响学习是非常重要的。这些知识可以用来更有效地组织训练。一个或多或少的普遍规律是，如果感觉信息是熟悉的，并且由感觉信息和执行的动作模式混合而成的熟悉环境所释放，那么学习过程将不会受到很大的刺激。然而，如果感觉信息是新的，或者如果在练习过程中所释放的感觉运动信息的成分不同于运动员所习惯的，那么学习系统将被激活。换句话说，如果在一个不变的环境中一次又一次地重复训练的动作，学习效果就会比运动表现和练习环境不断变化时要小。为了激发学习的动力，必须对感觉和动作模式之间的联系进行调整。如果你喜欢，感觉运动混乱是学习的基础（Schollhorn等，2009）。在一个标准的环境中重复这个动作的理想执行不会导致混乱——而在不熟悉的环境中动作的执行变化不定可以产生混乱（图4.25）。

为了达到最佳的学习效果，动作不应该连续地以相同的方式重复。变化是高效指导训练的关键。这不只适用于优化动作学习过程。当规划训练过程中的生理适应时，变化应该再次成为训练的主要特征。周期化模型之所以如此重要，其原因并不在于各组成部分之间的相互关系的完美规划，而在于周期化导致了训练的变化这一简单事实。这种变化只是周期性规划的副产品，所以它的影响不太可能被充分利用（见1.1.1）。因此，连同个性化一起，变化是第一个也是最重要的训练原则。认识到变化是好的训练规划的关键，可以从许多优秀

第4章 训练的固定原则：场景式的力量与协调性

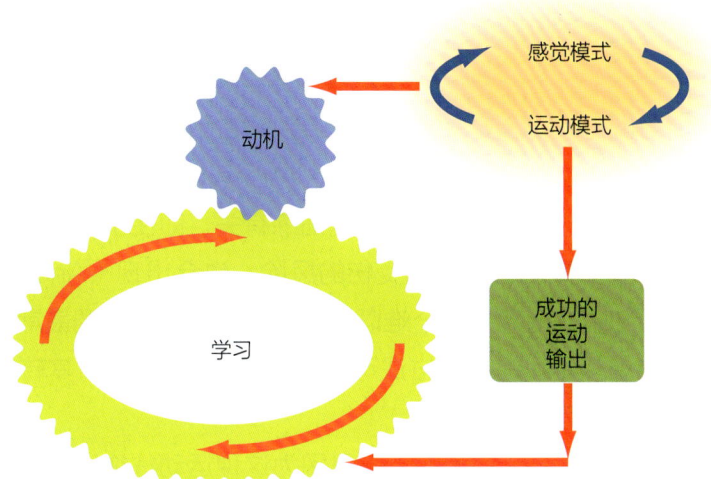

■ 图4.25 动机是学习过程的动力。感觉和运动模式之间不熟悉的联系激发了动机，当动作成功执行时触发学习过程

的教练在职业生涯中对训练规划的方式中观察到。多年来用越来越复杂的方法组织训练，为了在计划中包括越来越繁多的训练方面，经过复杂和繁多之后，许多有经验的教练最终转而采用更简单的方式。然后，他们选择了简单的计划，其中训练刺激的变化成为训练计划的关键。

在学习过程启动之前，系统应该对要学习的动作感兴趣的想法，可以被看作是中央调控和概率预测理论的一部分（参见2.4）。这些理论强调在达到身体极限之前限制运动表现的机制。事实上，像调节机制的动机一样，它们是保守的系统，只有在特殊情况下才允许适应。

（2）单调的指导训练

因此，训练变化的价值在于避免单调性。指导训练刺激的单调性对运动表现的改善有一些不利影响。

①单调和生理适应

在训练中，需要在努力和恢复之间达成平衡，以防止最终过度训练。运动员的训练量在这里是一个重要因素,但不是唯一的因素。另一个关键因素是训练环节中变化的多少。在相同数量的训练中,努力和恢复之间的平衡可能会受到干扰,因为在一定时期内各训练单位之间的差异太小。如果训练的强度、量和表现相似,运动员的恢复能力就会降低。特别是在耐力运动中,这是一个永恒的风险。训练不仅会让人觉得麻木,而且也会让运动员的适应能力降低。训练单调,再加上高强度的训练,证明与过度训练有关。即使不增加训练量,过度训练、减少对疾病的抵抗力和增加受伤的风险,也会出现(Anderson 等,2003)。当然,训练中的单调是一个难以计算的参数。测量单调最常用的方法是识别运动员的主观感受。有许多方法可以测量"感觉",并将其转换为能显示阈值的表(Delattre 等,2006)。

当然,由于强调训练的生理方面,并且因为这种运动往往倾向于涉及同一运动模式的无休止重复,所以耐力运动训练的风险最大。但是,如果运动员在其总计划中包含力量训练,则变化会增加。这就是为什么耐力运动员的力量训练不仅能带来协调性和生理上的好处,而且也有减少指导训练的单调性的重要好处。

②单调与环境

训练环境对训练的变化有很强的(自上而下)的影响。一个始终完全相同的物质环境,以及永不改变并始终产生相同动作感觉的社会环境,都会损害运动表现。经常参加训练营的顶级运动员,不会这样做来娇惯自己,但是会出于需要而为之。尤其那些年纪稍长的运动员和已经在高水平上表现了很长一段时间的运动员,他们需要找到一些环境因素,给他们一个继续表现的新理由。

一件趣闻轶事

Grzegorz Sposob(出生于 1976 年)是波兰高水平的跳高运动员。经过排球运动员生涯之后,他在跳高上起步相对较晚。他周围的大多数人无法理解他转行的决定。"Grzegorz,为什么这样做?跳高给你带来什么

第4章 训练的固定原则：场景式的力量与协调性

好处？你不能靠它养活自己。在你这个年龄……"然而，直到30多岁以后，他仍然是一位精英运动员。当被问及他多年来的训练变化时，他回答说："现在，我教练的重点是找到一个理由继续全力以赴跳高，继续为高高跃起而前进，即使它可能真的让人受伤。这不再是关于我身体的训练——这是关于我意志力的训练。"

③ 练习中的单调性和协调性适应

当学习动作时需要变化被Bernstein描述为"没有重复的重复"。我们学习不是通过不断重复一个动作问题的同一个解决方案，而是通过不断解决一个新的动作问题来学习动作。学习和动机是由不熟悉的感觉和动作模式的不断出现所刺激的，这些模式与现有的、熟悉的感觉运动关系不相适应。我们通过与新事物的对抗来学习，而不是铭记熟悉的事物。由于其在与运动表现有关的方面的多样性，许多类型的运动由于潜在的单调性而受到的影响很小。然而，这不适用于耐力运动或力量训练。在力量训练中，与其他体育运动相比，只有有限数量的动作被执行。这些动作模式通常并不复杂或多样化。此外，在感官方面，力量训练与体育动作相比是"贫乏"的。特别是，来自环境的感官信息是最小的，并且具有很小的控制影响。在场景式体育动作中，视觉系统在评估和校准中央和外周视觉中几乎总是需要做很多工作。例如，中央视觉用于判断接触时间——这在力量训练中几乎不起作用。如果在空间移动时通过光流释放控制信息，则外周视觉很重要，而在力量训练中，运动员通常不会在空中移动。这就是为什么学习系统通常会发现力量训练是单调的和乏味的；动作之间的唯一区别是杠铃负荷的变化。这种单调的训练导致皮质脊髓活动减少，而这在学习新技能时增加（Jensen等，2005）。力量训练中的这种单调对训练效果有不利影响，它也损害了协调性的转移，因此，以一种为这种转移创造条件的方式来组织力量训练是不容易的。因此，变化和避免单调是力量训练的重要基石。这对教练要求很多。但是，增加力量训练的变化极其有用，因为正如我们所见，力量训练很适合教动作的基本组成部分。力量训练中的变化将在6.4中更详细地讨论。

4.4.3 通过变化找到普遍的规则

有机体并不试图将动作模式存储为一个孤立事件的目录，而是尽可能将其作为一个整体。如果一个动作原理普遍适用，可以用在很多不同的动作模式中，那么它将被更快速地学习和自动化。寻求普遍使用的动作原则是绝对必要的。在没有这样的普遍规则的情况下，动作是无法控制的。如果要编制一个孤立动作的目录，那么它将会非常大（"存储问题"）以至于不可能找到一个给定的动作模式。并且在极端的时间压力下找到正确的动作——而这在体育运动中是必不可少的——是不可能的。在设计动作时使用通用原则，则总目录有限，因此易于管理。

所有的动作控制理论都有一个共同之处，就是需要减少动作目录的大小。在图式理论（schema theory）中，这是通过应用感知模式的识别图式和动作模式的检索图式来实现的。继图式理论之后，广义的动作程序（motor programme）理论更进一步地描述了动作程序的变化和不变特征，从而使动作原理变得更加普遍化（Schmidt 和 wrisbers，2008）。直接感知理论（Gibson）和动态系统理论（Bernstein 的遗产）的支持者认为，这种目录规模的缩小仍然不够小，他们还提出了进一步减少目录的更多机制。

一个动作原则是否普遍适用，当它在所有的环境中被测试和执行时才会显现出来——换句话说，就是在变化的训练中测试和执行。例如，如果我们采用一组十个相关的动作模式，那么如果只执行第一个变体，那么几个控制机制就会起作用。如果我们仅此而已，那么我们就完全依赖这一套机制。但是，如果我们继续实施动作的第二个变体，那么一些控制机制将变得不再可靠。只有少数机制会适用于这两种变体。如果我们继续进行并且练习第三到第十个变体，将会有越来越多的机制退出。最终，只有那些对动作的所有十种变体都可靠的机制才会被留下来。有效的控制机制的数量将大大减少，只有剩下的原则需要

第 4 章　训练的固定原则：场景式的力量与协调性

存储在长期记忆中（不管那是什么）。动作学习就是消除仅仅偶然工作的动作模式，而不是线性设计一个完美适合特定情况的简单解决方案（图 4.26 和图 4.27）。

这里有一个有趣的问题，那就是为什么学习达到天花板。正如我们所看到的，造成这种情况的基本机制之一就是单调。人们可能想知道，每次改变不

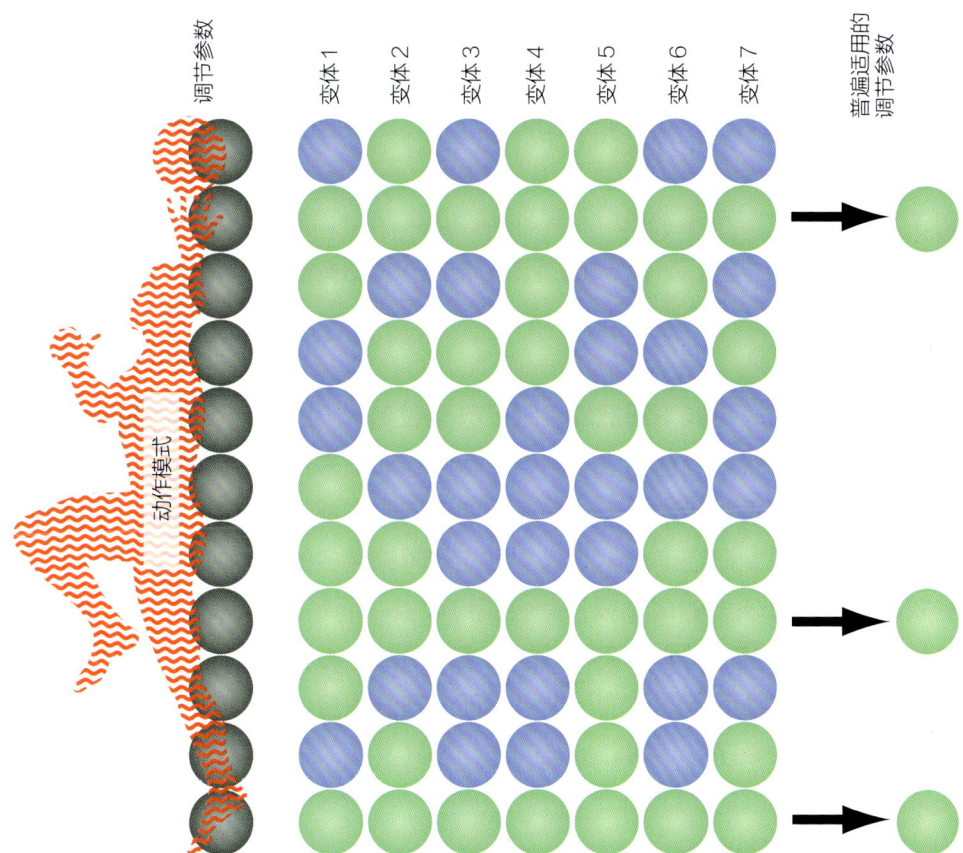

■ 图 4.26　解释为什么变化在图式理论方面起作用。一个动作模式可以通过许多调节参数（在本例中是 11 个）来控制。一些参数（以绿色显示）适用于特定变体，另一些参数（以蓝色显示）不能。通过练习运动模式的更多变体，生物体可以发现哪些调节参数总是可以工作的（在这种情况下，有 3 种，右边以绿色显示）。生物体倾向于选择适用于尽可能多变体的参数

运动训练新思维
——提高运动水平和预防运动损伤的秘诀

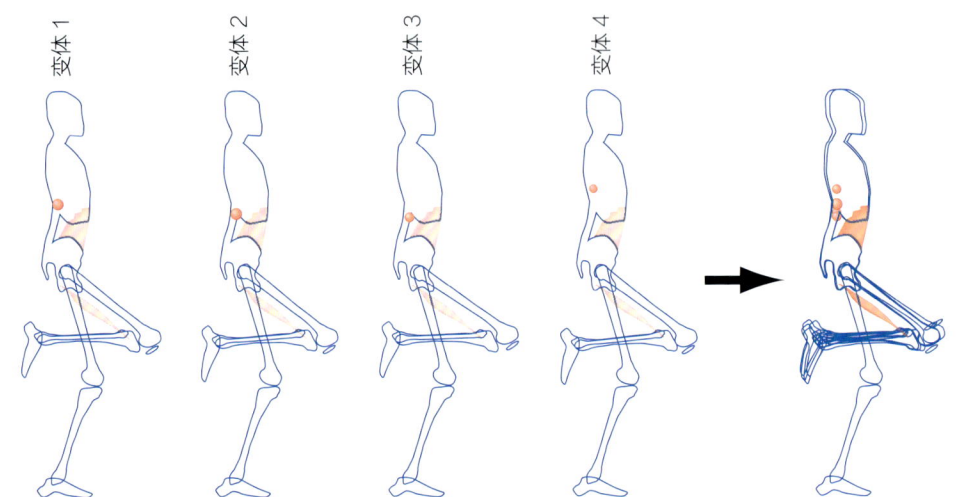

■ 图 4.27 另一种方式显示图 4.26 中的原理。左侧 4 个数字表示同一个训练的 4 种运动表现。运动表现之间的区别——教练可以看到的和运动员可以有意识地观察到——不能通过视觉来确定。然而，无意识的调节水平可以叠加这 4 个运动表现，并明显地比较差异（在右边）

同的东西，是否有可能不断提高极限，甚至在高水平的运动表现中也能提高极限。对于那些或多或少达到了学习天花板的运动员来说，变化的价值也是有限的。因为在顶级水平运动中，动作模式的任何改进都是越来越小的，而且最普遍适用的控制机制已经确定，所以需要花费越来越多的时间来寻找一个额外的有效规则。训练压力的成本很快就会超过收益，而额外的训练则会适得其反。这就是为什么许多达到学习天花板的老运动员故意减少训练，希望通过更多的休息和恢复又能达到所需要的标准。然而，在这里应该提到的是，变量训练在实际中停止的太早了。练习非标准的动作模式甚至对已经达到了天花板的运动员来说也是有影响的（Davids 等，2008）。

（1）变化和自组织

动态系统理论在控制动作中的重要性在第 3 章中讨论过。当学习动作时，动作的组成部分是稳定的（吸引子）和变化的（波动子）。将动作有意义地划分为吸引子和波动子使得这种动作在其发生的环境中有效。这种吸引子和波动

第 4 章　训练的固定原则：场景式的力量与协调性

子的划分不能被有意识地控制。不仅学习者对这个过程有很少的认知或根本没有认知，而且教练也几乎不可能控制或指导这个过程。这个过程是通过有机体的"自我组织"发展起来的。教练只能通过安排学习条件来为学习做出贡献，以便学习过程能够令人满意地进行。理想的做法是训练的变化。

如果一个运动员仍然需要学习体育动作或者还没有掌握它，就要区分动作的稳定的和可变的组成部分。然而，这并不是一个最佳的划分。动作是不经济的，并且这会损害运动表现。运动员试图通过练习来改善这一点。为了将新的更好的稳定模式融合到动作中，现有的稳定模式必须首先从动作模式中"剥离"出来。这是学习过程中一个重要且经常被误解的步骤。旧模式越早变得不稳定，就越可以建立更有效的、新的、有意义的模式（Vereijken 和 Thelen，1997）。当然，如果运动员刚开始学习动作，而不是常规动作（"你不能使守旧的人接受新事物"），那么这种剥离过程就会更容易，可以通过在练习期间极大地改变动作模式和引入新的、陌生的环境因素来完成。这就是为什么变化在学习动作的初始阶段是如此必要的了（图 4.28）。

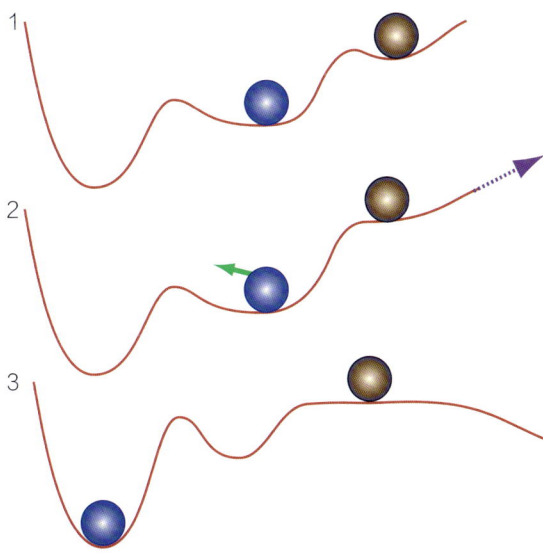

■ 图 4.28　基于吸引子的相变和干扰，根据动态系统理论解释为什么变化会起作用。稳定的动作成分并不总是被有效地选择（1）。当改善动作执行中的误差时，必须干扰现有的吸引子（2），然后可以在动作模式（3）中构建新的更好的吸引子。变化确保感觉模式和动作模式的不熟悉混合，从而扰乱稳定性

199

运动训练新思维
——提高运动水平和预防运动损伤的秘诀

通过变化学习应该在力量训练技术的教学中起重要作用，但在实践中很少这样做。其逻辑推理是训练必须安全和无损伤风险，所以力量练习的执行必须保持在严格的技术限制内。但是，训练不安全的原因是使用大负荷。使用大阻力训练的倾向太大了，不可能通过变化训练学到东西，这就忽略了运动员发展的一个重要步骤。如果负荷保持低水平，力量训练可以是安全和可变的。变化有助于运动员发展运动控制的构建模块，因此是发展中不可或缺的一部分。对于刚开始训练的运动员，建议教练花几年的时间，通过变化训练建立一个好的基本部件目录。只有这样开始使用更大的杠铃重量才有意义。这并不意味着他们需要等很长时间才能为年轻运动员引入力量训练。由于训练负荷保持在较低水平，因此可以在更小的年龄开始进行阻力训练。只要负荷是严格限制的，没有理由不让 14 岁的孩子在一个阻力训练环境中进行训练。

举个例子，当在进行一个杠铃重量较重的上台阶训练（跳高的关键练习）时，没有人会考虑让杠铃的一侧比另一侧重一些，而且上升台阶的高度也不会有太大的变化。可以观察到安全边距（不超过小腿加上脚高度的 70%）。这就限制了台阶的变化。然而，对于刚开始训练的运动员来说，接触到许多不同高度的台阶可能非常有用。例如，矢状面上的动作（伸展髋关节、膝关节和踝关节）可以通过多种方式有效地与稳定和利用额状面动作（内收和外展支撑侧的髋关节）结合起来。这可以通过使用伸出到一侧的低重量杠铃（比如一个没有负荷的空杆）来完成，从而使负荷分布发生变化。如果负荷伸出到支撑腿侧，在矢状面上的伸展压力要比额状面动作的压力大。如果这个杆伸出到另一（自由/摆动）侧，额状面上将会有更多外展和内收的压力。第二种选择是改变台阶的高度，甚至高度可以增加到不向后倾斜骨盆都上不去。这就给使骨盆倾斜的肌肉之间合作带来压力。第三种选择是在上台阶过程中改变自由（摆动）腿的动作，例如在离开地面后极快速拉起自由（摆动）腿。第四种选择是在上台阶过程中改变水平运动，以便将更多的负荷放在腘绳肌上。第五种选择是将上台阶的动作与上半身的扭转结合起来（要使用大重量杠铃时，通常是严格禁止这个动作的，因为有受伤的风险）。所有这些变体都可以结合起来，并以不同的速度执行。因此，生物体学会协调各种不

第 4 章 训练的固定原则：场景式的力量与协调性

同的动作，找到正确的整体控制，这对于跑步和跳跃这类运动是必不可少的。对于新手运动员来说，这是一项以后会有回报的投资。例如，很多球类运动（足球、橄榄球、篮球等）球员的技术表现受到限制，因为跑步和改变方向时他们无法将矢状面的伸展与额状面动作控制有效结合起来。因此，他们的加速度、最快速度和改变方向都保持在一个较低的水平上，而本该可以做到更好（图4.29）。

■ 图 4.29 好的跑步技术的特点是额状面和矢状面的动作之间有一个的正确关系。这同样适用于侧步和单腿起跳。上台阶的变化可以培养这种关系

201

运动训练新思维
——提高运动水平和预防运动损伤的秘诀

我们已经看到，学习的生物体对一般规则非常感兴趣，这些规则可以在很多情况下应用。动作的这些普遍应用的基本组成部分具有吸引子的特征。它们是稳定的和经济的。变化的训练可以将动作的稳定（即可普遍应用的）成分从可变的、波动的（即一次性的）成分中分离出来。

如果要在不断变化的环境中稳定地执行一个动作，则必须真正地掌握它。在竞赛中表现良好取决于稳定性和适应性的结合。这意味着最好的动作表现不仅取决于动作的完美执行（动作的吸引子部分），还取决于它的灵活性。因此，当一项重要的比赛到来时，完全专注于完美的竞技动作可能不是一个好主意。在迎接运动表现的前期准备阶段，保持训练中的一些可变性可能是非常有用的，所以使动作中稳定的基本成分和可变的偶然成分之间的差异对有机体来说更加明显（图4.30）。这意味着不仅要继续练习竞技动作，还需要其他各种形式的动作，只要这些动作有助于分开吸引子和波动子。另一方面，训练也不应该太疲劳，以至于恢复成为一个问题。

■ 图4.30 在单腿跳跃中，额状面动作起到波动子的作用。矢状面中的动作尽可能保持稳定。同样的事情发生在不稳定表面上的上台阶动作中

第 4 章 训练的固定原则：场景式的力量与协调性

从这个意义上说，在顶级运动表现的前期，还是有空间可以继续进行力量训练的。在 Verkhoshansky 的封闭周期中，力量训练只有在一段时间后才生效，所以持续进行力量训练一直到顶级运动表现的前夜，并不是一个好主意（Verkhoshansky，1984）。我们已经注意到，如果力量训练被认为是大重量的代名词，则这种延迟最有可能发生。积累的疲劳需要长时间的恢复，延迟了训练的效果。但是，如果力量训练被看作是"对抗阻力的协调训练"，那么这种疲劳可以避免，而对阻力的变量训练则将成为探索稳定模式的有效方法，并使偶然模式更具灵活性。特别是，从事爆发性运动的女运动员通常需要继续进行力量训练，直到最高水平运动表现前夜为止。对她们而言，训练的基础是变化，而不是强度和运动量，这对她们是有用的。在这里也应该考虑各种力量训练之间负荷和恢复时间的差异（参见 7.2.5）。

因此，在运动员发展的每个阶段，变量训练都可以发挥重要作用：初学运动员可以用它在吸引子和波动子之间找到有意义的分配，精英运动员可以进一步增加场景式动作中吸引子和波动子之间的差异。

（2）变量学习的形式

粗略地讲，在变量学习方法论中有两类：差别学习和随机学习。两种策略都符合 Bernstein 的格言"没有重复的重复"。

差别学习：通过在一个训练单元中，频繁交换一个动作的不同变式来进行学习。

随机学习：通过在一次单元中，频繁交换许多不同的动作模式来进行学习。

①差别学习与学习理想的技术

当学习理想的技术时，运动员在进行练习时通常会尽可能努力接近正确的动作模式（或其组成部分），也尽可能使环境因素与比赛环境相似。因此，学习过程是线性的：运动员尽可能少地偏离正确的路径，达到理想的动作。另一方面，在差别学习中他们故意偏离它。每次锻炼的执行都不相同，不同于体育动作。造成这种差别的一个原因是，动作发生的环境是多变的。例如，动作可

运动训练新思维
——提高运动水平和预防运动损伤的秘诀

以在不同的表面上进行，且有不同的阻力（例如投掷不同重量的药球）。体操运动员可以在不同的器械上进行动作，游泳者可以使用不同的手划，棒球运动员可以使用不同的球和球拍，等等。在每种情况下，不同的环境因素导致了不同的动作执行。也可以通过在每次重复中提出不同的要求来改变动作表现。在击球后，网球运动员可以尽可能快地移动到球场的另一部分，体操运动员可以在每次锻炼时，将不同的练习部分结合起来，等等。

学习理想技术的效果和差别学习的效果是不同的。学习理想技术会产生更快的结果——但这是欺骗性的，因为效果通常是暂时的。练习理想的技术会导致解决方案不适合被纳入多用途动作解决方案的连贯目录中。这就像一个临时的牙齿填充物：快速，但不能持久。这个解决方案不仅很快被遗忘，而且它不容易被转移到其他动作模式中。所以它在学习系统中停留了一段时间，然后可能消失。

在差别学习中，眼前的结果（"练习结果"）并不是那么好，但对体育动作的最终影响是更好和更持久（"学习结果"）的；它也可以更容易地转移到相关的动作模式中，并且更有抗压性。之前描述了生物体如何通过比较动作，试图找到普遍适用的动作表现规则的背后机制（Scholhorn 等，2010）。

如果学习过程在很大程度上依赖于差别学习，那么必须考虑两个可能的缺点。第一，学习结果是不可见的。这使得评估训练的效果变得困难，也就难以评估训练的速度。因此，加强练习难度的时机并不完全清楚。这不仅对设计训练计划的教练员来说是一个问题，而且对于一般喜欢从可见进步到可见进步的运动员来说也是一个问题。第二，在学习复杂动作时（例如跳高或撑杆跳，游泳中的蝶泳或体操中的组合），严重依赖于差别学习会产生以下问题：运动员对动作的结构几乎没有深入了解，最终不能完全了解它。因此，差别学习可能会令人沮丧和失望，因为没有明确的目标。

对于复杂的运动，一个更线性的方法可能是不可避免的。如果选择一种更线性的训练方法，使动作的结构对运动员来说更清楚，重要的是要意识到在有压力的情况下再投资的严重风险。

第 4 章　训练的固定原则：场景式的力量与协调性

扩展知识

追求无意义的理想技术的一个例子是常用于运动损伤康复的一个原则，即深蹲时支撑腿的膝盖不应该超过脚尖。原因是滚动和滑动的动作是令人不舒服（有太多滑动），最终可能会导致损伤。这个原则有时会非常严格地施行，迫使动作被束缚着进行。但是这个原则忽略了弯曲一个或两个膝盖的一个重要方面。在正确的技术中，力矩臂和关节扭矩之间存在相互作用，力臂在关节处分散，在理想情况下，运动表现的限制因素不会出现在单个孤立的关节中。在某些情况下，理想的姿势可能是膝盖超过脚尖。只要骨盆不向膝盖移动就没有问题——但是如果杠铃的重量实在太大，不能在技术上控制它，通常会发生骨盆向膝盖移动这种情况。所以，膝盖不应该超过脚尖的"原则"不一定会导致正确的动作，只有杠铃的重量过重时才有意义（换句话说，如果这个训练已经不适合运动员了）。这就需要用较低的杠铃重量进行变化训练，这样，关节力矩的自组织就能提供空间来找到动作问题的场景解决方案（图 4.31）。

■ 图 4.31　在膝关节屈曲的一种变体中，腿部关节的动作必须有自组织的空间（髋关节绕膝关节旋转，或向膝关节方向移动）。在前弓箭步里这只可能用非常低的杠铃重量

205

运动训练新思维
——提高运动水平和预防运动损伤的秘诀

在膝关节屈曲训练中最明显的"束缚训练"就是在一个平面上向前做弓箭步。即使杠铃重量较低（体重的50%），在这个练习中，自组织成为有意义的场景式动作几乎是不可能的。我们可以引入一些严格的原则，比如"膝盖超过脚尖"——或者我们可以完全放弃这个练习，因为可以放心地假设，任何使用这种杠铃重量的练习都没有足够的空间来进行自组织，也很少转移到关联的体育动作中。弓步的形式，必须以体育动作为转移（例如网球或壁球），因此应该用较低重量的杠铃（例如只是一个空杆）以允许自组织，如3.2.6所述的减速自组织（吸引子8：减速时分配压力）。

②模块与随机组织的训练

如果在一次训练课中练习四种不相关的动作，我们可以首先执行动作1的所有重复，然后进入动作2、3和4。这被称为"模块训练"。但是我们也可以不同的方式构成相同的重复次数，频繁并以随机顺序交换。这被称为"随机训练"。总练习时间和重复次数在两种情况下都是相同的，但效果是明显不同的。这个不同就和理想技术训练和差别学习之间的不同一样。在许多动作学习环境中，模块组织会产生更好的练习结果，随机组织会产生更好的学习结果，前面有关无形学习过程的评论也适用于此。

扩展知识

研究经常发现练习结果和学习结果之间存在明显差异。练习结果是练习课程或课程结束时达到的运动表现水平。学习结果是最终可以永久复制的水平。研究反复显示，练习的结果越好，学习的结果往往越差。产生快速结果的解决方案显然仅适用于临时使用，而可能成为永久性的解决方案在短期内不会产生如此快速的结果。

练习课程中设计的解决方案存储在内存储器中。练习课程（实际学习）后，是否将它们复制到永久记忆中取决于它们是否适合永久记忆的组织方式。如果不是，则信息就被删除，什么也没学到。在练习课程或课程结束时，让自己以运动表现为指导的教练通常不会获得他们想要的学习结果（图4.32）。因此，充分利用能提高练习效果的工具，例如精确KP信息的认知转移，并不是一个好主意。

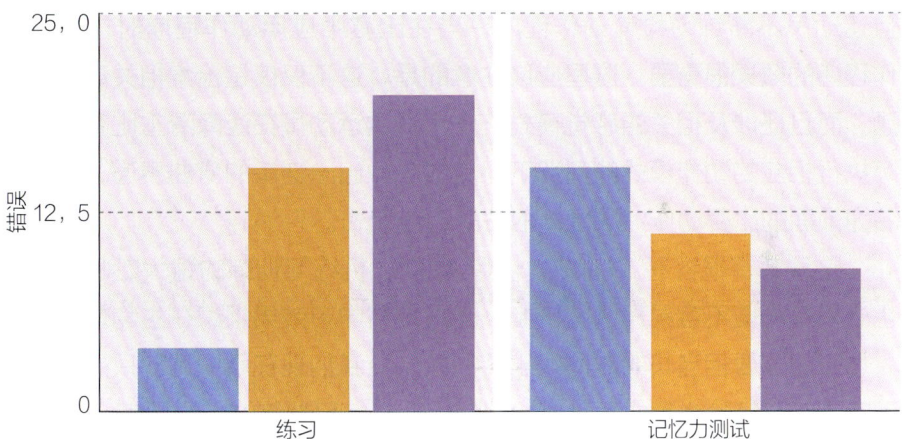

■ 图4.32 练习结果与学习结果差异的总体情况。在练习环节中，第一组在每次尝试后给予精确的反馈。第二组在每次尝试后给予全面的评价反馈。第三组在5次尝试的平均值之后给出了总体评价反馈。第一组犯的错误是最少的，但学的是最差的。第三组犯的错误是最多的，但学的是最好的。这种练习结果与学习结果之间的差异通过记忆力测试来揭示（Winstein等，1990）

研究还没有给出一个明确的答案，为什么随机练习对学习的影响与模块练习有如此不同的影响。关于随机练习影响的研究集中在"场景干扰"机制上（Lee和Simon，2004）。一种解释是，在执行动作时，检索动作模式可能是一个额外的困难。我们可以通过在比赛前进行专项运动的热身来了解这一点。在为比赛做准备时，运动员通常会进行竞技动作：练习开始，练习跳跃，射门，发球，等等，每个人都认为这有意义。在热身的时候，一个跳高运动员会打太极拳，这看起来很可笑。热身没有学习效果，因为练习和巩固之间没有足够的时间（竞争）。从这个意义上讲，专项运动的热身毫无意义。它的意义在于为比赛找回正确的动作模式。这是在热身过程中应该做的，但似乎很难恢复复杂的动作程序。

如果训练主要是在模块练习的基础上进行组织的，那么动作程序只需要检索一次，因此不需要练习或学习。课程结束时的运动表现很好，因为在每个案例中，动作程序都已准备就绪。在随机练习中，每次练习不同的动作程序，并且运动员不断练习检索动作程序。当在比赛中应用动作程序时，学习检索动作程序的效果很重要。这里应该注意的是，这不仅仅是检索相关动作模式的问题，而且还涉及相关的感觉模式。一个滑雪运动员在速降滑雪比赛前还没有实际执行相应的动作模式的情况下，就能想象出一连串的弯曲赛道，同时也尝试着为前面的比赛动作"准备"相关的动作模式。

这种解释很容易"理解"，但考虑到随机练习训练的强大影响，在工作中也必须有一些不容易理解的机制，无形地将学习效果组织在生物体内部。研究人员可能需要相当长的时间找出这些机制。我们现在所能做的只是猜测。直到那时，练习经验必须成为我们如何使用随机练习训练的主要指南。

随机练习通常会产生更好的学习效果，尤其是更好地转移到相关技能上，而不是模块练习。年轻人对随机练习的影响非常敏感。因此，在学习基本力量训练技术的最初几年里，这是非常适合的，在此期间，避免了沉重的负荷，重点是建立基本的动作模式。对于年纪较大的运动员来说，使用随机练习是有趣的，因为可以在不增加负荷的情况下获得不同的，可能更好的训练效果。

关于如何进行不同的练习以达到优化学习效果，存在相当大的争论。最佳的选择是交替的相关动作（差别学习）还是大部分或完全不相关的动作（在随机学习的方向）？一些研究表明，不同动作的混合会产生良好的学习效果，并且在学习竞技动作时可能更重要，不要使用与要学习的模式相差较小的动作训练。在这种情况下，训练可以比起初建议的更多样化（图 4.33），但这还不完

第 4 章　训练的固定原则：场景式的力量与协调性

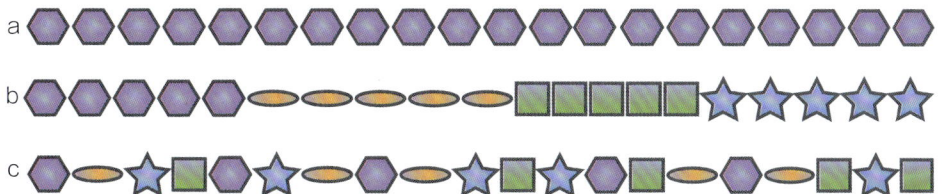

■ 图 4.33　（a）一次又一次地重复练习情况（完全模块练习）。(b) 在多次重复练习之后（在模块练习和随机练习之间），少量练习交替进行。(c) 练习的顺序没有结构。各种练习场合都是随机练习（完全随机练习）

全清楚。例如，我们知道，那些运动水平很高、似乎已经达到天花板的铅球运动员，仍然可以从那些没有意义的直接动作（如双重旋转技术）中受益，甚至从根据需要学习执行不正确的动作中受益。有机体似乎想要从与当前更大的反差中学习，尤其是认知导向理论这样认为。

　　在学习过程中，变化是多少的时候才最有效？答案可能隐藏在一个简单的观察之中。本章讨论了动作学习的两大主要理论：结果导向学习和通过变化进行学习。最有效的学习环境可能涉及两种理论。练习应该是可变的，但同时它们应该有一个可以预先定义清晰的结果（KR，内在或增强）。此外，训练预先定义的结果必须与要改善的竞技动作的预期结果有明显的联系。可变性满足了一般方法的需要，以保持从行动到意图过程的灵活性；而结果（动作成功或失败的表现）满足了意图标记的需要，学习系统的自组织能力满足了从行动到意图过程的稳定性。

　　如果训练中没有什么变化，即使训练产生了宝贵的结果信息，也很难发现一般的原则。如果有更多的变化，一般原则将更容易找到，并且它们可以与已有的可用的相关结果信息联系起来。然而，如果有太多的变化，它将提供大量的信息可以用来制定一般性的原则，但是结果信息将不那么相关（这些练习不会产生与要改进的体育动作相同的结果）。朝着随机动作的方向，再加入更多的变化，将不能在预期结果和取得结果之间进行比较了，学习过程将停止。这将导致典型的最小-最优-最大钟形曲线，其中变化和对结果的关注是冲突的。

从所有这些我们可以得出一个简单的首要法则，用于不同的训练：选择那些最大变异性的训练，在这些训练中，训练的结果／意图与有待改进的体育动作的结果／意图相近。

4.5 小结

以发生的生理适应性为基础的力量训练似乎最适合于耐力运动。作为力量训练结果的协调性适应似乎不太相关。然而，两者不易被分开，特别是在诸如速度滑冰这样的运动中。在看起来技术上较不复杂的运动中，力量训练的主要价值在于有氧募集 FTIIa 纤维。这在耐力跑方面是有意义的，因为主要的外力必须在站立期被吸收。能够通过等长收缩吸收这些力量是优化跑步效率的一个非常重要的方面。另一方面，在自行车运动中，力量训练的价值更难确定，募集更大肌肉纤维应该被视为优化慢肌纤维收缩速度的一种方式，这在上坡骑行时尤其重要。耐力运动员力量训练的一个问题是所寻求的适应性似乎与所需要的耐力适应性相冲突。

当选择以协调性为基础的力量训练时，必须首先找出动作控制限制动作表现的方式。如果动作表现仅受限于肌肉骨骼系统的负荷能力，那么基于协调性的力量训练基本是没有意义的。然而，动作表现不仅受限于募集，而且还受到动作控制设计方式的限制。基于协同收缩的预反射控制会抑制和限制高强度动作的表现，因此考虑到动作控制在力量训练中的结果是很有意义的。

因此，动作学习的规律与基于协调性的力量训练相关。动作功能的从意图到行动自组织的后果和训练的多变性是这里的关键因素。

动作功能是以意图为导向的，因此动作的目的是动作控制的一个重要组成部分。首先设计目的，然后形成动作的基本抽象规则，最后确定具体的肌肉动作。外部关注和知道结果的反馈有助于组织运动功能的这种方式。内在的关注和知道表现的反馈可能会诱使运动员"开错方向",激活内存储器,在压力下会导致再投资。

运动系统只有在受到挑战时才尝试学习。能够产生一种新的、意想不到的感觉运动信息混合体的训练,对于发展必要的动机是必不可少的。单调性阻止学习过程,这意味着训练的变化对于学习是至关重要的。通过比较各种动作表现方式的控制机制,可以确定动作控制的一般适用原则。这些机制通常适用于各种条件,然后储存在自动控制的内存中,用于自动控制。变化学习有两种策略:差别学习,即练习一个给定动作模式的几个版本;随机学习,相继进行许多不相关的动作。尚不清楚哪种策略最有效。

由于力量训练的目的是为了改善动作模式的构建模块,所以需要以意图为导向和多样化的训练。

第 5 章

力量训练的专项性

5.1 训练的专项性和转移

任何类型的训练首要也是最重要的特点，就是应该有助于提高运动表现。练习某一特定的动作模式能够提高另一种动作模式的能力，叫作训练的转移。每一个人凭直觉都知道，只有当该练习在某种程度上和竞技动作类似时，训练的转移才会实现；就像网球运动员不可能为了提高他们的步法而去练习跨栏；而长距离速滑运动员发现他们自己的运动和骑自行车肌肉运用相似，因此骑行是他们训练的一部分。然而，仅凭直觉来找到这些练习和实际体育动作的相似之处是不够的。这种方法只适用于这种相似性十分明显的时候——但实际上，它们往往不容易发现。例如，在过去，一些长道速滑运动员——尤其是短距离选手——会在训练项目中纳入田径 100 米冲刺跑，因为他们感觉这会提高他们的速度。但是其他人则怀疑跑步训练对滑冰运动员的价值，因为滑冰和跑步的姿势差异太大。明显的，从跑步到滑冰动作的转移是很值得怀疑的。

在力量训练的方式上，直觉也往往是不够的，因为去识别力量训练动作和项目运动之间的相似性非常困难。外在形式上，力量训练很难与竞技动作相似，因此平日训练对竞赛作用的方式难以觉察。要评估力量训练的价值，我们必须分析所期望发生的转移之间的动作模式。对训练类别和竞技动作的分析能够帮助我们识别可见的、不可见的动作成分，因此可以判断哪一些成分足够相似从而使转移发生。不同类型训练之间的动作相似性被称为专项性。某一类型训练的专项性是从训练到体育运动转移的重要保证，因此，通过系统的方法达到训练中的专项性对运动专项训练非常重要。

用于提高运动表现的力量训练几乎总是部分训练的一部分，即体育动作中的一小部分动作成分被分离出来训练。部分训练更强调那些被分离出来的动作成分，训练时没有其他可能有破坏性影响的动作成分干扰，因此训练有超负荷的风险。这种孤立的训练能大大提升那些可能对整个体育动作产生积极影响的个别动作成分。然而，改善的动作成分的转移却不是显而易见的，因为在部分训练和体育运动中感觉运动联系（即在动作中，感觉和运动信息形成一个前后有关系的整体）是不同的，这常发生在力量训练中。仅建立在关节角度和角度变化相似性基础上的一般力量训练无法确保想要的转移发生。在一些情况下，部分训练过程发生的运动转移太少，以至于在那些仅建立在动作外部相似性的训练中投资的价值受到怀疑。这对力量训练教练、运动损伤康复专业人员是一个至关重要的问题，这也是为什么在选择训练方式时应寻求到更好的理由，而不是仅凭直觉、或凭借一些"显而易见"的理由。训练的选择应建立在对转移的可能性和局限性有更深的理解上。

扩展知识

除了"转移"，另外一个关键术语是"普遍化"。两个多少有一点关系的动作模式，一个模式可能会影响另一个模式的方式，形成精确而稳定动作模式（通过闭合运动技术中的动作固化；Gentile），称为"学习的转移"。通过一些适应，一种动作模式可能变得灵活，以便更加适应多变的运动环境，称为"普遍化"。体育动作必须满足两个条件：稳定模式的固定性，在多变环境中的灵活性。

5.2 力量和爆发力之间的有限转移

5.2.1 最大肌力和转移

当制定一项训练计划时，最好将力量提升作为最终表现的一个整合方面，而不是孤立的——即它会和其他决定运动表现的因素相互影响。最终的表现不仅仅是要训练的不同成分的总和，也是这些成分相互作用和影响的结果。这个

运动训练新思维
——提高运动水平和预防运动损伤的秘诀

理论同样适用于最大肌力（即一块肌肉所能产生的最大作用力）。

最大肌力是有条件的，并非在所有动作过程中都普遍适用。最大肌力的这种应用局限性非常有用。没有在高水平上掌握的动作（比如突然试投标枪的 100 米短跑运动员）能够募集的肌肉纤维限度约为该肌肉纤维总数的 75%。这个百分比可以通过训练提高，因此最大肌力也会增加。然而，这种更高的比例主要发生在与所训练项目相关的动作中。肌力只能在相关动作模式之间转移，这是保护机体的关键机制。若没有这样的机制，运动员会经常受伤。我们可以假设优秀的跳高运动员某一天决定开始投标枪，如果通过高速助跑，在投掷时的前腿绷紧时产生和跳高起跳时同样的最大力量（高达运动员 10 倍体重），他们遭受严重损伤的风险很大。这是因为他们缺少在交叉步中稳定前脚的技巧，来完全控制外界力量。如果首次尝试投掷标枪的优秀铅球运动员的肩带肌群能够产生最大肌力，那他们严重受伤的风险极高；他们缺少投掷时保护关节的技巧，通过肌肉活动来防止投掷所产生的极端活动范围（投掷后期的外旋）。肌肉本身也有受伤的风险，因为铅球运动员并不习惯吸收短时间内作用于肌肉上的较大拉力。为了避免这种情况的出现，以免机体受到各种力之间极端而不可控制的相互作用，所以训练后的素质（例如力量的产生）主要转移到相关的动作模式。这就使运动员能募集多少肌肉纤维和该运动员的技巧之间有了联系。所掌握的动作中，高比例的募集将只会被转移到相关的动作模式里，比如那些已经被掌握的动作。这再次证明，肌力实际上取决于协调性。

最大肌力转移具有情景特征，这不仅适用于不同的体育运动中，也适用于力量训练和体育运动中。教练还应该问一个重要的问题——除了有关专项性的问题——在力量训练中产生力的多少如何与在体育运动中产生力的多少发生关系，从而决定训练的有效性；这是因为教练极有可能设想肌肉所能产生的最大力往往是在力量房内产生的。我们已经看到，由于反射（如跌倒反射、交叉伸肌反射、足底反射等），很多体育运动（跑步）在脊髓水平表现出兴奋和抑制的极端模式。结果就是，相比那些可以通过最大自主收缩完成的动作，这类动作可以产生更大的力量峰值（最大自主收缩参见 2.3.2）。

第 5 章 力量训练的专项性

大重量力量训练的动作模式很少是以反射为基础的，因此，决定大重量力量训练的价值应包括更多，而不仅仅是训练中所能达到的最大值，并且必须和在竞技运动过程中产生的力量进行比较。如果训练中所产生的最大力量值小于体育运动中产生的值，一旦面临超负荷，这样的训练没有任何用途。这在实践中是可以被证实的：事实上，在对最大力量要求非常高的体育运动中（如跳高），很多极其优秀的运动员接受很少甚至不接受力量训练（图 5.1）。不需要任何力量训练，仅仅跳跃显然就可以让你变得非常强壮。事实上对于一些肌群

■ 图 5.1　因为担心增重，俄罗斯跳高运动冠军 Rybakow 很少进行力量训练

而言，在超负荷方面沉重的杠铃负载训练毫无意义，仅仅是因为杠铃训练无法提供和体育运动中所需负载的量。若要达到在体育运动中所需的超负载量，实施力量训练时杠铃的负载会太大（参见6.2.1）。若不仅仅局限于体育馆训练，力量的产生可明显增加。由此可见非常重要的一点是，力量训练的价值不应仅为超负荷的量，也应该考虑力量产生和其他因素之间的相互作用。

这意味着，最大肌力训练过程中的超负荷不可能通过练习中经常见到的单一方法达到（比如只凭数量），例如把一个运动员在杠铃训练中所能承受的最大重量看作肌力训练中一块肌肉所能产生的最大力量。在牛顿学说的术语（参见第6章）中，超负荷比"更多、更重"有更多的含义。

5.2.2 爆发力和转移

在很多体育运动中，最大肌力并不是表现的决定性因素。很多体育运动目的是增加运动员身体的速度或某一已有初速度的物体移动速度，为了达到这个目的，肌肉在快速缩短时必须产生足够力量。这种力量和速度之间的关系被称为爆发力。桨手快速划桨时对水有很大的作用力，而水相对船而言本就有了一定速度，因此，力量的产生不是静态的而是动态的，并且肌肉必须以一定的速度缩短才能对流动的水产生作用力。这同样适用于想让转动的踏板转动更快的自行车骑手，或想铅球在投掷过程中加速的铅球运动员。用公式表达为：

$$F（力量）\times V（肌肉缩短的速度）=P（爆发力：W）$$

从力量/速度的关系角度看来，将力量和肌肉收缩速度联系在一起存在问题。肌肉收缩的速度越大，肌肉纤维所能产生的力量越小。当肌肉收缩处于极端快速时（例如乒乓球的正手），几乎没有力量的产生。力量和速度之间的联系十分困难，会受到训练的影响，并具有任务特定性。当用缓慢速度进行大重量训练时，最重要的是较大的力量和较低的肌肉收缩速度之间的关系会提升。即使真的有联系，力量和快速动作之间的关系几乎不会（因训练而）变化。相反地，用小重量进行快速训练不会对最大肌力产生影响。非常清楚的是，如果选择爆发力训练来建立力量和速度之间的联系，运动员会受益，以至于在与体育运动相关的力量/速度曲线中的那部分会发生理想的适应（图5.2）。

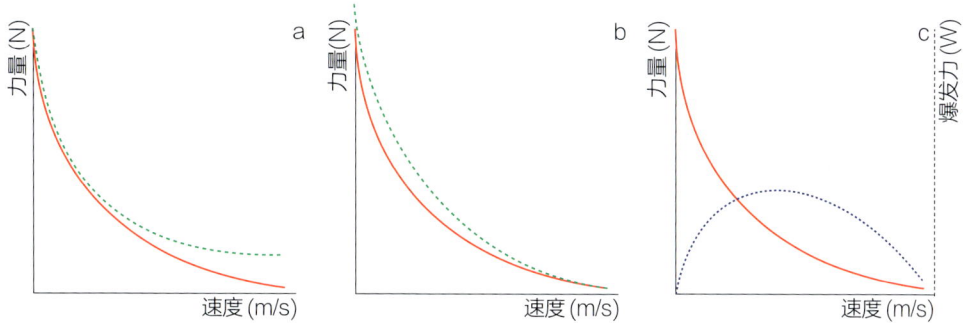

■ 图5.2　a.肌肉的力量/速度关系曲线。虚线表示由于肌肉快速收缩训练后发生的转移效果；b. 和图 a 意义一样，但虚线表示大重量杠铃训练所发生的转移；c. 力量/速度关系曲线以及相应的爆发力曲线（虚线）

正如最大肌力的概念一样，爆发力也要求在训练中有独立的地位——例如，越来越普遍的爆发力测试（等速肌力测试）。因此，爆发力测试的结果仍然十分重要，甚至在选择训练方案时起决定性作用。然而，这倒值得商榷，爆发力的评估结果能准确反映运动员表现吗？如果这同样是基于力量和速度之间的关联，这些结果是否能简单地转移到体育运动中，或者像最大肌力一样，是针对某一特定动作产生的爆发力？有没有体育动作是有固定速度的？在很多运动中，速度是变化的，发力也在变化。一个棒球运动员偷垒或者一名运动员推动雪橇在他们加速时会达到一个更高的速度，因此可以产生的力越来越小。显而易见，在单一速度下测量可能产生的最大力并不能给我们提供任何有关表现的信息，运动表现中的速度不断提高。

即使提高速度没有什么问题，正在讨论的体育运动或多或少都有恒速的速度（划船、速滑等），而肌肉收缩的速度却在一个周期内不断变化，因此，如果爆发力的测试是在一个和体育动作完全不同的动作模式下测试的，那么结果很值得怀疑。

既然最大肌力和爆发力的产生都由特定情形而定，那么以"普遍性"和"专项性"力量训练模块为基础的训练结构还是个不错的选择吗？一般性肌力假定有一种通用性的力量、不会根据特定情形而转移，因此对以后所有训练都有影响。但实际上，并不存在这样的情况（Baker 等，1994）。因此，训练中通用模块的价值一定要在体育运动应用之外去寻找，例如增加肌肉骨骼系统的健壮。

关于体育动作中爆发力的产生，这里有两个重要思考：

（1）一个运动员所能产生爆发力的大小很大程度上取决于他的肌肉发力有多快。发力的过程分几步完成：

①从运动神经元的神经肌肉连接处产生刺激，到肌肉纤维收缩开始（电化学延迟）。

②从肌肉纤维开始收缩到力量施加于被动串联弹性部分（SEC）。

③从力量开始施加于弹性成分，到这些被动串联弹性部分变硬，肌肉纤维上所有的力传递到肌肉止点。

④串联弹性部分卸载，同时肌肉纤维产生爆发力。

关于发力，有几个常用的术语，比如电化学延迟（EMD），肌肉松弛，发力速度（RFD）：

① EMD 是指从肌肉在神经肌肉连接处接受刺激到肌肉纤维开始对肌肉止点施力的这段时间。

②肌肉松弛是指肌肉纤维开始收缩到肌肉发力结束（直到力量峰值/爆发力已经抵达肌肉止点）的这段时间，也就是神经肌肉接头处产生刺激到肌肉纤维开始收缩这个过程除去电化学延迟的时间。

③ RFD 从哪个节点开始并没有清楚的定义，我们往往假设它是在肌肉止点力量产生的开始。然而，有时又认为它是在刺激到达肌肉纤维之后的一个更早的时间点。RFD 的结束与肌肉松弛一样。

考虑到运动场景，了解从肌肉纤维开始激活到力量到达顶峰这一过程中，整块肌肉是如何发力的是非常重要的，同时也要了解为什么训练能够影响这一过程。在这过程中我们忽略刺激产生和肌肉纤维激活之间的延迟，这也是为什么"肌肉松弛"和"发力速度"在文中可以不加区别地使用，他们均指从肌肉纤维被激活到在肌肉止点发力结束的时间。

肌肉松弛是最能决定表现的因素之一，并且它具有高度运动专项性。它的产生是由于肌肉像松弛的绳子一样悬吊在两头附着点之间，它们必须先紧张起来，然后串联弹性部分建立足够的刚性，最后产生峰值力量（见 2.1.5）。需要克服肌肉松弛的大小很大程度上取决于肌肉工作的状态。如果最开始是下蹲的状态，运动员在没有杠铃负重的情况下可以在伸展过程中尽可能产生更多爆发力，这时就会有大量肌肉松弛出现。当在杠铃负重的情况下伸展，则问题要少得多，因为在下蹲位置，负荷力会以离心形式作用在肌肉上，因此可提供减少肌肉松弛所需的预紧张（图 5.3）。

RFD 的测量几乎一直都是对抗阻力下进行的。有时通过用力拉固定杆来测量，这可使等长肌力的建立过程量化；有时杠铃从停止状态开始加速，这可使爆发力的建立过程量化。如果考虑到加速重物的大小，就很难做到明确的判断；在这种情况下发力的方式（通过外界阻力和 / 或允许反向运动的发生）可能与在没有太多外界阻力的 RFD 下（通过协同收缩产生的预紧张）有本质区别。这个本质的区别非常大，以至于在阻力下测量 RFD 不能简单地被认为可以告知我们在没有阻力的情况下 RFD 质量的任何信息。

有或没有杠铃负重运动的区别与在比赛中和赛艇测功仪上划船的区别类似。室内的划船冠军很少是水上的冠军。这是因为在船上，水的阻力几乎不能在划桨开始时减少肌肉松弛，因此需要用协同收缩的良好技术来有效地建立作用在桨上的力量。如果在测功仪上就会简单很多——通过外界的反向作用力来解决划桨开始时肌肉松弛的问题（通过在划桨开始时用力拉手柄从而利用机器的阻力）。由于这个原因，体重更轻、技术好的划手能在水面上比在测功仪上表现更好。

在杠铃的影响下一样，因为需建立爆发力的姿势有区别，肌肉松弛也会不同。一个举重运动员可能比一个百米短跑运动员垂直下蹲起跳跳得更高，但不

运动训练新思维
——提高运动水平和预防运动损伤的秘诀

a

b

■ 图 5.3　一位运动员试着进行最大高度的深蹲跳以跨越障碍物；他几乎是从直立位开始的。可如果没有反向运动，跳跃过程很容易失败（见 a，1~6）。即使有很好的技巧，太多的肌肉松弛使其很难达到所要求的高度。以一个几乎伸直姿势的下蹲翻（见 b），反向运动几乎可以被忽略，因为杠铃负荷会使肌肉产生必要的预反射。这意味着杠铃训练只能产生有限的转移。在其他方面也是一样的道理，挺举和跳高基本没有相似性

222

会在起跑架上同样快地加速。单腿和双腿推离地面是不同的。因此，在测试和运动表现中身体姿势的不同可能会进一步减少测试的相关性。

为此可以增加一个事实，即抗阻力 RFD 的第一个 1‰ 秒和 150~250 个 1‰ 秒后的发力之间几乎没有关联（Andersen 和 Aagaard，2006）。

这使得在前 1/10 秒非常关键（即所有爆发性运动）以及没有外界阻力需要克服的运动中，我们很难决定对抗阻力的 RFD 训练和超过 150 毫秒的肌力训练（高强度肌力训练）对没有对抗阻力 RFD 质量产生的转移是积极的、中立的还是消极的。这个结论挑战了许多有关 RFD 自动转移的经典训练理论的思想，并且揭示了传统机械思考方式的瑕疵。如果 RFD 有或无阻力的情况之间没有可被证明的联系，那么可从强肌力训练自动转移到运动竞赛的想法将是无效的。那么力量训练仅仅可对在特定情况下的爆发性运动有作用，而这种特定情况又难以识别；在个体与个体之间以及个体本身不同时间，会存在明显的差异，并且在一些情况下（例如过度力量训练），转移甚至可能会有负面影响。换句话说，对某一个体有用的不一定对另一个体有作用；今天对某一个体有用，一年之后不一定依然对该个体有用。这对一些经验丰富的运动员而言特别正确。对于初学者而言，力量训练往往对 RFD 的一些方面有积极的影响。RFD 的转移问题可能是运动专项力量训练所面对的最大问题，这意味着无论如何都应该避免以"不会有任何坏处"的方法来进行运动专项力量训练。

（2）除了在动作开始时肌肉松弛的限制，由于动作在加速过程末期必须减速，爆发力的产生被进一步限制。比如在深蹲跳时，膝关节伸展，必须产生肌肉力量来减缓膝关节的伸展，否则关节会遭到损害。推铅球、拳击等运动中肘关节的伸展也是同样的道理。尽管倾向于忽略在加速过程末端能产生完全爆发力能力的限制，这是限制体育动作表现的主要影响因素。这种解剖上的影响是动作特异性的。因此，只有在和竞技表现动作以同样的方式减速时，爆发力的测定才能预测竞赛的表现。决定特异性的首要原则和法则是减速在单腿和双腿离地推进时有很大的不同。这也适用于单手和双手推动时减速的情况。当伸展发生在单腿爆发性跳跃过程中（例如离开起跑架的第一步），膝关节的伸展可能会在自由（摆动）侧的骨盆（和摆动侧下肢为同一侧）上升时减速。这可能会产生非常不同的肌肉减速特点，而在评估双腿下蹲跳爆发力时，对离地推进产生完全爆发力有不同的影响。这也同样适用于投掷动作中肘关节伸展的减速（推铅球、拳击等）。在体育动作中，这样的伸展往往伴随着身体的旋转，例如肩关节从屈曲位到外展位。这意味着与双手尽最大可能突然推出一个重量（并且因此没有身体的旋转）相比，减速的特点在爆发力测试时会表现得不同。

和肌肉松弛一样，杠铃重量可能会有助于这样的减速过程，尤其是在大阻力下产生爆发力。大阻力减少动作的速度，同时也减少了爆发力产生过程快结束时的问题，这样肌肉产生爆发力的时间就可以更久一些。这意味着阻力大的爆发力训练比外界阻力小的动作训练更不具有特异性。

因此在爆发力训练中，较大的阻力能够促进动作的开始（RFD）和结束（减速），从而使动作更容易协调。尤其是熟练掌握动作之后，这种协调的"简化"对运动员学习爆发性动作的复杂性几乎没有任何作用。

在一个场景式动作中，爆发力的产生几乎一直是肌肉之间合作的结果。这并不意味着为了达到最理想的表现，每一块单独的肌肉必须产生尽可能多的爆发力。一些肌肉（跨关节肌肉）起到传递能量的作用，而不会做功（功即在一段路径上所产生的力）。在产生爆发力的过程中，它们或多或少都保持了等长的状态。模拟模型显示，潜在的表现可能高度依赖于肌肉之间的配合。如果在蹲跳时，一个重要肌群（如腘绳肌）比理想动作模式早零点几秒或晚零点几秒收缩，运动表现会明显退步。这意味着可能因为肌肉传递能量的限制和（或）较差的肌肉间配合，产生的总爆发力（如脚离地推进时）被肌肉能够产生的最大爆发力限制。因此，限制性因素在两种不同动作模式下也不同。例如，如果腓肠肌的能量传输能力是从膝上下蹲翻的限制因素，而不是滑冰时离地推进或者游泳开始阶段的限制因素，那么力量训练对运动表现提升效果将会在这些体育运动项目减小。然而，事实上非常难确定是否真的如此。

除了前面提及的爆发力产生上的限制，也会有来自动作要求的稳健程度限制，从而进一步减少在与动作模式不同的测试中爆发力测试的预测性价值。

这意味着，正如最大肌力一样，爆发力不是一个孤立的、普遍有效的现象。和肌力一样，它依赖于协调性，并且和所进行的动作息息相关。

5.3 专项性的种类

如果两种动作模式的特点或多或少有相似的地方，那么它们通常被认为彼此之间是"专项"的。这些相似的地方可被分为 5 类（图 5.4）。

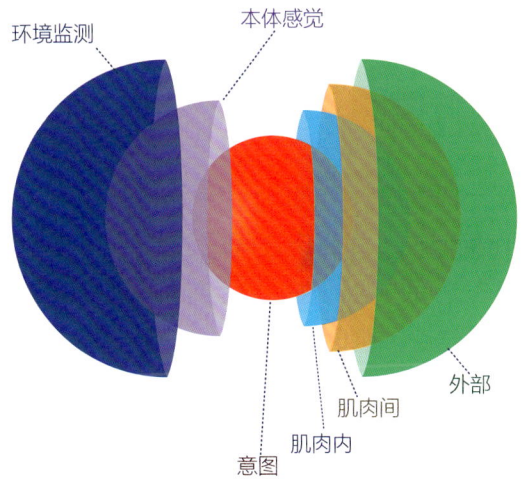

■ 图 5.4 专项性三层次模型。中央部分是动作的意图，它周围的右半球是动作的内部和外部特点；左半球是感觉模式：包括本体感觉和环境监测

（1）动作内部结构的相似性：
①肌肉内部的相似性：一块肌肉内部的协调性具有相似性（例如在弹簧床上跳跃时与排球拦网时，跳跃的下肢肌肉活动是相似的）；
②肌肉之间的相似性：不同肌肉之间的协同合作具有相似性（例如在排球跳跃拦网时和游泳开始时，竖脊肌和臀大肌之间的协同合作是相似的）。
（2）动作外部结构的相似性（关节的动作全程具有相似性，例如棒球投球和网球发球时肩胛带的活动是类似的）。

（3）能量产生的相似性。

（4）感觉模式的相似性：

①监测环境时，感觉模式具有相似性；

②监测身体时（即本体感觉），感觉模式具有相似性。

（5）动作意图具有相似性。

我们可通过分析这5类专项性来判断动作的相似性，继而判断力量训练的价值。显而易见的是，在每一个专项性的种类中，大多数类型的训练与体育动作是不太相似的，因此只具有部分专项性，力量训练尤其如此。因此对于大多类型的力量训练，应期望动作模式的一个或者更多方面发生转移，而不是整个动作模式的转移。

5.3.1 动作内部结构的相似性使动作具有相似性

这种相似性可被分为两组：发生在一块单独肌肉内的动作相似性（即肌肉内部的协调性）和不同肌肉合作的动作相似性（即肌肉之间的协调性）。甚至研究人员也发现很难去测定肌肉内和肌肉之间的协调性，到目前为止对于"皮肤下面"到底发生了什么也很少有明确的结论。肌肉内和肌肉之间的动作模式特点主要取决于动作的解剖模型。结合实践中的训练经验以及已有的研究成果，可以推测有关在肌肉内和肌肉间水平发生了什么。然后就可确定这两种类型训练的相似性。

（1）肌肉内部的协调性

力量训练特别适用于优化一块肌肉内的协调性。一块肌肉内肌肉纤维之间的合作非常复杂，变化也非常大，依赖于肌肉在怎样的环境中工作。换句话说，一块肌肉内部的协调性也同样非常复杂。有关控制的一个著名原则是"大小原则"（见2.2.1），但这仅仅描述了控制的一小部分组织协调，真正的"控制"远不止于此。例如，肌肉纤维和传递肌肉收缩力的被动组织之间的合作还没有被全面地研究；它仅有一个一维的模型（Hill模型），但是若要描述其真实情况，需要三维模型。

肌肉可以通过不止一种方式来工作。肌肉活动的不同类型（向心，离心，等长，伸缩）差异很大，如果一个动作正确地执行，则肌肉之间不存在逐渐的转移。实际上，肌肉是被分隔的，因此训练的特异性在肌肉内水平很大程度依赖于肌肉活动的类型。

因此，使力量训练具有专项性的第一步就是使肌肉活动方式相似，但是仅凭这一点无法完善专项性。即使肌肉活动的类型是一样的，肌肉内的协调模式仍然可以是不一样的。如果骑行时一块肌肉必须做向心收缩，与其他需要肌肉向心收缩的活动（例如划桨或踢球时加速）相比，系统会以不同形式协调肌肉纤维。

问题在于，在力量训练中将专项性做到最大化是否总是明智的。在一些情况下这是正确的，但是在另一些情况下，如果力量训练太有专项性，会大大提升训练难度，甚至增加风险。例如，快速跑会给腘绳肌施加以弹性负荷，尤其是在腾空期末前面小腿做钟摆运动时。力量训练可正确地训练腘绳肌的负荷。然而，由于无法通过模仿小腿的钟摆运动来使训练具有专项性，因此这一部分的专项性在力量训练中被忽视。

（2）肌肉之间的协同

力量训练同样适用于改善肌肉之间的协调性。很多运动中，其表现主要依赖于肌肉之间的协调性，尤其是在高水平掌握该项运动后。肌肉之间的协调非常复杂，所以在做体育动作时需要至少满足以下两个要求：

①必须高效地、经济地完成动作。在场景式完整动作模式下，这意味着尝试最佳利用肌肉的弹性和等长收缩，以便减少向心收缩以及其他肌肉活动，以及伴随的高能量消耗（见4.1.2）。由于肌肉结构差异巨大，在一个完整的动作模式中，一些肌肉比另一些肌肉能更好地解决弹性问题。这也适用于力量的产生过程。良好的肌肉间协同应该考虑到肌肉的专长。

②动作必须是可控的。只有动作模式建立在那些固定的原则上，又能灵活地融入一个完整模式时，这才成为可能。除了其他方面，这需要协同收缩和协

运动训练新思维
——提高运动水平和预防运动损伤的秘诀

同效应，以使动作的执行能够抵抗失败和错误可控。

为了满足这两项要求，我们身体有丰富不同的肌肉。例如，有一系列的肌肉可以使髋关节伸展（臀大肌、腘绳肌、大收肌），这似乎意味着需要它们在不同的情况下能灵活运用。为了同时满足高效和灵活的要求，在一个场景式动作中，肌肉之间特殊的合作方式是以肌肉之间合作的固定基础模块为基础的。按照场景式转移到体育动作的非线性控制，力量训练尤其适用于练习和改善这些基础模块。训练中增加的阻力，使肌肉之间相互影响的有关因素在设计基础模块时发挥作用。

例如，后背肌肉和腘绳肌之间协同合作，二者都附着于骨盆。背部肌肉可以使骨盆向前旋转；腘绳肌跨越髋关节和膝关节，可以使骨盆向后旋转。它们在很多运动模式中起着非常重要的作用，因为在开链情况下，钟摆运动返回之前（例如跑步）它们贮存弹性能量，继而将这能量转化到另一相反的运动中。在闭链情况下，腘绳肌产生一个相对于髋关节的髋伸展力矩，这不仅会导致腿部的向后运动，也会使骨盆向后旋转。在闭链中，通常不需要骨盆发生旋转，因此背部肌肉收缩防止骨盆旋后就非常重要；只有在背部处于足够的腰椎后伸的位置（脊柱前屈），后背肌肉才能工作。如果背部太圆（向后突出），背部的肌肉可能无法有效地紧张从而导致骨盆轻易地后旋。腘绳肌的张力将会减小，而这个张力在跑步时至关重要。在闭链动作模式中，腘绳肌的活动非常重要，因此背部的肌肉必须激活，这也是为什么精英短跑运动员在跑步时背部很好地伸展。像登台阶和各种下蹲翻这样的力量练习对标准化和改善腘绳肌和背部肌肉之间的基本协同合作特别有益（图5.5和图5.6）。

杠铃训练一个关键的基本要素是负载杠铃时脊柱的位置。背部必须一直保持伸展状态，这样背部肌肉就保持紧张，从而使动作被正确地执行并防止损伤发生。如果拥有良好的技巧，在所有肩上扛杠铃的训练中，后背肌肉和腘绳肌的协同合作对速度跑具有专项性，这也是为什么在杠铃训练中注意背部肌肉和腘绳肌配合的重要原因。如果训练中在这两个肌群的配合中加以压力，也会很有益处。例如在单腿深蹲时，向下运动后身体的重心向前移动，以此增加髋关

第 5 章 力量训练的专项性

■ 图 5.5 进行挺举时，骨盆轻度的前旋和后旋由合作的肌肉所控制。这使得腘绳肌的长度得到控制，以便能在适宜的长度下更好地工作

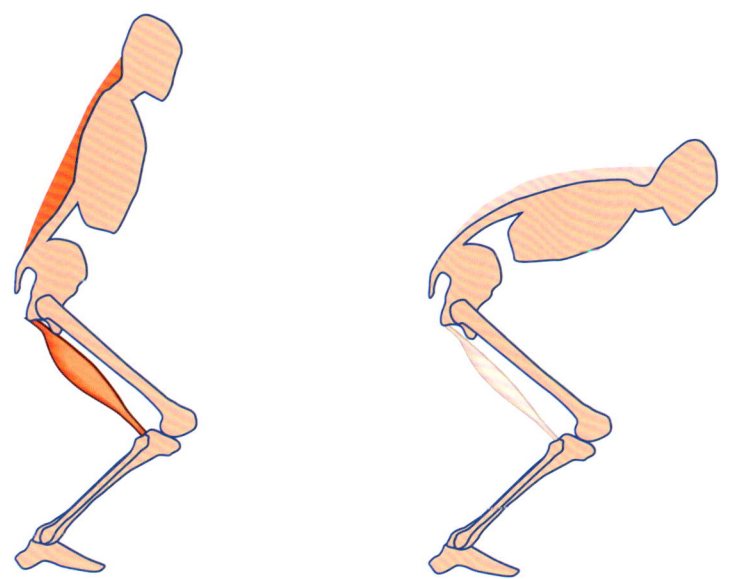

■ 图 5.6 蹲跳（左）和滑冰时蹬离冰面（右）进行比较。蹲跳时，后背肌群紧张，从而骨盆固定，腘绳肌则可使髋关节伸直。滑冰时，后背屈曲，腘绳肌收缩会导致骨盆后旋。这就是为什么腘绳肌对滑冰运动员的意义有限。在蹬离冰面的一瞬间，大腿并不会伸直，但主要向侧方移动。也正是因为腘绳肌所承受的负荷很有限，滑冰运动员的腘绳肌很少受伤

■ 图 5.7 单腿支撑靠墙举杠铃。背部肌肉必须充分紧张，使脊柱和骨盆形成牢固的整体，这是腘绳肌和其他肌肉共同作用所保持的姿势

节以上重量的力臂。背部肌肉必须保持理想的长度，同时腘绳肌必须产生很大的力量来稳定髋关节（图 5.7 和图 5.8）。

当然，骨盆的位置被更多肌肉的活动所控制，例如髂腰肌和腹部肌群，这些肌肉同样以这些潜在的原则协同工作。这种潜在的合作可以帮助旋转骨盆。腹部肌群可以向后旋转骨盆，髂腰肌可以确保髋关节的屈曲，同时腰大肌也作用于腰椎部位。由于一块肌肉往往作用于两个方向，髂腰肌也可以向前旋转骨盆，因此这两大肌群在复杂的运动中相互合作。腹部肌肉拉伸后同样具有弹力性质，因此

■ 图 5.8 单腿下蹲。在最低位置向前移动躯干（右图）给背部肌肉和腘绳肌很大压力

第 5 章 力量训练的专项性

髂腰肌可以使髋关节屈曲。那些一条或两条腿在髋关节伸展后需要向前移动的动作模式中,这两组肌群的合作非常重要,比如跑步时推离地面后,摆动的腿开始向前运动时就需要它们的协同作用。在这个运动过程中,在腹部肌肉使骨盆后旋的作用和髂腰肌向心收缩使骨盆前旋的作用之间需要有合适的平衡(图 5.9)。

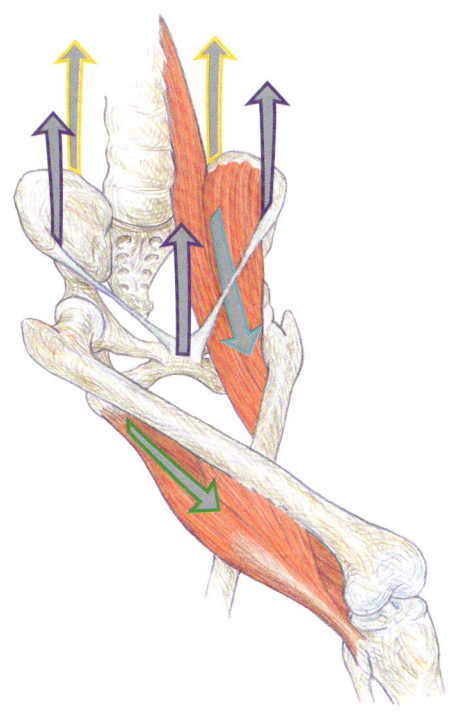

■ 图 5.9 肌肉会影响骨盆的旋转:髂腰肌(向前,蓝色箭头),腹肌(向后,紫色箭头),腘绳肌(向后,绿色剪头),背部肌群(向前,黄色箭头)

扩展知识

腰方肌和竖脊肌之间的固定合作关系

竖脊肌作用于脊柱上,该肌群收缩可以产生很大的力量。非常重要的一点是,作用在脊柱上的力(继而作用在椎间盘的力)需要通过肌肉活动被很好地控制。因此,脊柱的位置十分重要。腰方肌包含了大量的本体感受器（肌梭和高尔基腱器官），这些感受器提供的信息对整体的协调和脊柱位置的控制十分重要。在某种意义上，腰方肌是竖脊肌的眼睛和耳朵。

一些系统包含能够对主要运动系统的控制提供重要感觉信息的肌肉，这些系统可以存在于身体不同的部位；例如腹部肌肉是髂腰肌的眼睛和耳朵，诸如此类的情况还有很多。本体感觉并不总是工作状态良好，它们也需要相应的训练。在运动损伤（往往涉及严重的本体感觉减退）的康复过程中，需要花一定的时间去重拾本体感觉。但需要一直记住的是，在向高强度运动相变过程中，本体感觉可能发生改变。

当然，在完整的模式中作为模块可有相似的固定合作模式，这些模式同样存在于肩胛带的体育动作中。"肩肱节律"是一种固定的节律，包括了肩关节外展时肩胛骨的外旋。在这个节律中，肌肉之间（如斜方肌上束和下束、三角肌）的合作有固定的原则。另外一个固定节律的例子是前锯肌导致肩胛骨前伸和胸大肌导致肩关节屈曲的组合。像投掷和网球扣击这样完整的模式，这些模块（吸引子）的利用可以形成高度场景式的通用动作模式。这种模式是高效的，因为肩关节的内旋（同时前臂旋前）发生于所有类型的投掷和扣击动作中。这种模式也具有灵活性，因为它可以应用于网球、排球、手球、水球等各项运动。在力量训练时使用自由重量训练（如单手举哑铃过头），上肢的动作模块就可以被训练和改善。模块的安排必须是自我组织的。因此，在力量训练中练习这些动作模式时穿紧身衣，会大量减少动作中的自由活动度，这样的做法是不明智的。通过消除其他关节的活动（例如在坐位下练习肩关节的稳定性、在四点支撑俯卧位下练习躯干的控制）将肌群和关节活动度孤立开来会妨碍这种自我组织的发生。

5.3.2 动作外部结构的相似性使动作之间具有相似性

如果不同动作模式下的动作结果在外部具有相似性，那么这也存在一定程度的特异性。我们可以考虑关节角度、动作速度、关节角速度和力作用方向等方面的相似性。

动作外在形式的相似性是传统上选择力量训练的功能向导，尤其是在力量训练时无法保持内在动作结构相似性的情况下，如模仿投掷动作时，几乎不可能抵抗较大的阻力。即使关节角度以及角度的变化可以在动作中保持相似，却无法在任何情况下保持肌肉活动的相似。当进行投掷和打击训练时，除了仍然把内在结构特异性作为目标的极小阻力进行训练，外在结构的相似性才是使用大重力进行训练时保证专项性的首要方法。

追求训练的高度特异性和高效转移时，运动外在结构的相似性是一个重要的起始点，因为对于一个动作模式的视觉呈现而言，动作外形非常重要，这种外形帮助运动员整合意图、感觉模式和动作展现。

5.3.3 能量产生的相似性使动作之间具有相似性

能量产生的相似性是力量训练专项性方面最弱的应用。力量训练很少能满足训练转移这个条件。在爆发性运动中，由于能量产生几乎不会限制其表现，所以将发力和必要的能量供应过程联系在一起是无用的，更多的限制在于神经因素。在耐力性运动中，将力量产生和相关的能量系统联系在一起意味着力量必须处于较低的水平，继而肌肉不会产生更大力量这个能力上有适应现象。

5.3.4 感觉模式的相似性使动作之间具有相似性

除了之前提到的专项性3个"经典的"方面，感觉相似性也可以作为一个特点。对于训练目的而言，区分用于感知环境的感觉器官（眼睛、耳朵、前庭器官、触觉等）和感知身体状况的本体感受器（肌梭、肌腱感受器、关节感受器等）是很有意义的，这是因为感觉模式对运动模式有很大的影响，它们是属于一体的。我们的大脑并不是简单地设计一个动作（动作程序），然后将信息输送到肌肉并原封不动地执行。实际情况是，依据各种感觉信息（闭环控制），动作不断地被评估和调整，因此实际执行的动作往往和最初所设计的不同。根据感觉信息动作模式所做的调整很大程度上决定了动作的执行质量。因此我们可以假设，感觉信息的相似性对训练的转移和特异性有很大的影响。这也反映在"枯燥"训练这个事实上——在真实体育场景外进行动作训练对运动表现几乎没有影响。最明显的例子就是游泳：游泳时，特定的环境（水中）干扰在陆地上进行动作训练的转移（见 4.1.4）。同样的问题也存在于从赛艇测功仪的训练转移到在竞技赛艇上划桨。

在力量训练和体育运动之间，从环境中所得到的重要感觉信息几乎不具有专项性，因此，力量训练中感觉信息的主要专项性在于本体感觉。在复杂的动作模式里，本体感觉在涉及训练转移的力量训练中起着尤其重要的作用。当然，这些动作只是包含略微增加的阻力（杠铃，健身球，游泳时的手蹼）。因此，当做些动作时，重视感觉信息是非常有用的。在这个类型的训练中，训练时感受阻力和身体动作会快速产生效果。然而，问题是本体感觉信息主要在无意识过程中处理，感受到来自身体的信息（内关注）对改善动作模式没有太多作用。这就意味着，保持肌肉紧张程度以及改变关节角度，也就是经常在康复性训练中所见到的（"保持你的腹部肌肉紧张的同时，将你的背拱起来，旋转你的骨盆"）对学习效果的贡献比我们普遍认为的小很多。有意识地关注动作可以提升训练结果（在阶段性训练结束时所达到的水平），但将训练结果转化为学习结果（即永久技术所达到的水平）不是一件容易的事。

总而言之，感觉信息对学习过程非常重要，但是直接将它作为教授技术的开始非常困难，也往往不容易做到。

5.3.5 动作意图的相似性使动作之间具有相似性

意图-行动模型在第 4 章中已经阐述。我们的学习系统根据动作的意图来推论其过程（即肌肉活动），并且主要利用对结果的内在感受来完成这一过程。

从这个意义上来说，如果意图在训练和体育动作中是一样的，则一项训练可以导致向体育动作的转移。因此，动作意图的相似性是专项性的一个特点。

在力量训练的实践中，在一个训练中要包含所有类型的专项性非常困难，也几乎不可能。因此，我们必须接受一项或多项专项性的减少或者缺失（也可参见 6.1.3）。就像动作外在结构（形式）的相似性一样，动作意图的相似性可能很难或者不可能实现。但为了明白所发生的转移，仔细分析动作的意图很有作用。这其中有两大主要的问题：意图的质量如何？如何将意图与其他类别的专项性联系在一起？

（1）力量训练和意图

在与完成动作的场景有强烈关系的动作中，动作的意图非常明显。当向某个目标投掷时，意图非常明显，就是击中这个目标。当在长距离速滑转弯时，意图就是在赛道上的某一特定位置结束。当击高尔夫球时，首要意图就是击中它，其次是让它停在所预期的位置。跑步时，首要意图是保持直立，其次是要从 A 处移动到 B 处，并且可能有第三个意图即在规定时间内完成。如果在平地上跑步，首要意图就更容易完成。如果在冰面上跑步，就很难完成。在冰面上跑步时，保持直立这个意图将会成为一个巨大的限制，以至于整个过程（跑步技巧）将重新自组织从而满足维持平衡的需求，因此推离冰面的水平成分也会下降。越能精确为学习系统定义动作的意图，那么针对这个意图的自组织就会更自动化、更加迅速。尤其在意图是该动作的固有属性时，这个自组织机制会得到加强。如果没有意图或意图并不清晰，学习系统会很难正确组织执行动作。我们的身体不知道应在哪里停止，也因此不知道到达那里的途径。

很多力量训练中，内在意图是不清楚的，或者完全缺失。重量或者阻力可以从 A 移动到 B，但是力量训练很少有一个清楚且明显的（场景）结束点。这种结束点的缺失（在投掷时并不存在没有结束点的情况）是以牺牲面向目标的有效动作模式的自组织以及学习到动作模式的基本成分为代价的。尤其是，如果动作的结局不清楚，学习肌肉之间（运动链）发很大力的动作模式只能得到

运动训练新思维
——提高运动水平和预防运动损伤的秘诀

有限的效果，例如，当用壶铃进行训练时就会有这个问题。这些用单手举起并摆动的重量以多种方式来负载和训练肌肉链。壶铃摆动和举起动作可以在三维空间进行，动作完成可以有充分的自由度。因此，这对动作的控制有很高的要求。但是肌肉间配合的学习效应可能比预期要低，因为在壶铃训练中要找到精准的、有目标的结束点非常困难。

如果一个教练打算孤立地训练肌群，则几乎不可能在练习中完成有意义的意图。运动员会变得"强壮"，但是将无法将这力量有效运用于体育动作中。这一观点在很多运动中都变得日益重要，一个可见的普遍趋势是，力量训练量越来越少，但更多的力量训练是针对专项性设计的，其中训练意图起着重要的作用。例如，现在很多领先的教练都认为，一周2次1小时的力量训练通常对一个跳高运动员或短跑运动员来说足够了。因此，当进行力量训练涉及肌肉链的复杂模式以及类似体育动作的模式时，通过动作意图的相似性来寻找力量训练的专项性非常有用。这里的关注点在于内在的KR信息，如果这种信息清晰，且有一个清楚的结束点加以帮助，则KR信息能很好地起作用。学习系统可以非常简单地利用这样的感觉KR信息，来找到达到结束点的一个高效过程。

（2）力量训练中关注KR的例子

①用25厘米高的箱子做蹬台阶训练，肩负一个较重的杠铃（如和运动员体重一样的重量）。这个练习的目标是在上台阶动作中尽可能爆发性地伸直支撑腿。相关的结束点是一个伸展的躯体姿势同时伴随完全伸展的支撑腿，同时摆动腿的髋关节屈曲60~80°、膝关节为锐角（即完全屈曲）、踝关节背屈。摆动腿的这个位置是动作的结束位置，引导有效执行上台阶过程中的自组织。骨盆的运动（摆动腿侧的骨盆抬高）是蹬台阶腿强力反射性伸展的一个关键方面。这由前面所提到的摆动腿结束位置控制。为了使上台阶动作的结束位置有更强的约束作用，做动作时可以让双上肢伸直举一个较轻的杠铃超过头顶。这样，双上肢保持伸直并举过头顶使摆动腿结束位置成为约束，因为只有在身体有足够的紧张度并且摆动侧的骨盆在早期阶段抬起时，才能做到上述要求（图5.10）。

第 5 章 力量训练的专项性

■ 图 5.10 连续进行蹬台阶动作。摆动腿向结束姿势的动作可以增加支撑腿的伸直

②利用较重的杠铃（如和运动员身体一样的重量）进行经典下蹲翻训练。下蹲翻可用来训练下肢关节近端－远端伸展的正确时机以及伴随的肌肉间配合。首先，髋关节伸展，接着膝关节伸展，最后踝关节跖屈，同时下肢的双关节肌肉工作来传递能量。如果没有下蹲翻内在的 KR 信息，这种时机非常难以学习，这就是为什么每一位举重运动员下蹲翻时都尝试着加入下蹲翻结果的信息。这可以通过在下蹲翻时盯着天花板做到。如果在下蹲翻过程中自始至终都能看到天花板，这就意味着伸展的时机正确。如果时机错误，伴随膝关节伸展太早太快，躯干会变得更加水平，运动员就无法在杠铃加速时看到天花板。因此，下蹲翻时看着天花板可以提供 KR 信息，这信息可以帮助下肢伸展的自组织过程。

下蹲翻时，额外的感觉输入信息可以加入 KR 信息中。下蹲翻的结束位置是杠铃停在身体前方胸部和手指上。运动员必须保持良好的平衡姿势，这样杠铃举得才舒服。这个位置提示下蹲翻进行得是否正确。更严格地要求这个结束位置可以使结束点更加清楚。例如，在下蹲翻结束时双足必须轻微离地，运动员必须前脚掌着地，最后身体必须在保持三秒内完全不动。若达不到这个要求，即使是很小的技术错误，也会立即暴露出来（图5.11）。

■ 图5.11　下蹲翻时，在动作的第一部分，膝关节会有伸展过快的风险。向上看可以预防这种极端的快速伸展。结束姿势同样包括很多下蹲翻方式的感觉信息。平衡良好的支撑和髋膝关节恰到好处的屈曲，以及杠铃稳定地在胸前，提示正确地执行了技巧

③跑步是一项周期性的，或者说持续性的运动。由于没有清楚的开始和结束，这项运动似乎没有任何意图或者最终结果，但是它确实有最终结果的。如果技巧使用正确，当足离地时，不会发生旋前或者围绕长轴的旋转。一个处于良好平衡状态的位置可以提供内在的KR信息，即脚趾离地瞬间产生旋转的风险已经被合理地补偿。如果在脚趾离地末没有残余的旋转，平衡练习变得更具有专项性。平衡动作后轻微延迟，再将摆动腿侧的脚放在箱子上，运动员能够展现出在没有残余旋转情况下执行该动作的能力。残留的旋转动作会导致失去平衡，继而导致提早着地（图5.12）。

第 5 章 力量训练的专项性

■ 图 5.12 跑步时，不同的旋转必须在脚趾离地时相互抵消。一些杠铃训练（例如"平衡"）很适合模仿这个过程。由于脚趾离地在跑步时是一个 KR 瞬间，因此会有比预想更多的转移发生。除了杠铃放在肩上，平衡训练也可以通过抓举（从平衡到抓举）或下蹲翻进行（从平衡到下蹲翻）

在力量训练中，教练必须决定转移所带来的益处是否大于增加的专项性背后的付出。这常常是一个困难的事，尤其对那些上肢场景的力量训练。例如投掷动作，在肌肉内水平通过弹性肌肉活动控制，在肌肉间水平取决于能量从近端到远端的传递。外部表现来看，它以肩关节从外旋到内旋的动作模式、前臂从中立位或旋后位到旋前位的动作模式。当然，动作意图由球的轨迹来定义。当用大重量训练时，试着去涵盖所有类别的专项性几乎没有意义；更理智的做法是，在或多或少的等长收缩情况下，满足于募集水平的专项性，因为这才是肌肉弹性活动的关键点。当训练阻力不断增加时，无法长时间保证意图的专项性（腕的动作是动作的终点位置，球的轨迹）。因此，只能把注意力放在某些类型训练的专项性要求中，这些训练的阻力和体育竞技动作中所面对的阻力非常接近，例如投掷加重的球。我们应从这一方面去争论训练棒球投球手时"长抛球"的价值。

然而，在其他体育动作的上肢力量训练中，比如这种有明确起始点和结束点的"前冲–推进"动作，通过简单地向清晰的终点移动（如一个球用绳子悬挂起来）或动作结束时触摸目标专项性就可以得到提升。尤其在运动损伤康复中，要重新恢复基本的动作模式，这样简单的额外动作就会非常有用。

5.4 杠铃与力量训练机器

加速和减速经常发生在体育动作中。作用在身体的外部力量和在体内产生的内部力量（围绕着关节所产生的扭矩），不断变化并相互作用。体育动作不仅是使某一对象——球、标枪、雪橇、运动员的身体移动，也让移动的对象改变方向、加速或者减速。在身体内这种外力和内力之间的相互作用持续变化，需要精确的时间顺序。在体育动作中外力、关节扭矩、加速和惯性之间的相互作用就像管弦乐队的各种乐器互动，只有当所有乐器和谐地奏出音符，才能演奏出乐曲。

第 5 章 力量训练的专项性

为了达到专项性的要求，力量训练必须相应地让上述的力量能够自然相互作用。使用奥林匹克杠铃进行训练可以满足这些标准，因为在这个训练中有足够的自由度来进行关节扭矩自组织的相互作用。当一位运动员下蹲翻时，他的身体姿势和肌肉产生的扭矩可以使近端-远端活动得到优化和改善。同时，肌肉的预反射活动可以纠正协调性中微小的扰乱（噪声），最终获得一个良好平衡的姿势。因此杠铃训练天然地具有专项性。

使用力量训练机器训练，当对象加速时不能让各种力发生自然的相互作用，因为它们使自由度降低，强制动作在不那么自然的方向完成。结果就是，当在机器上做力量或阻力训练时，几乎没有加速运动发生的机会。为了满足专项性，机器必须模仿这些自然的特点，但它们却很少能做到。在一个特定身体姿势下，技术性正确或技术性错误的加速运动之间的差异太小，机器几乎不可能模仿。

因此，在机器上进行运动专项训练很难执行，尤其那些涉及不同肌群以运动链方式工作的动作模式（一支大型的交响乐队有很多乐器）。从习惯于自由杠铃深蹲训练的运动员在有导轨的深蹲架上（Smith 机器）训练时遇到的问题上，就可以很容易看出自然地进行一个强迫动作有多难。在 Smith 机器上，杠铃只能在精准的垂直方向上下移动。如果用自由杠铃进行深蹲，可在水平方向发生一定程度的运动，导致杠铃在垂直方向上的移动轨迹不是严格的垂直线。虽然这种差异肉眼可能无法察觉，大多数习惯了用自由杠铃训练的运动员不会选择用 Smith 机器。因为它对动作有太多的约束，并且会使运动员感觉不自然，尤其在做快速深蹲时更是这样。同样，其他固定运动路径的机器也是一样的，比如模仿投掷动作的阻力机器。

在比较无限制的杠铃和轨道器械训练时，通过训练意图的相似性达到转移也很重要。在轨道器械上进行训练的一大劣势就是缺少终点导向性的自组织效应。尽管运动的结束点非常清楚，但是自组织的机制和结束点之间并无有意义的关系，也因此毫无有价值的转移模式。这就是因为肌肉之间模式的不正确组织导致了和正确组织时一样的终点，而我们的学习系统不能区别高效和无效的动作模式。

5.5 力量训练专项性的限制

5.5.1 超负荷与专项性

为了达到实用目的，训练的类型必须既要满足专项性的要求，也要满足超负荷的要求。在力量训练中，只要确保施加的阻力高于运动员平时习惯克服的阻力大小，超负荷往往比较容易实现。但这种显而易见的容易蕴含着风险，即运动员不会想超出大负荷以外的事。超负荷不仅在最大力量的产生中可能令人失望，而且只有超负荷的训练是不足以达到预想的适应。没有专项性的超负荷训练对运动员的动作几乎没有积极影响，尤其对那些已经高标准训练的运动员更是如此。因此，真正有用的运动专项力量训练远远不只在空中维持一个球，而把力量训练变为一个杂耍行为。

容易满足超负荷要求的训练类型离满足专项性要求还差得很远。超负荷和专项性是相互冲突的。因此，确定、保证专项性，同时有足够强度的负荷，是制订力量训练计划中最难的一个方面（见6.1.3）。

5.5.2 快速和慢速体育动作的专项性

解决力量训练中专项性问题最好的方式随着运动的不同而不同，因此，根据关节屈伸的速度对体育动作进行分类是有用的。速滑的前进速度非常快，但是蹬冰推进的腿伸展动作却缓慢完成；跑步时，前进的速度相对慢很多，但是关节的角速度非常快，因此，滑冰时这些动作比跑步时慢很多。

在高速运动（短跑、跳跃等）中，必须在动作的内部结构中去寻找力量训练的专项性。肌肉内部和肌肉之间的协作是协调性的开始。有两个原因可以解释，一是在这样的运动中，几乎不可能用大阻力、低速的动作（外部结构）去模仿整个动作。除此之外，高速的体育动作对肌肉内协调性要求很高，肌肉必须以专门的方式工作（讨论见后面的肌肉作用的离心机模型）。例如，它们受制于极端的弹性负荷，或者必须能够在大力作用下快速缩短，因此，在力量训练中，专门训练肌肉内的协调非常有用。在这特殊的肌肉活动基础上，力量训练同样可以提升肌肉间的协调性。进行相关的肌肉间协作模式时，外在形式的相似性是潜在的优势，这样动作向外进行。在低速进行的运动（如游泳、速滑、划桨、骑行）中，力量训练的专项性可通过外部结构实现。在那种情况下，动作向内进行。既然动作速度较慢，它可以在额外阻力下很好地模仿，在相关姿势下，动作的肌肉内和肌肉间配合也可以得到改善。在低速运动中，对肌肉内部的要求不如在高速运动中要求那么高。尤其是，由于反作用力峰值产生的弹性作用与此关系不大，或者完全不相关。低速运动中的问题远远不止动作中肌肉间协作与身体姿势产生联系的方式。对于速滑运动员来说，问题不在于单个肌肉能产生多大的爆发力，而是在并不舒适的速滑姿势下，肌肉爆发力能够多早转为作用在冰面上的推力；速滑姿势下的力量训练将对此有帮助。

　　对于划桨运动员来说，下蹲翻是一项非常好的训练，可以模仿真正运动时动作的外在结构。对训练技术做适当调整，下蹲翻时的身体姿势或多或少地匹配运动时的动作，而且在做动作时，运动员可以把注意力集中在动作的外在结构，例如，哪一个关节在伸展过程中的哪一节点需要加速（比如什么时候需要屈曲手臂）。当然，教练也需要在没有即时性内在指引下尝试训练这种能力。

扩展知识

快速运动时肌肉的离心机模型

　　在动作当中确定肌肉如何合作是非常困难的。肌肉工作时，很难从外部去准确测量肌肉长度的实际变化。因此，观察肌肉之间的结构差异是一个不错的办法。由于解剖上的差异，同样的一个肌肉活动类型不能适合所有的肌肉。一块肌肉适合某种类型的肌肉活动，并不意味着它永远以这种方式工作。在吊环上，体操运动员缓慢抬起他们的腿至水平位置时，使用腹部肌群的向心收缩而不是弹性，即便腹部肌群的结构不那么适合缓慢地缩短。那么我们必须考虑，一个肌群什么时候需要根据其特点来工作，什么时候需要以不一样的方式工作。

离心机模型可用来回答这个问题。当肌肉在离心机中央时，可以用作多种肌肉活动方式，甚至可以起到媒介的作用。例如，它们可以在不同的长度下工作，并在工作的同时传递能量、吸收有限的外部力量以及向心收缩，等等——在 Hill 模型中，则同时进行 CE 行为（即肌肉的收缩组件）和 SEC 行为（动作的串联弹性组件）。当肌肉靠近外层时，它们只能做那些特殊结构所决定的工作：要么它们只能在某一特定长度良好地工作，表现出弹性或者等长收缩作用；要么它们做向心收缩。

如果离心机旋转缓慢（即在慢速运动过程中），肌肉很可能处于"离心机"的中央，如果它开始快速旋转，肌肉则被向外抛出；如果高速旋转（最大速度的体育运动例如高速跑、全速掷标枪、全力扣排球等），肌肉被压在边缘，且在整个动作中只能发挥自己独有的功能。这个向墙的动作就如离心机快速旋转，并不需要逐渐进行，反而往往是突然性的——动态模型理论中的相变（图 5.13）。

与其他大多数运动相比，跑步时动作的速度要高，因此跑步时肌肉会表现出特定的行为。如果这个离心机模型用于跑步中，相比其他耐力跑者，短跑运动员会以更特殊的方式使用他的肌肉；而相比一般的短跑运动员而言，精英短跑运动员会以更特别的方式募集他的肌肉。这其中有趣的地方在于，如何估计旋转速度，比方说在跑 800 米时。如果能够做到这个，肌肉已经向墙移动了很长一段距离（考虑已经很少的地面接触时间），在力量和技巧训练中肌肉的专业化训练可能会有用。这样的分析同样对长距离跑步教练有用。

因此，肌肉活动特点在低速动作中不如在高速动作中显著。这意味着，在肌肉内和肌肉间的水平上，某一类型力量训练的专项性在快速体育动作中比慢速的动作更容易判定。

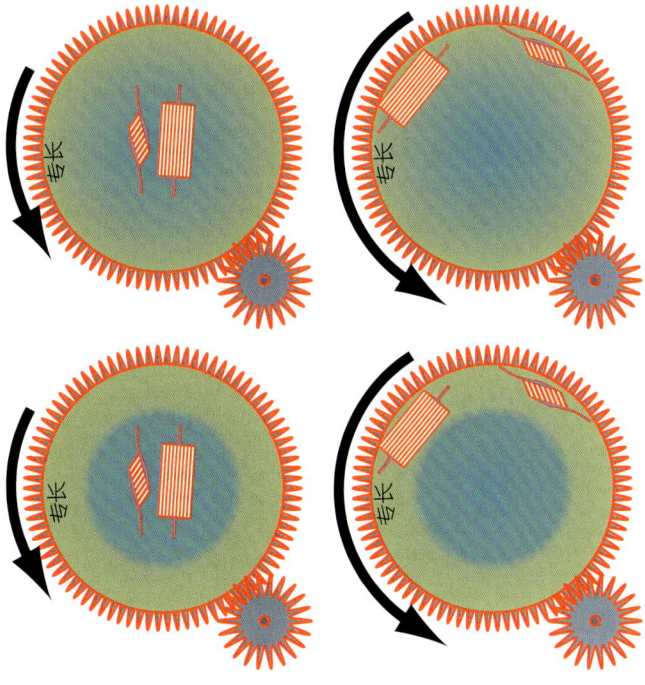

■ 图5.13 离心机低速旋转时（左图：低强度动作），肌肉可以在它们自身专长以外的范围工作。高强度运动时（右图），肌肉不得不在自己专长范围内工作，并只能做自身能力以内的活动。从广泛性的活动到专一性活动的转移可能是逐步发生的（上图：从蓝色到绿色区域的转移）或突然发生的（下图）

5.5.3 开放技能的体育动作和专项性

体育动作可以被大致分为两类，即闭合技能动作（田径，体操，速滑，投掷棒球，网球和排球的发球，以及篮球中的罚蓝）和开放技能动作（柔道，球场上打篮球和踢足球，网球和排球连续对攻等）。对于闭合技能，专项性很好确定，因为这些动作是固定的；而在开放技能运动中，专项性就很难确定。为开放技巧动作设计有效、专项性的力量训练，它们必须先被分解成开放技巧和闭合技巧成分。闭合技巧成分可在选择力量训练时起引导作用；针对这些开放动作中的闭合成分的训练，和闭合动作一样，原则是专项性和超负荷。

运动训练新思维
——提高运动水平和预防运动损伤的秘诀

考虑到开放技巧动作的多变性，我们不免要问在力量训练中尝试和模仿这种多变性有多大的用处。对此没有一个简单的答案，因为成本效益分析的结果由具体情况决定。

知道在开放技巧动作场景中如何应用闭合技巧成分训练，可以部分成就一个优秀教练。如果这些闭合技巧成分太孤立，就不会理想地转移到开放技巧场景中；如果过多的成分都被当作开放技巧来训练，就没有指导运动员去如何应用它们，也不会发展出良好的技巧，而这些技巧是在运动场景中即兴发挥的基础（同见 3.2.5）。

像橄榄球这样的开放式技巧运动的例子可以解释得清楚一些：

（1）拦截球是橄榄球运动中至关重要的一部分。它需要躯干和上肢强大的力量。手臂的力量可以通过闭合技巧力量练习提高，包括仰卧推举、引体向上。然而，在运动场景中推拉动作往往是即兴的。我们可能应考虑在训练中加入哑铃，以便运动员能够进行更多三维的训练，肩胛带也会更加稳固。为了朝开放式技巧更进一步，也可以利用不可预测的外在阻力，例如未装满水的桶、实心球或者理疗球。最后，可花一些时间在摔跤和柔道的训练上，类似比赛的力量训练，也是最具有开放技巧的场景式训练。不容易确定什么是最有效的解决方案，因为这很大程度上取决于运动员个人的标准和要求。

（2）橄榄球既是一项跑步运动，也是一项摔跤运动。奔跑时，运动员即兴发挥会随时加速和改变方向。这并不是说在橄榄球（或者其他球类运动）奔跑没有动作规则。就像上肢动作模式中，跑步时只有一部分是即兴的，是在少数固定的普遍规则上变化（见 3.2.6）。当设计下肢力量训练时，和上肢的一样。然而，杠铃负载会限制在开放式技巧中训练的范围，因为需要确保运动员的安全以及避免躯干的旋转、侧屈甚至屈曲。因此，也许在闭合性技巧中通过固定的模式进行下肢力量训练会有更好的效果，并在没有杠铃负重的情况下训练即兴模式（例如使用扫把杆往往就足够了）。

（3）训练橄榄球运动员的腹肌和背部肌肉往往让教练觉得进退两难。到底是应该主要关注在截球或者在场地中所需肌肉变化的方向，还是应该主要关注在跑步时腹肌和背部肌肉所需的闭合式技巧成分？怎样的结合才是最好的？这个问题最好的回答很大程度上取决于运动的特定要求以及球员个人的运动能力。

5.5.4 负面转移

与体育动作不相关的训练对改善动作没有任何作用。最好的情况是，它们不对动作有任何影响；最坏的情况是，它们会破坏动作的质量。我们不能简单地说这种训练"不会有任何害处"，它们可能降低体育动作的质量从而产生"负面转移"。

大量时机把握不佳的力量训练——量太大，或者增加太快——可能会给系统增加负担，该系统不能完全恢复，会以动作质量为代价。耐力型运动员尤其应提防这种影响，但是即使是在对运动员有很多不同要求、从而需要高度复杂训练计划的体育项目（如撑杆跳）中，仔细地估计在全部训练中力量训练所应占的比重至关重要。很多运动员力量训练做得太少——但另一些运动员又做得过多。

除了过度力量训练所带来的负面效应，错误的训练可以轻易地破坏体育动作。对此有两方面的原因：一是不利的协调性变化转移到动作中，二是解剖上的变化使身体难以正确地做动作。

（1）对协调性直接的负面影响

学习过程是非常缓慢的，它们不仅包括掌握动作中各种组成部分，还要识别其稳定和可变成分以及其主要的感觉特点（见 4.4.1）。尤其是，错误的训练可能会更难以分辨动作中固定和可变成分（吸引子和波动子）。力量训练计划中的错误可能会对两种成分都产生负面影响。

运动员掌握其体育动作越好，肌肉使用方法（如产生爆发力、伸缩作用）可以成为固定不变成分的就越多，因为在肌肉内层面，不再有任何爆发性和弹性肌肉使用的无效组合。在动作中，肌肉将以它们最擅长的方式工作。如果运

运动训练新思维
——提高运动水平和预防运动损伤的秘诀

动员经常不是以最有效的方式使用他们的肌肉，则肌肉会从固定方式使用转移到组合性使用，并且无法那么有效地执行体育动作。在力量训练中利用弹性负荷的速滑运动员和游泳运动员，会打破固定成分形成的体系，就像标枪运动员为提高上肢力量进行很多大阻力的爆发力训练。

一个至关重要的可变因素就是在动作模式中肌肉松弛的数量。慢跑者比短跑运动员的肌肉硬度低（即紧张度更低，继而更多的肌肉松弛）。通过调节肌肉松弛动作模式，能适应动作所要求的速度。在爆发性动作中，常见的问题就是过度的肌肉松弛，所以应找到能够减少肌肉松弛的训练方法。包含明确的反向动作（从下蹲到爆发性伸展前的向下运动，或者扔出实心球前向后一个大的回摆）的力量训练会减少硬度，因此应把这一类反向动作的发生降到最低。这里需要注意的是，杠铃训练往往对肌肉松弛的控制有负面作用（图5.3），因为杠铃的重量会使肌肉预紧张变得很容易。

（2）力量训练相关的形态学变化产生的负面协调效应

力量训练可以产生对表现有害的身体变化，它们甚至可能对运动技巧发挥产生负面影响。肌肥大训练很可能产生这样的影响。肌肉之间的协调性是能否高水平掌握一项技巧的决定性因素。当考虑到产生力量和（或）爆发力以及调控肌肉活动的时机时，肌肉间配合必须非常精准。中枢神经系统在这里有关键的作用，但是不同肌肉之间的预反射效应同样非常重要。尤其是如果肌肥大训练是基于健美原则上（即分离式训练肌肉）时，肌肉之间的相互作用会减退。肌肉产生的控制会突然导致全新的相互作用，因为有的乐器（即肌肉）突然快速变得大很多、大声很多。因此，肌肥大训练对协调是有不良作用的，在运动专项力量训练中这已经明确地过时了，即使在对力量产生要求很高的运动中，比如田径的投掷项目。

肌肉肥大不是力量训练可能导致的唯一肌肉变化。研究人员发现越来越多的证据表明，训练会导致很多类型的肌肉变化，而且所有这些变化在场景式动作中都是相互关联的。除了众所周知的肌肉肥大和肌肉长度适应性变化，肌肥大训练还可能使肌纤维的羽状角适应作用的力线。所有这些适应性变化都是专项性的，取决于训练负荷的类型，可以帮助运动员能更好、更高效地应对负荷。"羽状角"会影响肌肉内和肌肉之间的协作。正确的训练可以改变肌肉的结构，以便能适应某一运动项目的要求。对冰球运动员腘绳肌的要求和对短跑运动员腘绳肌的要求不同；这意味着，在训练时他们需要以不同的方式给腘绳肌负荷。如果一个跑步运动员经常进行腘绳肌向心训练，或使很大的力作用在已经大大缩短的腘绳肌上，那么其腘绳肌的结构就可能发生对快跑不利的改变。

力量训练后，不仅仅是肌肉纤维可能发生不利的适应性变化，一些被动组织（例如筋膜、缠绕在肌肉之间的一些结缔组织）也可能发生这种改变。在运动系统中，有关结缔组织所扮演角色的观点变化非常快。现在越来越多人认为，如筋膜延长时，它们传递信号也就是信息，则运动系统中其他部分比如肌肉对此有反应（Myers，2009）。除了中枢神经系统的影响，这些被动组织拉伸时，肌肉活动也会有适应性改变。一个经典的例子就是频繁深蹲训练对脊柱前方筋膜的影响。当使用重杠铃负荷进行深蹲训练时——这对优秀的橄榄球运动员和其他一些运动员力量训练计划的共性——将很难控制脊柱，这会导致腰部极度前凸，从而拉伸脊柱前方的筋膜。这些筋膜的长度发生改变，不再为髂腰肌、腹肌等肌肉传递任何信息。它们变得被动，接下来你将看到橄榄球前锋的脊柱过度前凸、骨盆向前旋转。这在100米短跑女性运动员身上也可以看到。鉴于这往往导致髂腰肌过度激活，这和橄榄球运动员身上的机制是相同的。实际上，深蹲训练不是真正的原因，但是在跑步时站立相末端持续大幅度向前旋转骨盆，是因为腹肌和髂腰肌力量不够、没有被激活。这里，腹肌和髂腰肌复合体是未被激活而不是过度激活——希望跑步速度更快的人都不喜欢的姿势。

因此，在运动专项力量训练中应避免"不会有任何害处"的想法。我们不仅需要考虑到希望发生的有利适应性改变，也要考虑到希望避免的训练后果。

5.6 举例：腘绳肌作用和专项性

腘绳肌损伤非常常见，在跑步动作中腘绳肌非常重要，因此，它们是我们如何详细分析专项训练问题很好的例子。

5.6.1 专项性

考虑到一个训练只有在它与相关的体育动作（专项性）有明确的相似性时才有用，合适的训练设计依赖于深入理解腘绳肌在场景式动作中是怎样工作的。在腘绳肌受伤的文献中，往往用非常不准确的术语来描述。即使是严肃的研究（Thelen等，2005）中，描述也会模糊而不够详细。腘绳肌的作用经常被笼统地描述为"离心－向心"，即使没有任何方法去测量离心－向心动作在肌肉内是怎么发展的。这样不精确方式的后果就是，很多关于腘绳肌工作机制的假设实际上并不存在。毫不意外，这些研究对什么导致腘绳肌损伤没有一个定论，对预防和康复也没什么有用的结论。

整个问题从一个很窄的角度去接近，通常从简单的生物力学模型出发。神经生理影响——尤其是运动功能控制的方式——往往被忽略。为了能对腘绳肌的专项性训练有一个更全面的了解，分析腘绳肌作用专项性的各个方面是很有用的，同样还要从分析在场景式动作如跑步中腘绳肌作用的意图中得出的专项性要求。我们也要分析专项性不同方面之间的联系。只有这样，我们才能有一张专门训练腘绳肌蓝图。

5.6.2 腘绳肌的自由度

根据腘绳肌的几个解剖特点可得出这样的结论：原则上，这个肌群有很大的自由度——在运动时它可以有很多不同的表现方式（图5.14）：

第 5 章 力量训练的专项性

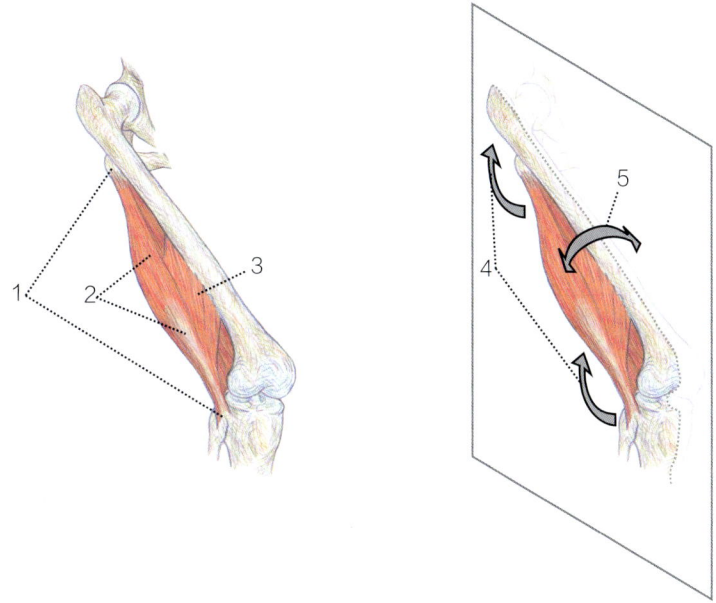

■ 图 5.14 腘绳肌跨越两个关节（1），拥有复杂的结构（2），有一个头只跨越了单关节（3），矢状面上同时活动（4），也可内外旋（5）

（1）除了股二头肌的短头，腘绳肌跨越了两个关节：髋关节和膝关节。这意味着肌肉的长度不直接与其中一个关节的位置相关。当髋关节屈曲在较大的角度，同时膝关节伸直，腘绳肌可能被很大程度地拉伸。然而，如果膝关节屈曲，比如下蹲位，腘绳肌会接近它们的最适长度。因此，髋膝关节的动作和腘绳肌的长度变化之间的关系是动态的。

（2）这个肌群的作用是伸髋关节、屈膝关节（或者，在推离地面的动作中，膝关节伸直时它们也是激活的）。中间的腘绳肌（半腱半膜肌）引起股骨内旋，股二头肌使股骨外旋，这意味着在跑步转弯或迂回时，不同的作用需要不同部分的肌肉。

（3）腘绳肌为羽状结构，其中有复杂的主动和被动结构。这种复杂的结构使得肌肉的不同部分之间可以做"剪刀动作"（Gerritsen 和 Heerkens，

251

2008）。

（4）支配股二头肌短头的神经与支配长头的神经不同，这保证了两部分可以独立收缩，并可以同时进行不同的活动。因此，两种不同的控制来源必须有效地相互作用才能保证整个肌群的激活。高速奔跑时，腘绳肌不同部分作用的时机也许非常重要（Higashihara等，2010）。

在一个动作模式中，腘绳肌有很多种作用方式，因此在腘绳肌损伤后的康复中，我们往往假设这些不同的工作方式都应被重新训练。这意味着该肌群应该在所有可能的长度、快速或慢速下进行负荷，并且负荷时还需要结合髋关节的内旋和外旋，等等。然而，这可能不是一个正确的结论。如果在那些给这个肌群施加了很多压力的动作中——这些运动中很大的力会作用在腘绳肌上，例如高速奔跑——腘绳肌不以多变的形式工作，而是它们的活动却只限于某一种活动类型，则将它们训练成一种典型的活动类型更有意义。

这样，对肌肉控制的认识提示，为快速跑步，也许最好是用一种专项性的方式训练腘绳肌。

5.6.3 离心-向心，或者不？

在高速奔跑、小腿用力向前摆动时，外部作用在腘绳肌上的力量最大（Chumanov等，2011; Schache等，2012），这会导致整个肌肉拉长。这是因为肌肉纤维的拉长，还是弹性组织的拉长呢？也许背后还有一个更重要的问题：这两种离心形式之间，有没有本质区别？如果这种差异是细微的，这两种肌肉活动对跑步来说都是专项的，所以在选择训练方法时，它们很少被考虑到。另一方面，如果差异是关键性的，在训练时关注腘绳肌正确的工作方式就变得很重要。

5.6.4 运动控制和专项性

如果我们观察肌肉以"离心－向心"工作的方式，以专项性最后一个特点来表示，我们会发现这两种肌肉活动的本质区别。在离心阶段，肌肉纤维伸长时，反方向的力所产生的能量被吸收，并大多转化为热量；但是如果是弹性组件在离心阶段伸长，能量会转化为肌肉的弹性势能。例如，如果一个运动员从30厘米的地方跳下、着陆，肌肉纤维的离心收缩会使他停下，而弹性组织的拉伸会使他再次弹起。

跑步时小腿钟摆阶段，腘绳肌的活动也是同样的。如果肌肉纤维发生离心收缩，则钟摆运动就只会减速；但是如果弹性纤维被拉长，在随后弹性势能释放时腿就会向后运动。当从高处落地时以及小腿在跑步中做钟摆运动时，两种肌肉拉长的结果非常不同。我们因此推测，这两种可能的拉伸（即肌肉纤维的拉伸和弹性组织的拉伸）相互之间不是专项的。因此，我们应清楚地识别出这种差异，并检验在高速跑步时腘绳肌到底发生了什么是很有意义的。

似乎跑步时腘绳肌以弹性方式工作，因为弹性负荷和卸载负荷是再利用动力学及其他能量的最好方式；在腾空阶段，这些能量储存在剪刀动作中，以便在下肢钟摆运动后做反向剪刀运动。若进一步扩展讨论这个想法，足球和橄榄球运动员都会有很大风险遭受腘绳肌损伤，因为他们会依次使用这两种离心肌肉活动：击中球后肌肉纤维拉伸，快速跑动时纤维等长收缩。这有时可能会使身体"困惑"，并从而导致损伤。然而，这仍然只是一个推测（图5.15）。

5.6.5 足球和竞技动作

将剪刀动作中的动力学能量转化为腘绳肌的弹性势能，是为了使反向动作时更加"经济"，但这是建立在一个理想的动作模型上的。这个模型也许适用于100米短跑运动员，因为短跑可以看作是闭合型技巧（见3.1）。另一方面，

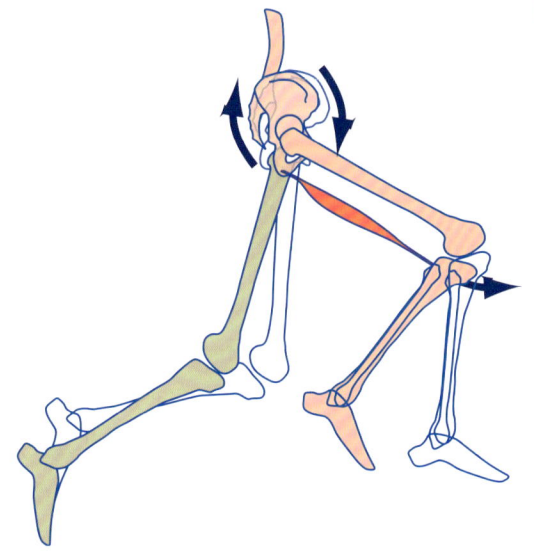

■ 图5.15 小腿的摆动运动可能会给腘绳肌施加相反的力量。骨盆前旋也可拉伸腘绳肌

足球、橄榄球和其他球类运动，是开放型技巧。它们所处的环境（尤其是对手方面）十分多变，以至于动作进行的形式不可事先决定，并且动作需要不断地对其进行调整。在森林中、在不平的地面奔跑，也可以或多或少地被看作开放型技巧。

这就引出一个问题，腘绳肌在开放型技巧和闭合型技巧中是不是以同样的方式发挥作用。在橄榄球比赛中高速冲刺时，那么腘绳肌是否会随着对手和环境的情况而不断做出大调整——腘绳肌也不再是纯粹的弹性？其肌肉纤维又是否主要以离心的方式发挥作用呢？

5.6.6 吸引子和波动子

动态模式理论显示，开放式的技巧的组成不仅有动作中各种变化的成分（波动子），也有固定的、不变的成分（吸引子）。这意味着，在那些需要腘绳肌吸收较大力量的动作（如快速奔跑时），并不是动作中所有的成分都会变化，只是有限的一小部分成分需要去调整以适应不断变化的环境因素。在正确的技巧中，那些最适合用于适应环境的成分就会成为动作中的波动子（图 5.16）。

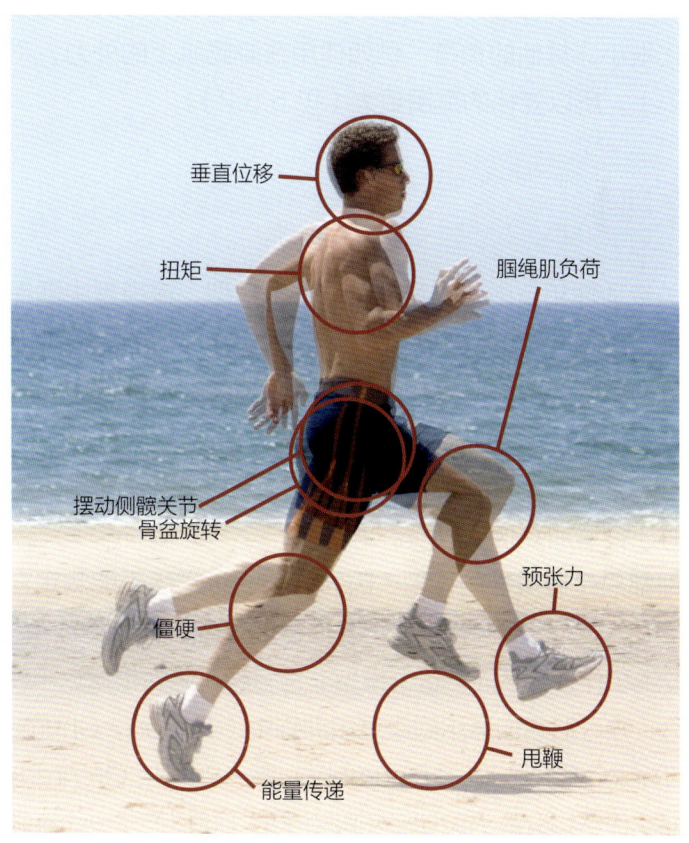

■ 图 5.16　跑步由很多不同的成分组成，并不是所有成分都可适应环境的要求。哪一些是固定作为吸引子呢？

当快速奔跑时，腘绳肌的活动是吸引子还是波动子呢？在良好执行的开放型技巧中，腘绳肌似乎是以吸引子的形式工作的，有两个原因：

（1）腘绳肌的活动是跑步周期中基本成分。跑步时，几乎是不可能控制或者选择腘绳肌活动时机；只有在摆腿期末端使膝关节降低才能有所影响。其他的成分，例如踝关节和躯干的动作，容易控制得多。把那些对跑步周期而言不具有根本意义的组成成分作为波动子更为合适（见 3.2.6）。

（2）在高速奔跑过程中，作用在腘绳肌上的外力可能是该肌群在所有动作中所受到的最大力。在最大速度奔跑时，由于腘绳肌处在负载能力的最大限度，因此变化很小。其他的负荷，例如作用在腓肠肌上的外力，不会使肌肉处于它们的极限上，所以变化的范围更大（见 5.5.2）。

5.6.7 训练

以上有关专项性和自由度的观点形成一个模型，该模型中腘绳肌的活动在开放型技巧跑步中是固定的、不变化的吸引子。在身体的其他地方，波动子保证了适应环境的要求。腘绳肌只作为吸引子以纯弹性发挥作用，以便能适宜地转化动力学能量。相反，如果腘绳肌在高速跑时不以等长形式收缩，肌肉纤维有离心－向心的活动，腘绳肌的活动就会变成波动子。这对跑步的表现是非常有害的，同时还会增加受伤的风险。

以上全部都只是假设性的模型，因为目前的科学还不能测定它。大多数时候，测量误差依旧很大，肌肉松弛使得我们很难去直观地了解当肌肉的附着点分开时肌肉内发生了什么。然而，这个模型非常有趣，因为根据这个模型我们可以得出很多结论，并可把它们运用到康复和训练中（Thelen，Chumanov，Best 等，2005；Thelen 等，2006；Chumanov 等，2012；Orchrad，2012）。

当我们把动作结构分解为波动子和吸引子时，可以产生一个有趣的想法：这可以帮助我们解释为什么损伤往往不是单独发生，而是沿着身体依次发生。例如，如果跟腱受伤，踝关节动作就变成了更低效的波动子，紧接着，对环境的适应能力就退化。这样的后果就是腘绳肌的作用可能不再是单纯的吸引子了，而开始更多地作为波动子工作，这就使得它更容易受伤。这个想法会使腘绳肌损伤后的康复有很多种提示，例如需要对整个动作模式协调性做广泛的恢复训练。

这个模型同样对运动表现训练有很多提示。腘绳肌必须针对性地训练其等长收缩活动和弹性势能的积累。这意味着腘绳肌训练应该着重于在合适的长度下进行最大肌力训练。例如在腿卷屈训练机器上,无论如何活动度训练都应该避免。腘绳肌的最大肌力训练应该通过弹性负荷和弹性训练相结合(同样是在合适的长度下)。

为了确保负荷是作用在合适的长度下的,训练需要满足以下两个要求(图5.17):

(1)腘绳肌需尽可能伸展髋关节并对抗膝关节的伸展。训练正确的协调模式时,腘绳肌屈曲膝的练习(如卷腿)会起反作用。

(2)骨盆必须能够向前和向后旋转。这可使运动员在机体自组织过程中找到最合适的腘绳肌长度。

除了这些肌肉内模式,也应该在复杂的肌肉间模式下训练腘绳肌。除了腘绳肌的活动,同样也要关注骨盆的旋转(即躯干的控制)和伸膝时腘绳肌与腓肠肌之间的配合,这可通过复杂的力量训练和跑步训练达到。例如,在变化和不平整的地面跑步时,可进一步区分吸引子和波动子的功能。

■ 图 5.17　腘绳肌训练的条件:足够的负载[一条腿固定:(1)],腘绳肌的作用为伸展髋关节以及防止膝关节伸展(2),在合适的肌肉长度下(3),骨盆能够旋转以便找到最合适的长度(4)

5.6.8 腘绳肌活动的总结

（1）腘绳肌结构复杂，并且对复杂的协调模式至关重要。

（2）为了在康复和训练时防止腘绳肌损伤，首先需要精确描述腘绳肌在做跑步动作时是如何运作的。

（3）建立训练理论时，有关运动控制的科学知识必须被包含在概念模型中。

（4）高速奔跑时，腘绳肌可能在最适长度下工作，肌肉纤维既有弹性回缩，也有等长收缩。

（5）利用最大肌力训练和弹性负荷，通过与跑步时同样类型的负荷来训练腘绳肌是一个不错的想法。

（6）跑步周期内，波动子成分的质量必须一直被监控。

运动员腘绳肌损伤的康复方案

我们可以通过之前提到的腘绳肌场景式动作活动模型来制定腘绳肌损伤后的康复方案。方案建立在这样的原则上，即康复过程中训练负荷每次只加入一个新的应激原。通过识别高速跑时那些在腘绳肌整个负荷中起重要作用的生物力学成分来确定应激原。这是因为相变可能使低强度的腘绳肌活动对高强度的腘绳肌活动而言是非特异性的。高强度动作是起始点，它的每一方面都是一步一步加入方案中。所以该康复过程的结构和腓肠肌拉伤的康复过程很相似。既然康复应该与训练类似，那么这些练习对训练未受伤的运动员也是合适的。

康复方案的目标是在等长收缩时吸收外力中尽快重新训练腘绳肌。即使是训练良好的运动员，也往往会有腘绳肌较弱的问题。在动作模式中，腘绳肌或多或少被忽略，不再有足够的负荷，也不再能胜任高强度的等长收缩——也许这是损伤的一个常见原因，特别是再次损伤，尤其是团队球类运动。在跑步动作中，腘绳肌可以被忽略，因为有其他肌肉可以代替其功能：内收肌和臀大肌可以作为伸髋肌，腓肠肌可以抑制膝关节伸直。尤其在那些脚尖离地前骨盆快速向前大范围旋转的球类运动员身上，在小腿随后的钟摆运动中募集腘绳肌会越来越困难，而跑步的外在表现却没有明显不同。即使效率并不高，其他肌肉接管了它的功能，从而问题就被掩盖。

图5.17中的单腿等长收缩训练，可以引导正常工作的腘绳肌募集到一个合适的水平。在这个训练中，一个平时训练良好、比赛中也会经受大负荷考验的运动员，应该能够额外举起他60%体重的杠铃，身体伸直保持两秒钟，以确保在最大力时也在安全范围内。优秀的短跑运动员通常能够举起接近自己体重的重量3~4次。

强有力的等长收缩是康复计划各个阶段的关键特点，因此首先被训练。外力可以是持续的，也可以是弹性负荷的形式。在罗马椅上伸展躯干时，可以通过旋转躯干（负荷或不负荷）来分别给半腱半膜肌群和股二头肌的负载（图5.17）。

等长训练阶段后，可以开始训练基本的肌肉间协作模式，垂直和水平方向的爆发式跳跃可以训练腘绳肌各种场景中发挥作用。

接下来需要更大的外力加入负荷中。这是通过跑步训练来达到的——非常简单，速度越快，则外力越大。这就是为什么首要的训练包括跑步上楼。

最后一个增加的应激原是重复训练。腘绳肌内的协调非常复杂，持续执行这种复杂的动作是一种协调性负荷，需要分别训练。

对二度腘绳肌拉伤，康复不同阶段的一些特点（图5.18）：

（1）第一阶段，1~3天。此阶段为急性保护期，常规物理治疗。

（2）第二阶段，3~5天。仰卧位桥式训练，维持两秒钟的等长收缩（只有肩部和脚跟着地，支撑腿的膝关节屈曲30°）。先双腿支撑，后单腿支撑。这个阶段的训练是为第三阶段做准备，同时可以检测腘绳肌是否能够承受这样的负荷。只要运动员能够做3组、每组6次单腿桥式动作，则可进阶到第三阶段训练。

（3）第三阶段，4～8天。假如没有疼痛，单腿罗马椅（图5.17），目的是建立肌肉的等长收缩，使能量能够从膝关节传递到踝关节：

√ 首先，只是运动员自身重量，额外的负重慢慢增加。

√ 伴随身体伸展的小幅度弹跳运动，使上半身每次降低10厘米然后反弹。在等长收缩的情况下弹性负荷，一次重复6～8次。

√ 通过增加杠铃的负重来增加等长负荷。运动员必须能够举起自身体重60%或以上的重量。

√ 罗马椅上在伸展状态下旋转上半身，上肢伸直握住一个重物（比如10千克杠铃片），随着身体从左侧移动到右侧。

√ 在这个阶段，也训练局部的灵活性，在髋膝关节不同角度下（图5.7）牵伸紧张的肌肉。

（4）第四阶段，7～10天。垂直跳到箱体上，训练肌肉之间的模式：

√ 首先做反向运动跳到较低的箱体上，再过渡到较高的箱体。

√ 预张力的深蹲跳到较高的箱体上。

√ 在膝关节伸直情况下（只有髋关节屈曲），跳跃到较高的箱体上。

√ 在膝关节伸直情况下跳跃，并伴随水平运动。

√ 垂直方向上，单腿深蹲跳，一只脚在较低的台阶上，另一只脚在地面，重复进行。

（5）第五阶段，10天以后。跑步：

√ 跑15～20步。先进行单步运动。可通过在每一次跨步时跨越2～3个阶梯来增加腘绳肌的负荷。

√ 次最大量的平地跑步（峰速的60%～70%），加速20～40米。

√ 在不平的地面加速，并设置小障碍。

√ 改变方向，在不平的地面向侧向移动（针对球类运动员）。

√ 运动专项的跑步训练（针对球类运动员）。

√ 反复弹性（耐力性）跑步。

第 5 章 力量训练的专项性

2度腘绳肌拉伤	Day	1	2	3	4	5	6	7	8	9	10	11	12	13	14	15	16	17	18	19	20	21	22	23	24	25	26	27	28
	Date																												
1 急性保护																													
RICE / POLICE		P	P	P																									
部分负重和扶拐?		P	P	P																									
健身自行车		P	P	P	P/T	P/T	P	T	T	T	T																		
2 臀桥																													
双腿				P	P																								
单腿（改变屈膝角度）					P	P	P	P																					
3 单腿罗马尼亚椅																													
体重					P	P	P	P																					
手动阻力						P	P	P	P																				
弹跳							P	P	P	T	T																		
杠铃（>50%体重）									P	P	T	T																	
旋转杠铃片							P	P	T	T	T																		
TRX 灵活性									P	T	T	T	T	T															
4 箱体跳																													
反向动作									P	P	P	T	T	T	T	T													
预张力											P	T	T	T	T	T	T												
屈腿												P	P	T	T	T	T	T	T										
直腿												P	P	T	T	T	T	T	T										
远距离													P	P	T	T	T	T	T	T									
单腿阶梯跳																	T	T	T	T									
5 跑步进阶																													
阶梯跑								P	T	T	T	T	T	T	T	T	T	T	T	T	T	T	T	T	T	T	T	T	T
次最大力加速跑													P	P	T	T	T	T	T	T	T	T	T	T	T	T	T	T	T
不平路面加速跑														P	P	T	T	T	T	T	T	T	T	T	T	T	T	T	T
侧向跑和上阶梯																P	P	T	T	T	T	T	T	T	T	T	T	T	T
非接触橄榄球训练																	P	P	P	T	T	P	P	T	T	T	T	T	T
耐力																				T	T	P	T	T	T	T	T	T	T
全副橄榄球训练																									T	T	T	T	T
重返赛场																													T

图 5.18 腘绳肌损伤康复方案清单（威尔士橄榄球国家联队和物理治疗师 Craig Ranson 共同开发）

P = 物理治疗

P/T = 物理治疗和体能训练

T = 训练和体能（注意：跑步日和休息策略未包括在本表格中）

RICE = 休息，冰敷，加压，抬高；POLICE = 保护，适当负荷，冰敷，加压，抬高

运动训练新思维
——提高运动水平和预防运动损伤的秘诀

方案中的一些训练方法：见图 5.19 ~ 图 5.31。

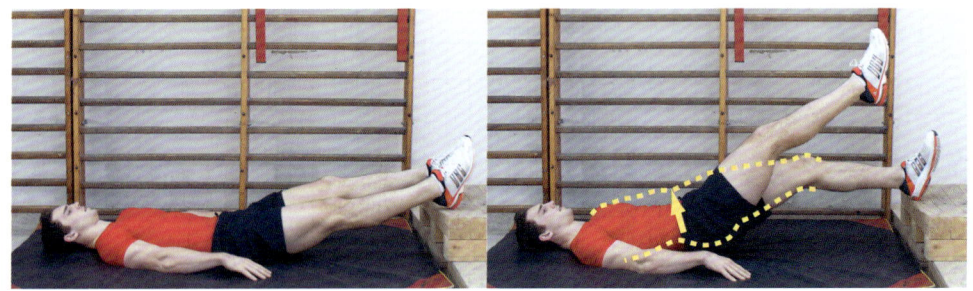

■ 图 5.19 首先进行臀桥训练，以检查是否能只能执行等长肌肉收缩。背部贴地，脚跟放于 45 厘米高的台阶或椅子上，运动员先使躯干离地，保持在髋关节中立位 2 秒，然后放下躯干重新回到地面

■ 图 5.20 单腿腘绳肌等长收缩。在没有其他阻力的情况下上抬躯干，一条腿固定

■ 图 5.21 上抬躯干（单腿）；逐渐用手加以阻力

第 5 章 力量训练的专项性

■ 图 5.22 单腿弹性负载：从伸直位开始，上半身一次下降 5～10 厘米，然后立即返回。胸前可环抱杠铃片作为额外负载。活动度必须保持很小

■ 图 5.23 单腿：等长收缩下最大肌力训练，腘绳肌最适长度下训练

263

运动训练新思维
——提高运动水平和预防运动损伤的秘诀

■ 图5.24 单腿旋转：旋转使股二头肌或半腱半膜肌承受较重负载。旋转的姿势短时间保持

第 5 章 力量训练的专项性

■ 图 5.25 紧张状态下的灵活性。上图：向前移动髋关节可以增加腘绳肌肌肉紧张度。拉伸同样可以增加其紧张度。当膝关节伸直时，腘绳肌下端会被牵伸。膝关节屈曲时，腘绳肌近端会被牵伸。下图：向后移动摆动腿的髋关节时，股二头肌会被牵伸。向前移动摆动腿的髋关节时，半腱半膜肌会被牵伸。将这些动作（向前移动髋关节，屈伸膝关节，向前向后移动摆动腿，来确定哪一部分被牵伸）结合在一起，运动员在没有帮助的情况下可以牵伸腘绳肌的每一部分

■ 图 5.26 向后扔 4 千克的铅球

运动训练新思维
——提高运动水平和预防运动损伤的秘诀

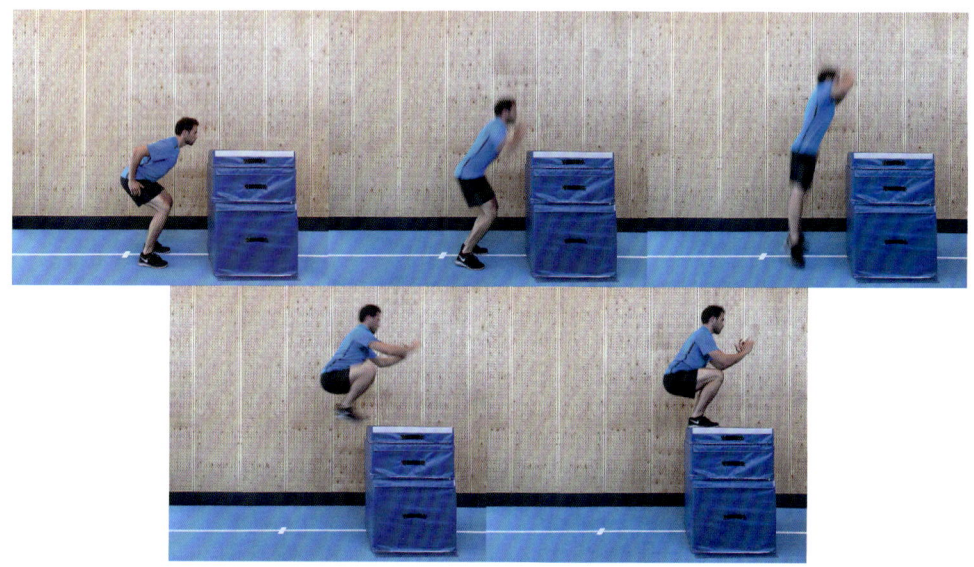

■ 图 5.27　在双腿屈曲情况下，进行蹲跳

■ 图 5.28　在双腿伸直情况下，进行蹲跳

第 5 章 力量训练的专项性

■ 图 5.29 蹲跳伴随水平方向运动

■ 图 5.30 从台阶上单腿蹲跳

运动训练新思维
——提高运动水平和预防运动损伤的秘诀

■ 图 5.31 在阶梯上跑步，关注短时间地面接触，并慢慢地增加每一步所跨越的阶梯数

5.7 小结

显而易见的是，大脑中不同的运动程序并不是独立存在的，但是——如果它们是相关的——会以某种方式联系在一起，这种联系就是"专项性"。训练的转移——即某种动作模式影响另一种模式的方式——由专项性来主导。

不同动作模式之间的转移是有限的，这种有限性是保护我们身体不受损伤的重要机制。最大力量和爆发力的产生只会在熟练掌握的动作模式中发生，以保证动作能够安全地进行，因此，常见力量类型的分类并没有看上去那么通用。一个运动员力量的最大等级随着周围环境不断改变，而且永远不是绝对的。像爆发力的建立过程和动作末期的减速这类的因素，对一个动作中产生全部爆发力起着关键作用。

专项性可以被分为5类：

（1）动作内部结构的相似性使动作具有相似性。这可以被进一步分为肌肉内协调的相似性和肌肉间协调的相似性。

（2）动作外部结构（形态）的相似性使动作之间具有相似性。

（3）能量产生的相似性使动作之间具有相似性。

（4）感觉模式的相似性使动作之间具有相似性。

（5）动作意图的相似性使动作之间具有相似性。

能量产生和感觉反应的相似性很难通过力量训练达到。传统上，内部和外部结构的相似性看作是专项性的主要特征，而动作意图是一个有用的新成员，从运动学习理论中衍生而来。

力量训练机器不能保证专项性，但是使用不受限制的杠铃训练可以最大程度地实现专项性。杠铃训练更符合基本的物理原则（与重力的相互作用）。

动作模式之间的专项性不仅被动作之间有限的相似性所限制，也被一些其他因素限制：

①为了达到适应的目的而超负荷，限制了专项性的范围。

②如果一项体育动作没有明显的肌肉内结构，就如慢速动作，那么以外部结构为基础来实现。另一方面，快速动作以肌肉内和肌肉间的结构为基础可以实现，因为快速动作的外部结构很难模仿。

③在开放型技巧动作中，应该选择其中的闭合性技巧成分进行力量训练。考虑到其感觉关注问题，其中的变化成分远不适合力量训练。

④力量训练的类型可能对要提高的动作一方面产生积极的转移，而对另一方面产生不良的转移。

根据这5种类型的专项性而设计的训练计划，可能与已习惯的训练计划有实质上的区别。例如，增加"意图相似性"大大改变了腘绳肌训练和康复的性质。在合适的长度下训练最大力量，以促进肌肉群的弹性活动，成为力量训练中极其重要的部分。

第 6 章

超负荷的力量训练

6.1 超负荷

力量训练几乎总是意味着部分训练，很难想到是能够产生专项感觉和运动信息相互作用的一种训练，因此力量训练很难达到高度的专项性。从部分训练到体育运动只有有限的转移发生，所以人们往往高估力量训练的转化效果。

这就使得我们不可能仅仅使用非常有针对性的力量训练去进行运动专项训练。如果采用这样的策略，那么训练项目将会非常有限，并且不断重复相同的内容将不可避免导致单调，适应下降。这种单调将会同时抑制与力量训练相关的代谢和神经适应。

为了防止单调并诱导机体适应，必须进行一些专项性较小的动作训练。降低训练的专项性，会给机体不熟悉、没有准备好的训练刺激。这些机体不熟悉、没有准备好的、需要适应的训练刺激会引起超负荷。为了确保更好的运动表现，需要这种专项性较低但更多超负荷的训练来保证运动表现的提高。

6.1.1 生理词汇的定义

超负荷通常被定义为给予一个大于机体当前能承受的最大压力的刺激（Roovers，1999）。"大于"一词是指一种量化的测量值，或多或少意味着只有在训练中的压力比运动员所习惯的压力更大和（或）持续时间更长时才会出现超负荷。因此，要适应发生，更大的负荷是必要的。

用定量的方法去评估超负荷的原因，是因为人们通常是从生理学角度来看待适应。肌肉内有更多的蛋白质、更多的能量底物和更多的酶作用，神经肌肉突触中有更多的神经递质等，这些被视为能有更好运动表现的基础。通过首先使当前系统和子系统疲劳而发生生理适应。例如，为了增加肌肉中糖原的储存量，那么先将现有的糖原储存量降低到一定的限度以下，这（限度）取决于运动员的训练程度。因此对于训练有素的运动员来说，其训练刺激必须比初学者强。而在接下来的休息中，糖原的储存量会补充到比原来更高的水平。这会增加对抗压力的恢复力以及因此而提高运动表现的能力。

如果将超负荷定义为力量训练，这意味着在肌肉收缩速度固定的情况下，作用在肌肉上的外力必须更大，或者与运动员习惯的运动量来说，肌肉必须做更多的功。在训练后的这段时间内，机体将会恢复到更高的水平。这种疲劳和超最大程度恢复的机制主要出现在专门设计用来增加肌肉收缩蛋白量（肌肥大训练）的训练中。肌肉内蛋白质被分解到低于临界极限，然后在恢复期间，更多的营养物质被用于产生新的蛋白质，从而使肌肉增大。

在训练理论中，这个分解（分解代谢）和后面建造（合成代谢）的过程被称为"超量补偿"。超量补偿模型也被称为"单因素模型"，它的基础完全是耗尽压力恢复能力的特定生化参数后取得的训练效果，其中之一是蛋白质分解/蛋白质再合成（Olbrecht，2000；Zatsiorsky，1995）。

除了这种机制外，力量训练中还会有其他几种分解和建造的机制。然而，这些是比蛋白质再合成更难识别的超量补偿过程。例如，由于最大力量训练而增加的肌肉纤维募集数量，不能简单地放在一个神经递质的量通过训练减少到低于限度、随后有超量补偿和最大力量增加的模型中。现实情况要复杂得多，一般而言，可以说超量补偿模型过于简单而实际情况并不是这样——很明显，难以证实影响深远的事情和过度训练有联系（Morgan等，1987）。"双因素模型"显示出更复杂的现实情况。随着时间的推移，对运动表现变化进行建模时包括体能和疲劳因素。体能作为表现能力的一个组成部分可以看作是一个缓慢变化的参数，而疲劳分量可以快速变化。在这样的模型中，训练被认为是一种引发两种生理反应的输入类型：①增加体能，②增加疲劳。这些反应的总和就是输出，也就是表现的能力。在一个训练单元刚刚结束后，体能有所提高，但表现能力受疲劳因素的不利影响。在随后的恢复阶段，疲劳症状迅速消失，而体能的提升却下降得缓慢。

这种双因素模型更符合力量训练的适应模式，其中（体能和疲劳）协调性的提高起着关键作用（图6.1）。

运动训练新思维
——提高运动水平和预防运动损伤的秘诀

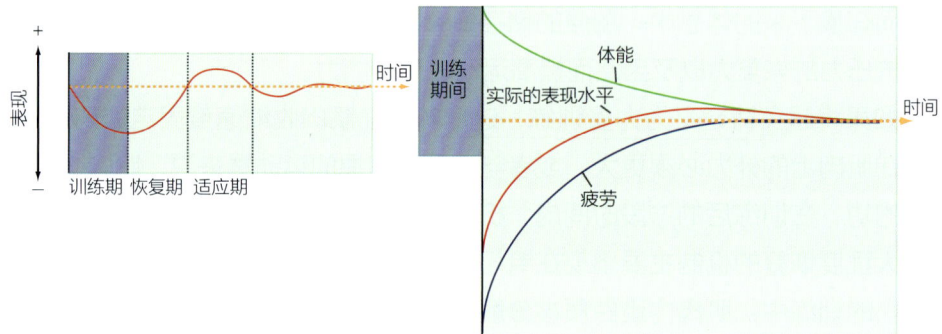

■ 图6.1　左图：单因素模型；右图：双因素模型。在双因素模型中，表现能力被分为体能和疲劳

6.1.2 协调性词汇的定义

如果超负荷不是单纯地看作运动生理学（疲劳和超量补偿），而是更复杂地看作协调性适应（特别是当适应归因于神经命令的变化），那么对超负荷很有用的定义就是：超负荷是一个产生不同负荷的训练刺激，机体在不适应的情况下不能承受。这种方式不再纯粹是定量的，也可以是定性的。这意味着为了实现适应，力量训练中的超负荷不应该总是寻求增加力量和爆发力的产生。在力量训练中，可以通过不同的动作模式和场景来实现预期的适应，而不需要肌肉必须产生更多的力量和（或）爆发力。这种方法为提供有效的力量训练刺激创造了无数新机会。特别是肌肉间协调性的基本机制——这被看作是高级运动员表现的最重要因素——因此可以通过有针对性的抗阻训练来改善。

因此运动专项力量训练不应只关注诸如蛋白质合成等生理方面，而且还应关注学习和改善动作模式：不仅是改善发动机，还要改善它的控制系统。因此，在设计力量练习时，不仅要考虑到生理机制，还要考虑到动作学习的要求，特别是：

（1）需要把动作看到彼此之间有关联的（参见第5章）。

（2）需要通过呈现出有趣和吸引力的新动作模式来激发学习。

就像在技巧训练中一样，在力量训练中，同样会建立感觉运动的联系或感觉和运动信息组合。如果该训练重复执行从而很熟悉这些感觉运动组合，那么这些组合很无趣，机体就不会感受学习的刺激。学习的动机通常由训练激发，这些训练会产生机体不熟悉的、或多或少被认为是混乱的感觉运动联系或组合。处理这种混乱的信息意味着改变神经系统，也就是学习。所产生的紊乱教导机体寻找控制机制，这些控制机制对不同感觉运动组合同样有效。换句话说，变化引导系统到通用的控制机制，并教导它以普遍视角而不是个案来处理动作问题。

这意味着4.4中描述的变化规律也适用于运动专项力量训练。在力量训练中，"超负荷"这个术语也许或多或少地被术语"变化"所取代。无论是定量超负荷运动（如使用比运动员更重的杠铃负荷进行卧推）和定性超负荷（如将标准奥林匹克杠铃换成哑铃，不用增加重量），都可以看作是变化的形式，因此称为超负荷。

这种方式在不同的角度认识力量训练中增加阻力的作用。阻力成为产生不熟悉的感觉运动信息组合的一种方式，并且阻力的变化和进行锻炼的方式对于学习过程是有用的。在更为线性、量化的超负荷方式中，变化的用处不大。例如，以高度为30厘米的箱子做台阶，扛着100千克的杠铃做快速登台阶的动作。而将重量提高到110千克，箱子高度减少为25厘米，在纯量化方面，是没有区别的，即产生的爆发力大致相同。然而，就学习过程的非线性特征而言，这种变化是有用的。所产生的爆发力可能是相同的，但感觉运动的组合会不同——因此将给机体理由去学习/适应。

扩展知识

关于运动专项力量训练的出版物里面包含对于特定力量训练的理想杠铃重量计算。例如，在实验室测量的基础上，计算可以非常详细，如当要确定爆发力特性（力 × 速率）时，例如，一个短道自行车运动员，理想的训练应该是多少。另外，赛艇划桨频率与产生爆发力之间的理想关系可以理解为力量训练中应该借助外部负荷。然而，我们应该认识到，这才是专项性的一个方面，不能保证能自动转移到运动专项中。要达到好的训练效果也需要变化（不同于非常特定的动作）。也许可以说动作效率对运动表现越重要，力量训练应该纳入越多的变化（即内在的动作学习）；专项动作越复杂，动作的有效表现（以及因此学习）就变得越重要。这意味着为速度与力量特殊联系而使用精心挑选的杠铃重量，只在动作模式很简单的运动中重要，比如骑自行车。在协调性方面，划船可能已经复杂到使用特定速度的爆发力训练也毫无意义（Bell 等，1989）。以运动生理学（超负荷）为基础的方式比以动作学习（变化）的方式用处更少。对于技术上复杂的运动，从它在力量训练的实践中看来，力量训练中速度和力量之间专项性的联系可能不是很重要：在指导动作较为复杂的运动时，如田径赛事，一个好的教练很少会注意杠铃重量选择，有些甚至让运动员自行选择，只要有变化就行。

6.1.3 超负荷和中心/外周模型

将超负荷描述成变化的话，也给超负荷和专项性之间的关系带来了更有趣的动力。纯粹定量的超负荷方法在专项性和超负荷之间几乎没有互相影响。在定性方式（变化）中，两者关系异常密切。

动作的专项性（即它与其他运动的关系）很重要，因为动作控制必须是结构化的：动作需要被储存在一个在大量的动作模式之间创造联系的矩阵中。那么不适合矩阵的动作就只是简单的"技巧"——孤立的技能，难以维持。

动作控制需要具有普遍性，因为运动记忆——不管怎样理解——只有有限的存储容量，以及只能用于几个动作问题的控制机制，很快就会导致控制机制过度拥挤的"图书馆"。超负荷——在变化的意义上——告诉系统哪些控制机制是普遍有效的，这样可以使运动记忆更容易处理。

第6章 超负荷的力量训练

有效控制的两个特征——适合于专项性矩阵和通用性——确保控制是迅速以及具有适应性。如果专项性的矩阵不足，并且控制库太大，那么正确的控制就不能快速被发现。因此这种动作模式的基本管理对于体育动作是非常重要的。

每一个动作记忆的特点需要不同的学习过程。通过专项性来寻找转移意味着接近体育运动；通过变化找到普遍有效性意味着远离它。所以学习基本上取决于两个或多或少相反的刺激，这些刺激为了控制权竞争，就像失败婚姻中的伴侣，伴侣在一起时间越长，"婚姻"变得越糟——换句话说，专项性和变化性在没有经验的运动员的训练计划中，比那些经验丰富的运动员训练计划更兼容。

专项性和超负荷之间的负相关性，这可以在"中心/外围模型"中显示（图6.2）。与相关体育运动（中心）非常相近和相似的训练具有专项性，但是很难在超负荷情况下进行这种训练。远离体育运动（外周）的训练没有专项性，但是很容易可以实现超负荷。从中心到外周的转变，是逐渐减少专项性和逐渐增加负荷。该模型的一个关键方面是专项性和超负荷之间的联系是不可避免的。根据这个模型，没有可以结合很高专项性和明显超负荷的训练，因此教练应避免试图找到一套包含成功秘诀的训练，在训练中没有必杀技。该模型的另一个关键方面是，提供超负荷但完全没有特异性，或者特异性非常强但不提

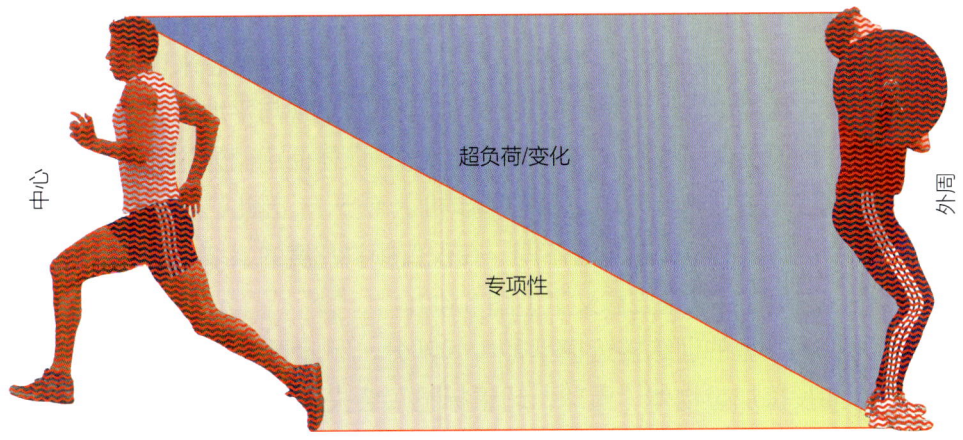

■ 图6.2 中心/外周模型。左边：中心（在这里是跑步）；右边：外周（在这里是下蹲翻）。专项性和超负荷相互冲突

277

供超负荷的训练都是没有意义的。在模型的一端，忽视专项性或者超负荷的风险是最大的，因此，密切关注统一体两端的训练是很必要的（中心侧超负荷，外周侧特异性）。

在中心一侧，似乎有一些训练打破了模型的黄金法则，它们显然会产生非常有效强的超负荷，而且看起来也非常专项性。但如果我们更仔细地观察，它们在本质上不同于相关体育运动，所以它们并没有看起来那么有专项性。

一个比较好的例子是上坡和下坡跑步。对于一名跑步运动员来说，在田径跑道上跑步是体育运动，在略微向上倾斜的斜坡上练习跑步动作接近体育运动（中心）。即使在一个坡度如此小的斜坡上，甚至看起来几乎是平坦的，跑步动作看起来可能差不多，但是超负荷增加很快。跑步的能量消耗会突然增高许多。斜率越大，超负荷越严重。这似乎违反了模型，但如果我们仔细观察上坡跑步动作，即使只是在一个小小的斜坡上，它与在平地上跑步也是有本质区别的。在平地上跑步的关键是着陆时动能的弹性处理。在上坡时每一步降落高度减小，因此可以用来转换的动能也减少。这意味着必须产生额外的（肌肉）能量才能产生所需要的垂直方向上的动作（图6.3）。所以即使在轻微的坡度上，跑步动作也有一个本质的变化：力量的产生必须被做功来代替，而在上坡跑步时，需要非常不同的肌肉动作。

在不超过4%的斜坡上以高速下坡跑时，专项性可能看起来也非常高，这时实现超最大速度可以保证超负荷。然而这里再次出现与平地跑步动作的本质区别。现在地面反作用力指向前方而不是后方，以便使用额外的下降高度以保持超最大速度（下坡跑步可以比作在跑步机上跑步），因此，肌肉内的协调与在平坦表面上跑步时相比有显著不同。在仅仅倾斜几度的斜坡上跑步变得失去了专项性，这个训练就毫无意义了（图6.4）。

因为很多类型的训练接近模型最中间部分，因此看起来比实际上更具专项性。例如投掷加重物体（重球，超重标枪）会失去专项性，因为这个动作最重要的组成部分，从近端到远端的运动能量传递时机改变了。用手蹼或脚蹼训练改变了游泳的基本组成部分，推力和阻力之间的平衡等。所有这些与

第 6 章 超负荷的力量训练

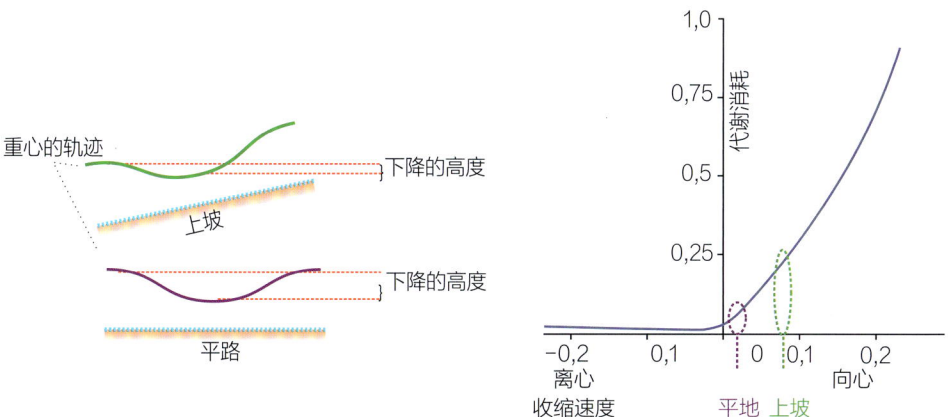

■ 图 6.3 在上坡跑中，每一步的下降高度要小于在平面上跑步时的下降高度。肌肉动作因此将从等长（弹性）转变为向心，并且能量消耗将大大增加（参见图 4.1）

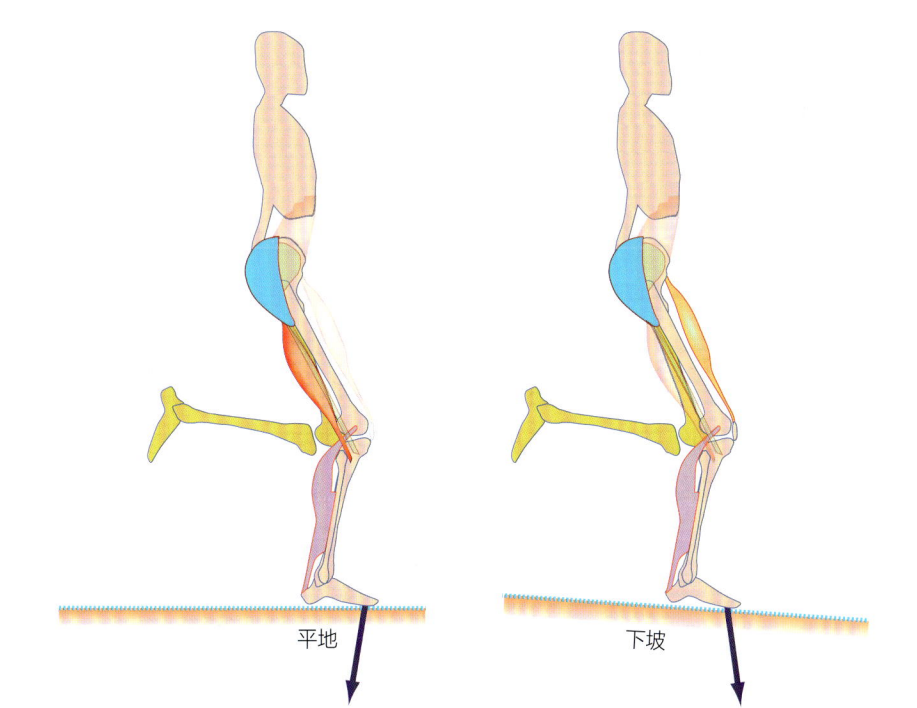

■ 图 6.4 左图：在平地跑步，腘绳肌指引力量向后；右图：下坡跑，股直肌指引力量向前

体育运动非常相似的变体运动的价值主要在于所产生的感觉运动组合的变化。所以我们不仅需要考虑训练之间的动作差异。这些差异可能相对较小，因此练习可以很容易地被认为非常具有专项性，但这些产生的感觉运动组合可能在不同训练之间存在很大差异，因此这些训练提供的多样性，可能对学习过程至关重要。

而中心/外周模型的另一端是运动专项力量训练。无论有限的专项性如何，都必须仔细监测模型的这一区域。在这一区域的肌肉内和肌肉间的专项性是最容易监测的。专项性在其他方面很难得到保证或根本无法得到保证，最好还是带着一定的怀疑去看待各种类型锻炼产生的超负荷的量。许多爆发性的体育运动涉及产生巨大的力量。在力量训练中产生的力量往往不会更高。在仔细观察之后，超负荷的次数就会变得相当令人失望。因此，如果我们要深入认识力量练习中的转化，就必须精确定义超负荷和专项性。如果力量训练中负荷的价值没有被准确地判断，那么就存在转移被忽略的严重风险，训练的质量将仅仅通过感觉到多么刻苦来判断。

6.1.4 针对专项性/超负荷关系的策略

在中心/外周模型中哪里可以获得最大益处——在末端还是在中心？对这个问题没有简单的答案，因为训练的效果不仅仅依赖于专项性/超负荷的联系，其他因素也需要考虑，包括对训练周期的规划、动机和训练设施。许多运动员发现，很难将力量训练的技术（即转向模型的专项性方面）与大多力量训练所需的高度激活或唤醒结合起来。他们需要不用思考就能完成的训练，这是模型外围的最简单的训练。但其他运动员发现力量训练的技术是良好训练的关键，他们感受到力量训练和专项运动之间的联系，并因此而受到鼓励。一些教练和运动员需要一个非常清晰、不含糊的结构，并且可以通过测试来衡量进展情况。即使这种结构产生了虚假的现实，它还是可以强化运动员的动机——发生适应性的扳机——足以在运动表现上产生巨大进步。其他教练和运动员不需要这样做，而是从创新性方法中获得动力。

所以，关于如何使用中心/外围模型，没有固定的规则，教练在选择训练时必须进行成本效益分析，但是对下面的因素要做到心里有数：

（1）对于缺乏经验的教练，模型的两端是"安全区"，即这里出现的问题非常容易应对。这些都是训练的好起点，然后通过添加更接近模型中心的训练类型来扩大训练科目。

（2）从训练到体育运动的转移是直接的。如果训练本身不会促进体育运动，那么通过中心/外周模型范围内的训练都不会发生转移。一个经典的例子是高速力量训练的功能，这是为了将慢速力量训练转换为快速训练。这个效果值得高度怀疑。这个想法最开始来自高度简化的适应机制（参见 7.1.3）。

（3）今天有效的东西明天可能不起作用。决定适应如何发生的许多因素之间的相互作用也在不断变化之中，这意味着策略应该永远是临时的。

（4）力量训练的一大缺点是缺乏训练类型的感觉专项性，这可以部分通过心理训练来适应。如果运动员可以想到一个主意如何将训练应用到体育运动中，那么将会有更多的转移。

（5）即使选择了一种几乎没有体现技巧方面的力量训练形式，为它找到一个好的论证仍然很重要。力量训练本身很快就会失去效力，甚至起反作用。

6.2 体育运动中力量的产生与力量训练中的超负荷

6.2.1 小腿肌肉的超负荷力量训练

在很多体育动作中，小腿肌肉负荷非常大。在跑步和有助跑的跳跃时——例如在跳远或篮球跑步上篮，对小腿肌肉提出了极高要求，那么考虑这些肌肉

运动训练新思维
——提高运动水平和预防运动损伤的秘诀

群的力量训练是有道理的。如果要想力量训练有用,则必须满足不仅专项性,还有超负荷。

在力量训练时,超负荷的定量需求对小腿肌肉提出了挑战。当快速跑步和有助跑的跳跃时,小腿肌肉必须产生相当大的力量。这是因为以下两种机制在三头肌(小腿肌肉)的关联负荷中起作用:外力和膝关节快速伸展。脚踏地时外力增加。当跑步时,特别是在跳跃时,会有一种使踝关节背屈的巨大冲击,而这个冲击必须由小腿后部肌肉(主要是比目鱼)对抗。在脚推离地面的末尾期,膝关节快速伸展需要减速,这由小腿肌肉的上半部分(腓肠肌:图6.5和图6.6)来完成。跑步时,作用在跟腱上的力可以容易达到运动员体重的3~6倍(取决于跑步速度);在助跑后的单腿跳时,可以是体重的8~10倍。肌肉和肌腱必须能够吸收这种张力,他们通过体育动作训练可以自动做到。

如果力量训练是为了给小腿肌肉定量的超负荷,那么训练时的阻力就要比运动员平时在专项运动中产生的力更大。假设在短跑时,运动员一条腿承受的

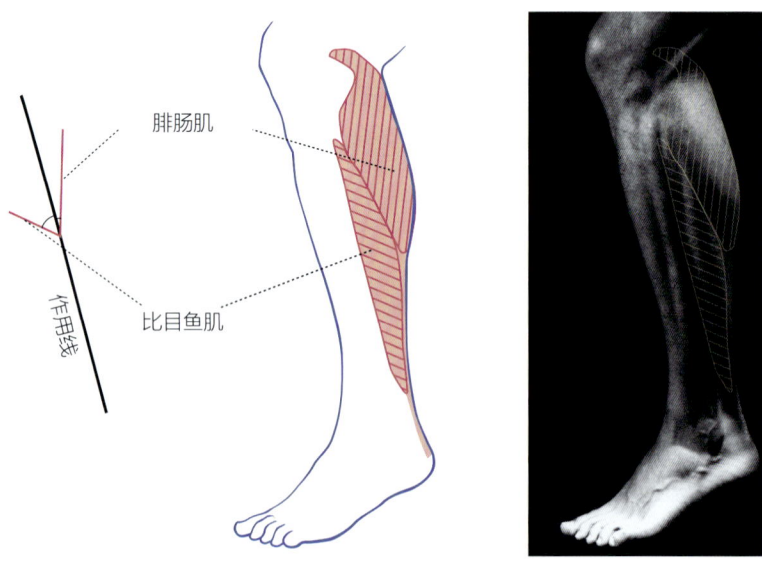

■ 图6.5 小腿肌肉(比目鱼肌和腓肠肌)都有一个羽状结构。比目鱼肌纤维与作用力线的角度大于腓肠肌纤维的角度

第 6 章 超负荷的力量训练

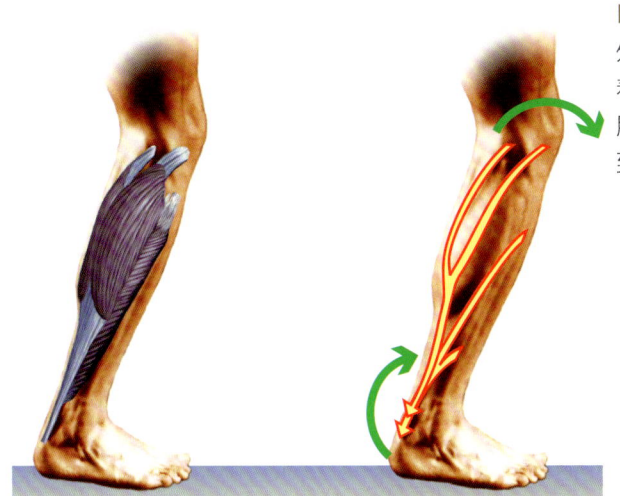

■ 图 6.6 比目鱼肌吸收着地时外部的力，减缓踝关节背屈，把着地能量储存为弹性势能。腓肠肌将膝关节伸展产生的能量传递到踝关节

力是运动员体重的 6 倍，那么肌肉训练负荷应至少能承受 6 倍的体重。对于体重为 75 千克的人来说，这意味着肩膀上的杠铃重量为 5×75 = 375 千克（运动员体重必须加在这个总负荷上）——这是完全不可能的。双腿负重所需的杠铃重量几乎还会增加 1 倍。

既然小腿肌肉定量的超负荷几乎不可能通过力量训练来实现，而跳高运动员——其小腿肌肉受到的力量是在所有运动中最大的——所以他们总是专注于跑步和跳高的技巧训练而不是小腿的力量训练。当训练小腿肌肉时，运动员应该停留在中心/外周模型的中心区域。

6.2.2 腹部肌肉的超负荷力量训练

在腹部肌肉的力量训练中也很难创造超负荷的条件。在腹部受到很大压力的运动项目中（投掷、棒球击球、以最大速度跑、单腿跳等），作用于腹部的负荷的峰值也很大。在这样的场景运动中，肌肉从身体的一部分向另一部分传递大量的能量，在此过程中，它们在接近肌肉的最佳长度的情况下，或多或

283

运动训练新思维
——提高运动水平和预防运动损伤的秘诀

少地做等长收缩，并吸收大量的外力。它们的结构也使它们适合于这一点，使它们具有较窄的力/长度曲线，当它们必须以向心的方式工作时，它们就失去了大部分收缩力。这意味着在肌肉向心收缩（例如仰卧起坐）时，它们只能产生有限的力量，因此没有定量超负荷。相比于投掷、跳跃和跑步这样的竞赛负荷，力量训练要产生超负荷，只能通过在肌肉的最佳长度利用等长收缩，同时还需要吸收大量的反向力量。

在诸如摔跤、橄榄球或拳击等开放性技巧运动中，腹部负荷更均匀。在摔跤时，腹肌长度往往不得不处在比最佳长度更长的位置工作以吸收反作用力（图6.7）。在这样一个开放性场景下，也会出现向心的腹部的肌肉收缩。在这些运动项目中，进行必须在肌肉最适长度之外去吸收外力的力量练习也是一个好主意。吸收这样的力量几乎总是限制运动表现的因素，而不是产生向心爆发力，因为吸收外力时，腹部不仅必须能够产生大的峰值力并承受压力，而且还必须要能够快速发力。许多运动员可以产生足够的力量，但往往无法在比赛环境中发力足够快。

在1.3中我们看到，本体感觉训练对改善高强度动作没有太大的作用，因为它们可能与本体感觉控制的方式截然不同，这些标准物理治疗训练对于高强

■ 图6.7 摔跤时腹部最适长度以外的活动。肌肉在最适长度以外产生的力，比在最适长度所产生的力要小很多

度动作的专项性是有限的。这意味着假设在整体场景模式下训练腹部是安全的，也将足以优化躯干控制，包括技术上正确地吸收力量训练中大量反向力量（图6.8和图6.9）。那么也许会想知道有多少标准的物理治疗稳定性训练对于健康、功能良好的运动员是有用的。为了改善本体感觉，每周进行有限的低负荷训练，以及高强度的预反射动作训练和高负荷训练，可能足以满足在专项运动中腹肌大量负重以及那些在专项运动中腹部负重较小导致最终遇到姿势控制问题的运动员（比如骑自行车选手、速滑运动员、赛艇运动员和游泳运动员）。

■ 图6.8 躯干力量和控制的健身球训练。不仅专项性有限，而且没有定量的超负荷。这样的训练对于健康的运动员来说有大用处呢？

■ 图6.9 一项需要吸收大量反作用力并可能产生定量超负荷的腹部训练

6.2.3 肩关节周围肌肉的超负荷力量训练

投掷是一种在肩关节产生最大压力的体育动作，肩关节很危险。当投掷动作结尾时，动作开始减速，巨大的力量作用于肩关节。除了其他情况，这会导致肩部后方多种损伤，特别是冈上肌和冈下肌（肩袖肌肉：图6.10）的损伤。那么问题是：什么导致了这些损伤——错误的活动时机，或缺乏最大的肌肉力量？时机确实只能通过在中心/外周模型的中心区选择训练（练习投掷动作）来改善。这里有一个问题是时机必须非常准确，因此只能以自组织的方式发展。注重最后的姿态在自组织中起着重要的作用（图6.11，最后一张照片）。因此，动作结果（即最终姿势）基础上的变化和控制是在运动减速时训练肩袖肌肉功能的关键部分。超负荷是高度定性的。

在做减速时，肌肉离心工作，可能比力量训练时产生更大的力量，因此在中心/外周模型的外周侧纯粹定量超负荷——加强背侧肩袖肌肉，非常难以实现。因为只有在大负荷的情况下进行锻炼才可以产生有限的效果，所以从中心/外周模型的整个统一体进行肩袖训练是一个不错的主意，以满足准确时机和产生较大力量的需要。每个运动员都要花费很长时间才能在定性和定量方式之间找到最佳平衡。

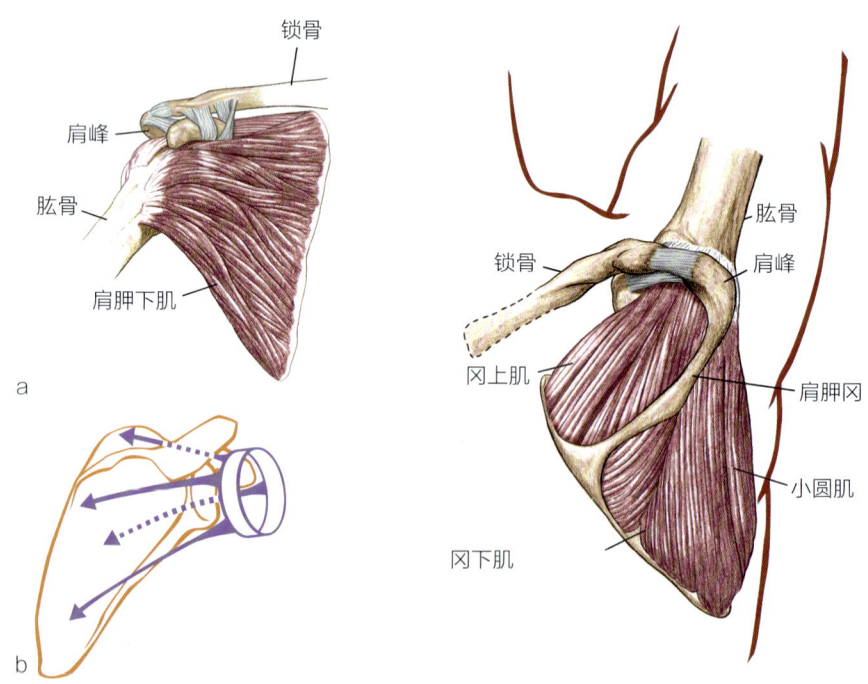

■ 图6.10 肩袖肌群（a）和肩袖肌群对肩关节的稳定功能（b）

第6章 超负荷的力量训练

■ 图6.11 由于投掷时可能发生极端的外旋，肩部的负荷是巨大的，减速时的离心负荷也非常高。这意味着最后的姿势是非常重要的，其中躯干围绕纵轴旋转（在右手投掷器的情况下向左），以便肩部以外展姿势结束，伴随着肩部内旋和前臂旋前（参见最后一张照片）

6.2.4 肌肉疼痛和不适当的肌肉负荷

为什么很难通过一定重量的杠铃进行提踵动作来训练小腿肌肉？毕竟，当肌肉负荷远远低于他们的能力时，训练应该是很容易的。但任何做过提踵动作的人都知道当杠铃负荷大约相当于他自己的体重时，训练不能做很长时间，这是因为小腿肌肉会快速出现疼痛甚至感觉仿佛要爆炸，这种痛苦太容易被视为训练有效的证明。但好的超负荷训练不是成为疼痛和肌腹部感觉要爆炸的原因。小腿肌肉是为短暂的工作而设计的，以便肌肉执行血液循环的泵送功能。在长时间的肌肉动作如提踵时，此功能无法正常使用。也许更重要的是，小腿肌肉产生大力时，不擅于改变长度。如果他们在体育动作中不得不吸收较大的反作用力（运动员体重的几倍），这总是发生在肌肉的一个长度（最佳长度）上，而没有任何显著的肌肉纤维缩短和拉长。比目鱼肌，由于它长约 30 毫米的羽状肌纤维结构（Agur 等，2003），不适合产生像提踵动作所要求的踝关节大的活动度，在场景式动作中，腓肠肌在膝盖伸展而脚踝跖屈时用力。这就是为什么这些肌肉在场景式动作中或多或少都处于相同长度（等长），尤其是那些有天赋的跑步运动员（Sano 等，2012）。当进行提踵动作，而膝盖没有伸展时，腓肠肌必须像比目鱼一样做向心的收缩。在提踵动作中，肌肉的不恰当使用，会伴随着脚踝交替屈曲和伸展以及肌肉纤维长度变化，这是导致疼痛的原因。除了这个练习没有提供力量方面的超负荷这一事实之外，也因为没有专项性，也就不能有效。

将疼痛作为训练有效的证据是一个令人惊讶的常见错误。训练腹肌时会发生同样的情况。一系列的仰卧起坐会导致与提踵动作时一样的疼痛。仰卧起坐训练需要大量的肌肉力量。"是的，我能感觉到它——它一定是有效的！"是误解了疼痛的意义。如果力量训练是为了改善体育动作，它不应该只是引起疼痛，事实上，在力量练习中短暂的严重肌肉疼痛，是一种提示该动作并不是很有效的信号——尤其是如果在做相关的体育动作时没有出现过这样的疼痛。

出于同样的原因，我们可以质疑针对腘绳肌的卷腿训练、针对肱二头肌的卷臂训练等的价值（图6.12）。在场景式动作中，两个肌群充当能量传递者并且在等长状态下工作。因此在卷屈训练中向心负荷是非专项性的，并且肌肉疼痛应该被解释为不适当的负荷。

在力/长度相关度很窄的肌肉场景式训练中，例如上面提到的肌肉群，首要原则是：

（1）应该在或多或少的等长状态下，通过对抗外力的方法来给肌肉施加负荷。

（2）给肌肉施加负荷应该是典型的神经肌肉模式。这意味着在少量重复

■ 图6.12 二头肌卷臂、提踵和股二头肌卷腿。这些训练中出现的剧烈疼痛表明肌肉被迫在最适长度之外工作

（6～12次）之后肌肉迅速发生疲劳并且应该很快恢复。不应该很容易地定位到疲劳——运动员不应该能够描述它如何感觉或感觉在哪里。

（3）应该没有局部疼痛感。

这意味着这种锻炼，如提踵动作只在物理治疗环境中有意义，其中训练中的离心部分被认为可以帮助运动员恢复，就像是跟腱受伤。关于离心训练声明的准确性超出了本书的范围。

6.3 牛顿定律或动作学习法则

设计出好的运动专项力量训练计划，意味着理解运动机体的各个方面，生物力学、生理学、心理学、营养学等因素都会对力量训练所带来的适应性产生影响。所有这些不同的影响，需要整合加以控制。除了列出训练"食材"之外，还必须提供"食谱"，以便让"食材"变成"美味的"训练，而且这些食谱——以训练方案的形式——出现在众多关于力量训练的书籍中。到目前为止，本书都没有提供训练方案，任何其他现有的方案都没有足够的专项性让教练可以盲目照搬。需要对训练专项性的现实情况进行重要、可能困难的调整，而不是一段笼统的通用的文本。

实际上每一本关于力量训练的书中使用的语言都是基于牛顿法则的经典物理学语言。主要关注于训练的机械特征，如负荷、杠杆、扭矩、通过爆发力产生的加速度、角速度、旋转、平移——这些都是用于捕捉练习本质的标准术语。例如，我们可以通过训练日志中描述力量训练看到这一点。我们理所当然地认为训练过程的本质可以通过物理学词汇描述训练来记录（Baechle 和 Earle，2008）。

杠铃负荷的重量作为制定训练方案的起点，最大重量指可以举起只能重复一次（1RM）的重量，这1RM往往是系统设计训练计划的基础。当然，1RM

是运动员力量水平的一个关键指标,但除了举重之外,场景式体育动作永远不只是涉及一次最大力量的产生。为了满足某一项目运动需要重复几次的需求,我们必须能够确定应该用多大的重量来执行训练选定的重复次数。有许多表格显示了,对应于给定重复次数的每个主流的力量训练的最大杠铃负荷百分比(如表6.1),以及比较各种训练时每个训练的负荷应该是多少。例如,当作一个标准的深蹲时,1RM的重量可以作为起点。运动员在一次弓箭步、一次登台阶、一次下蹲翻等能够承受的最大负荷,应该是深蹲1RM重量的百分比数。然后使用各种力量训练相互关联的起始值,来确定对于所需的重复次数应选择1RM重量的百分比数。指南也可以用来确定训练中是否有任何缺点。如果特定类型力量训练的1RM值太低,那么我们可以将训练的焦点转向它,以便最终有一个发展完善全面的力量水平。

根据所需要的适应性来确定每组的重复次数。重复1~6次可以提高力量和爆发力的最大范围,8~15次爆发力训练将产生肌肥大,而超过15次将增加肌肉力量耐力。这些组之间的间隔设计,需要考虑到恢复与我们想要的适应性相一致:3~5分钟,确保在最大力量和爆发力范围内训练之间的充分恢复;1~3分钟,优化肌肥大训练的效果;0.5~1分钟,强化刺激以提高力量耐力(这些都是非常大概的指示)。这决定了训练强度。

为了确定应该花费多少时间来进行各个方面的训练(训练的总量),训练组数和顺序可以是固定的。例如3~5组进行最大力量和爆发力训练,3~6组增肌训练,以及2~3组力量耐力训练。最后,组别之间的排列方式可以转化为现在使用的组织形式:金字塔、倒金字塔、对比组织等。

在训练中使用物理原理的另一种方法是5.2.2中描述的爆发力测量。根据给定速度产生的爆发力是训练设计的重要指导。当然,特定的动作速度产生的爆发力,给定的杠铃负荷下每组动作的重复次数和适当休息时长间隔的组数,可以进一步与更多物理参数整合,生成越来越复杂的训练系统。这样做的目的是设计一种精确控制、高效率的训练,并让它尽可能地适应整个训练计划。

运动训练新思维
——提高运动水平和预防运动损伤的秘诀

表 6.1 各种训练用的阻力

上身运动（拉）	起始训练 1RM 最大阻力 %	3RM（=1RM 的 95%）	5RM（=1RM 的 87%）	9RM（=1RM 的 77%）	15RM（=1RM 的 65%）
反掌引体向上（起始训练）	100	95	87	77	65
引体向上	95	90	82.75	73.25	61.75
背阔肌下拉（窄握）	95	90	82.75	73.25	61.75
背阔肌下拉（宽握）	90	85.5	78.25	69.25	58.5
肩部背阔肌下拉（宽握）	75	71	65.25	57.75	48.75
坐位划船	75	71	65.25	57.75	48.75
卧拉	65	61.75	56.5	50	42.25
直立划船	50	47.5	43.5	38.5	32.5
单臂哑铃划船	33/ 哑铃	31.25	28.75	25.5	21.5
二头肌卷臂	40	38	34.75	30.75	26

下身运动	起始训练 1RM 最大阻力 %	3RM	5RM	9RM	15RM
深蹲（起始训练）	100	95	87	77	65
颈前深蹲	80	76	69.5	61.5	52
弓箭步	40	38	34.75	30.75	26
登台阶	40	38	34.75	30.75	26
单脚深蹲	40	38	34.75	30.75	26
侧弓箭步	25	23.75	21.75	19.25	16.25
罗马尼亚硬拉	75	71	65.25	57.75	18.75
下蹲拉起	80	76	69.5	61.5	52
膝上翻	65	61.75	56.5	50	42.25

注：初值是初始训练只能重复 1 次的最大阻力。在同组中的其他训练［这里有两组：上身（拉）和下身］中，通过经验确定的可达到的 1RM 最大重量的百分比。用于 3RM、5RM、9RM 和 15RM 的百分比值都是从 1RM 值得到的（所使用的表格包含了力量训练教练 Dan Baker 采用的百分比值）

应用物理定律是常见的做法，并且它的用途非常明确：

（1）如果运动员的认识有限，掌握力量训练时所发生的复杂的生物力学、生理和神经过程也有限，它可以提供模式和指导。

（2）与5.3描述的专项性模型的外层有关联（外部观察到的动作相似性）。

（3）训练计划可以设计成一个简单的、标准化的流程。

然而，用物理原则方面描述力量训练也有其缺点。一个主要的限制是，虽然该体系可能表明运动员在力量训练中取得进步，但它没有描述向专项运动中转移是如何发生的。很少甚至根本没有关于（训练效果）转移到体育运动的机制这方面的科学证据，而转移机制在基于物理定律的训练方案中认为是理所当然。这在许多高级方案中尤其如此，这些方案声称大量的转化归因于高度精确的设计和训练时机。牛顿术语的使用因此成为记录转化明确的限制工具。在一定超负荷下，运动专项力量训练可以让适应发生，这种机械术语不能阐述其中参与的诸多因素。

提高协调性是力量训练的关键组成部分。学习的机体不用千克和肌肉来思考，而是用基于运动结果的运动感觉联系和控制来思考。对于学习的机体来说，100千克与2个50千克不是一回事。这就是为什么它在描述力量训练中的超负荷时，不仅使用物理数据（定量方法），而且还使用基于运动学习方面的术语。这为（训练效果）转移到体育动作中提供了一个更好的联系。超负荷不仅是一种数量上的变化，而且也是质量上的变化，从这个观察视角看待超负荷可以让我们描述很多新的力量训练规划，运动专项训练很有用。

6.4 变化规律作为指导原则

6.4.1 以约束条件为导向的方法

运动专项力量训练最重要的适应性改变是协调，因此，在力量训练中系统地分配超负荷，不仅要将基于物理的机制作为参考框架，而且最重要的是要加上所有的学习机制。这意味着超负荷的基础由产生力量的大小转换为产生一套新的感觉运动组合，因此定量（物理）和定性（新的感觉运动组合）这两种超负荷，都取决于变化。

运动的表现取决于3个因素：①动作发生的环境；②训练的动作（任务）；③执行动作的机体。

这些因素中的每一个因素都促使动作的表现向特定方向转变。环境使得某些执行动作的方式比其他的更有效，甚至将其他的一部分排除在外。这同样适用于任务所提出的要求和机体的特性。环境、任务和机体，每一个都有它们自己使动作可以或不可以完成的限制条件，它们三者之间的相互作用创建了一个有条件的框架，在这个框架内，动作可以有效地、合乎场景地执行。因此动作控制主要涉及省略不符合环境、任务和机体要求的动作模式。这个概念在约束条件主导的方式理论中有总结。对执行动作方式的约束可能会产生感觉运动的相互作用（集合），从而引起动作控制（Davids等，2008）

扩展知识

约束条件主导的方式试图把各种动作控制理论都联系起来：

（1）图式理论专注于意图和动作计划（任务）的设计。这个理论认为传入的感觉信息本质上是毫无意义的，只能逐渐具有意义——在大脑中变成感知（Schmidt和Lee，2008；Schmidt和Wrisberg，2005）。它还声称中枢神经系统会产生正确执行动作所需要的所有信息，并且动作控制具有层次结构。

（2）生态学理论（直接知觉理论：Gibson，1986）声称来自环境的感觉信息是如此的高质量，以至于控制动作的方式已经以可见的形式成为它的一部分，因此，动作在很大程度上受环境的控制。

（3）动态系统理论认为动作是由机体自组织动力学设计的；身体的特

性是动作将会是什么样子的决定性因素；动作控制是一个去中心化的结构（Kelso，1995）

生态学的方法实际上冲击了主张大脑中心（认知）的理论，后者认为感觉输入信息在大脑内部完全被整合，而动态系统理论则冲击了认为动作完全是由大脑设计的主张。约束条件主导的方式试图将大脑（任务）、可视性（环境）和动态自组织（机体）三个组成部分——也就是三个理论联系起来（图6.13）。

可以通过杠铃负荷的登台阶动作来阐述这个理论。动作的执行方式从三个角度控制：

（1）环境：当运动员开始发力时，箱子的高度决定了髋关节所需的角度。杠铃负荷的大小决定了站立腿伸直的速度以及在登台阶的过程中自由（摆动）侧骨盆的上抬速度。

（2）任务：可以对动作的表现提出要求，如后腿蹬地有多稳固，摆动的腿在离开地面后应该做什么动作，需要多少水平移动等。

（3）机体：平衡感决定了进行登台阶动作有多快，以及运动员能否以单腿姿势结束。那么机体的特性还将决定在登台阶时自由（摆动）侧髋关节什么时候可以向上动。如果外展肌与髋关节和膝关节伸肌相比相对较弱时，那么摆动腿抬起的动作将会很晚。

最终的训练将会是怎样，将由三角形的三个角所形成的约束条件决定（图6.14）。如果任务要尽可能快地登台阶而不用后腿蹬地，尽可能早地抬高自由（摆动）侧髋关节，最后以单腿姿势结束。那么动作的最终表现将取决于环境（箱子和重量）和机体（力量和平衡）。来自三角形三个角的约束条件很可能会导致动作不能正确执行。在这种情况下，训练是很困难的。

因此，在设计力量训练时，教练应该考虑三角形所有三个角的影响。特别是如果训练的类型更复杂，则可能需要作出困难的决定。例如，假设一个体能教练希望使用下蹲翻来提高篮球运动员在跳跃时的发力。对于一个身高2米、必须克服更长杠杆的运动员来说，哪种类型的下蹲翻效率最高，用多大的

运动训练新思维
——提高运动水平和预防运动损伤的秘诀

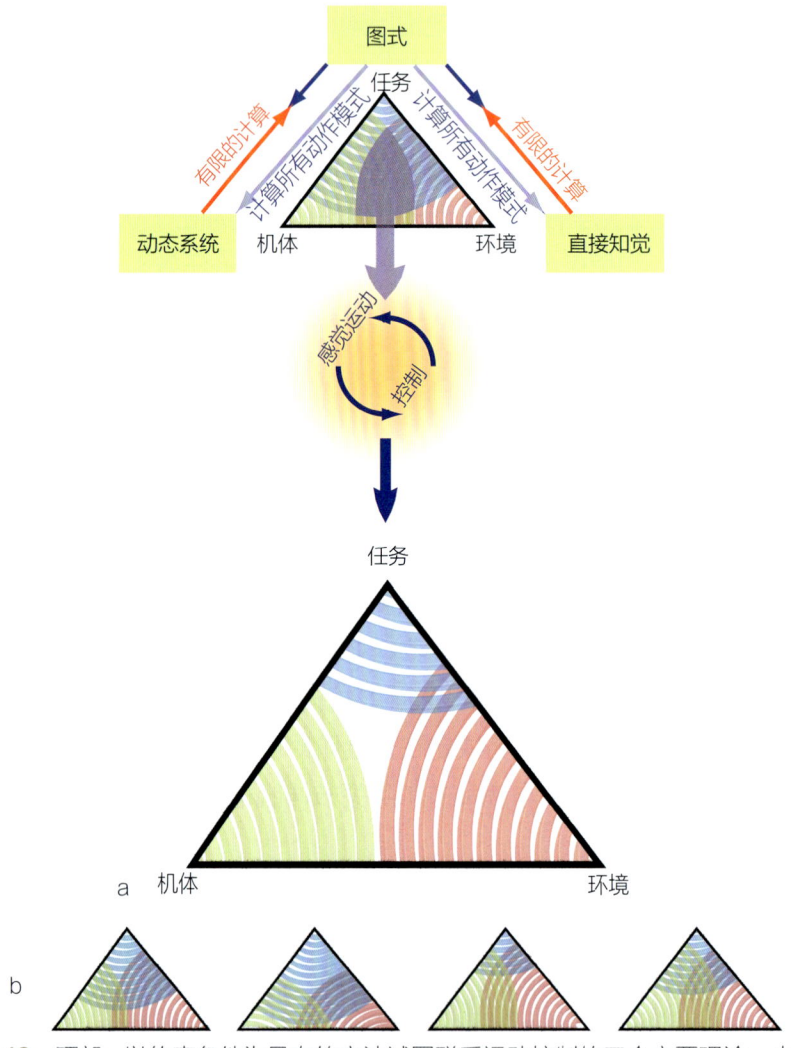

■ 图 6.13 顶部：以约束条件为导向的方法试图联系运动控制的三个主要理论。来自环境、任务和机体（代表三种理论）的约束条件被放置在一个三角形中，每个角落都有一定的动作模式。这通过同心圆覆盖三角形部分的范围来表示。在动作模式可能重叠的地方（三角形的中心区域），会有一个有效的感觉运动输入信息混合，可以控制动作。中间：如果从三角形的三个角落提供的可能性不重叠，则不存在有效的动作模式，也不能成功地执行和学习动作。底部：改变训练会在环境、任务和机体之间产生不同的重叠。这将为寻找普遍的控制原则提供有价值的信息

■ 图 6.14 登台阶的最终姿势，决定因素来自环境（1：杠铃负荷和箱子高度），任务[2：踝关节背屈、膝关节锐角屈曲和骨盆自由（摆动）侧需要抬高]和机体（3：蹬地腿的平衡和力量）

重量？考虑到物理结构（缺乏柔韧性）和动作的组成部分（单脚起跳）需要改善，杠铃应在地面上还是在箱子上，或者最好的开始位置是身体挺直，杠铃刚好在膝盖之上？最佳的重量是什么——是较大重量，从而使重物的最初加速阶段变得十分重要，并且是位于下蹲的姿势撑起重物；还是较小重量，其中重要的是加速过程的末端，或多或少以挺直的姿势撑起重物？肩胛带的力量如何影响重量的选择？等等。这些选择最终对预期的转移产生重大影响，从下蹲翻到专项运动的转移。

通过改变 3 个约束条件中的任何一个，训练就会发生变化。随之而来的每一个变化都将影响动作的控制方式，从而影响感觉运动组合的产生。产生不同的组合将激活力量训练中的学习过程。

在力量训练中，环境、任务和机体都会发生改变。可以少量或不考虑环境、任务和机体这 3 项中的最后一种选择（改变机体）。但动作学习理论认为，改变机体的动力学可能是非常有用的。这里可以改变的主要因素是疲劳。

6.4.2 环境因素的变化

尽管执行训练的规则基本上没有改变，但力量训练可以通过改变环境因素来改变。改变环境对于应用差异化学习是非常有用的。阻力的大小可以变化，阻力的稳定程度可以或多或少地调整。也可以调整运动员躺在或站在表面的方向和稳定性。所有这些变化都可以用来创造不同的感觉运动组合。

环境因素的变化量由3个标准决定：

（1）动作应该是场景式的、有意图的——也就是说应该有一种有效的方式来完成这一动作，以达到其目的。例如，如果在非常不稳定的表面上执行诸如次最大重量下蹲翻的复杂训练，则由于不可克服的平衡问题，不能正确地执行期望的三重伸展运动。动作的唯一目的就是运动员在完成动作时不会失去平衡。伸展时机正确，杠铃最大加速度将成为边际因素。显然，没有人会在30厘米厚的滚动垫上进行下蹲翻，因为这样立即就会明白该动作会被柔软的表面所破坏。但其他情况下，表面的不利影响不会那么明显。如果用最大或几乎最大的重量来进行下蹲翻，则训练平面少许的不稳定就可能足以干扰动作表现。为了保证良好的平衡，地面应该总是坚硬且平坦的；但运动员穿的鞋通常具有柔软的弹性鞋底，在大重量负荷时可能会严重影响运动表现。因此，进行高水平运动专项力量训练的运动员应该考虑在特殊的硬底举重鞋上做功夫。

（2）变化不应该太大以至于导致显著不同的动作。例如增加的杠铃负荷可能需要肌肉以不同的方式发挥作用，在这种情况下，根据比较密切相关动作的学习机制将不再起作用，那么训练将在一定程度上成为随机练习。这种对变化进行限制的例子同样适用于负荷。如果不使用杠铃发挥，跳跃可能是纯弹性的，然后着陆时产生的弹性能量被用于新的垂直冲量。如果扛着7千克杠铃进行训练，脚接触地面时间会略长一些，但后续蹬地跳起还会像弹簧一样。如果杠铃负荷越来越大，接触地面时间会更长。这时，肌肉不再用作弹簧，需要肌肉离心收缩来吸收落地的能量，然后进行向心收缩做下一个蹬地跳起。突然间，动作不再是弹跳了。同样的事情发生在投手的训练中，这个训练需要投手近距离面向墙壁，并且尽可能快地尽最大力将药球投掷几次，投掷时手臂伸展超过头部。如果球不太重，在肌肉负荷和去负荷张力之间的短暂时间间隔内完成投掷，使用肌肉的弹性为球加速。但是，如果球体太重，以至于投掷时间过长，肌肉就会先做离心收缩，然后再做向心收缩。

（3）动作应该是安全的。阻力越大，关节应该被肌肉作用保护得越好，并且应该保证更少的外部干扰。在使用大重量训练时，重点必须放在健康和安全上。只有肌肉爆发力能够充分控制外界对平衡的干扰，安全才能被保证。

所以，训练的最大阻力百分比越低，变化的范围就越大。做动作的表面更倾斜，更窄和/或更不稳定，表面的稳定性就会下降。阻力的变化可以是降低稳定性、更不对称，等等（图6.15，图6.16）。

发出不同的本体感受信息，会使不同的感觉运动组合得到发展。为了正确做动作，身体姿势的信息必须处理得快速和正确。

为了实现最大最快的进步，通常选择用相对大的阻力来进行力量训练。但是，如果训练水平已经很高，并且运动员已经拥有丰富的大阻力训练经验，那么进步就会低得多或根本没有。在这种情况下，更加仔细地研究改变环境的方法是非常有用的。

6.4.3 任务的变化

在动作的特征限制范围以内，差别学习可以通过改变任务来实现。当然，如果与前面提到的环境适应相结合，这种方法效果最佳。这将为始终专注于安全需求多变的力量训练创造无数的机会。

一个总是与发出如何执行任务指令有关的严肃问题，就是关注的风险变成内在的了。发出如何执行任务指令时以动作的外在特征为参照物，在某种程度上可以防范这种风险，如指令应该说杠铃如何移动，而不是说身体如何做动作。例如，做不同形式的下蹲翻时，可能结合对地面进行调整，指令可以说抓住杠铃之后，杠铃应该保持不动。也可以通过设计环境，让动作所需要的外形自动形成。

运动训练新思维
—— 提高运动水平和预防运动损伤的秘诀

■ 图 6.15 登台阶动作的平面变化。不稳定平面对踝关节的控制提出更高的要求。用一个装水的桶代替杠铃片可以对躯干控制提出更高的要求

■ 图6.16 平面和阻力变化的例子。用两个不同重量的哑铃在健身球上做飞鸟动作。为了在做飞鸟动作过程中保持平衡，运动员需要哑铃较轻的一侧肘关节有一个更大的伸展角度

通过解释说明或改变环境来检查哪些信息可以传递出去，是一个不错的办法。

使任务多样化同样适合于创造随机练习的场景。力量训练与其他不同的动作模式交替出现。如果模式非常不同或甚至形成对比，则很难从一种训练转换为另一种训练（参见4.4.3）。这可能会创造一种新的学习冲动。对接近适应天花板的运动员来说，利用这些训练的巨大差异是非常有用的。

对比鲜明的随机力量训练的例子：

（1）下肢

• 练习1：深度（90°）单腿下蹲，大杠铃负荷，每个动作缓慢进行并在最低点休息2秒，左侧2次，右侧2次——这是臀大肌和股四头肌在肌纤维相对较长情况下负荷的最大力量运动。

• 练习2：开始姿势为几乎直立的下蹲翻，杠铃的高度在大腿中部，重量为体重的85%，重复3次。这种起始姿势有利于能量从膝盖到踝关节传递。

• 练习3：负重大小与下蹲翻一样，"早安"式硬拉，重复4次。强调背部肌肉的等长力量。

• 练习4：在肩膀上放置7千克的空杠铃，跳8次。强调肌肉的弹性动作。

每一个训练都会对不同的动作机制施加压力。重要的是下一个训练的第一次重复应该正确执行。训练之间的巨大差异在切换训练时对动作控制提出了很高的要求。

（2）躯干

• 练习1：运动员悬挂在墙架上，背对架子，用双脚靠近双手。腿部向下摆动至几乎完全伸展，然后脚移回起始姿势。脚在运动到最低点时不能碰到架子。这项训练对腹直肌部分提出了很高的要求，腹直肌必须与髂腰肌配合。由于运动范围如此之大，所以只有它们高效配合下才能完成动作。运动快速重复10次。

• 练习2：起始姿势是俯卧平板支撑，手和脚尽可能分开。然后一只手或一只腿交替抬离地面。腹部每次应该等长收缩并吸收不同的方向外力。一只手或一只脚抬离地面，保持2秒钟，总共6次。

• 练习3：从深蹲的姿势跳到尽可能高的一个箱体上。在完成时，腹部必须吸收大的反作用力来抵消骨盆旋前，以便腿部（连同髂腰肌）可以在蹬离地面后快速可以收起。连续跳跃。

• 练习4：坐姿，躯干离开地面倾斜45°，固定脚部，髋关节和膝关节弯曲。胸前举一个5千克的杠铃片，尽可能平稳，尽可能远地向前推，最后回到起始位置。腹部弹性负荷。重复8~10次。

腹部每次必须在不同的整体动作模式中吸收相反的力量，这些力量会或快或慢建立起来，并在每次腹部和屈髋肌的合作中被吸收。在这个过程中去寻找相差巨大的模式。再一次说明，下一个训练的第一次重复应当正确执行。

当然有许多不同的安排随机训练的方法。需要复杂协调的动作就特别适合，力量训练也可以由需要高度协调性的体育运动来穿插进行。

尽管不太清楚随机训练是如何起效的，但在训练中区分随机学习和差异学习仍然有用，因为它们可能基于非常不同的机制。如果训练的安排过于任意，并且不能区分这两者，那么变化可能变得过于随机，作为学习基础的信息——特别是KR信息将会过于混乱。

6.4.4 机体的可变性

当寻找变化的方式时，训练机体的变化总是被忽略。身体特征被认为是相对不变的，因为训练的适应需要很长时间，因此不适合用于短期的多样化训练。然而，双因素模型显示，除了体能之外，还有另一个因素可以发生变化，即疲劳。就像适应一样，疲劳会改变身体的状态，但疲劳和恢复是快得多的过程。力量训练是训练领域里最快出现疲劳的。在大负荷及出最大力情况下，疲劳可以在几秒钟内达到极限水平。在一项涉及神经肌肉大负荷的力量训练中，快速连续进行5~6次重复动作，可能足以让运动员不能完成训练。但是在这种神经肌肉训练之后的恢复也一样很快。其结果是在训练期间持续的强壮和疲劳来回交替。

在力量训练中，这种快速增加的疲劳可能是关键的动作学习机制。下面对此的解释仍然是非常推测性的，尚未被研究过。这个想法纯粹是基于实践经验，但当然值得进一步研究。快速增加的疲劳意味着，在一组训练中的最后两次动作与最开始的前两次，身体对中枢神经系统命令的反应不同。那么结果可能会与预期的结果大不相同，并且训练可能会是一场失败。在诸如卧推之类的非常简单的动作中，通常可以通过来自中枢神经系统的更强烈的刺激来解决该问题，这导致更多的肌肉纤维被募集；但是更复杂的动作例如举重中下蹲翻和抓举对肌肉间协调性提出了很高的要求，只是加强信号不会那么有效。这是因为疲劳不会在所有肌肉中以同样的速度增加，而信号必须适应每个肌肉。这意味着中枢神经系统首先必须测量单个肌肉的疲劳情况，然后完全重建肌肉间的协调性。所以，当疲劳发生时，控制复杂动作是非常复杂和困难的，训练很可能会失败。此外，动作也不能再经济地进行。如果最后两次动作要符合最开始两次的标准，那么神经系统将必须寻找或多或少不受疲劳影响的命令，该命令可以超越肌肉的当前状态，并且明确表达以能够在休息的身体中产生或多或少同样的动作，亦如同在疲劳的身体中。因此，当机体输出是恒定的和可预测的时候，系统将不得不找到比用于控制一个动作的规则更普遍适用的规则。换句话说，由于身体的输出与预期不同，所产生的感觉运动组合会让人困扰。这种困扰会鼓励感觉运动系统学习，因为学习系统喜欢普遍适用的规则，做动作时就不会受到外界干扰。

因此有充分的理由假设，如果使用得当，疲劳可能是动作学习的工具。应付疲劳是自然界基本的生存技能。由于疲劳增加而不能控制其运动系统，以及

运动训练新思维
——提高运动水平和预防运动损伤的秘诀

因此运动表现下降的动物更有可能被捕食者捕获、吃掉，因此，学会控制疲劳对于生存至关重要。

意图行动模型也解释了疲劳和学习相关的原因。这个模型的主要特点是动作的结果必须尽可能独立于必须执行动作的肌肉。只有通过所有可以执行的方式来实现意图，才能叫做掌握该动作。控制寻找不受肌肉疲劳影响是有意义的，因此学会应对疲劳是符合动作控制的关键规则。当然，意图行动模式也提示疲劳不应该太大以至于动作的意图不再能实现，因此，连续进行力量训练本身就是一种学习机制。变化不需要任务或环境做出改变，换言之，许多专项性的主要特征，如感觉环境或动作的结果，可以在训练中完整保留，而感觉运动组合可以通过产生疲劳而变化。这使疲劳在不同的角度观察，我们要使它变得更加被人熟知，这样它不将再是重复动作的障碍，相反，它是学习过程中的动力。

当然，疲劳可以被用作许多方式的学习资源，而不仅仅是重复练习，直到表现开始下降。例如，通过在力量练习中先使身体的一部分出现疲劳，然后立即练习需要提升的复杂运动模式，来造成"感觉运动混乱"。针对这些特殊的要求，机体必须对肌肉作出反应，它们将共同产生这些以前从没产生的输出，并且神经系统将不得不调整命令以使得结果（主要定向点，如动作的终点）仍然可以实现。在随后的一组训练中，身体的另一部分将首先疲劳，用同样的动作结果设置另一感觉运动来执行相同的复杂动作，等等。局部疲劳可以用于改善复杂运动模式，使背后的基本成分（吸引子）更为普遍有效，因此更加稳定。当然，要改进的复杂训练不一定是力量训练，也可能是一种专项运动（如网球或者排球、游泳起步训练、拳击组合等）。

扩展知识

假设棒球运动员必须改善他的击球技术，他犯的错误是过度调整他的手臂摆动以匹配球的轨迹，但是，相对于调整摆动以达到击球的目的，为了正确执行动作，应该在躯干（通过弯曲侧身）和腿部（通过稍微弯曲或伸展前部膝盖）进行调整而不是手臂。手臂摆动动作（吸引子）应该始终保持相同，并总是以相同的方式（终点）结束于相同的位置。为了学习这一点，机体必须学会不要以单一熟悉的感觉运动组合中躯干和腿部动作（总是相同的躯干和腿部姿势）为目标，而是要改变这些使得臂部动作在这套感觉运动组合中变得更加稳定。所以击球手先进行一些可以使一条腿发生疲劳的运动，如杠铃强负荷下的单腿深蹲。然后进行击球训练。在执行第二组练习之前，以相同的方式使另一条腿出现疲劳。在第三组训练之前，他先使与击球动作中相对应的对角线反向腹部肌肉出现疲劳等。身体因此学会不要瞄着躯干和腿部动作的刻板表现。躯干和腿部的自由度增加，而手臂的自由度减小。在动态系统理论方面，随着现有吸引子（刻板地使用躯干和腿部的方式）最先受到干扰，因此可以发展新的吸引子（稳定的球棒摆动）。击球技术得到改善。这样，疲劳被用在有针对性的方式来改善场景式动作中的错误。

　　另一个例子是过多使用股四头肌爆发性特征的篮球运动员，他们过度弯曲膝关节，然后再伸展膝关节跳起投篮。这会抑制有效的反射模式。在这种情况下，在练习投篮之前使股四头肌出现疲劳可能是有用，例如先做一个杠铃后拉深蹲（哈克深蹲）。这个肌群的主要功能在起跳动作中不再有效，力的产生会被重新调整。主导但不正确的动作模式被放弃，由另一个更好的模式所代替。在一个没有训练过的跳高运动员做 6 次跳高动作，做下一次跳高之前没有休息的时间，而是在落地后马上往回跑，我们可以看到同样的事情发生。第一次跳高的时候，运动员的重心会降低，这是为了在蹬离地面起跳时有更大的力量。但在最后一次跳高时，疲劳程度增加，即使没有指导，重心仍保持在较高的位置——正确的技巧——蹬离地面起跳会更加有弹性。这是一种提升跳高技巧的有用方法吗？

　　一个以局部疲劳为基础的训练方案也可以用在游泳项目。游泳选手在力量训练方面主要的困难就是寻找力量训练协调性和游泳技巧之间的关系，因为感觉运动环境在水里和在陆地上是非常不同的。先创造局部的疲劳，例如在泳池边上做一个大重量力量训练，比如说先做一个过肩推举，然后是侧平举，最后加上一个高拉机下拉，随后是有一定的技术要求的 50 米蝶泳。这样，转移问题在一定程度上通过游泳运动员在变化的环境中运动而减轻。

同样的方案可以用于力量训练，例如当要提高下蹲翻的成绩。第一组，例如，先通过单腿的哈克深蹲来使一侧股四头肌出现疲劳，接着立即做 3 次 75% 最大重量的下蹲翻。在进行第二组下蹲翻之前，先做一个双腿的哈克深蹲。第三组之前，先做一个早安式屈体使背部肌肉出现疲劳。在第四组之前，先进行一系列长距离跳跃，等等。接下来做后面的下蹲翻举时，技巧应该会变得尽量好。

通过在力量训练中快速增加局部的疲劳程度来创造提高成绩的机会，很少被人描述或者应用于实践。显然，在力量训练作为开放性运动的一种变化方式时，疲劳很容易被应用。开放性竞技中，在不断变化的局部疲劳情况下，需要技巧来赢得比赛（一个网球运动员需要在长时间的回球之后做一个扣球，橄榄球运动员需要在抢夺橄榄球之后进行加速，等等）。还有，动作做得不应该像封闭式运动一样固定不变。训练可以轻易做成像游戏一样。因为体育动作是不断变化的，所以训练也要多变。这对于封闭式技能来说可能更加困难一些。局部疲劳最合适水平是多少才有利于学习？疲劳太少，干扰将不足；疲劳太多，动作会做得很糟糕，不会成功。教练需要正确地掌握这个平衡。

在疲劳方面寻找变化，意味着环境因素和任务本身可以保持不变。这让教练避免了一个力量训练中可怕的问题：怎样确保训练的专项性。一旦它被确定下来，例如，对于怎么在一个特定的环境中（重量和身体支撑面），将下蹲翻（的效果）转化到专项运动中。那么训练就可以重复进行，并且训练效果不会因为训练的单调而降低甚至消失（图 6.17 和图 6.18）。

学习过程中疲劳的作用大部分都未被研究。应用疲劳的学习效果还没有被充分研究以得出影响深远的结论（Kerr，1999）。效果是负面的还是积极的，似乎取决于使用哪一个方案。目前，想用这个方法去训练预反射和复杂的运动模式的教练和康复治疗师，必须试验不同的方案，逐渐发现什么是好的训练。

第 6 章 超负荷的力量训练

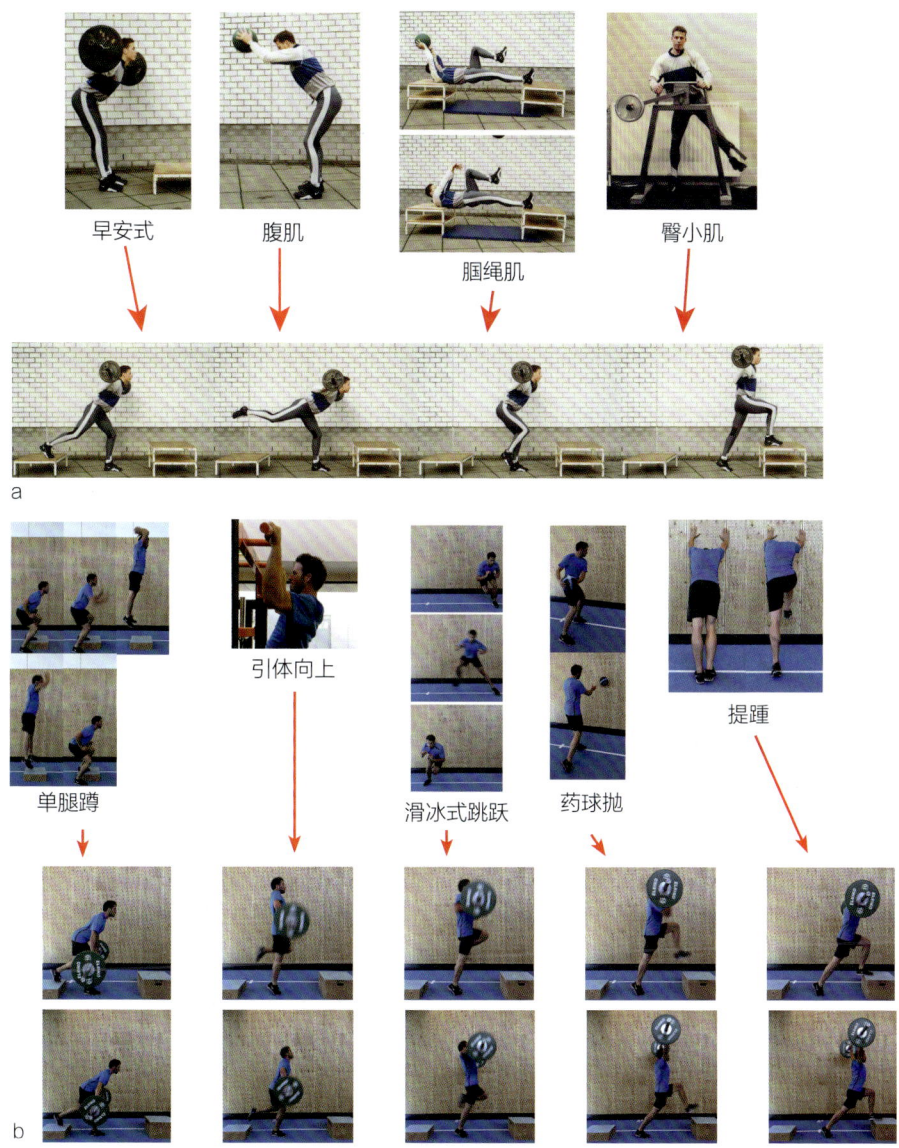

■ 图 6.17 训练创造局部疲劳（机体的变化）和三个需要改进技术的复杂力量训练

a. 一个需要改进的动作是在肩膀上增加杠铃负荷的平衡——上台阶。首先进行局部疲劳训练：早安式屈体，弹药球，在臀桥动作（腘绳肌）时伸直手臂投掷药球或抗阻外展（小臀肌）。所有的练习都要进行到疲劳发生。然后立即进行需要提高的体育动作，重点放在技术表现上。b. 需要改进的体育动作是平衡位——下蹲翻和平衡位——抓举，首先进行局部疲劳运动：10 个单腿深蹲跳，跳到 20 厘米高的箱体上，1 个引体向上，20 个滑冰式跳跃，侧方投掷药球或提锤。所有的练习都会进行到疲劳发生。然后马上进行想要提高的体育动作，重点放在技术表现上。通过移动箱体和改变杠铃负荷，环境可以在体育动作中发生变化

运动训练新思维
—— 提高运动水平和预防运动损伤的秘诀

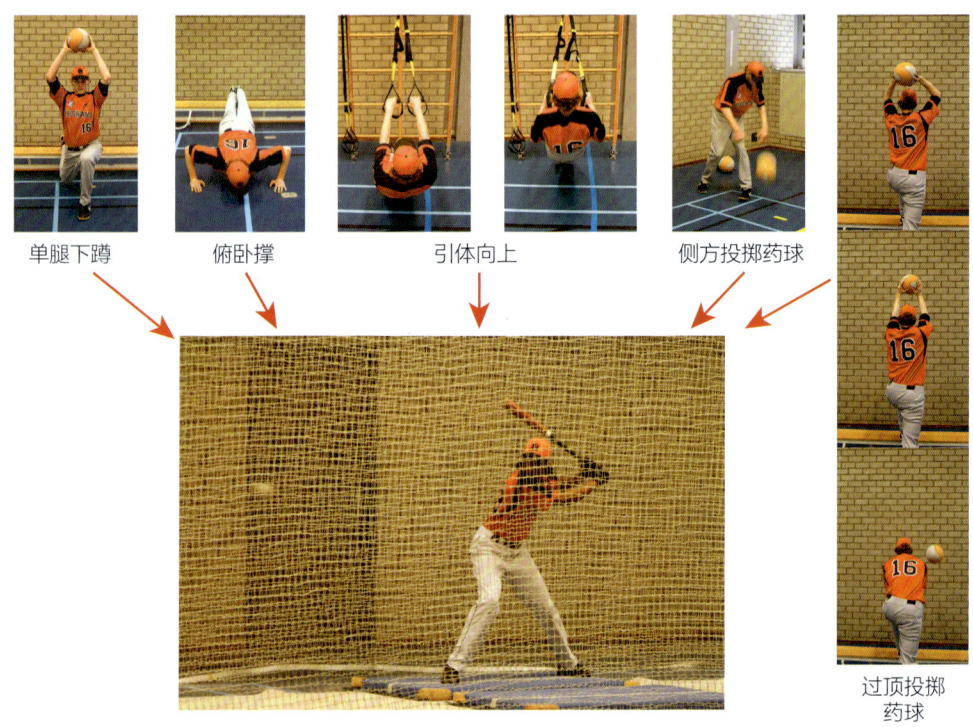

■ 图 6.18 造成局部疲劳的四项训练和需要技术改进的体育动作（棒球击球）。在准备训练后立即进行体育动作：一个单腿蹲、俯卧撑、一个引体向上、尽可能用力地从头顶上向侧面投掷药球，用双手投掷药球。在体育动作中，环境可以通过使用不同的棒球拍或者让站立的平面变得不稳定（如站在一个泡沫垫上）来发生变化

扩展知识

α/γ 系统和疲劳

什么使动作模式可以抵抗疲劳，以及如何设计肌肉控制以致于疲劳在最终的动作结果上只有一点有限的影响？这个问题的一部分答案在中枢神经系统的传出神经的结构特性中，也就是 α/γ 回路以及它如何促成肌肉间协调。

场景式动作总是涉及各种活跃的肌肉之间的相互作用，这对动作的质量至关重要。每一块肌肉都对抵抗惯性和外力有自己的贡献，在动作过程中，每个肌肉的力量产生和长度变化可能会有所不同。例如，如果一名运

动员将哑铃从地面抬起至尽可能高于头顶，则会有大量肌肉活动。一块肌肉可能在该过程的第一部分以等长收缩的方式起作用，然后是向心收缩，然后一瞬间的离心收缩，最后再以等长收缩的方式起作用。在其他肌肉中，肌肉作用模式是不同的（图6.19）。在这种不断变化的肌肉作用模式中，每个肌肉产生的力量不应该与正确执行整个动作所需的力量差别太多。如果一块肌肉因为疲劳而没有做出需要的贡献，那么动作可能不会在肩膀正上方结束，而是稍微偏向侧面，并且将不可能将重物固定在头上。

然而，输出与预期意图是不同的，不仅是因为肌肉疲劳，还有肌肉必

■ 图6.19　在从各种起始位置进行复杂上举动作的情况下，一块肌肉的作用可能会在动作过程中发生变化。所有涉及的各种肌肉动作必须协调一致，以达到所需的最终姿势

须随时产生很多力量。肌肉产生的力量越大,肌肉信号中的杂音越多,差异越大。任何来自一块或多块肌肉的不正确输出,都将被修正或补偿。关键的补偿系统是预反射系统和γ神经支配系统

在如上所述的复杂动作中,每个活跃的肌肉必须克服外力,这意味着运动员必须估计这些力将是多大。如果肌肉作用信号只通过α通路发送,则不能纠正错误的评估。这意味着来自严重疲劳的肌肉,其输出量的减少并不能被补偿。如果在复杂的动作中需要产生大量的力量,包含初始力量估计值的α信号必须伴随着γ环路的信号,以监测肌肉的长度及其长度的变化。如果所需要的初始力量估计值太低,那么肌肉,包括肌梭可能会被拉长,而γ系统可以补偿这种差异。在复杂动作中产生大的力量时,α信号不应该低于所需要的水平太多,因为那样γ信号不能完全补偿差异,并且不会产生足够的总力量。

因此令人满意的动作取决于α和γ信号的适当协调。要在复杂的动作中产生大量的力量,这比看起来要难得多。不仅是α信号可能会太弱,γ系统无法完全补偿所需要的水平,而且也可能α信号太强。在这种情况下,没有好的办法来削弱信号。因为γ通路只能加强信号,高尔基体肌腱系统不受中枢神经系统支配,因此不能有动作专项性。为了在复杂的力量训练中正确地执行动作,α信号必须总是略低于实际需要的水平,使得γ环路可以正确地起作用。这意味着在需要产生大力的复杂动作(大多数体育动作)中,α和γ信号之间的相互作用必须准确,因此必须习得。如果它们正确协调,α信号仍然保持正确的极限,肌梭设置好使得肌肉长度和长度的变化得到适当监测,这样动作将更能抵抗肌肉疲劳的影响。

在力量训练中,做下蹲翻的时候经常犯的错误就是一个很好的例子。膝关节伸展与髋关节伸展必须恰当地协调。如果运动员在下蹲翻过程中运动得太快,膝盖伸展得太快,躯干就会向前移动,杠铃相对于髋关节的力臂变得太大,以致杠铃不能被正确地加速。在这种情况下,下蹲翻将失败。必须在运动的第一部分将正确的信号发送给股四头肌(将杠铃提升至膝盖高度)。α

信号不应该太强,因为没有办法抑制肌肉活动,但也不应该太弱,因为在举重阶段结束时杠铃的速度是至关重要的,尤其是在杠铃重量很大的情况下。如果速度太低,杠铃不能加速,那么下蹲翻将再次失败,因此在下蹲翻过程中正确调节四头肌的力量是非常困难的。我们要将力量调节(α信号)与姿势调节(γ信号)联系起来,"减少"扰动,例如那些由疲劳引起的扰动。

结论:

如果肌肉适当地休息,在需要的带宽内产生一个α信号通常不会太困难。然而,如果一个或多个肌肉群疲劳,α-γ链接将要承受压力,在所有协作肌肉中系统的警觉将需要优化,信号必须更加有效地协调。产生大量的力量时,几乎总是存在疲劳问题。因此,疲劳可能成为学习产生巨大力量的复杂动作模式的一个固有的部分。这个有效的学习辅助可以通过操纵疲劳来使用。机体每次面对不同的问题时,都会提供一个增强α-γ链接的刺激。如果α和γ信号协调得好,控制或多或少对扰动不敏感,因此对疲劳也是不敏感的(图6.20~图6.23)。

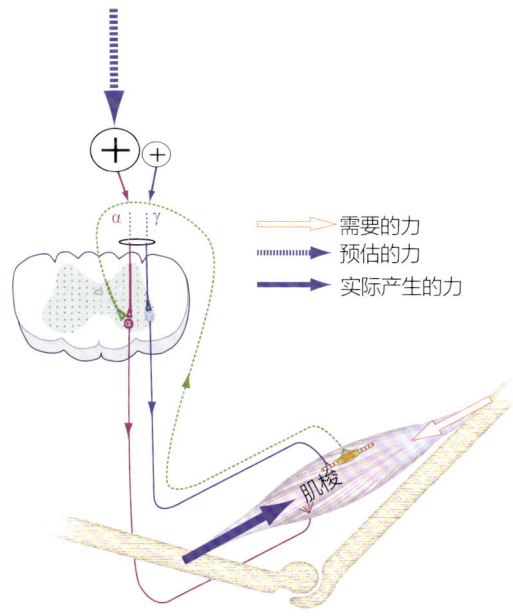

■ 图 6.20　因为高估需要产生的力量,导致α信号过多。无法修正肌肉活动

运动训练新思维
——提高运动水平和预防运动损伤的秘诀

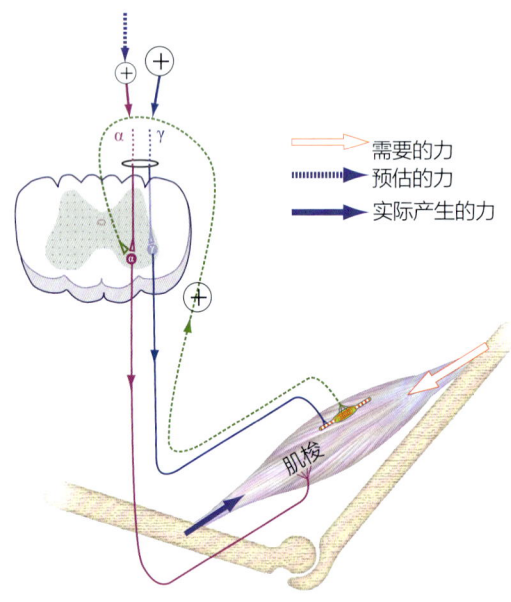

■ 图 6.21　因为极大地低估了需要产生的力，导致 α 信号过低。通过 γ 环路产生了额外的力量。但无论如何，这种修正是不够的，以致最后产生的力量仍然很小

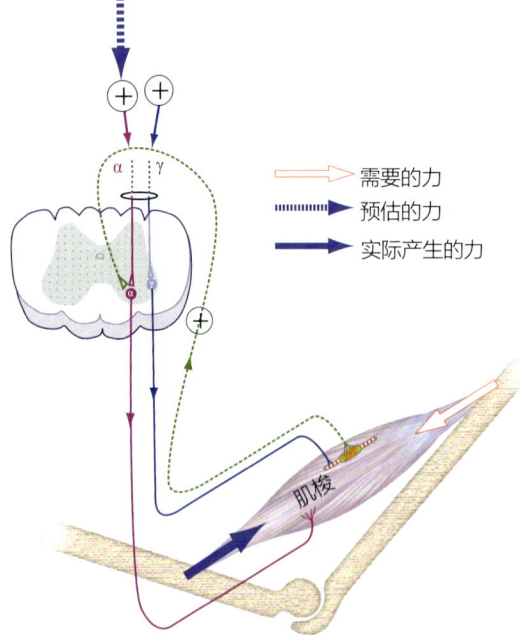

■ 图 6.22　因为稍微低估需要产生的力，所以 α 信号较小。但通过 γ 环路产生了额外的力，使最终产生了足够的力量

■ 图 6.23 顶部：下蹲翻过程中膝盖伸展得太快，杠铃相对于髋关节的力臂变得太大，最终导致下蹲翻失败（特别是在重量较重的情况下）；底部：下蹲翻时，膝部和髋部协调伸展

6.4.5 在年轻和缺乏经验运动员中的变化

由限制条件为导向的方法产生的三种类型的变化，可以在单独或组合的情况下使用。变化是实现向体育动作转移的主要方式，转移是肉眼看不见的。哪种类型的变化在哪种情况下是最有效的，这取决于很多不同的因素。教练们无法通过运用知识来回答这个问题——答案部分体现在关于事物是如何运作的直觉上。

这与缺乏经验或年轻的运动员一起工作时尤其如此，他们还没有发展自己的能力。多年来，训练理论由一个高度简化的方法主导，而这个简化的方法针对影响运动表现和改进运动表现的参数。这种关键因素的减少似乎使训练过程受到控制，但现在普遍认为精英运动员的表现不是由有限的参数决定的。参与运动表现的各种参数几乎无法确定，对运动表现来说，比单纯各种参数之和更重要的是，它们相互作用的方式。往往会被忘记的东西，更多的是如何训练没有经验的年轻运动员，这可能会影响他们的长期发展。这使得仅仅以适应的知识为基础，设计某一特定运动的发展计划变得非常困难。因此，当涉及运动员的长期发展时，问题会比答案多很多，或者为了在将来优化其能力时，我们应该向年轻运动员提供多大范围的训练。如果这个基础范围太小，那么发展将在很早的时候就停止；如果范围太广泛，可能会花费很多时间在对最终的表现没有贡献的动作模式上。它是否有助于年轻柔道运动员根据预张力学习各种动作模式（包括力量练习的类型）？一个擅长在摔倒开始时减少肌肉松弛的柔道运动员可能有一定的优势。学习像冰球运动员一样滑冰能帮助提高他的平衡能力吗？这对年轻网球运动员来说可能是有用的，但是对年轻的柔道运动员呢？体操似乎不太能帮助柔道，而游泳很肯定地说，这是在浪费时间。

训练的变化通常对年轻运动员来说有效，这里有两个关键因素：

（1）有针对性的训练可以改变特定的身体素质，如肌肉爆发力、新陈代谢、灵活性、肌腱负荷能力等。针对每一项运动，都可以找到大量提高运动表现的物理特性，专项地进行改进。在某种程度上身体可以被改变。为了制订有效的长期发展计划，需要对年轻运动员的潜力和短处进行适当的识别。因为这样的计划总是要求比短期进步需要更广泛的方法，这意味着年轻运动员需要多方面，不断调整的训练计划，即使是需要牺牲与他们特定的运动相关的一些专项性。在实践中，我们发现优秀的年轻选手到成年时并不总是很出色。通常这是因为在早期训练期间体能的一个或者更多方面没有得到充分发展，并且这在以后阻碍了他们的进步，这种抑制效果在短期内没有发现。那些将年轻运动员的短期成功理解为良好长期发展迹象的教练因此犯了一个根本性错误。

（2）良好的运动控制基础是一种普遍适用的运动调节机制，可用于确保稳定而灵活的动作表现。这种机制是协调性的构建模块，必须从小就学会。为什么这是有用的，另一个原因是年轻运动员可以很容易地学习和改善动作的构建模块，而生理适应的发生远远没有他们成年时那么容易。对改善动作构建模块的训练刺激的敏感性表明运动技术可以改变。年轻运动员的技术不佳（例如未能控制肌肉松弛或者恰当地分配吸引子和波动子）通常都被标记为"个人风格"，这些能够并且应该是可以不纠正的。通过在训练中提供大量的变化，有目的性地改善协调性的构建模块，这对以后技术的质量产生决定性的影响。

因此必须在早期提供变化，以便运动员适当地学习动作的构建模块，设计他身体的物理特性，以免以后存在不必要的运动表现限制，而学习系统仍然对学习感兴趣。然而，应该为这种变化提供成功地执行动作的考虑或实现一个最好已经精确定义的目标。如果没有这样的目标，变化可能没有任何用处。

6.5 小结

力量训练几乎一直以"局部练习"的形式存在，因此其专项性难免受到限制。但是，这也给超负荷提供了机会。超负荷给予机体一种训练刺激，机体的自然标配对这个刺激不能应付裕如，而需要去适应；超负荷经典的定义是提供比平时的负荷能力更大负荷的刺激。"更大"意味着对负荷的定量检测，且容易和超代偿模型或单因素模型联系起来。该模型认为疲劳耗竭机制后，身体恢复到初始状态水平以上，而现实比这个更加复杂。根据单因素模型，许多影响表现的参数无法适应。因此，能够区分获得体能和额外疲劳的双因素模型十分有用。在这个模型中，超负荷可以定性检测——与短暂负载能力不同的负荷。

定性评估超负荷适用于用协调性词汇描述力量训练。提供超负荷就变成一个变化的问题——创造一个机体不熟悉的感觉运动组合。当希望向一个协调性要求更高的复杂运动发生转移时，这一点尤其重要。这样的转移有它自己独特的动力学，与力量训练中力量产生的增加不同。

运动训练新思维
——提高运动水平和预防运动损伤的秘诀

中心/外周模型表明了专项性和超负荷之间的关系。高度的专项性不可与大程度的超负荷同时存在，反之亦然。即使是那些看起来把专项性和超负荷相结合的运动，比如跑上坡和下坡，仔细比较后会发现它们也没什么不同。"具有魔力"的训练是不存在的。教练们必须结合当时情况，着重训练设计的个体化，从中央/周围的连续统一体中选择合适的训练方式。

为了判断一项力量训练是否能够提供定量负荷，相关的体育运动必须经过仔细地分析。例如在跑步和跳跃性运动中，杠铃训练无法为小腿三头肌提供超负荷。如果运动中腹肌承受弹性负荷，那么在力量训练时只能通过弹性负荷达到足量的超负荷。训练腓肠肌和腹肌时，训练所导致的肌肉性疼痛不应被看作负荷足量，而是没有正确使用肌肉的信号。

力量训练方案经常用经典物理学术语描述。然而，转移发生的依据是运动习得法则，所以这样的方案无法用来识别运动中的适应。除了定量的方法，也需要更加定性的方式来理解转移的过程。

约束主导的方式将分层图式理论、直接感知理论和动态模式理论集合到了一起。根据任务、环境和机体对运动表现的约束，在从事动作发展的实践时就完成了三个理论的整合。只有考虑任务、环境和机体对运动表现的约束时，才能合适地设计一个系统方法来识别力量训练中的定性超负荷。这三个成分中的任意一个都可发生变化，在训练中产生一个前所未有的新的感觉运动模式，从而提供学习的刺激原。

习惯上，改变环境就是改变力量训练阻力，但只要动作场景相关，即与体育动作的关键因素足够相似且安全，那么还有其他方式来达到这个目的。

改变任务通常是对做训练的方式提出特殊要求，这一直有一个缺点，即注意力往往指向了身体内部。同样，也可以通过用随机练习的训练方式来改变任务，例如，通过差别非常明显的练习来改变任务。

改变机体本身仍然是动作习得中一片很大的未研究领域。机体可通过产生疲劳迅速发生改变。在力量训练中，疲劳可以很快产生，这就使得力量训练尤其适用通过疲劳进行差异化学习。利用疲劳的关键优势在于正确执行动作时，其任务和规则不用做出改变，这就使得我们能很好地控制专项性。策略性使用疲劳可以产生新的、不熟悉的感觉联系，这种联系会导致混乱，继而激发学习。疲劳可能是学习的一个非常有力工具，例如，寻找 α 和 β 信号之间更好的、可以抵抗疲劳的联系，从而更普遍应用动作控制。局部的疲劳，如某个手臂或者某条腿发生疲劳，也同样可以用来直接改善体育动作的成分。

第 7 章

运动专项
力量训练实操

7.1 身体局部和场景式力量训练方法

7.1.1 优质的运动专项力量训练的实操准则

专项力量训练应当与支撑运动表现的所有构成要素息息相关。这意味着包含以下两个基本特征：

（1）有助于提高竞技动作的运动表现水平；

（2）尽量降低运动员所承受的身体压力。

运动专项力量训练应当既有效又高效。如果所实施的训练符合动作学习和动作控制法则，那么第一准则就基本满足了；如果"间接损害"减少到最小，那么第二准则也满足了。人们往往会有种错觉，认为只要进行力量训练就会提高运动表现。如果每一个力量训练方法产生与竞技动作不相关的负荷，事实上这种额外的压力通常会降低运动表现。不会提升运动表现的压力包括脊柱扛着负重的杠铃所产生的轴向负荷，练习之后将杠铃杆放回原位产生肌肉的离心负荷（以及造成的肌肉损伤），以及关节压力等。除了骨关节压力之外，还存在协调性压力，不但对运动表现没有帮助，还会产生负面影响。例如，做负重下蹲翻抓杠训练时产生的没有意义的压力，引发了激烈争论。省略这一动作（完成高拉）则会改变这个训练的目的，使这种争论更加复杂。下蹲翻初始姿势也是饱受质疑。许多教练建议下蹲翻起始姿势不应将杠铃置于地面，因为这一姿势造成运动员膝关节过度屈曲，在田径比赛中我们看不到这个动作。这也就是为什么我们常将杠铃杆放在箱子上面完成这个练习。在田径比赛中这个动作训练很有意义。无独有偶，在速度滑冰运动中也存在这种争论。速滑运动员屈膝角度在起跑蹬地时比田径运动更大，这也是速度滑冰技术的重要部分。蹲得太低和蹲得太高都是毫无益处。所以，速度滑冰的体能教练应当更加密切关注下蹲翻起始时屈膝角度吗？

因此，我们要分析来源于力量训练的适应，有的可转移有的不可转移，寻求不可转移成分最少的训练。进一步分析可转移的训练，适应对竞技动作是正面的转移还是负面的转移；选择对竞技动作产生正面转移作用构成要素最多的动作。

7.1.2 力量的教条性或适应性分类

在标准的力量训练实操中存在两种主要思路：①教条性身体局部训练方法，主要侧重力量的生理学要素；②场景式力量训练，强调协调性适应。

（1）身体局部训练方法

健美训练的影响在身体局部训练方法中扮演重要的作用。训练集中于单个肌群，尤其是在竞技动作中可以承受大负荷的肌群。力量训练中并不追求对动作模式的进一步整合（从局部练习到整体练习），因此在这仅仅存在简单的动作模式。在这些简单的动作模式里，为了达到最大的训练效果，寻找体能的生理学和其他方面的界限。所以，身体局部训练方法的特点是大运动量、高负荷。

采用这种方法，以大重量完成力量训练。在所有的运动专项训练中，基于身体局部的力量训练方法，占据总训练压力的绝大部分。因此，必须仔细控制总训练压力，确保总负荷量不会过大而造成运动损伤和过度训练。想找到恰如其分的极限是极度困难的，因为在一个简单的训练模块中，很难去量化不同类型的刺激。你怎么样把跑动训练、力量训练和战术训练加出一个总和呢？

鉴于这个和其他原因，身体局部训练方法现在专注于延迟和残余训练效应，如在Verkhoshansky、Issurin和Counsilman的著作中（见Counsilman和Counsilman，1991）。这对力量教练意味着训练效应不会即刻产生。但在某个时段后会产生，随后没有力量训练也会再持续一段时间（图7.1）。

在训练模块基础上发展出的周期训练模型，主要源头是延迟的训练效应现象。然后，训练安排在全年的特定时间段，专注训练的不同方面。训练进度包括力量训练模块的最佳时机，正好让这种延迟的训练效应与它最有利的应用时

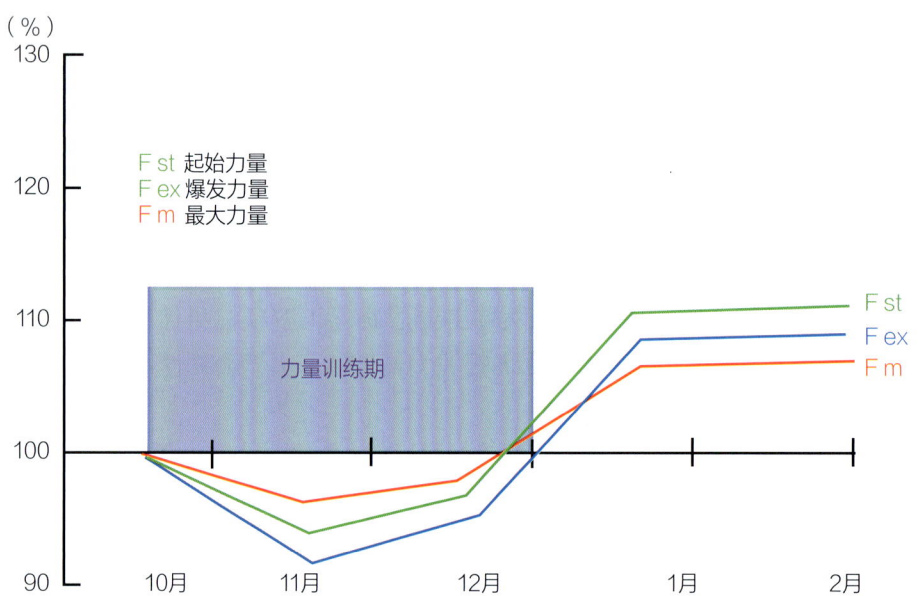

■ 图7.1 根据延迟训练效应计划力量训练模块（Verkhoshansky），在这种训练方案中力量训练都是定量的

机同步，即在竞赛期。

延迟的训练效应背后的原理尚未完全理解。因为"适应能量"所限，系统需要更多的时间，因此，力量参数需要更长的时间产生适应。有一种简单的解释，身体局部训练所需大量的力量训练，会产生巨大的累积性疲劳，这种疲劳必须在力量训练的正向效果出现之前先逐渐消失。

如果力量训练延迟效应主要因为疲劳，则意味着力量训练的另一种方法——场景式训练法——由于训练量较小，其延迟训练效应则体现甚微。这种效应在训练之后就会马上发生。有证据显示这种训练现在被很多顶尖教练所采用。在场景式力量训练中，运动员承受较小的压力，也不必考虑安排训练模块，因为训练疲劳不是很大，也没有适得其反的消极作用。因此，可以在全年，甚至就在比赛期前保持力量训练。看起来延迟的训练效应是累计疲劳所带来的结果。

在身体局部训练方法中，我们假设力量是或多或少的独立存在，所以也就独立于应用场景。因此，我们进一步假设从力量训练到竞技动作的转移并不需要满足很多的条件。按这种思路思考，转移似乎并不是什么大问题，所以在设计力量训练的时候，也不用将注意力主要集中于此。力量训练要解决的问题就是提高力量训练中的力量，因为按这种思路思考，力量增加是提高竞技动作表现最高效的方法。

根据基础运动特性进行思考，从本质上讲这就是简化主义。复杂的生物系统（动态模式）证明这种简化论无法和其中真正涉及的机制相比，因此，假设从力量训练到竞技动作可以完成自动转移是错误的。对没有训练经历的运动员而言，通常会提高竞技动作的表现，因为任何训练都会有助于他们提高。但是，训练有素的竞技运动员则需要在特定条件下才会发生转移，在这些条件中，除了其他条件，就有中枢/外周模型部分。由此而言，必须要考虑到这些因素。顶级运动员的动作模式自组织、不同动作模式之间相互作用和转移，都是建立在一系列微妙的规则矩阵上，最后正向转移和负向转移的界限相互交叉。我们已经知道力量训练如何在肌肉松弛方面产生不利的影响。精英运动员发力改善的正向效应可以被增加的肌肉松弛轻易抵消，这是力量训练的副作用。因此，必须努力寻求精英运动员力量训练产生的正向效应和负向效应的临界点。当运动员的能力提升时，在足够和过量力量训练的灰色地带相应变小，每个人的临界点都不相同。

身体局部训练方法除了忽视专项性和转移机制的批评之外，还有反对声音是由于这种训练方法会发生超负荷的情况。在身体局部训练法中，练习方法有限，尤其是感觉运动组合更是少得可怜。作为适应关键因素的变量，主要是寻求阻力的变化。这意味着力量训练协调性上是单调的，而且是单侧练习，不可避免的是单调性增加、适应下降。因此，必须用较大的压力（即抗阻和负重）来达到适应，训练的特异性本就有限，更是雪上加霜。

（2）场景式力量训练方法

场景式协调性的力量训练并不预先假设力量训练成果可以自动转移到竞技动作中，因为理想的、正向的转移需要满足大量条件，最重要的一个条件就是专项性。所以，根据这种方法，在思考和设计运动专项力量训练时，转移和动作的场景则是重中之重。因此，力量训练要特别侧重提高肌肉间协调性，更好的总体动作模式，解决动作问题与完成竞技动作使用同样的解决方案。从本质上讲，这等同于减少和学习控制自由度。因此，在场景式训练法中，运动员尽可能少在没有自由度的情境下进行训练，例如在力量架上训练。只有身体对自由度的限制才有利于健康和安全，这对大重量训练特别重要。

学习控制自由度取决于训练中的变量，所以，场景式力量训练包括许多不同的训练，主要在变化中寻求超负荷。

作为反对场景式训练的一种理由，协调性力量训练反对者声称高度的专项性，特别是在爆发力项目中很难完成，因为力量训练的动作速度常常比竞技动作速度慢。然而，几乎没有确凿证据支持这一观点。并且，在动作学习理论中有这样的观点，在没有过多降低所完成动作专项性的情况下，速度表现可以在一定限度内变化（见 Schmidt 通用动作训练计划中的变化参数中的观点：Schmidt 和 Wrisberg，2005）。那么动作速度只对肌肉弹性作用有要求的力量训练而言才显得至关重要。如果动作模式在弹性模式中太慢，弹性不再可能实现，这种动作也不具有专项性（这也就是为什么弹性效应的力量训练总是在小阻力下完成）。

但是，这并不是意味着我们在运动专项训练中不进行身体局部力量训练。同时进行身体局部力量训练和整体性力量训练，会产生高效的训练方法。特别是训练适合最大肌力训练的肌群，能够产生更加有益的效果，例如针对跑步训练腘绳肌。再次重申，这两个概念的完美平衡在不同的个体中变化很大，发现这种平衡也是一名优秀教练之所以优秀的部分原因——"执教是门艺术"（图7.2）。

第 7 章 运动专项力量训练实操

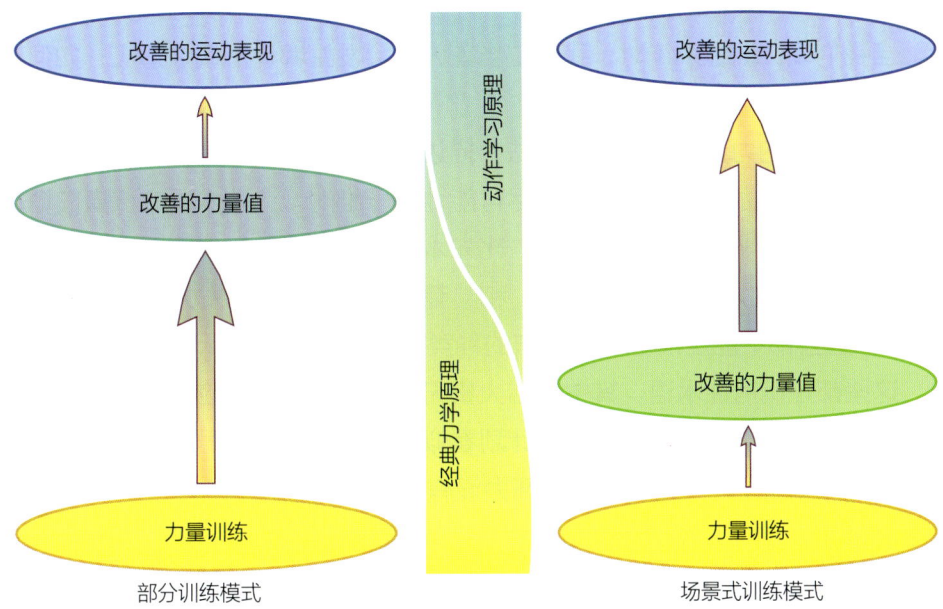

■ 图 7.2 身体部分力量训练方式关注的是提高力量。这些训练如何促进更好的竞技表现，相关性不大甚至根本是未解之题；相反，场景式力量训练关注的是转移问题，并且认为这是运动专项力量训练的真正问题所在。身体部分力量训练主要关注经典的力学原理，场景式力量训练主要关注的是动作学习原理

7.1.3 教条性思维使用的术语

因为传统的身体局部训练方法认为肌肉的力学特征可以实现自动转移，没有考虑感觉运动和意图场景，这样力量训练就变得非常教条（methodical）。这就分散了力量训练中对动作模式内容的关注，而转到了训练的组织形式。训练计划描述的是练习的次数、组数和练习之间的间歇时间、每一次的负重等，几乎没有描述适应，最重要的是协调性适应，而这才是训练需要的。如果转移不是自动完成的，训练的组织就不应该建立在教条的各个方面之上，而要建立

在发生协调性和其他的适应之上——换而言之,建立在要解决的主要问题基础上。当我们设计训练系统时,我们应当首先问会发生哪种协调性适应,如何在练习中优化。

因为传统的力量训练更注重方法,描述效应的术语并不是非常准确。用于分类不同类型的力量训练的术语都尽可能地是一维的。这些术语应该直白地表明训练的结果是期望发生哪种适应。比如术语"非周期"和"周期"的启动爆发力,"跳跃爆发力""一般爆发力"和"专项爆发力","爆发力"和"模拟爆发力",这些都不能准确地描述动作的种类,无法清晰地显示将会发生哪种适应。这些都是概括性术语,其中包括大量无法定义的训练效应——不清楚哪一部分是哪一部分。由此形成的训练计划看似具备很强的目标导向和系统性,但是并没有,无益于产生期望适应的压力没有被排除。

在整个训练计划中要给力量训练一个重要的地位,为了更好地理解力量训练如何改善竞技动作,因此定义训练的场景非常重要。这就需要做很多分析——首先对竞技动作进行完整的分析,这取决于解剖学、运动生物力学和动作控制的知识,还要深入了解力量训练会产生哪种适应。对某些类型的力量训练,我们能很容易发现训练带来的适应。最大力量训练教会运动员能够同时使用更多的运动单位(募集)。肌肥大训练之后适应主要发生在肌纤维中,产生额外的蛋白质增加了肌肉围度。而其他类型的力量训练之后,我们并不是很明确究竟发生了哪些适应。例如,小负荷的力量训练,完成动作的速度很快,但很难讲清楚到底发生了哪种适应。根据适应对力量训练进行分类,让我们更系统地确定力量训练是如何提高竞技动作的。最后,对竞技动作和力量训练后适应之间的相似性进行分析,这一点很重要。这种分析可以告诉我们哪种类型的力量训练有益,哪种训练最好要避免。清楚不含糊的术语是这一过程中的关键步骤。

(1)力量耐力

"力量耐力"在运动专项力量训练中是常用的术语,它是指运动员在长时间保持或者重复产生大力量的能力。它主要指那些训练类型产生的适应是产生更大的一般性（generic）力量和更持久的一般性耐力。然而，不能通过单一类型的训练实现两种效果——这种目标是"自相矛盾"（schizophrenic）。大力量生成能力需要大负荷抗阻训练，却只能重复几次。提高耐力需要很多次重复，所以选择小负荷抗阻。显而易见，通过单个练习提高力量生成能力和耐力是鱼和熊掌，不可兼得。

除了这些实操问题之外，还存在着理论问题，只有大力量生成在所有形式的动作模式中存在或多或少自动转移的情况下，力量耐力才是可操作的策略。力量房中的力量耐力训练提高了很多其他动作中的这种能力，比如竞技动作。我们没有任何理由推断会发生这种自动转移。作为转移的一个条件，力量耐力无法逃脱协调性相似法则，因此，为了达到想要的转移，必须达到专项性和超负荷的要求。这意味着，只有在力量耐力训练不是通用的而是依赖场景的，换而言之，力量耐力概念具备动作专项性的，在可控的努力下去实现训练适应，力量耐力这个概念才是可行的。再次重申，尤其是有很长时间训练史的精英运动员，他们与没有训练经历正在发展中的运动员相比，很难提高他们的运动表现，这时力量耐力的概念才是可行的。这意味着耐力应当以接近竞技动作模式的方式进行，阻力也不要不同于竞技动作的阻力。因此，我们没理由使用术语"力量耐力"作为力量训练中的一种独立机制。因此，在接近竞技动作的动作模式中使用渐增负荷，非常接近疲劳状态下的技术训练（依次引出了大量的问题和结论）。

应用

在跑步、游泳、划船和其他众多运动项目中，有时候竞技动作需要抗阻训练。跑步训练中拖拉雪橇车，游泳和划船在水中拖拉某种物体。这种训练方法在训练中常被视为"专项力量训练"或者"力量耐力训练"。假如这些训练方法确实有训练效果，运动员期望教练从小负荷阻力开始，逐渐过渡到越来越大的负荷。然而，事实上将这种训练视为力量训练的教练

运动训练新思维
——提高运动水平和预防运动损伤的秘诀

■ 图 7.3 负重牵引跑：力量训练还是技术训练？

员并不会采用这种方法。相反，他们会从大阻力降到小阻力，因为他们相信这么训练的效果会更好。可以解释将这种类型的训练视为协调训练而不是力量训练，在其中基本的运动素质中没有任何差异。在跑步、游泳和划船中克服外在阻力是简化技术动作，达到更好的学习效果。额外阻力意味着完成动作要更慢，这使得运动员在撑地期更能感受到水平方向的发力，或者在水中游泳和划船时的压力，所以完成动作能更有效。显然，将阻力由大变小会更有道理，因为练习由难变易，这也使理论和实践完美融合（图7.3）。

（2）爆发力

在经典力量训练中的一个神奇术语是"爆发力"（Homann 等，2010），意思是使用小负荷训练。当使用是小负荷训练时，完成动作的速度要尽可能的快。训练侧重力速度曲线部分，爆发力就是产生较小的力和快速肌肉动作共同作用的结果。可以按照与"力量耐力"一样的方式分析这个术语。第一个问题就是一般速度和一般力量能否同时训练（假设存在一般速度和一般耐力）。答案又是否定的。增加一般速度使用小负荷，提高一般力量使用大阻力。在力量-速度曲线上，上述二者要同时发生。

传统理论认为爆发力训练桥接了速度训练和力量训练之间的鸿沟，所以，低负荷训练的功能是寻求大负荷训练和竞技动作之间假设的转移。这就更加假设基本的运动特性是独立存在。使用小负荷杠铃训练可以使力量的产生得到改善，也使大负荷哑铃训练与速度这个基本运动特性有了关联——也就是说，爆发力训练有可能将大负荷训练效果整合到竞技动作当中。

因此，第二个问题是爆发力是否能脱离专项性原则，不同的运动特性可以在不相关的动作形式中轻易转移。答案再一次是否定回答。这是说爆发力只有在专项动作场景中才是有效的，这种观点认为爆发力桥接一般性肌力和速度之间的鸿沟——将肌力转化为速度是不现实的。并且，深入研究动作习得支持这一观点，表明身体局部训练和场景式训练之间的转移可能被夸大其词了。就像力量耐力的概念一样，在训练理论中，爆发力概念同样也是无法独立存在，这两种训练必须根据专项性原则进行分析，从而决定它们如何有助于提高竞技动作。

"爆发力"并不是肌肉总体力量生成中的一个独立构成要素，文献中也未对这一术语做出准确的定义。在德语文献中，爆发力甚至被"各种构成元素的口语混合物"所替代（速度、最大力量技术和意志力：Martin，1979）

7.2 根据适应对力量训练进行分类

安排专项力量训练计划时，考虑期望产生的适应是很有意义的。在技术复杂的运动项目中，关注场景式、协调性的适应。这里讨论的适应与第2章的力量生成测量密切相关。这可以作为本章后续部分以专项性对训练进行分类的基础。

7.2.1 肌肥大

肌肥大训练源于健美运动，现代运动专项力量训练采用身体局部训练方法。健美训练的焦点是肌原纤维肥大，所使用的训练方法用于增加肌肉质量。增加肌原纤维的肌肉质量是由于肌原纤维数量的增多，增加了肌动蛋白和肌球蛋白肌丝。这能够形成更多的横桥，增加了平行肌节的数量。这种双重效应增加了肌纤维的最大力量。肌原纤维数量增多允许肌肉完成尽可能多的机械功，也就是说肌肥大训练必须在更大的活动范围内完成，因为做功（通过向心肌肉收缩）远比力量生成需要的能量多（通过等长肌肉收缩活动：见 4.1.2）。机械功需要的能量越多，越不利于蛋白质合成。机械功完成之后，为保护机体对抗未来的能量不足，在训练后的恢复期，人体将产生过量的肌原纤维、数量会超过原始水平，肌肉将变得更加肥厚（图 7.4）。

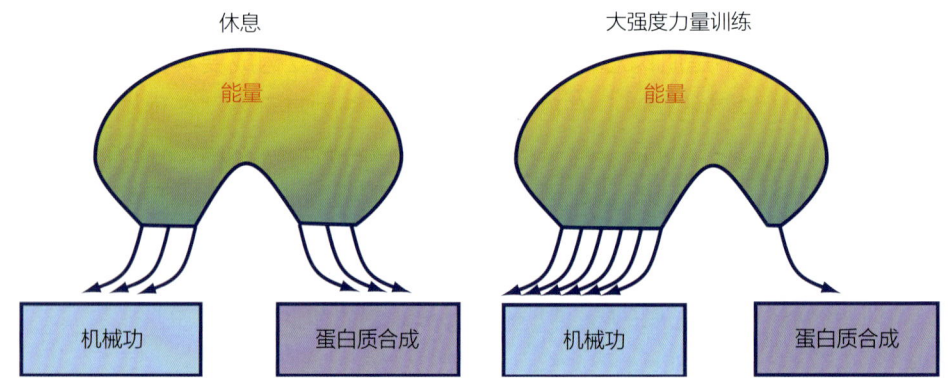

■ 图 7.4 用于休息和负荷时合成代谢的能量。在休息的状态下，有更多的能量用于肌肉细胞的合成代谢过程，如合成蛋白质构建肌肉

Ⅰ型（慢速收缩，ST）和Ⅱ型（快速收缩，FT）肌纤维都能发生肌肥大，使用大负荷低重复类型的训练，在快肌纤维中引起的变化最大。在快肌纤维中，次最大强度的训练能引起氧化型快肌纤维最大程度的肌肥大，而使用重复一两次的接近最大强度的训练，只有糖酵解型快肌纤维能发生肌肥大。慢肌纤维具有抗疲劳的特征，因此很难达到力竭。这使得很难在慢肌纤维中发生肌肥大（Zatsiorsky，1995）。Ⅰ、Ⅱa 和 Ⅱb 型肌纤维运动单位的耐力时间范围 1～100 秒。以次最大强度重复 12 次，一个动作 1 秒，各种类型的运动单位都在固定模式下募集并力竭。第一次重复时，Ⅰ型和很多Ⅱ型肌纤维的运动单位

被募集。6次重复以后,耐力时间少于6秒的募集运动单位会力竭（Ⅱ型肌纤维）。当不同类型运动单位力竭时,必须募集新型运动单位生成所需的力量。这种新募集的运动单位是Ⅱ型肌纤维（根据大小原则）,在最后一次重复后同样力竭。Ⅰ型肌纤维很难实现肌肥大,这一点是清晰的,因为Ⅰ型肌纤维似乎不受疲劳因素影响。下面的方法经常用于此目的。以次最大强度完成最后一次重复,当所有的快肌纤维都发生力竭,以较小的负荷再重复几次,这样会进一步力竭慢肌纤维,这时只有慢肌纤维能被募集。

用最大强度和次最大强度力竭肌纤维的过程证实,肌纤维并不会随机力竭,而是发生在Ⅰ型和Ⅱ型肌纤维连续体中依次力竭——像在"走廊"走过一样（图7.5）。

如果肌肉力竭的"走廊"发生最大化,肌肥大会最大。次最大强度负荷的

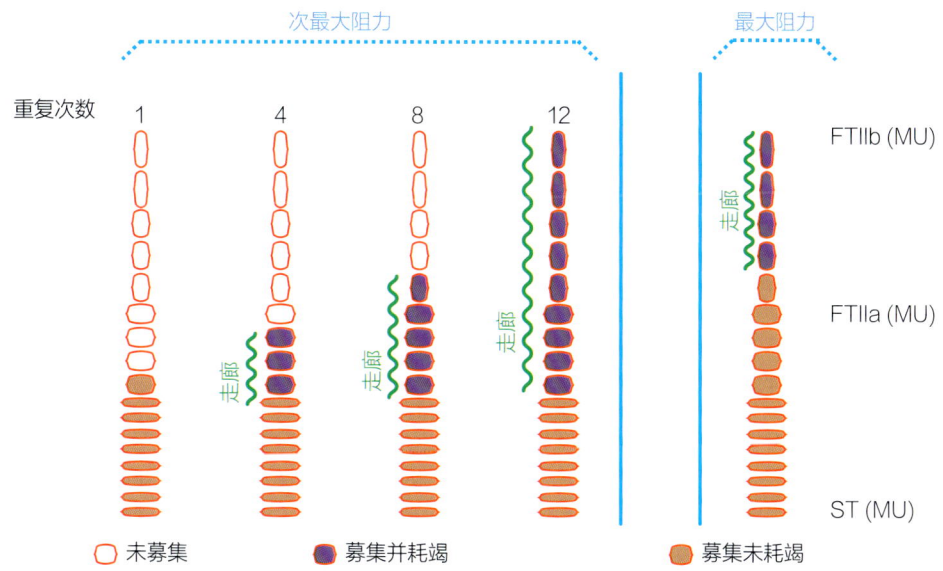

■ 图7.5 用最大强度和次最大强度的负荷募集不同类型的运动单位。在次最大强度的负荷下,运动单位募集和力竭程度——包括慢肌纤维或快肌纤维,由重复次数1、4、8、12决定。募集及随后力竭的运动单位被称作"走廊"。在最大强度的负荷下,只有最大募集肌纤维力竭

力量训练，这种力竭在 8～16 次重复之后达到最多数量的肌纤维力竭。这就是为什么 8～16 次重复的力竭点被称作"肌肥大敏感区"。

肌肥大训练在运动专项力量训练中已经过时了。肌肥大训练被力量训练过度使用，对协调性有副作用，最终损害运动表现（见 5.5.4）。这一点尤其表现在协同收缩自组织能力设计的动作上，例如投掷。肌肥大训练导致协调性的基本要素退化，可以通过这样的事实来解释——肌肥大训练迅速、有效地粗糙地更改了身体。因为变化后的身体不再适合过去训练造就的感觉运动矩阵，身体和环境之间的相互影响也低效了。

有时应用的策略是运动员先做肌肥大训练，然后再改善肌肉内协调和肌肉间协调。这种迂回的方式并没有理想地提高运动表现，在实践中使用也越来越少。应当避免把肌肥大训练作为运动专项力量训练的重要组成部分以及在训练中将肌肥大训练作为提高总体运动模式的先导和前提。

7.2.2 最大力量

运动员最大力量生成受多方面限制，这种限制可以是解剖特性，如肌肉结构（横截面积、力量/长度和力量/速度关系等），神经肌肉传递，兴奋和大脑（见第 2 章）；也可以是在脊髓水平的抑制过程，以及在协同收缩和肌肉松弛影响下的场景式动作模式发生的基本方式（见 4.3）。还不清楚哪个因素真正限制最大力量生成，这要以不同情况而定。已经清楚知道的是最大力量产生过度依赖于当时的条件（见 5.2.1）。最大力量的专项性是系统的重要保护机制，因此，未受训练情况下肌肉的最大随意收缩不会超过 75% 的肌纤维（见第 2 章）。训练能够提高这一比例，当然，标准的方法是使用大负荷杠铃配重的力量训练，但是也可以用其他方法提高。在基本的场景式动作模式例如跑和跳跃中，显示肌肉能够产生比常规的力量训练更大的力量。这使得力量训练的功能可以有不同的解释。对于小腿肌肉而言，我们很明确杠铃力量训练几乎无法增加运动员的力量生成，如果运动员已经在他们的运动项目中进行跑步和跳跃了。运动员跑步时，小腿肌肉吸收的外力是自身体重的 4 倍；而在跳跃项目中，这一数字则会更高。杠铃力量训练无法提供更大的外力（见 6.2.1），对于腘绳肌也是一样。运动员在高速跑的力量生成远远大于在力量房所能达到的力量。力量训练对于这些肌群变得毫无意义。然而，我们必须意识到高速跑并不会让腘绳肌的最佳发展自动发生。这一证据来源于实际经验，比如澳式橄榄球运动员在比赛中有很多的跑动，经常是高速跑，并没有确保强壮有力的腘绳肌。例如，如果跑步运动员蹬地发力时，骨盆过度向前旋转，那么骨盆将会在下一个阶段过度向后旋转，这时前面的腿腘绳肌承受弹性负荷，这会抵消腘绳肌的负荷（见图 7.6）。由于这一常见的错误，在高速跑时，腘绳肌则永远无法适当负载，而最大速度也会降低。所以，腘绳肌过弱的机制可能在跑步时发生。除了控制骨盆旋转的技术训练，提高腘绳肌的最大力量实际上是纠正这些错误最有效的方法之一。肌肉似乎再次激活一样，在跑动周期中变得主动有效。

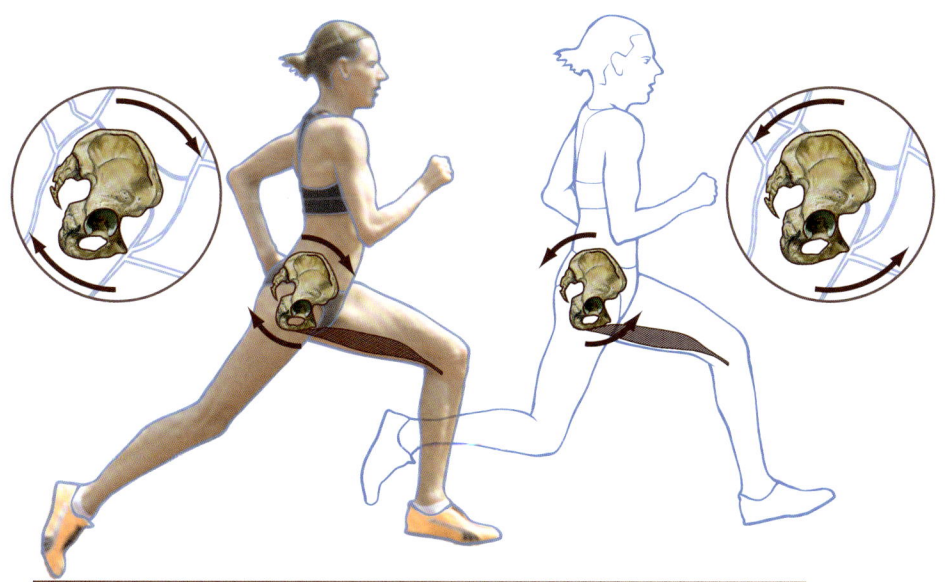

■ 图 7.6　如果撑地期用时太长，撑地腿就会有很长的拖后（左），骨盆旋后较多。在摆腿期（右），就必须再旋转回到中立位置

运动训练新思维
—— 提高运动水平和预防运动损伤的秘诀

腘绳肌的例子证实要在多个方面进行最大力量训练才有益，不能仅是定量的超负荷（大于竞技动作的负荷）。同样证实了，在竞技动作中力量提高和力量训练之间追求平衡的重要性。力量训练要能够达到比竞技动作更复杂的模式发力。这就是为什么有经验的教练在描述力量房中力量水平使用"足够好"是对的，而不是将最大力量水平推得越来越高，他们更乐于让运动员保持在一个合理的力量水平，因为这样可以保证在实际的竞技动作中力量生成能够进一步提高。一个典型的例子是罗马椅腘绳肌单腿练习（见图5.17），超过60%自身体重有助于预防损伤，而超过90%自身体重则有助于达到好的冲刺速度。

更好的神经控制可以提高最大力量。使用大重量的杠铃负重训练，重复次数只有1~5次，可以增加能够募集的肌纤维百分比。控制着缓慢完成动作，确保尽可能强有力的等长收缩，有以下两个关键原则：

（1）放慢完成动作使姿势发生改变，可以增加参与动作关节的外在负荷力臂，因此，外在负荷力矩达到肌肉在关节反方向能够产生的最大力矩（见图7.7）。在哈克深蹲中，外在负荷相对于膝关节的力矩增加直到股四头肌达到最大伸展力矩，直到股四头肌达到最大伸屈力矩。在单腿早安式练习中，外在负荷相对于髋关节的力矩增加直到髋伸肌群达到最大力矩。肌肉链发力时，很难预测身体哪个部位肌肉先生成最大力量：当完成双腿深蹲时，是膝伸肌、髋伸肌或者竖

■ 图 7.7 相对于一个关节的负荷力矩不仅取决于负荷大小，也与相对于关节的力臂有关

脊肌？能够分析哪部分肌肉达到力量生成极限，是体能教练应具备的基本能力。

（2）在大多数体育动作模式中，有很多的动作自由度足以找到一个身体姿势，此时负载一个大的相反力矩的主要肌群能够在最适长度工作。只有在独特的案例中才找不到这样的情况。以推雪橇起跑为例，运动员有很多改变身体姿势的方法，以优化肌肉力矩。在为数不多的动作模式中找不到这样的情况，有一个例子是推矮雪橇起跑（skeleton push-off）。手柄离地面不超过20厘米，在起跑过程中必须手握手柄。这意味着肌肉必须在超过最适长度的情况下工作（一名优秀的短跑起跑选手不能自动成为推矮雪橇起跑高手）。

为了促进肌肉的力量/长度关系自组织的优化，将动作自由度（尽可能）打造成动力链最大力量训练会很有用。在训练（比如卧推和深蹲）中做不到这样时，教练必须尝试估计肌肉产生最大生成力量所需要的长度。如果这个长度与应用竞技动作无关，如在卧推杠铃碰触到胸部时，胸大肌处于毫不相关的长度，可以考虑替换一种训练，在这种情况下，在胸口上方10厘米放一个挡板。杠铃杆不会下降太多，肌肉负荷时接近最适长度，可以使用更大的负荷。这同样能应用在深蹲中，蹲的深并不意味着更好。因此，杠铃负荷的选择要能够使动作限制在髋关节和膝关节相关的角度，所需要的单关节肌肉长度与竞技动作相符合。

没有很多运动项目需要静态姿势下产生巨大的力量，体操吊环运动就是这些为数不多的需要静态最大力量的运动项目。然而，等长收缩条件下产生巨大力量是动作的关键方面，尤其涉及弹性肌肉作用的竞技动作。如果肌肉的收缩部分没有屈服，即如果它们保持在等长收缩条件下，外界力量的反向力矩就只能最佳地储存在弹性拉伸中。在竞技动作中与肌肉弹性活动相关峰值力量通常都很大，然而，弹性能量负载与卸载之间的时间非常短。所以，投掷、跑步和落地跳都是依靠肌肉弹性活动；游泳的出发和转身，铅球出手前的脚步，这些都不是肌肉弹性活动。因为肌肉弹性活动通过募集更多收缩成分而得到优化，最大力量训练特别适合为改进弹性动作创造条件。

最大力量训练的最大优势是它主要专注于中枢神经系统过程，因此，给肌纤维造成的压力更小。对训练有素的运动员而言，最大力量训练几乎不会导致肌肥大，与肌肥大和爆发力训练相比，恢复时间更短（参考 7.2.5）。这意味着力量训练很容易融合到整体训练计划中。然而，鉴于使用了巨大外界负荷，必须密切关注所产生的骨关节压力，特别是脊柱的轴向负荷。肩关节上扛着大的杠铃负重，需要良好的杠铃技术，相关的肌肉协同收缩使躯干保持刚性。

7.2.3 爆发力

肌肉力量/速度曲线显示力量生成和快速缩短并不兼容，肌肉快速收缩就无法产生足够的力量。因此，产生爆发力（力量×速度）对肌肉就是一个问题，需要大量的能量。另一个问题是产生爆发力的方式具有动作专项性。在力量训练和竞技动作之间产生爆发力的专项性，需要考虑以下问题（见5.2.2）。

（1）在一些竞技动作中，（特别是）爆发力必须在特定动作速度下产生。而在其他运动项目中，动作速度变化非常大，没有某个速度占主导地位。这就使得爆发力训练中确定力量和速度之间的正确关系是很困难的。

（2）在大多数竞技动作中，爆发力是在复合动作模式中产生的，需要爆发力产生和肌肉能量传递之间进行合作（图7.8）。因此，很难确定爆发力生成的限制因素。

（3）肌肉松弛极大地影响着力量增长率，而肌肉松弛主要通过杠铃负荷来改变，甚至可能会造成在力量训练和竞技动作之间的负面转移。

（4）动作减速应是有动作专项性的，就像肌肉松弛一样，杠铃重量可以改

■ 图7.8 矮雪橇起跑训练。在一个非同寻常的肌肉间配合模式中，不仅产生爆发力的关键肌肉必须在理想长度之外工作良好，它们还要在起跑进行中在肌肉收缩速度越来越快的情况下产生爆发力

善这种情况。

（5）除了这些力学因素，影响爆发力生成的另一个方面是动作意图的相似性。根据动作结束姿态的相似性，爆发力训练可以直接体现在不连续的动作（清晰明了的起始动作和结束动作）。最好把结束姿势体现在某个特定的空间目标，例如哑铃向上加速碰触到某个悬挂的目标。身体以外的目标越远，这种意图的联系就越自然。因此，设计爆发力训练时，仔细选择精确的结束姿势与竞技动作的最后姿势相匹配。为了多样性或者差异化动作学习，选择一些起始姿势最后走到同样高度专项性的结束姿势，这也是很有益的，将变化的起始姿势和精确的结束姿势联系起来，创造出良好的动作学习情境，促进动作模式的自组织，最终形成高效的技术动作。

综上所述，我们得出结论：不建议单纯关注爆发力的测试数值，而是有必要寻找足够专项性的专项训练。

在很多运动项目中，最大力量和爆发力都应该训练，二者都是竞技动作的一部分。在产生爆发力很重要的运动项目（游泳、皮划艇、自行车等）中，让最大力量的训练在整个力量训练中保持较小的比例，是十分有用的。而在不涉及产生爆发力的运动项目（跳远、棒球投掷）中，爆发力生成训练偶尔包含在力量训练当中。这种刺激的改变有一定用处。然而，在单个力量训练中，不建议既包含最大力量又包括爆发力训练，即大负荷深蹲训练与随后的最大速度伸髋伸膝动作。这么大的负荷训练中，不可能完成所需的技术控制，动作技术受到影响，产生各种结果（包括受伤风险）。

7.2.4 反射训练

爆发力的概念不足以确定使用的小重量杠铃训练的价值，最大爆发力训练和竞技动作特征之间的差距，并不能简单地使用小杠铃轻负荷来弥补，而忽视了协调性的相似性需求。单个肌肉产生的爆发力可能更适合这一需求，可以没有太多困难地整合到竞技动作中。而真正的问题是如何使肌肉间协调配合能够适合完成高强度竞技动作。使用小负荷训练是完成这一目标的一种方式。这意味着使用小负荷杠铃训练必须在一种动作模式下完成，这种动作模式对竞技动作一般方面具有通用性。如果能尽可能地在场景式动作模式下完成，那么使用小负荷杠铃训练是有道理的。

同使用大负荷杠铃在简单的动作模式中进行爆发力训练一样，使用小负荷杠铃在场景式动作模式中训练，专项性发挥着重要作用。使用小负荷训练时，通过控制肌肉松弛的力量增长率以及动作在结束阶段减速的方式，也是同样重要。与大负荷训练相比，因为负荷小，没那么容易通过外界阻力提高力量增长率（见图 5.3）。通过利用肌肉协同收缩，在动作起始阶段肌肉松弛被缩短的方式，是使用小负荷杠铃训练的一个重要方面。

竞技动作的基础通常是动作模式，而动作模式很大程度上由基本节奏和反射支持（reflex-supported）的肌肉控制来决定。动作模式的基础是中枢模式生成器和其他固定的神经联系，例如牵张反射，因此，形成运动专项动作模式的一般基础便由此建立起来了。这些动作模式受中枢神经系统控制，使用"高速公路"将信号传输至肌肉。这些都是优先的动作。因此，我们推测这些动作产生的输出大于没有反射支持、必须由未被加速的控制（普通公路）发展来的动作输出。使用小重量杠铃训练能够利用尽可能多的快速神经路径，这些路径在竞技动作占主导地位。这意味着这种训练建立的输出量大，而且更重要的是由此产生的疲劳是典型的神经肌肉性疲劳，即在几次重复之后迅速产生疲劳，疲劳消退也同样快。粗略又简便的经验法则是，在整体的场景式动作模式中使用小重量杠铃训练应当尽可能快的完成练习，在 5~8 次重复之后出现疲劳，在完成练习之后疲劳会迅速消退。通常，这种疲劳无法使运动员持续正确地完成技术性复杂的练习，所以重复次数很少会超过前面提到的 5~8 次。

将场景式动作模式中使用小重量杠铃训练概括"反射训练"是很有用的，这个术语反映了一种认识，即如果小负荷训练以优先的反射控制的动作来完成，会使人获益匪浅。没有根据这些更基础的动作模式进行的训练，对提高竞技动作的作用小很多。

诸如跑步和单腿跳之类的竞技动作遵循固定的、以反射为基础的动作模式，例如跌倒反射和交叉伸肌反射。与反射模式不占主导作用的动作相比，在这些动作模式中肌肉如腓肠肌和腘绳肌能够达到较大的力量峰值。在反射支持的力量训练中能够达到的超负荷，大于没有反射支持的动作。由于大的神经肌肉超负荷和反射模式足够的特异性之间存在的联系，包括反射动作充当动作激发点的训练类型，因此，在提高以跑步和单腿跳为基础的动作模式时极其有效（见图7.9）。

■ 图7.9 植入到杠铃训练里的反射模式

下肢动作模式没有上肢动作模式复杂、多样，这就是为什么下肢动作与上肢动作相比，动作的基本反射成分更容易识别。一名拳击运动员使用右手击拳更倾向于屈曲左臂、左肘向后移动（图 7.10）。在投掷类项目中，能够发现这种同样的左右手联系。然而，基本反射要素发挥重要作用的上肢动作模式变化颇多。这就是说设计上肢功能性力量训练时，与下肢截然不同，考虑太标准化的动作并非是一个好主意。鉴于反射动作、低能量消耗和动作模式自组织之间的密切联系，让动作有足够的自由度、变换训练方法并且清晰、准确地告诉动作结束的姿势，就可以实现反射动作的训练。突然出现和转瞬即逝的疲劳可能是很有意义的象征，表明这种练习就是真正的反射性训练。

■ 图 7.10　左臂快速伸直伴随右臂屈曲和向后动作

7.2.5　正确理解最大力量和反射性力量

最大力量训练和反射性力量都能够出现很高的峰值力量，这会立即引发出问题——除了相似性，两种类型的力量训练之间是否存在负荷差异，二者在适应性方面的差异是什么。设计力量训练计划时，根据所期望的适应性差异来决定选择哪种类型的力量训练。

正如我们所见（参考4.4.2），皮质脊髓活动随着训练的多样性而增加，随着训练单调性而减少。如果最大力量训练中感觉和运动信息变化的可能性，与反射性力量训练中的感觉和运动信息变化的可能性相比，最大力量训练可能会导致单调性，与反射性力量训练相比，最大力量训练产生的感觉信号较少，动作模式变化也较少。在最大力量训练中，起始姿势、接触面甚至是不对称杠铃负荷的很多差异都存在危险性，因为杠铃负荷过重；而在反射性力量训练中，外在负荷则相对较轻，起始姿势、接触面甚至是不对称杠铃负荷这些变化都是可以的。除了单调性之外，两种类型的训练还存在着其他不同的效应，在适应性方面最明显的差异是由于冲量（impulse）和力量增长率的差异。

冲量可以定义为地面反作用力乘以"张力作用下的时间"，地面反作用力是训练支撑期发生的力。在下蹲翻中，力作用在双脚；在卧推中，力作用在胸背部等。张力作用下的时间与训练的时间长度相一致：由于外界阻力，身体需要多长时间产生大力。当产生大力时，张力作用下的时间更直接关系到疲劳，而不是产生的总爆发力（Cronin和Crewther，2003；Tran，Docherty和Behn，2006）。从这里我们可以得出结论：冲量是一个有效的疲劳指标。有数据表明，在训练课上虽然激活（EMGS）一样，但是总的冲量不同。在最大力量训练中，训练的总冲量大幅超过反射性力量训练。不仅仅是杠铃负荷重，最重要的是训练时间长度是反射性训练时间长度的几倍，因此，最大力量训练产生的疲劳大于反发射性力量训练。这种疲劳可以发生在中枢神经系统（中枢疲劳），也可以发生在中枢神经系统和肌肉之间的传递（神经肌肉疲劳），还可以发生在肌肉。

中枢疲劳只发生在持续的最大激活水平，由于巨大的冲量和强烈的激活，因此，也发生在最大力量训练中。然而，训练后几分钟疲劳就得以恢复（Taylor等，1996）。肌肉疲劳同样可以发生在最大力量训练中，但恢复时间则要缓慢得多。这种神经肌肉疲劳仅仅发生在肌肉活动中的最初一百微秒之内，这意味着在最大力量训练中对神经肌肉传递不会产生太多压力，因为中枢和肌肉疲劳迅速增加——完成的组数太少。这对于作为设计训练计划一部分的力量训练是尤其如此，其他类型的训练（技术和战术）发挥同样重要的作用。这样的训练计划中，力量训练后的总体疲劳不必有太长的恢复时间。作为一个经验法则，在大冲量的最大力量训练中，力量增长率会下降（肌肉活动的起始阶段），所有的练习完成5组之后，疲劳度还是有限的，然而，完成10组训练后肌肉疲劳巨大，至少需要24小时的恢复时间。为了保持较低的总体疲劳，在力量训练之后24小时内避免与其他类型训练相冲突。由于每组训练后冲量迅速增加，因此，训练的组数被限制在5组。在5组训练之内，这就大大地限制了力量增长率和神经肌肉系统面对压力的次数。

中枢和肌肉疲劳在反射性力量训练中的作用较小，因为总体冲量低，并且训练是在优先的模式下完成。由于反射性支持，不需要产生大量的中枢和肌肉疲劳就使神经肌肉传递面对在巨大压力。因此，对神经肌肉系统的刺激较大，可能会提高适应。这里的经验法是，在一场单个反射性力量训练中可以做12组，即完成所有的练习的组数总共是12组。在这种情况下，疲劳的恢复时间很快，不影响其他类型的训练。

12组每组5～6次重复，因此，相比最大力量训练，力量增长率更经常面对压力。在爆发性运动项目中，快速发力是决定运动表现的主要因素，这对力量训练有效性产生主要的影响。

下述关于最大力量训练和反射性训练的优缺点，由 Raphael Brandon 归纳（Brandon，2011）：

（1）最大力量训练

- 大冲量；明显的肌肉疲劳（恢复慢），明显的中枢疲劳（恢复快）。
- 力量增长率的有限训练。
- 如果恢复时间足够，则训练有效。
- 适合发展到较高水平的力量。

（2）反射性训练

- 低冲量、高爆发力或者产生大力；最小的中枢和肌纤维疲劳。

- 训练力量增长率时，有效。
- 在小周期和中周期的同一天训练日中，与其他类型的训练可以共存。
- 适合保持高水平力量。

根据上述特征，可以在最大力量训练和反射性训练中做选择。例如在比赛期优先选择反射性训练，力量生成率高度的专项性训练后产生有限的疲劳。而在年度训练的其他时间，有足够的恢复时间，关注度转向最大力量训练可以改善的一些特征，如高度的神经肌肉活动和募集。这里需要注意的是目前很少有研究这些机制，为了证实这些机制，需要更多的研究。

7.3 协调性的训练

场景式动作总是包括固定的、稳定的成分（吸引子）和变化的、不稳定的成分（波动子）。吸引子是低能量，而波动子是高能量。需要吸引子保持动作自由度的数量可控；需要波动子以改变动作模式，使动作执行与环境的改变需求相一致。特别在开放式技能中，在完成一般动作模式时，这些适应可能会产生巨大差异。

吸引子不变化，因此可以看作是动作的基本成分，或者是动作的构建模块。力量训练是改善最基础的和通用构建模块的一种重要方法，所以，仔细设计力量训练计划能够加深吸引子这口井，动作的基本原则也栖身于此（见图3.4），保障高强度动作训练的专项性。

动作模式稳定成分和不稳定成分的组织可能会突然改变（相变）。结果是低强度动作和高强度动作之间的专项性不再受到保障。动作在必须是高强度时才能保证竞技动作足够的专项性。这常常意味着必须以高速度完成动作，很难分阶段学习复杂模式。力量训练适合学习提高动作模式某种特定成分，因为增加的阻力保持高强度动作特征，此时无须高速完成动作。因此，在力量训练中相对慢速、可控的动作能简化动作学习过程，所以，力量训练可以配合技术训练。例如，在高强度动作中，通过肌肉协同收缩的核心稳定性很重要；在这种低强度练习中，没有额外阻力，肌肉协同收缩不重要。在这种低强度练习中，刻意紧张躯干所有肌肉是照本宣科，无法表现在高强度动作中。同时，高速动作很难计时，所以无法控制肌肉协同收缩。使用杠铃负重训练时，比如蹬台阶，动作速度缓慢，同时通过肌肉协同收缩控制核心稳定性。在从易到难的应用肌肉协同收缩控制核心稳定性训练中，这个训练提供了一个有用的中间阶段（见图 7.11 和图 7.12）。

■ 图 7.11　在连续蹬台阶训练中，通过协同收缩训练核心稳定。在对抗阻力中训练跑步动作的吸引子

第 7 章 运动专项力量训练实操

■ 图 7.12 在杠铃上用绳链挂两个额外的重量（如 5 千克或 10 千克杠铃片）使负荷具有变化和不确定性。在运动员跑上台阶之前，摇晃一下重物可以强化躯干肌肉的协同收缩。还有，高抬脚再放下防备意外的干扰，这也训练了"从上方落脚"（吸引子）原则（见图 3.9）

7.3.1 三层模型和力量训练

为了设计有效的运动专项力量训练，首先有必要确定基础竞技动作，这样才能有效地选择训练方法。三层专项性模型适合做这种分析（见图 7.13）。在这个模型中，肌肉内、肌肉间和外部吸引子对设计力量训练尤其重要。只要可能，尽量让训练意图与竞技动作相匹配。感觉输入信号的相似性是最难实现的，因此，通常被忽视。重要的是确保层级之间恰当地联系。在动作模式自组织中，单个肌肉的稳定动作是形成稳定的肌肉间模式的基础，肌肉间自组织反过来也会影响动作的外部特征。例如，在助跑后投掷标枪动作中，腹肌只有在等长和接近理想长度下收缩，才能以舒服、稳固的形式完成弹性的能量传递功能（甩鞭动作）。当前腿绷紧支撑时，腹部肌肉吸引子的状态对肌肉间模式中肌肉动作时机有影响。如果腹肌在髋关节动作之后紧张得太迟，反作用力会使肌肉太长不利于理想的发力。这对模型的最外层同样有影响，即前腿绷紧时，骨盆相对于躯干的位置（脊柱旋转和侧屈）。

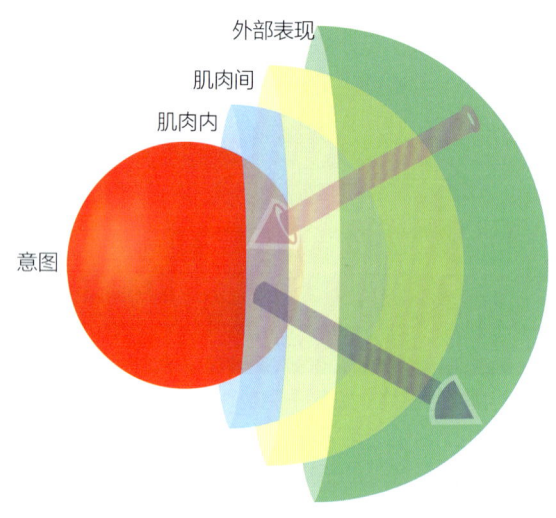

■ 图 7.13 专项性可以根据意图、肌肉内模式、肌肉间模式和外部表现来分析。各个方面都应该有逻辑地联系起来，各个层级的训练表现匹配度越好，训练就越连贯

三个层级之间的密切联系为力量训练的系统性作用创造了机会，训练可以选择强调稳定的高强度肌肉动作（如投掷项目运动员腹部肌肉等长收缩的弹性负荷，或者对于跳跃项目运动员腘绳肌等长最大力量训练），强调肌肉之间协调配合的固定模式（如投掷项目运动员抛实心球时，伸展手臂以确保动力链腹部肌肉功能；在跳跃项目起跳时，为腘绳肌功能而变换上台阶水平动作），或者强调完成动作时正确的活动度（如投掷项目中，投掷实心球时手臂回摆幅度小一些，在跳跃项目蹬台阶结束时理想的髋关节位置），或者强调综合全面考

虑，有一个清晰的训练意图（如投掷项目中，快速准确的抛投，跳跃项目运动员在上台阶时，没有产生向前或者纵向的旋转）。这就对训练进行了系统性的划分，使其很容易在中枢/外周模型内自由选择，把训练的重要方面连成一体。

7.3.2 肌肉内吸引子

正如我们所见，动作模式的自组织是激烈竞技动作的一个重要方面，它由肌肉动作的稳定性和消耗能量来决定。显而易见，肌肉的物理特性和反射特性极大地影响着自组织如何发生。肌肉之间的相互作用和外部阻力的影响，确保在动作模式中肌肉把稳定动作和关节的稳定性联系起来。将动作分解到尽可能多的关节上（如网球发球），这一原则是自组织的一个例子，其基础是稳定的肌肉动作和稳定的关节位置。

肌肉动作的稳定性很大程度上取决于肌肉结构，肌肉弹性、羽状角和变化的力臂确保某些肌肉动作更具备于对抗扰动的能力。因为肌肉解剖学的改变，所以肌肉动作的稳定性也会变化，这意味着肌肉在整个场景式动作中表现一直在变化（Biewener 和 Roberts，2000）。

所以，当我们思考单个肌群的力量训练时，了解不同肌肉稳定的吸引子状态是很重要的。可以将这视为训练的起点，然后应该决定，肌肉仅仅是在稳定动作中进行训练还是变化动作形式训练。肌肉动作的离心机模型（见 5.5.2）告诉我们肌肉在运动项目中表现出专项性，力量训练时应该加强肌肉吸引子状态。这基本上是说所有运动项目的动作速度都有助于决定运动表现。在这些运动项目中，也可以假设训练肌肉的吸引子状态是有益的，尽管以运动链的形式训练更适合。肌肉解剖学指导我们决定哪块肌肉适合哪种形式的力量训练。

然而，这并不是说肌肉结构在慢速动作的运动项目中不重要，虽然在动作模式中肌肉使用的方式有更大的灵活性，但还是不建议超越肌肉独特解剖构造进行训练，除非我们很明确肌肉在竞技动作中使用方式超越了自己独特的解剖学结构。

7.3.3 单个肌群及其适配性

根据解剖学基础推理，我们能够确定单个肌肉力量训练的负荷符合竞技动作的场景。

（1）小腿肌肉

腓肠肌-比目鱼肌肌肉复合体拥有高度羽状的结构和长的弹性肌腱，首先，二者能在承受最大负荷状态下在场景式动作中进行等长收缩。这一特征使它们适合进行最大力量训练。可是，因为在力量训练中不可能在等长收缩条件下给肌肉定性的超负荷，所以使用杠铃负荷训练没有意义（见6.2.1）。因此，除了康复环境下，对跑步和跳跃项目运动员而言，最好避免通过分离式训练对小腿肌肉进行力量训练。而在总体的肌肉间动作模式中训练腓肠肌动作的正确时机，却是更有意义，例如单腿膝上下蹲翻，然后注重竞技动作的技术训练。

（2）腹部肌肉

由于腹部肌肉的特殊结构，它们的力量/速度范围较小。相对于腰椎关节，腹部肌肉力臂很大，移动超过10厘米，而大多数肌肉的力臂最多只有几厘米。这意味着外力很大时，很难维持腹部肌肉长度。如果上半身相对于骨盆只旋转很小的度数，或者侧屈也很小，如扣杀时后摆，因为力臂大肌肉长度变化相对来说也大。腹部肌肉的力量/速度曲线范围较小，意味着腹肌很容易超越它们的吸引子状态下（最适初长度）移动。所以，腹部肌肉正常活动时，活动度的带宽相对较窄。在腹部肌肉轻易超过活动范围的动作模式中，例如板球的快速投球，在抛球出手时，脊柱极度侧屈，密切注意吸引子的组织很有用，而其他重要的吸引子在抛球出手时有助于优化腹部肌肉长度。

在场景式动作中需要腹部肌肉缓冲外部巨大反作用力（跑步、投掷、跳跃），他们常常有弹性地活动，这使得他们适合进行最大力量训练。然而，由于形成腹内压和血液淤塞，肌肉活动几秒之后便无法维持。这就是为什么最好专注于短暂的弹性负荷来训练肌肉内协调性。除了抛实心球，还可以通过快速增加、然后减少外在负荷的力臂（杠铃片）。"猛推"的杠铃片能很轻易地与

终点定位连接，例如让杠铃片触碰到某个目标（见图 7.14）。这些训练的起始

■ 图 7.14　使用弹性负荷训练腹肌

姿势是仰卧、膝关节屈曲 90°将身体拉住、肩胛骨离开地面。双脚固定，额外的重量置于胸前，运动员做半仰卧起坐，尽可能快地向上"猛推"重物，然后回来。要尽可能快地将重物拉回至胸口，躯干还原到起始姿势。也可以做出一些变化：猛推杠铃片向上和两侧，而不是只向上和向后，支撑面斜放而不是平放。完成动作时力量要大，速度越快越好，注意力集中在向后拉的重物上。这种"猛推"原则可以多种形式和不同重量完成，例如使用装部分水的球进行训练。

（3）竖脊肌

由于肌肉肌纤维之间有被动组织，背部肌像腹部肌肉一样，有力量/速度都比较窄的特点。因此，在高强度场景式动作中，它们也维持在最适长度附近。这意味着在大负荷下躯干不能明显屈曲，例如在速度滑冰时，如果躯干屈曲，背部肌肉明显拉长，肌肉的收缩力较低（蹬地时不超过 40% 最大随意收缩：Roelants Van Kempen，2003）。由于这种力量/长度特征，所以，竖脊肌适合最大力量训练。

在力量训练中，这对完成深蹲很有启发作用。人们常说双腿深蹲产生非常有益的力量适应，要尝试屈膝超过 90°。可是，如果运动员从垂直站姿蹲下来，在某一点骨盆开始后旋。这个动作会造成脊柱位置变化，类似于躯干屈曲。当骨盆向后旋转时，竖脊肌拉长，力量迅速减少。"屈曲放松"，这时明显的屈曲造成肌电信号中断，在此发挥作用。因为这种和其他原因脊柱不能再被很好地保护了。因此，并不建议负重深蹲太深，不要引起骨盆后旋。不仅深蹲的价值受到质疑，就连双腿下蹲特别适合提高下肢力量也是饱受争议。背部肌肉力量成为限制因素，而不是下肢力量，所以，事实上双腿下蹲是背部肌肉最大力量的训练方法。训练背部肌肉最大负荷的较好方式是早安式练习。再次强调，脊柱不能发生屈曲（如果运动员过度前倾，脊柱也会屈曲）。避免这种情况的最好方式是使用大负荷杠铃，躯干无法向前过度前倾（见图 7.15）。

除了早安式练习，竖脊肌最大力量训练还有其他变换形式，例如双腿固定在罗马椅上，伸展手臂从地面举起杠铃（见图 7.16）。

第 7 章 运动专项力量训练实操

■ 图 7.15　左图：早安式训练，膝关节微屈，用轻一点的杠铃，躯干适度前屈，骨盆旋转不能太多，脊柱不能发生屈曲；右图：杠铃重一点，躯干前屈到最大，骨盆旋转到最大，脊柱不能发生屈曲

■ 图 7.16　这个训练与图 5.17 训练腘绳肌的方法一样，但是现在两条腿都固定住，大重量负荷时竖脊肌限制表现，所以受到超负荷

（4）背阔肌和胸大肌

背阔肌和胸大肌在拉、推以及猛推动作（胸大肌）和投掷动作模式中发挥主要作用，在拉和推的动作中，肌肉功能截然相反，它们的力量生成很重要，在投掷动作中，它们配合着将外展的手臂从外旋变成内旋，发挥弹性作用（见图7.17）。因此，在注重投掷动作的运动项目中，主要通过最大力量训练和弹性负载训练肌肉。

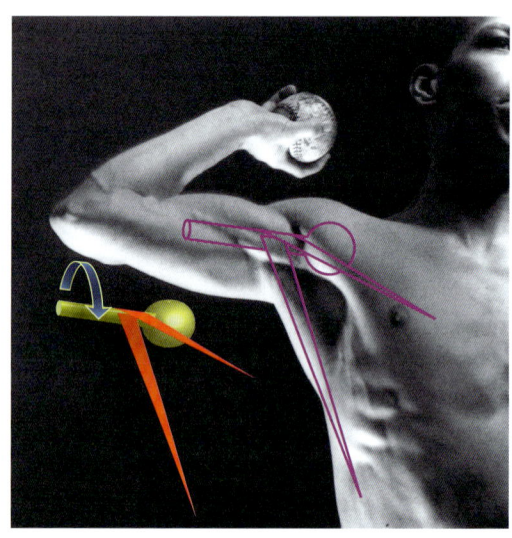

■ 图7.17 胸大肌和背阔肌都是肩关节的内旋肌。当投掷的时候二者都承受离心负荷，这时躯干也参与进来；储存的弹性势能释放引起手臂内旋

这两块肌肉在两个不同的动作模式中发挥重要作用，要求非常不同的肌肉动作，这种情况并不常见。拳击运动员或者铅球运动员的力量训练方法与棒球击球手或者网球运动员截然不同。不仅选择不同训练方法，连接专项性到超负荷的策略也完全不同（见6.1.3）。在拉和推/猛推动作模式中，通常可以对抗大负荷完成形式上类似于竞技动作的动作，但是在投掷动作中则做不到，即对抗大负荷训练时动作就会与投掷专项动作不同。并且，关于拉和推动作的力量生成，可以在需要做的动作模式中改变阻力，所以从中枢/外周统一体中做选择。在投掷项目中，如果想让训练的专项性强一些，阻力必须接近于竞技比赛（铅球或者标枪的重量）。这意味着主要在中枢/外周模型中的两端选择训

练（超负荷较小则具备专项性，超负荷大则没有专项性）。除了在其他方面，这意味着有关合理训练计划的观点是不同的，比如棒球击球手（Derenne 等，2001;Van den Tillaar，2004）。背阔肌和胸大肌在高强度动作中两个不同且无关功能，是在自组织协同作用相变的一个例子（见 7.3.4）。在猛推和投掷动作之间没有有用的中间过渡阶段。

（5）髂腰肌和臀大肌

髂腰肌和臀大肌是髋关节周围肌肉，与肩关节周围的背阔肌和胸大肌相对应。两块肌肉只产生爆发力，所以他们的训练要以此为基础。

单独训练髂腰肌有点困难，因为髂腰肌经常配合腹部肌肉收缩，所以，必须寻找腹部肌肉不会成为影响因素的训练。同时，髂腰肌的重要性，特别是在跑步动作中，常常被低估。髂腰肌在腾空腿前摆和腘绳肌中负载弹性势能的过程中发挥重要作用（见图 5.9），常常在短跑运动员和球类运动员中训练不足，在他们的表现中跑动至关重要。

（6）股四头肌

虽然股四头肌是羽状肌，但弹性结构少。也就是说在竞技动作中它主要是产生爆发力的肌肉，虽然常常发挥维持膝关节角度的作用。膝关节在屈膝和伸膝时动作轴会改变，当屈膝时，该肌群相对于膝关节的力矩达到最大。

在所有肌肉中，股四头肌是最快产生生理学适应性的，表现在股四头肌的力量和维度的增减。发生肌肥大的速度比其他肌肉快，反之，膝关节制动时，肌萎缩的速度也比其他肌肉快。

在场景式动作中，股四头肌在闭链条件下产生爆发力，因此，爆发力训练在闭链条件下进行，永远不要在开链条件下进行爆发力训练，比如膝关节伸展器械。

（7）内收肌

内收肌的结构特别适合产生爆发力，在跑步这样的场景式动作中，它们在整个周期中都保持活跃状态。在做内收肌力量训练时，应该考虑肌群是否在非专项性动作模式下施加负荷。在跑步中，内收肌复杂动作模式的一部分，是在矢状面上协调髋关节内旋和外旋。水平面动作的训练（内收）不利于复杂竞技动作的协调性。并且，场景式动作模式训练，例如上台阶和跑步，包含内收动作的力量训练通常很难产生一个相当的负荷。

（8）双关节肌肉

双关节肌肉具有能量传输功能，在场景式动态闭链动作模式中，双关节肌肉在其跨越的一个关节上拉长，总是伴随着在其他关节上缩短。这使肌肉处在一个等长收缩的吸引子状态。甚至在开链运动中，羽状双关节肌肉能够等长地吸收巨大的外力——例如，跑步时在腾空期小腿钟摆动作的腘绳肌。肌肉等长动作可能伴随着肌肉弹性成分的负载和卸载。

因此，双关节肌肉最好是通过最大力量进行训练，因为这时与竞技动作中肌肉等长收缩最匹配。此外，通过弹性负载进行力量训练对竞技动作具有专项性，其中巨大的反作用力必须吸收为弹性势能。

在场景式动作中，双关节肌肉产生的力量大小和作用的时机，对运动表现非常关键。如果产生的力量太大或太小，如果在总体动作模式中发力过早或过晚，运动表现都将大打折扣，尽管在复杂的肌肉间合作的肌肉预反射特性会预防一些错误的发生（Jacobs等，1996;Van Soest和Bobbert，1993）。因为双关节肌肉对肌肉间合作至关重要，只要可能，在场景式动作模式条件下训练双关节肌肉不失为一个好主意。只有在无法通过复杂动作模式中获得期望的结果时，这些肌肉才被分离出进行力量训练。每块肌肉或肌群都有自己的专项性因素：

• 腘绳肌：正如我们所见，高速跑时腘绳肌产生的力量大于通过外界阻力进行最大力量训练中产生的力量。逻辑性的结论是：最大力量训练对腘绳肌不适用，通过足够的冲刺跑训练才能保证需要的力量水平。然而，进行大量高速跑的运动员（例如英式橄榄球运动员）在最大力量测试中证实冲刺跑并不能保证腘绳肌拥有足够的力量。腘绳肌似乎在跑动周期中被逐渐取代，髋伸肌功能逐渐被内收肌（或者别的肌肉）替代，伸膝减速功能逐渐被腓肠肌取代。跑步技术也会发生些许变化，在跑动周期中腘绳肌募集减少，腘绳肌中的被动组织收到刺激适应的信号变少，受伤风险增加。

形成这种错误动作模式的运动员，要回到正确动作模式最好的方法是将最大力量训练与技术训练结合起来，聚焦到控制骨盆前旋、减少触地次数和正确的身体姿势。鉴于腘绳肌在跑动周期中的巨大影响，建议定期进行最大力量训练和杠铃弹性负载，将绳肌保持在想要的"足够好"的水平。

• 股直肌：尚未清楚股直肌在跑动周期中是否被其他肌肉替代，但似乎这种可能性较小，因为没有肌肉群特别适合代替股直肌在伸髋减速中的作用。没必要对其进行额外的最大力量训练。跑步时，股直肌是否达到自身负载极限也备受质疑，股直肌在单腿蹬地时必须吸收更大的力量。在任何情况下都很难找到使股直肌达到自身极限的力量练习。因此，股直肌力量生成最好的练习可能是跳跃练习。

• 肱三头肌：这块肌肉有两个单关节头和一个双关节头，在运动专项力量训练中，这三个头更适合一起训练，这种训练可以结合伸肘和肩关节屈曲。比如练习"屈臂悬垂（dipping）"就是把负荷主要集中在肱三头肌上，来产生超负荷（见图7.18）。单独训练短头，常见于健美训练，对提高协调性意义不大。

■ 图7.18 肱三头肌基本训练：屈臂悬垂

- 肱二头肌：在大多数场景式动作中，肱二头肌屈肘、同时为肩关节伸展减速。肌肉动作接近等长收缩，在这种动作模式下，很难让这个肌群在这个训练中成为限制因素。

7.3.4 在较小的肌肉间协作系统中的吸引子

肌肉内吸引子的自组织对肌肉间模式有影响，后者组成了高强度场景式动作。优先的肌肉动作形成较大有吸引子特征的协同肌，因此，也是竞技动作的构建模块。它们被看作动作的大模块部件——就像组装房子一样，用于尽可能快地产出最终产物（此为竞技动作）。为数众多的吸引子对控制动作有重要的意义，如果一块肌肉在其吸引子的状态下稳定了，那么这块肌肉只有一种方式影响到别的肌肉（离它最近的肌肉）。这会使肌肉之间协调配合的灵活性降低，可能的配合数量有限，这又反过来决定主要的总体模式，从而大幅度减少高强度动作的自由度，而自由度对保持动作可控非常重要。再重复盖房子的比喻：如果房子由砖头堆砌而成，几乎任何设计都有可能，但是建造房子的时间也会很长。如果使用大的模块构建，可用的设计选择不多，但是建房速度加快。小的、自组织的系统（如肌肉动作）就是更大的自组织单位（比如肩关节周围相互影响的肌肉）的构建模块。这些大的模块反过来是更大系统自组织的构建模块，最终形成上肢和下肢协调动作的节奏控制系统。在伯恩斯坦术语中，这些大单位的配合肌群被称为协同肌（Bernstein，1967；Latash，2008）。协同肌在高强度动作中非常重要，让动作可控，包括协同收缩在内的机制，减少运动损伤。有证据证实肌肉之间的协同作用使运动系统可以抵抗疲劳的影响（Singh Tatash，2011）。这在某种程度上再次支持了一种猜想，疲劳是动作学习过程中的关键要素（参考6.4.4）

如果离心模型的影响延伸到协同肌的大系统，那么我们能得出结论：高速动作的肌肉间配合灵活性比低速动作差。肌肉在高速动作下更接近它们的专项性，转而排除了肌肉间变化的许多类型。例如，腘绳肌、竖脊肌和臀大肌通常在高速动作中以同样的方式协调配合，这也同样应用在腹部肌肉和髂腰肌。肩胛带肌肉在高速动作中合作方式的变化也受到限制，特别是在投掷动作中，依赖固定的协同作用。这种限制使得选择这种模式成为可能，在中力量训练要利用它们。

因此，力量训练是一种改善高强度肌肉间模式的有效方式，肌肉间协调在力量训练中容易被忽视，而主要训练单块肌肉和外观上模仿竞技动作的总体动作模式。结果是按照分析竞技动作的认识来在相同的关节角度下给肌肉施加负荷刺激，这很容易导致训练动作模式不适应协同矩阵，因此，这种动作模式很特别，不能转移到其他的动作中，比如竞技动作。

因为肌肉间模式很大程度上是自组织的，对选定的动作模式提供丰富变化训练是很有益的，又同时保持肌肉间动作模式的基本原则。这也有利于力量训练形成更牢固的吸引子环境，对于力量训练转化成竞技动作而言至关重要。

为了保持训练的延续性，首先要找出肌肉之间较小的联系，这些是更大的整体动作模式的构建模块。

（1）躯干肌肉

如果躯干肌肉在场景式动作模式中受到大的反向力负荷，鉴于它们的力量/长度范围较小，它们只在脊柱保持中立位发挥功能作用。在躯干屈曲的运动项目中（自行车和速度滑冰），腹部肌肉缩短太多，背部肌肉拉得太长，无法产生大的力量。即使有足够的过伸或者力矩，腹肌长度也不够，特别是动作强度大又没有肌肉预张力的情况下。在有巨大反向力的竞技动作中，这些动作都很突然，也就是说在时间压力下感觉反馈将会发生。因此，通过肌肉协同收缩的预反射将会是感觉反馈的重要补充，特别是在开放式技巧的运动以及控制成为一种重要因素的运动中。因此，肌肉快速发力的躯干肌肉协同收缩，是场景式竞技动作的一种主要吸引子。

以肌肉协同收缩为基础的各种核心训练

■ 躯干肌肉的协同收缩

在图 7.19 中躯干向前弯曲 30~45°、脊柱伸直，尽量往远处猛推重

运动训练新思维
—— 提高运动水平和预防运动损伤的秘诀

■ 图 7.19 通过脊柱周围肌肉的协同收缩进行核心稳定的基本训练（见图 4.12），杠铃片可以由装一半水的球代替：水的流动造成的不稳定对肌肉协同收缩提出更高要求

物产生肌肉协同收缩，保持这个姿势几秒钟。猛推动作可以结合扭矩，即重物和肩关节应该转动。在这个训练中，斜腹肌在对角线方向上受到牵拉，使得训练难度更大，测试了肌肉力量／长度特性的能力。

肌肉协同收缩可以在各种身体姿势下完成，如深蹲或者分腿蹲。基本原则是一样的：尽量往上推重物，增加躯干肌肉的张力（图 7.20）。

■ 图 7.20 深蹲中的肌肉协同收缩

第 7 章　运动专项力量训练实操

■ **动态条件下的协同收缩**

在运动中而不是静止姿势（图 7.21）下完成动作，肌肉协同收缩技术将受到更大的压力，例如跪姿拿杠铃片、木棍或者轻的杠铃杆举过头顶，然后连续地提起一条腿向前迈出，在这个过程中，自由（摆动）侧髋关节往上提。可供选择的动态协同收缩的动作还有在家庭训练器上骑单车手拿木棍举过头顶，或者上举杠铃片超过头顶可以在各种方向上做弓箭步，脚落地时旋转杠铃片给前腿建立扭矩。在动态姿势中，姿势变化得更快、更有力也会对协同收缩的时机造成压力。

■ 图 7.21　髋关节周围肌肉的协同收缩。从跪姿向前迈出的那条腿，从外展转到屈曲的过程中尽量少地移动。腿移动时，支撑腿侧的手尽量往上举

■ **站姿的协同收缩**

从图 7.22（b）的起始姿势开始，运动员尽量快速旋转杠铃杆到左侧或者右侧图的姿势（a 和 c），然后再旋转回到起始姿势。动作翻转要突然，肩关节不要发生侧向移动而是通过躯干旋转（肩关节同时旋转）。另一个可供选择的做法是向前迈出一步，运动员转向侧方的腿，如果运动员转向左侧，左腿向前迈一步、脚落在杠铃杆右手侧面；往回旋转时运动员回到起始姿势。这个动作再次测试腹肌力量 / 长度的能力极限。在起始姿势时，右脚在前面左脚在后面、间距 30 厘米多一点，会对协同收缩的时机造成

运动训练新思维
——提高运动水平和预防运动损伤的秘诀

更大的压力。当运动员快速旋转杠铃杆到左侧时，左脚向前跳右脚向后跳、落地时做一个弹跳（左脚紧挨着杠铃），立即再跳回到起始姿势。

■ 图 7.22　手在肩关节高度旋转杠铃，调整重量刚好能快速转动

■ 侧方投掷的协同收缩

　　向侧方墙面投掷实心球再接住球（图 7.23），动作要快速、有力，双脚距离足够宽、躯干伸展。

■ 侧卧位协同收缩

　　动作从图 7.24（a）到（b）到（c）完成，做得尽量快速。在图 7.24（c）的姿势停留 2 秒钟。侧卧姿势容易控制外力，便于肌肉协同收缩聚焦

第 7 章　运动专项力量训练实操

■ 图 7.23　用实心球做核心训练

　　a　　　　　　　　　　b　　　　　　　　　　c

■ 图 7.24　可供选择的核心训练

在腹斜肌和竖脊肌单侧活动的合作。

（2）下肢肌肉

　　为了找出下肢肌肉间的吸引子，重要的是先区分开链动作和闭链动作，因为肌肉动作的协同效应在每一种情况下都不一样。由于脚在闭链动作中是固定的，所以在最后的动作中肌肉在关节上产生的扭矩与开链动作相比有着截然不同的效果，这就是说肌肉间合作的自组织也是大相径庭。

腘绳肌和背部肌肉之间的合作以及这两个肌群基本合作的力量训练类型已经在 5.6 中进行了讨论。二者之间的相互作用对腘绳肌发挥功能起到关键作用，在开链和闭链高强度动作中都适用。

开链

很少有开链的竞技动作对下肢肌肉发力有很高要求，需要对下肢肌肉做单独力量训练。但是，这种大负荷的开链动作模式确实发生在高速跑中，它们在一定程度上决定运动表现，在进行力量训练时应当予以关注。限制运动表现的肌肉间开链模式有：髂腰肌和腹部肌肉（脚离开地面时）的合作，背部肌肉、前面引导腿腘绳肌和后面跟随小腿钟摆动作中的髂腰肌（在腾空阶段后段）之间的合作配合。球类项目运动员不仅仅要高速跑，同时还要进行大力射门，支撑运动表现的力量训练足够完成射门，所以无须额外的力量训练。对于所有其他陆地竞技动作，开链运动场景下的力量生成训练小于为高速跑训练时产生的力量。对于水中开链动作例如蛙泳和水球的，鉴于前面所讲的岸上力量训练和水中动作转移的问题，虽然很难决定是否在岸上做额外的场景式下肢力量训练，但是力量生成可能是一个重要因素。

训练

■背部肌肉和开链的腘绳肌

没有合适的力量训练类型适合训练小腿离地做钟摆动作时后背肌肉和腘绳肌之间基本的开链动作配合模式，所以，完全在竞技动作和相关的技术训练中训练这种配合是有用的。

■髂腰肌和腹肌

在场景式动作中，髂腰肌总是和腹肌配合。当这两组肌群面对压力时（在高速跑中从闭链转到开链的过程中），这不仅对髂腰肌产生爆发力，也对腹肌产生力量（必须限制骨盆前倾）提出了很高要求。运动表现的两个方面——腹肌力量产生和时机以及髂腰肌产生爆发力，可以用一个训练结合起来，在屈髋训练机上大腿抬到水平高度、然后尽量快速伸髋、再尽量快速屈髋回到起始姿势（图7.25）。动作翻转的时候不应该有休息停顿，自由（摆动）侧腿的膝关节不应该在支撑腿的膝关节后面结束动作。腹肌在吸收反向力量中发挥关键作用，髂腰肌在把重物向上移回、产生爆发力中发挥关键作用。支撑腿腘绳肌也很活跃，阻止髂腰肌活动不让骨盆前旋。

■ 图 7.25　髂腰肌训练（与腹肌合作）

闭链

在闭链动作中，肌肉力量主要是在伸展动作压力下产生的。肌肉合作在伸展动作中有3种主要的组织形式：①在单腿伸展的最后（锁定位置），向上移动自由（摆动）一侧的骨盆；②在屈腿姿势下，协调各个关节的扭矩，即协调膝关节和髋关节的角度；③通过从弹跳中释放弹性势能来伸展。

运动训练新思维
——提高运动水平和预防运动损伤的秘诀

　　如果需要完全的单腿伸展，通常重要的是关注最后的伸展姿势。在双腿伸展中注意力放在其他地方，例如能量适时（早期）地从膝关节传递到踝关节，即踝关节在合适的时机完成伸展。因此，建议区分不同类型的力量训练，比如关注在单腿伸展最后一部分肌肉之间的合作以及寻求在屈曲姿态下髋膝之间良好的协调能力。

- 单腿伸展最后一部分。当伸展一条腿时，单腿伸展在矢状面的最后一部分必须配合抬高自由（摆动）侧髋关节。所以，在单腿伸展和双腿伸展中，肌肉产生的力量不同。自由（摆动）侧髋关节抬高的最后姿势（参考 1.1.3 和 3.2.6）是髋关节周围肌肉协同收缩的结果，当启动和加速时，这也是单腿蹬地的重要组成部分。

训练

　　一条腿放在箱体上、杠铃靠在墙上的起始姿势，支撑腿伸直（图 7.26），髋关节处在锁定位置。杠铃重量可以变化，甚至左右重量不一样，

■ 图 7.26　在单腿伸直的末尾期外展训练

支撑腿侧的阻力扭矩最大。

一条腿放在10～15厘米高的箱体上站着，支撑腿轻度屈曲（图7.27）摆动腿侧的脚掌着地，支撑腿伸直。摆动腿在髋关节和膝关节屈曲，向上使劲移动，然后落在箱体上。

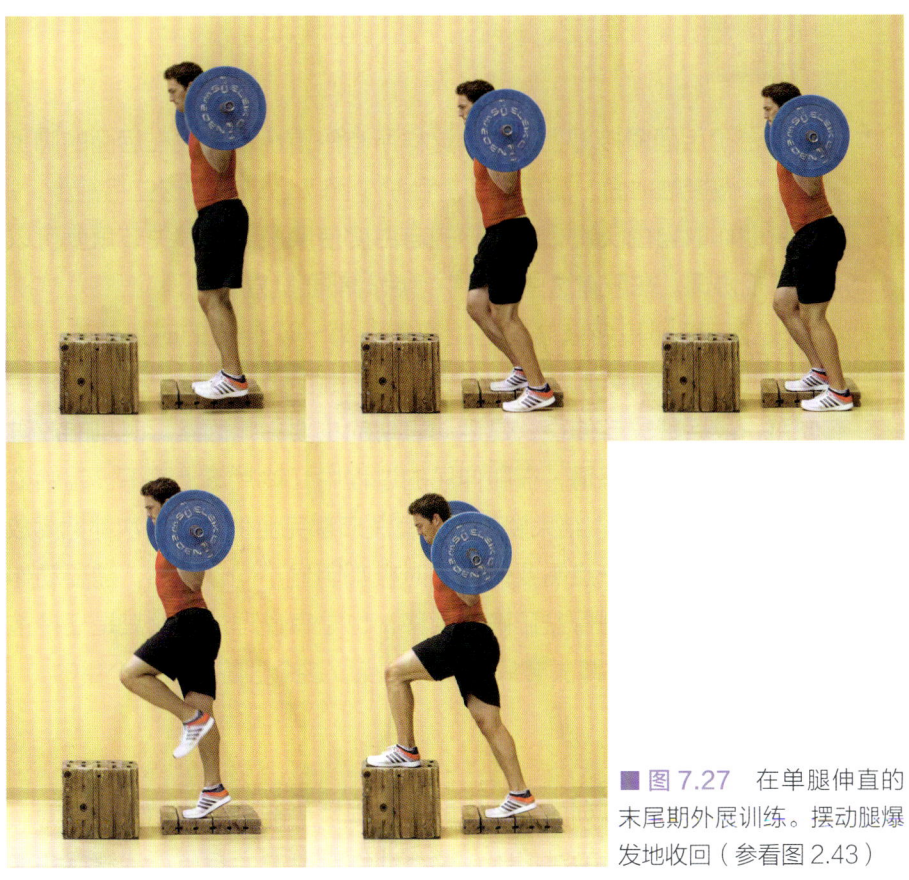

■ 图7.27 在单腿伸直的末尾期外展训练。摆动腿爆发地收回（参看图2.43）

- 膝关节和髋关节角度之间的协调。膝关节过度屈曲时，膝关节和髋关节角度组合的可能性比膝关节伸直更多（膝关节在脚尖前或者脚尖后，骨盆前旋或者后旋）。必须控制好这些增加的自由度。这些都是彼此相关的，例如，足球运动员突然减速或者速滑运动员的深蹲。最佳的姿势（膝关节角度与髋关节角度相关联）取决于主动肌的特性。这里所涉及的肌肉，特别是腘绳肌和股直肌必须尽可能地接近它们的最适长度，膝关节和髋关节之间的最佳平衡必须在负重弓箭步、单腿下蹲、双腿下蹲和下台阶技术中完成。

训练

下台阶后面紧接着上台阶，这样所有的重量都不放在后面的脚上，脚短暂、轻微接触地面，随后立即上台阶（图7.28）。做这些弓箭步、深蹲、下台阶动作时自由负重，有足够的自由度使膝关节和髋关节角度可以很舒服地互相协调。在所有这些技术中，后背都要挺直。

改变支撑腿和墙壁之间的距离需要每一次伸直的时机都不一样（图7.29）。抗阻伸直腿遵循近/远原则，时机顺序——髋关节伸直、然后膝关节伸直、最后踝关节伸直，是运动表现的主要影响因素。时机的改进可以通过靠墙单腿哈克深蹲，在腿伸屈的过程中杠铃片滚上滚下。起始姿势膝关节屈曲30~90°，结束姿势是所有关节都完全伸直。每次都把脚放的离墙壁近一点或者远一点需要伸直的时机都明显不同。当然，需要动作的结束姿势完美、自由侧骨盆正确向上移，也是有道理的。尤其是杠铃重量不大，或者起始姿势时膝关节只屈曲一点点，这个训练符合这个目的。

肌肉弹性动作

使用小负荷完成一系列的弹跳能够提高弹性势能的负载和卸载能力，有一种错误的假设是与无负重弹跳相比，这个训练可以产生超负荷。储存的弹性势能取决于总重量和弹跳后落下的高度，如果增加负重，就会减少弹跳后落下的高度，这就没有超负荷。但是杠铃负重弹跳会增加与地面接触时间，对最佳技术会有负面影响。或许可能要取消负重弹跳，或者负重足够轻，完成技术动作时仍然能够满足弹性跳跃（主要反映在地面接触时间短和膝关节角度变化小），

■ 图7.28 弓箭步（a）和下台阶（b）

运动训练新思维
——提高运动水平和预防运动损伤的秘诀

■ 图 7.29 靠墙单腿哈克深蹲，结合能量传递和最后的姿势

还有一定量的超负荷。

（3）上肢肌肉

当描述肩胛带和上肢的场景式动作模式时，区分开链和闭链并不是很有帮助。区分双侧和单侧动作显得更有意义。在双侧上肢动作中，双手通过接触面被稳定地联系起来，如在双杠上的俯卧撑（吊环上俯卧撑并不是双侧上肢动作）；或者移动阻力，如杠铃卧推。这种分类很有意义，因为双侧手臂训练中肩关节的稳定性很大程度上是由于双手之间连接造成自由度的减少。而在单侧上肢训练中没有这种双手连接，有更多的自由度要控制，力量训练的负荷与双侧上肢动作也不同。因为双侧上肢动作中肩关节的稳定性更好地得到保证，产生爆发力和能量传递的大肌肉比单侧手臂训练更容易在力量训练中达到极限。这些肌肉包括做推动作的胸大肌、肱三头肌和做拉动作的背阔肌和肱二头肌。

双侧上肢训练

诸如卧推和坐姿下拉的双侧上肢爆发力训练，适合大负荷爆发力训练和最大力量训练，这种训练通常涉及从肩关节到肘关节的能量传递。肱三头肌（长头）等长收缩，确保完成能量传递。所以，双侧上肢训练的关键因素是产生爆发力的肌肉发生了哪些变化，例如在卧推练习中，杠铃向下运动至胸部时，胸大肌被拉得很长。一定很想知道这种长度是否具有实际应用的场景（即同样发生在竞技动作中），如果在竞技动作中没有达到这种长度，那么杠铃不用下降这么多，或许可以使用一个更重的杠铃，这一点同样适用于其他双侧上肢训练。

在哑铃卧推中，双手之间彼此没有联系，肩关节的稳定性就更重要。通常认为这个练习比杠铃卧推更难。除了额外的稳定性需求，还因为哑铃可以下降到胸部以下的位置，比杠铃卧推中胸大肌拉长的长度更大，你肯定很想知道这种训练是否具有实际应用的场景。

单侧上肢训练

在单侧上肢训练中有三种的肌肉间协调配合自组织形式，值得进行力量训练：

- 肩关节周围肌肉的预反射控制，因为肩关节是一个非常不稳定的球窝关节，建议运动员在肩关节负荷较重时，特别注意使用肌肉协同收缩作为控制机制。
- 推、拉动作中产生爆发力。
- 在专注内旋和外旋动作模式中，弹性势能储存和释放。

单侧上肢预反射练习

单侧上肢练习主要将压力施与肌肉，这些肌肉包括连接躯干到肩带的肌肉以及连接肩胛带到上肢的肌肉，帮助稳定肩胛带和肩关节。这就是为什么这些肌肉适合改善肩胛带预反射控制，有以下两种方式完成上述内容：

- 变化阻力必须固定的姿势，会不断改变外界阻力在肩胛带上产生的扭矩。如果这些姿势足够难，或者完成得足够快，就只能通过肌肉协同收缩预反射来控制。
- 使用不稳定阻力（能够前后移动的器材），需要肌肉持续的共同收缩来控制不确定的力量。

上述两个方法当然可以结合起来，在单侧上肢力量训练的预反射控制的组织形式需要精确的最后姿势。

训练

经典的拉力训练由单手拿哑铃完成（图 7.30）。当单手抓住哑铃，手臂伸直举过头顶时，必须突然抓住哑铃，只有干扰被肌肉协同收缩吸收时才能完成这个动作。动作完成的姿势可以变化，例如弓箭步，或者双脚离得近一些，让运动员比较难得保持平衡、通过肌肉协同收缩改正错误的范围较小。

同样一个单臂动作可以从各种起始姿势来完成，例如不是直立姿势，而是撑在一个支撑面上的平板支撑、手握哑铃，以侧桥结束、手臂伸直将哑铃垂直上举，在结束姿势保持哑铃静止不动 2 秒，自由手臂也可以放在

第 7 章 运动专项力量训练实操

■ 图 7.30 推和拉／猛推动作的预反射训练：单臂拉（在此单腿支撑）

运动训练新思维
——提高运动水平和预防运动损伤的秘诀

不稳定平面上,如瑞士球。

投掷手臂拿哑铃往上、往回摆动,突然停止固定在投掷出手的姿势(肩关节外旋、外展)(图 7.31),站在不稳定的垫子上做这个训练会更难一些。突然停住固定是肩关节周围的肌肉协同收缩完成的。

■ 图 7.31 投掷的预反射训练。从前上摆回到后上,重物突然固定在投掷的起始姿势

单侧上肢爆发力训练

单侧上肢爆发力训练(推拉动作模式)可以通过肩关节周围肌肉间协调自组织得到改善。为了达到最佳自组织,训练需要达到以下两个准则:

• 改变器械、阻力(哑铃、壶铃等)、支撑面和起始姿势。

- 最终姿势应该提前决定。

再次强调，在动作如何由精确地决定最终姿势以及改变训练的起始状态来组织方面，诸如预反射这类控制可能发挥一定作用。在推/猛推动作中，最终姿势关注的是肩关节的稳定性。在低阻力的快速动作中，肩关节的最终姿势最好是接近外展 90°。这意味着躯干很可能围绕身体纵轴旋转来完成动作。在不容易达到 90° 的训练中，比如垂直推的动作，躯干达到尽可能大的自由度来实现理想的最终姿势。

训练

为达到自组织的目的，一手臂拉的动作（图 7.32）结合另一手臂推/猛推是很有用的。动作的自组织应该同时发生在双侧肩胛带上，可能产生额外的学习效果。在起始姿势，支撑手臂微屈，握哑铃的手臂伸直（图 7.33）。当哑铃举高时，自由侧肩关节也会向上移动。动作结束时，支撑侧肩关节外展 90° 左右。当重物举起时，各种亚动作互相协调。

推和拉的动作用弹力带完成，可以结合身体纵轴周围形成扭矩训练，

■ 图 7.32 沿纵轴旋转单臂推举，动作结束在 90° 外展，在不稳定平面上完成动作会使肩胛带上动作的协调性在各种情况下得到锻炼

运动训练新思维
——提高运动水平和预防运动损伤的秘诀

■ 图 7.33　单臂划船动作

即在拉的时候跳跃把前后分腿站姿换成相反的前后分腿站姿（图 7.34）。右侧手臂屈曲牵拉弹力带，左侧手臂有力地伸直，上半身旋转；同时左脚向前跳，右脚向后跳。当弹力带放松右侧手臂伸直时，运动员再跳回起始姿势。拉和跳这两个动作都快速完成。拉弹力大的弹力带对手臂肌肉要求高，拉弹力小的弹力带对腹部肌肉要求高。推拉动作与腹部活动结合是很

■ 图 7.34　复杂的推和拉训练

多场景式动作的动作模式，例如跑步和拳击中的组合拳。

弹性势能储存和释放

涉及弹性肌肉动作的力量训练，如投掷训练，只有在使用相对较轻的重量时，才能用单侧上肢完成投掷。由于单侧上肢投掷动作对肩关节稳定性的需求很大，无法进行更多重量变化的训练，例如在投标枪和投棒球训练时，关于投掷用比赛标枪和棒球大多少的重量合适，意见存在分歧。据说，投掷适合重量的超负荷能够提高运动表现，过重的超负荷则会造成运动损伤。

如果运动员仍然想用大重量完成单侧手臂投掷，肩关节稳定性需要有效地保护，例如在投掷中进行更小的后摆、手臂更伸展一些。肩带主动提高，限制外旋的程度，外界力量也更容易控制。

投掷时对抗更大阻力，运动员选择使用双臂，同样要伸展手臂，双臂投掷能更有效地保护肩关节稳定性。使用更大重量投掷时，减少后摆是肩带学习预张力的好方法。

除了投掷训练，投掷项目运动员的力量训练还包括不模拟肌肉弹性动作的训练，但要模拟外旋到内旋的爆发性动作。为了避免肩关节损伤，竭尽全力保证训练安全，焦点是以正确的结束姿势停止动作，投掷侧肩关节转向前方，所以，肩关节以外展动作完成动作，肩关节内旋、手臂旋前。这个结束动作确保手臂的被动结构被肌肉动作很好地保护。

训练

投掷运动员用大阻力模仿从内旋到外旋动作的训练价值还不十分清楚。可能没有定量的超负荷，因为实际投掷时产生的力量非常大。训练有助于模仿投掷中的极端活动度（图 7.35，图 7.36）。

运动训练新思维
—— 提高运动水平和预防运动损伤的秘诀

■ 图7.35 单臂和双臂投掷重物;肩胛带周围要建立预张力。投掷物越重,自由度越小,投掷臂越伸展。如果阻力对单臂控制太大,就用伸展的手臂完成投掷

第 7 章 运动专项力量训练实操

■ 图 7.36 肩关节内旋和外旋。手抓握的距离越宽，上臂越平行，肩关节旋转角度越大。如图所示，当动作受限时，要调整姿势

7.3.5 总体动作模式的吸引子

小的肌肉间协调系统是对抗外界阻力的整体场景式动作模式之构建模块。进一步提高力量训练和竞技动作之间外在结构的总体模式专项性，就像感觉专项性和意图专项性一样。这就是为什么在有外界阻力干扰的情况下，以相关的肌肉内和肌肉间协调模式为基础，进行总体动作模式训练很有效。然而，在许多运动项目中，很难找到符合竞技动作专项的整体场景式动作模式的力量训练。当然，开放式技术为主的运动项目尤其如此，许多闭合技术为主的运动项目也是这样。

即使是低阻力，力量练习也不可能实现接近完全的专项特征，这就是为什么最大化专项性不是一个有效的策略。力量练习的有效性部分来源于超负荷和多样性。在总体动作模式的某些专项性与多样性相联系的策略中，吸引子和波动子的概念可能有效。在对抗外界阻力的总体动作模式中，必须保证基本动作模式的吸引子，在对抗外界阻力的情况下完成竞技动作（或者部分动作）的变体。对外观形式上具有竞技动作专项性的训练，要不断做出改变，是有效转移的关键。

在开放式技术为主的运动项目中这是显而易见的，因为开放式技术总是包括保持不变的部分以使动作可控，以及对变化的条件做出反应的清晰波动部分。以柔道为例，基本的抱摔技术取决于环境，部分技术必须适应不断变化的外部影响。柔道运动员通过无法预判外力大小的力量训练，来模拟柔道比赛中不确定的外界力量。比如抛投一个装了一部分水的假人，在整个动作中，假人体内的水是无法控制的，所以，必须在有意图的动作模式中控制不确定的外界力量。如果使用恰当，由不确定的负荷造成干扰的动作模式，能够形成一种有效的动作模式，吸引子和波动子也达到有效的分布。

这种策略在闭合式技术中也极其有益，故意的干扰会使部分动作模式更加灵活，另一部分更加稳定。引起波动可以使吸引子更加稳定。以这种方式，闭合式技术的关键成分可以通过变化得到锻炼。以改变任务、环境和机体（参考

6.4）为基础的多样性系统，适合在力量训练中改变总体动作模式。

在力量训练中，对竞技动作成分进行有效的改变，不仅需要足够的创造性，还需要深入了解竞技动作。因此，在专项体能教练的工作环境中，向竞技动作技术训练学习宝贵知识和经验，也是非常重要的。

7.3.6 从基本训练到总体动作模式的一个例子

将经典的下蹲翻延伸到复杂的跑步专项力量训练中，作为发展专项动作总体模式的一个例子在此呈现给大家。

先从经典的下蹲翻开始，其中肌肉间协调配合系统（例如背部肌肉和腘绳肌），必须得到最理想地执行。双腿训练可以做出变化，使其对跑步和跳跃更具专项性。第一个变化是训练从更加伸展的姿势而不是下蹲姿势开始；第二个变化是用单腿取代双腿完成训练。改变单腿下蹲翻的构成要素，使其变得更具跑跳的专项性。如果无法有效地增加专项性，引入对动作模式的干扰，比如在不稳定阻力下进行训练。

（1）经典下蹲翻

经典的下蹲翻从杠铃杆距离地面30~50厘米开始（见图7.37）。运动员背部伸直，双手抓握杠铃，握距与肩同宽，手臂伸直，膝关节靠近杠铃，下蹲姿势越低越好。当杠铃离开地面时，保持手臂和背部尽可能快的伸展，膝关节和髋关节同时伸展。杠铃向上移动到身体正前方，然后动作开始加速。杠铃达到髋关节高度时，手臂拉动杠铃升高，肘关节迅速抬高指向两侧，这时运动员开始抓杠动作。这时肘关节指向前方，身体成垂直姿势，杠铃位于胸前。

（2）有预张力的膝上下蹲翻

起始姿势：垂直站立，杠铃位于身体前方（见图7.38），双手与肩同宽，然后上身向前屈曲到45°，脊柱伸直，膝关节伸直或微屈。从这个姿势开始，身体开始向后慢慢移动到接近伸展姿势。当身体挺直时，相对于髋关节和脊柱的杠铃负荷力臂变小，肌肉产生的力量也越来越小，但运动员尝试尽可能高地

运动训练新思维
——提高运动水平和预防运动损伤的秘诀

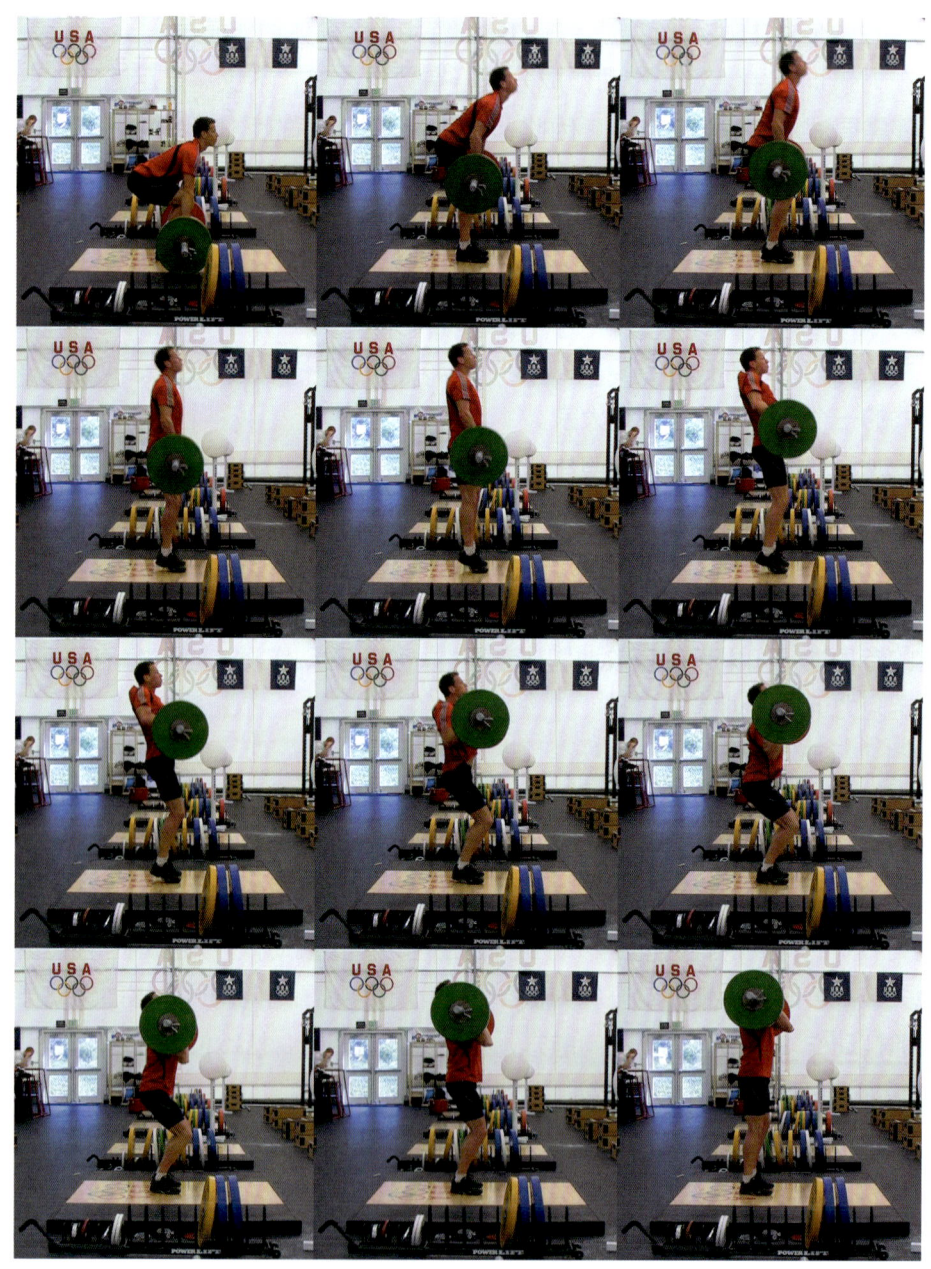

■ 图 7.37　经典的双腿地面下蹲翻

第 7 章 运动专项力量训练实操

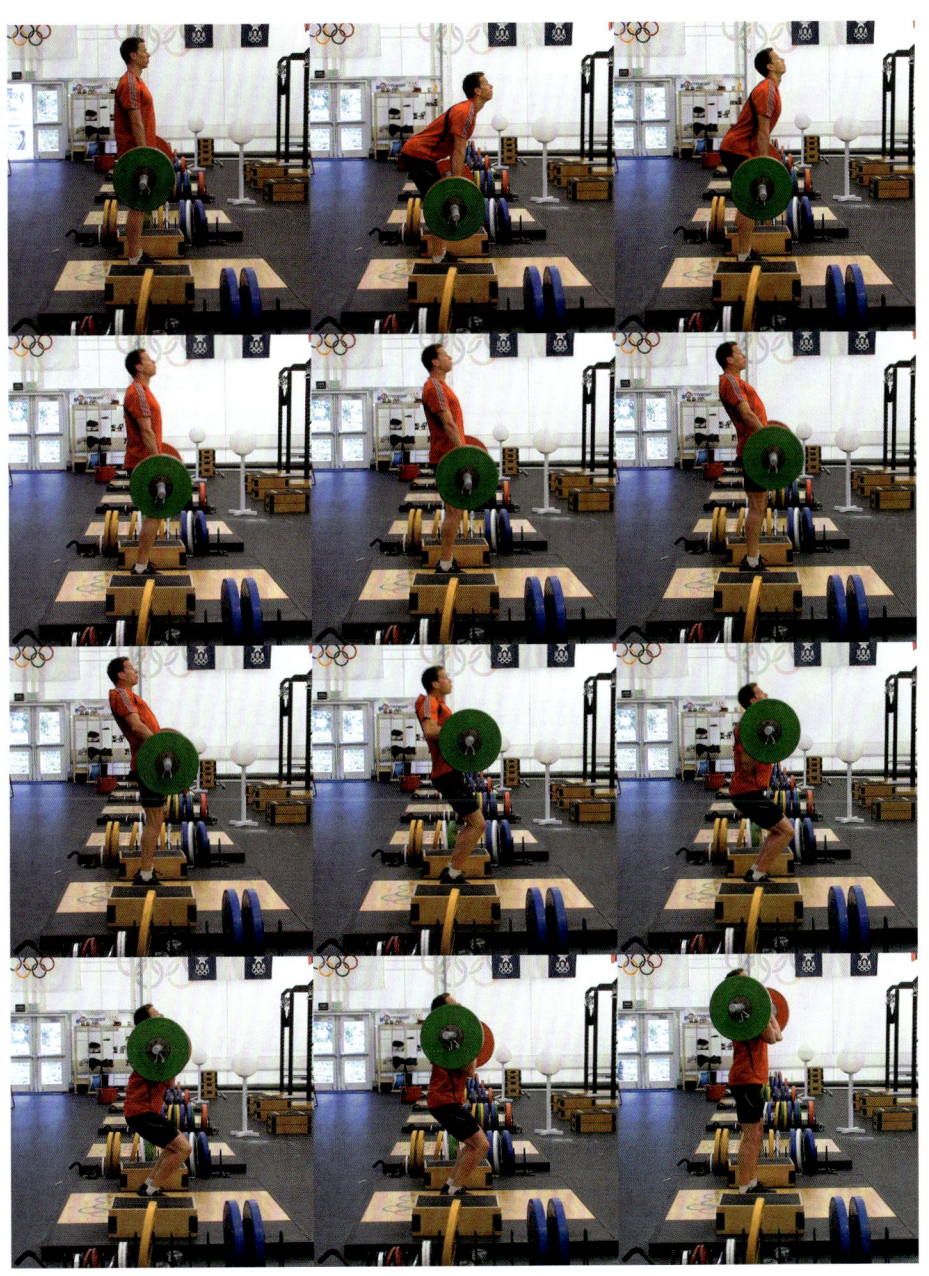

■ 图 7.38 有预张力的双腿膝上下蹲翻

保持身体张力。保持张力，然后翻杠。由于身体近乎垂直，只有在肌肉产生预张力后才能完成翻杠。能量在很短的时间从髋关节传递到踝关节，这为跑动时脚与地面短暂接触后的能量传递提供了良好的训练方法，特别是膝关节到踝关节的能量传递。

这个练习的难度主要取决于如何在翻杠之前身体直立的程度，在膝上下蹲翻中，训练有素的运动员杠铃重量可以达到经典下蹲翻中最大力量的85%。

这个训练对跑步和有助跑的跳跃项目比经典力量下蹲翻更具有专项性，因为力量提高速率面对巨大的压力，动作起始阶段的膝关节和髋关节角度更接近专项动作。

（3）有预张力的单腿下蹲翻

单腿下蹲翻的起始姿势与预张力下双腿膝上下蹲翻相同（见图7.39），自由（摆动）腿置于支撑腿旁边，给支撑面的压力要做到最小，只是帮助运动员保持平衡。这个预张力与双腿预张力下蹲翻一样，在翻举的加速阶段，自由（摆动）腿离开地面，脚踏在支撑腿前方的箱体上，维持单腿的预张力比双腿更难一些，杠铃的最大重量通常达到经典下蹲翻最大力量的一半。

因为这是单腿训练，所以竖脊肌不再是限制因素。这会增加支撑腿能量传递的压力，因此会造成较大的超负荷。对摆动腿动作会产生较高的需求，要尽早开始这个动作；髋关节和膝关节必须保持屈曲与支撑腿伸展时间一样长，这会为总体动作模式提供反射支撑（对侧伸肌反射）。单腿负重和对侧伸肌反射表现都比双腿下蹲翻更具专项性。

（4）从平衡到下蹲翻

"平衡动作"将跌倒反射和腘绳肌的弹性负荷添加到单腿下蹲翻中已经存在的相关成分。总体动作模式是复杂的，包括很多对跑步和助跑单腿跳具有专项性的成分。有大量方法可以控制和矫正动作的执行，最大负荷低于没有平衡动作的训练。在训练过程中身体重心前移，结束动作是弓箭步—前脚置于箱体上（图7.40）。

只有在下蹲翻过程中膝关节伸展略微推迟和延长，身体重心向前移动才可能

第 7 章 运动专项力量训练实操

■ 图 7.39 有预张力的单腿下蹲翻。动作的基础与图 2.45 中上台阶训练的基本模式一样

运动训练新思维
——提高运动水平和预防运动损伤的秘诀

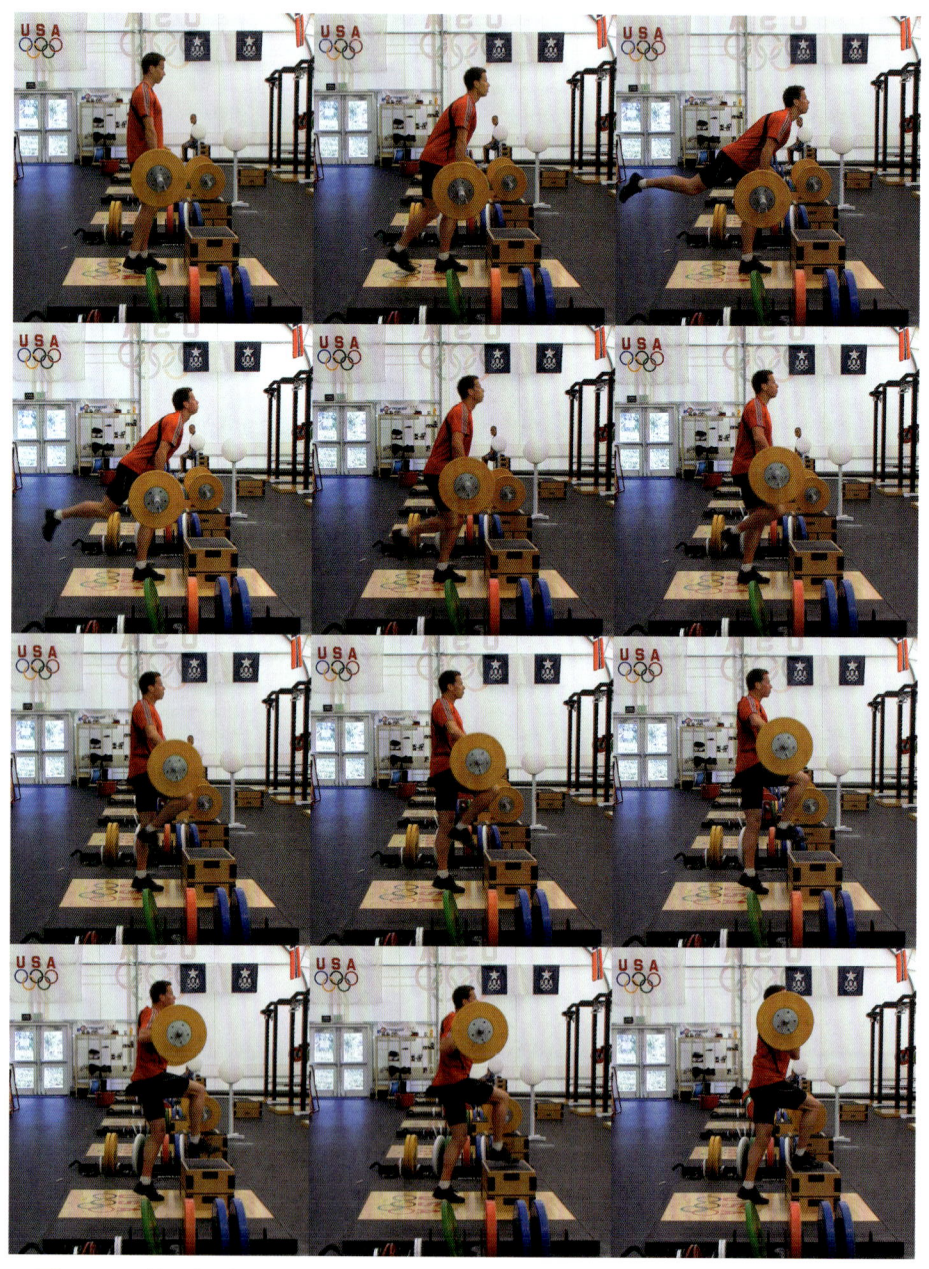

■ 图7.40 从平衡到下蹲翻,动作的基础与图7.9中训练的基本模式一样

发生，这就意味着腘绳肌在总体动作模式中比垂直下蹲翻发挥更主导的作用。在跑动时也发挥相似作用，腘绳肌推迟膝关节伸展，使蹬地发力更向后。在训练中包含这些不同形式的下蹲翻是很重要的，这会改善跑动支撑期腘绳肌的使用。

如果使用更重的杠铃，可以不做下蹲翻这个动作而直接把杠铃扛在肩上，在躯干前倾动作后，腿的动作模式完全遵循有下蹲翻的腿部模式。

（5）从平衡到下蹲翻的动作伴有干扰

翻杠和抓杠可以由上肢和上半身动作替代，进而可以干扰下肢模式。在平衡动作中，将杠铃片、沙包或者装一半水的袋子移动到支撑腿一侧，在躯干产生额外的扭矩；在前摆动作中，当完成对侧伸肌动作时，把负荷大力推向摆动腿一侧，然后再将负重拉回至胸口（见图 7.41）。因此，手部动作是波动子，

■ 图 7.41 用杠铃片的平衡动作。平衡动作后接上台阶，可以配合不稳定平面和不稳定负荷

对下肢剪刀步动作是一种干扰。然而，下肢模式必须保持不变，代偿要在身体其他部分寻求，比如支撑腿髋关节外旋和内旋，这个训练特别需要躯干保持稳定性（同样参考 3.2.6 旋转时伸展背部）。

（6）从平衡到上台阶动作

使用装一半水的袋子完成从平衡到下蹲翻训练，起始姿势将水袋放在胸前，结束姿势是将手臂伸展至头上方。在结束姿势中，水的不确定动作特别需要躯干肌肉协同收缩。

脚落在不稳定平面上而不是稳定的平面上，或者在摆动腿踏上箱体后，支撑腿完成上台阶动作，会使完成这个训练更加困难。这个结束动作对动作的波动成分会产生巨大需求，确保整个下肢动作正确地完成是非常重要的。

挺举

在跑跳运动专项力量训练中，下蹲翻强调的是在伸展的最后阶段，这很大程度上决定了蹬地质量。下蹲翻之后进行挺举将会在伸展最后阶段产生压力（图 7.42）。摆动腿屈曲、单腿落地，不仅模仿单腿蹬地，也包括正确完成训练动作提供的平衡信息。

使用总体动作模式训练打破了力量训练和技术训练之间的界限，究竟是技术训练还是力量训练已无关紧要。前面提到的关于棒球长抛球和拖拽雪橇车跑的争论，通常聚焦在这个训练是否属于专项力量训练，所以取而代之的应该是这样一个问题：在训练中，专项性和超负荷之间什么样的联系最高效。翻译成中枢/外周模型，这其实是在问：在从高度专项性到大的超负荷这个连续体中运动员应该在哪一部分训练？这可能会涉及一些与需要的转移不直接相关的因素。有一种选择是在中枢/外周模型的一端训练，因为在模型的中间训练会带来很多组织问题，或者证实过于复杂，给运动员带来巨大的心理负担。因此，一种策略主要侧重竞技动作技术训练将会更加成功。心理上对技术训练有充分准备的运动员，专注各种类型的

第 7 章 运动专项力量训练实操

■ 图 7.42 有些竞技动作是起跳时双臂向上伸展（撑杆跳准备动作、单手上篮、排球拦网等）。在力量训练中，在跳跃中完成下蹲翻，在弹跳蹬地时挺举超过头顶

技术训练将会是一个好主意，因为这会左右比赛的输赢。除了专业知识以及能够适应特定时刻的需求外，给运动员个体提供量身定做的训练是教练员最重要的技能。

7.4 小结

运动专项力量训练不仅提供能力转移，在可能的情况下还要避免那些不能提高运动表现的负荷。身体局部训练法主要强调通过力量训练提高肌力，这种训练模式中额外负荷是无法避免的，因为训练的变化很有限。在场景式训练方法中，侧重将肌力转移到竞技动作，训练方法更加多样化，可以避免额外的负荷，超负荷既能定性又能定量。

用于描述力量训练的标准术语无法满足这些准则，因为这些术语建立的基础是方法论分类，而不是适应分类。这导致了比如"力量耐力"和"爆发性爆发力"术语出现，它们不是单一维度，所以，在产生转移作用方面无可操作性。

各种类型力量训练的价值可以根据所发生的适应来分析：

（1）肌肥大训练：注重通过完成尽量多的机械功来增加肌肉横截面积，缺点是造成协调性实质性下降，因此，不建议在协调性重要的项目中进行肌肥大训练。

（2）最大力量训练：改善的募集对涉及等长肌肉收缩和弹性肌肉动作的运动项目很有用。双关节肌肉以等长收缩工作，特别是在需要吸收突然出现的大冲击力并转移到动作中的运动项目。

（3）爆发力训练：肌肉力量和肌肉缩短速度之间的联系是高度动作专项性的。力量发展速率和动作减速常常被忽视。

（4）反射训练：在场景式反射支撑的动作模式中使用小负荷训练，提高神经系统功能。

因为力量的大峰值出现在最大力量训练和反射性力量训练中，了解二者的优缺点是很有用的，在训练计划中决定在何时使用哪种类型的力量训练。

力量训练主要关注动作模式中的稳定成分，目的是转移到高强度动作中。快速动作中的肌肉间吸引子很大程度上受肌肉结构决定。某块肌肉天然适合做某个类型的动作可以用来确定固定的肌肉间合作之较大的组合，进而成为整体性场景式动作模式的构建模块。它们在保持动作可控中发挥着重要功能。这种方法很大程度上模糊了技术训练和力量训练之间的界限。

译后记

作为一个以做手术为职业的骨外科医生，我来主译一本讲述运动训练的书，似乎跨界的步子大了一些。其实，并没有你想象的那么大，因为：

- 在我建立的整体健康金字塔理论体系和创新型行医模式里，普通人、业余运动员和职业运动员是三位一体的，本身并无明确界限。使用身体的模式在发育的过程中经过摸索日臻完善，遗憾的是，在随后的生活、工作和运动当中，我们使用身体的模式走样了、变形了。生活中使用身体的模式不佳甚至错误，就会腰酸背痛；运动时使用身体的模式不对，就会发生运动损伤。想要健康，所有人都需要按照一样的原则：合理地使用身体，经常性地维护身体，有指导地训练身体，让身体强壮而有韧性。

- 随着人们休闲时间的增多和对健康的要求日益增高，运动的人越来越多，运动的水平越来越高，对身体的要求也越来越高，很多业余运动员的运动量比职业运动员还大，同样需要专业指导，进行合理训练，否则伤病不断，而且损伤会越来越严重。

- 从所有人都需要健康的角度来看，本质上都是要求会使用、会保养自己的身体，让自己的身体结实耐用。有的朋友经常在微信里向我抱怨"我怎么每天走10000步就脚后跟痛（或者脚底疼、腰痛、肩膀疼）了？"因为他们身体的强壮程度和走路的方式承受不了每天10000步，疼痛就是身体在抗议：你的身体太弱了，需要校正和锻炼，走路的方式需要指导和改进。

- 能抗10级地震的建筑物在5级地震中巍然不动，如果你的身体像职业运动员一样棒，那么你在生活和工作中如同开法拉利兜风一样轻松，像奔跑的猎豹一样优雅而充满美感和活力，怎么会有腰酸背痛呢？路面有一点不平就崴脚，捡一支掉在地上的铅笔就闪着腰，拖地、洗头就直不起腰，都严重提示我们需要停下脚步，寻找专业人士或者一本好书来指导训练自己如何正确使用身体了。

• 我早已不给自己限定为只做手术的医生了，做手术、做康复、做训练、做建议都是我作为治愈者的手段，都是健康方案的组成部分。近十来年功能训练成为我的行医模式的重要组成部分，甚至是基石，因为只有功能训练是主动的手段，在治愈疼痛的同时，让身体摆脱枯萎，绽放出旺盛的生命力。

译者的组成也贯彻我的一个理念：做一件事，兴趣和热情最重要，没有行业界限，跨界是趋势，也是创新的源泉。所以译者除了英文水平有要求外，专业不限：有体育训练专业硕士、职业球队的职业教练，也有运动康复硕士、康复师，还有实习住院医生。出乎我的意料，医生和康复师翻译的质量还稍微出色一些。

稍有遗憾的地方是，这本书原版是荷兰语，我们看到的英文版是由荷兰人翻译的英文，有些地方感到含糊不清、语法错误和用词不准，好在这种情况不多，经过反复推敲核实，都得到了不错的解决。

有时候还会发现一点编辑的疏忽，比如标点符号的错误，这并没有像语言文字不准确而影响对作者意图的理解，还增加一点娱乐效果——因为可以嘲笑一下别人的不认真。

为保证质量，我从头到尾逐字逐句亲自修改、校对。平时看翻译的书，最不爽的一件事就是翻译的质量，所以全书我从第一页到最后一页一丝不苟。但即使我们对待翻译质量很认真，也一定会有一些不妥之处，请您给予指正，非常感谢让我有进步的机会。我也会在"坐道 APP"开辟专栏和感兴趣的读者一起精读这本书，并对一些问题进行解答和讨论。

　　这类运动训练的书，早就纳入我的日常阅读范围里了，只是由于得到这本书时花费之巨、得到的过程之长值得纪念，拿到书的时刻在微信里晒了一下，引起了出版业朋友的兴趣，要求我翻译出来，以让更多的人受益。翻译过程充满意外和困顿，感谢翻译工作让我发现只泛读一遍收获太粗浅了，翻译过程使我真正理解了作者对运动锻炼洞察的全面和高深，我自己也有很多惊喜的发现。

　　希望热爱健康的您，也将这本身体训练的书纳入你的书单。边看，边运动，尽情绽放你的生命力！

朱立军（猎豹医生）
"绽放你的生命力"倡导者
2022 年 4 月于广州